Sandra Cegla & Erich Vad

NEW FEMALE LEADERSHIP

Was wir von Angela Merkel und anderen Frauen lernen können

Das Buch

Warum sind Frauen für Führungsaufgaben besonders geeignet – und führen trotzdem so selten?

Die Zeit ist reif für New Female Leadership. Noch immer sind Männer in Machtpositionen überdurchschnittlich vertreten, Frauen bleiben in Politik, Wirtschaft und Gesellschaft oft Nebendarstellerinnen. Dabei haben gerade Frauen Qualitäten, die sie für Führungspositionen auszeichnen: Die Fähigkeit, sich in andere Menschen hineinzuversetzen und ihr Verhalten zu antizipieren, wird immer mehr zur Schlüsselqualifikation für modernes Management. Sie ist ein entscheidender strategischer Vorteil und ein zentrales Merkmal für einen neuen weiblichen Führungsstil, bei dem alle nur gewinnen können.

Ein leidenschaftliches Plädoyer für mehr Frauen in Führungsetagen von Sandra Cegla, ehemalige Kriminalkommissarin und Sicherheitsexpertin für Stalking-Opfer, und Dr. Erich Vad, Unternehmensberater, Brigadegeneral a. D.

Die Autorin und der Autor

Sandra Cegla ist Gründerin und Inhaberin von SOS-Stalking, medial gefragte Stalking-Expertin sowie Bundesvorsitzende des Staatsbürgerinnen Verbandes e. V.

Sie berät Frauen in Führungspositionen nationaler und internationaler Unternehmen, besonders zu den Schwerpunkten Karriereplanung, Berufung, Kommunikation, Krisen- und Konfliktmanagement sowie Sicherheit am Arbeitsplatz. Zu diesen und weiteren Themen im Bereich Female Empowerment und Leadership hält sie Vorträge und gibt Workshops.

Sie war Vorsitzende der Frauen Union Berlin-Mitte und Stellvertretende Landesvorsitzende des Verbands Lesben und Schwule in der

Union (LSU) in Berlin. 2016 wirkte Sandra Cegla als Sachverständige im Deutschen Bundestag an der Novellierung des Stalking-Paragrafen des Strafgesetzbuches mit.

Sandra Cegla blickt auf 14 Jahre Ermittlungstätigkeit bei der Berliner Polizei zurück. Als Kriminalkommissarin beriet sie unter anderem Frauen, die Opfer von Gewaltverbrechen wurden.

Durch ihre Vita hat sie Führungserfahrung und Wissen in drei Lebenswelten gesammelt: Polizei, Politik und Wirtschaft. Sandra Cegla ist studierte Diplomverwaltungswirtin.

Erfahren Sie mehr unter www.sandracegla.com und www.sos-stalking.berlin, www.staatsbuergerinnen.org.

Dr. Erich Vad, Brigadegeneral a. D., ist seit 2013 Unternehmensberater. Er war militärpolitischer Berater von Bundeskanzlerin Dr. Angela Merkel, Gruppenleiter im Bundeskanzleramt und Sekretär des Bundessicherheitsrates.

Sein Beruf führte ihn unter anderem in die USA, zu NATO und EU nach Brüssel sowie in das Verteidigungsministerium, das Auswärtige Amt und den Deutschen Bundestag.

Nach seiner Karriere in Militär und Politik ist Dr. Erich Vad als Inhaber einer Unternehmensberatung gefragter Experte zu aktuellen Fragen der internationalen Sicherheitspolitik. In der Beratung reicht sein Portfolio von Vorträgen und Workshops über Führungs- und Strategieberatung bis hin zu Krisenkommunikation und -management – auch mit Fokus auf Female Leadership.

Dr. Erich Vad ist zudem Publizist und Universitätsdozent, unter anderem an der National Defense University und der Johns Hopkins University in Washington D. C. Er promovierte in Geschichte und Philosophie bei dem israelischen Historiker Jehuda L. Wallach über die Aktualität der Führungs- und Strategielehre von Clausewitz.

Erfahren Sie mehr unter erichvad-consulting.de.

Sandra Cegla und Dr. Erich Vad bilden über dieses Buch hinaus ein berufliches Team: Sie halten gemeinsame Vorträge und führen Workshops zum Thema New Female Leadership durch.

Vorbemerkung der Autor:innen

Als Autorin und Autor dieses Buches sind wir uns dessen bewusst, dass es zu dem gesamten Themenkomplex erheblichen wissenschaftlichen Forschungsaufwand gegeben hat und gibt, nicht zuletzt in der Medizin, Evolutionsbiologie, der Psychologie, Kriminologie und Viktimologie, der Genderforschung sowie der gesamten Palette betreffend Führungsthematiken. Mit dieser Publikation wollen wir uns weder in die wissenschaftliche Forschung einmischen, noch erheben wir einen wissenschaftlichen Anspruch. Wir möchten den gesellschaftlichen Diskurs um einen Debattenbeitrag erweitern, der auf langjähriger praktischer Erfahrung mit Führung, männlicher wie weiblicher, aktiv wie passiv, fußt und auf diese rekurriert.

Sollten wir beschriebenen Personen ihrer Meinung nach nicht immer gerecht geworden sein, so bitten wir diese um Verständnis: Bei unseren Darlegungen hat uns die Anstrengung um Wahrhaftigkeit geleitet.

SANDRA CEGLA & ERICH VAD

Ein Buch für Frauen & Männer

NEW FEMALE LEADERSHIP

Was wir von Angela Merkel und anderen Frauen lernen können

Deutsche Erstveröffentlichung bei
Topicus, Amazon Media EU S.à r.l.
38, avenue John F. Kennedy, L-1855 Luxembourg
Juni 2023

Umschlaggestaltung und Illustration: Tom Howey, Berlin,
www.tomhowey.com
Lektorat, Korrektorat und Satz: VLG Verlag & Agentur,
Haar bei München, www.vlg.de
Gedruckt durch:
Amazon Distribution GmbH, Amazonstraße 1, 04347 Leipzig /
Canon Deutschland Business Services GmbH,
Ferdinand-Jühlke-Str. 7, 99095 Erfurt /
CPI books GmbH, Birkstraße 10, 25917 Leck

ISBN 978-2-49671-205-6
e-ISBN 978-2-49671-206-3

www.topicus-verlag.de

In the future there will be no female leaders.
There will just be leaders.

Sheryl Sandberg

Wir widmen dieses Buch allen. Allen Menschen. Der Welt. Nicht, weil wir so anmaßend wären anzunehmen, dass jede:r unser Buch lesen oder sogar richtig und wichtig finden wird. Sondern weil wir glauben, dass wir alle – jede:r von uns – es verdient haben, in der besten aller Welten zu leben. Und diese Welt wird es erst dann geben, wenn wir als Menschheit und als Gesellschaft(en) das Beste in uns allen zum Vorschein bringen und zum Wohl aller nutzen – frei von überholten Rollenbildern, Vorurteilen und Ungerechtigkeiten. Wir werden dieses Ziel erreichen. Nicht heute und sicher auch nicht morgen. Aber hoffentlich in einer gemeinsamen Zukunft.

Danke an alle, die mit uns heute einen weiteren Schritt auf dem Weg in diese Zukunft tun.

Inhalt

Zwei Einleitungen

Es ist ein schönes, symbolhaftes Bild: Es waren ausschließlich Männer, die sich bei der letzten Münchner Sicherheitskonferenz beim Businesslunch versammelten, stereotyphaft in dunklen Anzügen, gewichtig und von oben bis unten blank gewienert. Frauen hat man hier leider vergeblich gesucht.

Trotz vieler Anstrengungen und positiver gesellschaftlicher Entwicklungen über die letzten Jahrzehnte, ja, Jahrhunderte, sind Frauen im öffentlichen Leben immer noch viel zu unsichtbar. Zwar kommen Gleichstellung und Feminismus immer mehr im Mainstream an, Bewusstsein und Akzeptanz für diese wichtigen Themen steigen auch in der breiten gesellschaftlichen Mitte. Aber das reicht noch lange nicht bis in die Führungsetagen von Wirtschaft und Politik hinein. Hier befinden sich nach wie vor nur wenige Frauen in leitenden Positionen, Aufsichtsräten und politischen Ämtern.

Die Folge ist, dass die wirklich wichtigen gesellschaftlichen Entscheidungen von großer Relevanz und Tragweite für uns alle weiterhin fast ausschließlich von Männern getroffen werden. Unsere Berufs- und Lebenswelten sind weiterhin überwiegend männlich geprägt. Frauen bleiben hingegen Nebendarstellerinnen im öffentlichen Leben. Ihr Wirkungsbereich beschränkt sich immer noch vornehmlich aufs Private. Ihre Erlebniswelten und Realitäten bleiben somit in einer Vielzahl von Entscheidungen außen vor und werden gesellschaftlich nicht abgebildet. Die Corona-Pandemie hat es jüngst verdeutlicht und leider sogar verstärkt. Dies ist ein unschöner Befund.

Sandra und ich haben uns am Filmset zu »Celebrity Hunted«, einer Produktion von Amazon Prime, kennengelernt.

Ich hatte in dieser Produktion die Rolle des Chefs eines Polizeihauptquartiers inne, das flüchtende »Straffällige« quer durch Deutschland jagte. Sandra war die Leitende Polizeiermittlerin und Einsatzleiterin. Beide fahndeten wir nach Prominenten wie unter anderem Wladimir Klitschko, Vanessa May oder Stephanie Giesinger.

Das Führen eines Hauptquartiers – das lag bei mir beruflich bereits viele Jahre zurück. Mein Führungsverhalten war in der Zwischenzeit längst anders geworden, in den vielen Jahren in der Politik und im Bundeskanzleramt als militärpolitischer Berater von Angela Merkel. So anders, dass ich mich nun, im operativen Hauptquartier, kaum wiedererkannte.

Ich erlebte am Filmset einen regelrechten Flashback in frühere Zeiten. Mein Führungsstil war im Film stark männlich geprägt: abgehackte, kurze, zupackende Sprache, schnelle Entschlüsse, direktes Führungsverhalten und klare Fokussierung auf Zugriffe. So wollte es die Regie. Bei polizeilichen oder militärischen Operationen geht das auch nicht anders. Zeit für Reflexion, für Integration von unterschiedlichen Sicht- und Vorgehensweisen, Empathie, Diskussion über Handlungsoptionen – all die Aspekte guten Führens auf lange Sicht – bleibt da nicht. Hier geht es ausschließlich um schnelles Handeln und den Zugriff. In den Drehpausen habe ich mich manchmal bei meinen Mitstreitenden – erfahrenen Polizist:innen, SEK-Angehörigen, Profilern und Computerspezialist:innen – entschuldigt ob meines »gespielten« männlich-starken Führungsverhaltens.

Das war im Bundeskanzleramt unter Angela Merkel natürlich ganz anders. Hier kam es im Schwerpunkt darauf an, möglichst viele Sichtweisen und Positionen in mein Führungsverhalten zu integrieren. In gewisser Weise war oft politische Mediation angezeigt, wenn sich in Sachfragen verschiedene Ministerien in den Haaren lagen. Führung im Stil von »Celebrity Hunted« ging dort gar nicht. Und Angela Merkel als weibliche

Regierungschefin führte auch anders als ihre männlichen Vorgänger. Das habe ich in meiner Zeit im Bundeskanzleramt aus nächster Nähe erlebt und erfahren, und das soll auch Inhalt unseres Buches sein.

Sandra hat nach ihrer Karriere bei der Polizei eine Frauenberatung gegründet, ist als politische Beraterin zum Thema Stalking engagiert und Vorsitzende eines Frauenverbandes. Sie hat Polizeieinsätze selbst geleitet. Manchmal musste sie dabei das typisch männliche Status- und Rangspiel mitspielen und führte SEK-Durchsuchungen trotzdem (oder gerade deswegen) in hohen Absätzen durch. Beim Dreh und im Film führte sie Zugriffe und Verhaftungen in sehr moderatem, nicht herrischem, nicht lautem, ganz und gar nicht männlichem, sondern sehr femininem Ton durch. Das hat mich gewundert, beeindruckt und auch fasziniert. Schließlich ist der Akt des Zugriffs ja ein sehr männlicher Vorgang. Irgendwie hat Sandras Stil mich an das Führungsverhalten von Angela Merkel erinnert. In ihrem Umfeld ging es ähnlich und ganz anders als in militärischen Hauptquartieren zu. Die Themen hatten es meist in sich, aber der Zugang dazu und der Umgang damit waren moderat, weiblich, entspannt und nicht aggressiv.

Die Durchführung von Polizeioperationen läuft mehr oder weniger männlich, nach Schema F ab. Da gibt es nicht viel Spielraum. Jede:r kennt seine beziehungsweise ihre Rolle, die Verhaltensregeln und das, was von einem erwartet wird. Alle müssen so zusammenarbeiten, dass es läuft wie geschmiert. Später, in ihrer Frauenberatung, rückten bei Sandra andere Aspekte in den Vordergrund. Um hier erfolgreich zu sein, bedarf es – neben ihren bei der Polizei gelernten Fähigkeiten – des Verstehens, Hineinfühlens und Nachvollziehens, der Empathie, des vernünftigen Umgangs mit Gewalt, mit Aggression und anderen Formen menschlichen, vorwiegend männlichen Fehlverhaltens. In Sandras Beruf waren und sind fast immer Männer die Täter, die Träger menschlichen Fehlverhaltens. Frauen sind in der großen Mehrheit die Leidtragenden, die Opfer.

Oft sprachen Sandra und ich über polizeiliches, militärisches und politisches Führungsverhalten, über die Unterschiede zwischen diesen so verschiedenen Lebenswelten und im Führungsverhalten von Männern und Frauen. Wir hinterfragten die gängigen Stereotype eher männlichen und eher weiblichen Führungsverhaltens. Wir entdeckten Unterschiede, aber auch Übereinstimmungen, sowohl im weiblichen und männlichen Führen als auch in unseren Herangehensweisen.

Aus unseren Gesprächen entstand die Idee zu diesem Buch zum Thema »New Female Leadership«. Wir beleuchten weibliche Führung aus unseren eigenen Erfahrungen heraus – Sandra aus ihrer Zeit bei der Kriminalpolizei sowie in der Beratung und im Coaching von weiblichen Führungskräften; ich aus meiner Zeit als Berater von Angela Merkel.

Wir schildern Erlebnisse und Beispiele aus weiblicher und männlicher Sicht. Sicherlich sind unsere Perspektiven und Herangehensweisen erkennbar männlich und erkennbar weiblich geprägt. Trotzdem wollen und können wir aufgrund unseres Werdegangs keine Personen mit einem »typischen« Blick auf Frauen oder Männer sein.

Und noch etwas ist wichtig: Wir sprechen zwar generell von zwei Geschlechtern – männlich und weiblich –, aber wissen natürlich, dass es dazwischen und überlappend auch Transidentitäten gibt. Wir haben uns jedoch deshalb für die Stereotype »männlich« und »weiblich« entschieden, um Unterschiede bewusst herauszustellen und des Verständnisses wegen zu polarisieren. Es ist selbstverständlich auch klar, dass nicht jeder Mann zwingend männlich führt und nicht alle Männer ausgeprägt männliche Eigenschaften mitbringen. Gleiches gilt für Frauen mit ihren respektiven Eigenschaften und ihrem Führungsverhalten.

Mit diesem Buch wollen wir unsere persönlichen Erfahrungen mitteilen und zur Diskussion stellen. Wir wollen versuchen, durch das Aufzeigen von Stereotypen aus ebendiesen Stereotypen und den vermeintlich klassischen Gegensätzen herauszukommen. Denn wir haben uns beide gefragt, ob es nicht möglich ist, typisch männliches und typisch weibliches Führungsverhalten miteinander zu verbinden, sozusagen zu integrieren. Wir wollen neue Wege gehen, um aus der Genderabgrenzung, aus der Konfrontation der Geschlechter herauszukommen und stattdessen das gemeinsame, kreative Zusammenspiel der Geschlechter in der Führungspraxis wiederzuentdecken. Und wir wollen versuchen, unsere Erfahrungen, die weiblichen und die männlichen, miteinander zu verbinden. Sandra als Frau, die lange bei der Polizei gearbeitet hat und seit Jahren in der Frauenberatung tätig ist. Ich als Mann, der aus der Männerdomäne des Militärs kommt und lange Zeit als Berater einer Frau fungiert hat, die einstmals als »die mächtigste Frau der Welt« beschrieben wurde.

Erich Vad

Es ist kalt. Ein weiterer Drehtag unter Tage im Headquarter von »Celebrity Hunted« zieht sich in die Länge. Blaues Licht, Hightech überall um uns herum, blinkende Flatscreens, sich bewegende Grafiken, Glasfronten … und überall Kameras. Die Klimaanlage ist so kalt eingestellt, dass ich schon seit Stunden friere, aber das hat schließlich auch einen Vorteil: Mein Gesicht beginnt nicht so schnell zu glänzen. Hinter den Monitoren in den Aufenthaltsräumen sitzen die Maskenbildnerinnen und beobachten uns ganz genau. Jede Strähne, jeder Lidstrich muss sitzen, sonst schlagen sie Alarm.

Ich bin an meinem Schreibtisch, verfolge eine Spur von Stephanie Giesinger am Computer und schaue nach rechts. Erich sitzt an seinem überdimensional großen Schreibtisch in seinem überdimensional großen Einzelbüro, das ich durch die Glasfront unmittelbar einsehen kann. Eine Sache muss ich noch mit ihm besprechen, fällt mir da sofort ein. Und die Gespräche über Frauen und Männer sind mit ihm ja auch immer sehr spannend … da hänge ich bei der Gelegenheit doch schnell noch eine Frage mit dran …

Ich beende meine Recherche und gehe zu ihm ins Büro. Nachdem wir die »echten« Inhalte fürs Headquarter besprochen haben, schalten wir unsere Mikrofone aus. Während der gesamten zehn bis zwölf Stunden am Tag, die wir am Set verbringen, können alle Mitglieder des Filmteams alles mithören, was wir sprechen – das dürften so um die zwanzig Paar Ohren sein. Alle Recherchen, alle Gespräche, alle Überlegungen, alle Taktiken und Strategien, die das Headquarter miteinander austauscht, werden mitgeschnitten und aufgezeichnet. Immer wieder machen wir im Team Witze oder sprechen über Privates – und vergessen dabei, dass die Mikrofone an sind. Wenn der Regisseur plötzlich am anderen Ende des Raumes in die Witze einsteigt, erinnere ich mich schlagartig daran, dass wir nicht allein im Raum sind. Wenn Erich und ich zusammensitzen, schalten wir die Mikrofone aus. Das vergessen wir nie. Interessant, was Militär-, Polizei- und Politiksozialisation in Kombination so mit einem machen.

Erich und ich sprechen in den Drehpausen über Frauen und Männer im Beruf, in der Politik, in der Führung. Über Macht, Dominanz, über den Missbrauch von Macht, über Ausbeutung, Demütigung, Gewalt. In den meisten Punkten sind wir uns einig. Am Anfang bin ich irritiert: Erich ist ein gestandener Mann, der eine außergewöhnliche Karriere vorzuweisen hat. Bei unseren ersten Gesprächen fühle ich mich etwas eingeschüchtert von seiner Präsenz. Er hat sich in so vielen Milieus behauptet und strahlt gleichzeitig mir und auch allen anderen gegenüber so viel innere Ruhe, Wertschätzung und eine klare Haltung aus, dass er einfach nur sympathisch ist. Und auf Augenhöhe. Ohne sich selbst oder irgendjemandem etwas beweisen zu müssen. Für ihn ist es selbstverständlich, mir als Frau den Vortritt zu lassen, ohne dabei etwas zu verlieren, und er spricht in einer so respektvollen und anerkennenden Art und Weise von seiner ehemaligen Chefin Angela Merkel, dass ich mich wundere.

Bisher sind mir eher wenige Männer begegnet, die so viel ehrliche Anerkennung und offene Wertschätzung für Frauen an den Tag legen und so neidlos über eine so mächtige Frau wie Angela Merkel sprechen können. Erich kann es. Wie ist das möglich? Er unternimmt noch nicht einmal den Versuch, seine offene Bewunderung für die Lebensleistung, die Persönlichkeitsstärke und das wirklich außergewöhnliche Lebenswerk von Angela Merkel zu verbergen – und das alles vor mir, einer Frau. Zunächst kaufe ich ihm diese innere Haltung nicht ganz ab. Ich bin offen gestanden wirklich etwas misstrauisch, stelle aber sehr schnell fest, dass seine Haltung echt ist.

Bemerkenswert ist für mich die ausgeprägte Polarität seiner Persönlichkeit mit stark männlichen und zugleich eher weichen, weiblichen Elementen. Wie geht das? Ein harter General, mit dem nicht gut Kirschen essen ist, der Kampfsport betreibt und der sich in einer echten Männerdomäne durchgesetzt hat – und der sich gleichzeitig als Führungskraft empathisch und integrierend so in einem Team bewegen kann, dass sich ausnahmslos alle, besonders aber Frauen, wohl und sicher fühlen können. Ein Mann, der sich offensichtlich nicht für seine eher weichen Seiten schämt, sondern sie ebenso als seine Stärken anerkennt.

Genau diese weichen Seiten sind der Schatz, den wir als Gesellschaft – Frauen wie Männer – noch nicht gehoben haben.

Besonders vor dem Hintergrund, dass Erich und ich im Lauf unseres beruflichen Lebens viele übereinstimmende Erfahrungen und Beobachtungen gemacht haben und zahlreiche Überzeugungen teilen, habe ich mich umso mehr gefreut, mit ihm über das Thema »New Female Leadership« zu schreiben.

Bei meiner Arbeit als Kriminalkommissarin, heute als Beraterin und Coach, sind mir so viele Frauen begegnet, dass ich sie nicht mehr zählen kann. Die meisten von ihnen haben sehr intime Inhalte aus ihren Beziehungen, ihrem Berufsleben oder anderen Lebensbereichen mit mir geteilt, die ihnen wichtig waren. Und eines hatten fast alle gemeinsam: Die meisten Frauen haben nicht erkannt, wie stark, farbenfroh und wunderschön sie sind.

Sie haben nicht erkannt, dass besonders ihr reiches Seelenleben, das gefüllt ist mit so vielen Ideen, Gefühlen, Wünschen und Bedürfnissen, die die Welt zu einem viel besseren Ort machen und unsere Beziehungen zum Erblühen bringen können, eine Stärke ist – und keine Schwäche. Leider denken die meisten Frauen von sich, dass sie schwach sind, und bekommen dies oft auch kollektiv – besonders aber im öffentlichen Leben – gespiegelt. Ihre Emotionen beispielsweise halten Frauen meist für eine Schwäche. »Ich bin zu emotional«, »Ich bin einfach zu sensibel« oder »Ich bin für diesen Posten nicht gemacht« habe ich so oft gehört, dass ich auch das nicht mehr zählen kann.

Meine Erfahrung hat mir gezeigt, dass dies keine Einzelfälle sind, sondern Überzeugungen, die zahllose Frauen miteinander teilen. Also sollten wir uns genau an dieser Stelle auch gesellschaftliche Fragen stellen: In welcher Art von System leben wir eigentlich und auf welche Werte haben wir uns stillschweigend geeinigt? Sind wir Frauen wirklich schwach oder ist es Zeit, unsere Stärke und unsere wahre Schönheit endlich zu erkennen? Ist es nicht auch an der Zeit, die Männer dazu einzuladen? Gehören denn nicht längst viel mehr Frauen in die Führung? Und was macht eigentlich gute Führung aus? Erich und ich finden, dass Frauen und das weibliche Prinzip die Antwort auf viele Fragen unserer Gesellschaft sind. Deshalb ist es Zeit für dieses Buch.

In unserem Buch wollen wir – ausgehend von weiblichen und männlichen Stereotypen – außerdem eine Weiterentwicklung der Geschlechterrollen, wie wir sie bisher kennen, wagen. Besonders liegt uns am Herzen, neben der Benennung von aktuellen Missständen die Wertschätzung zwischen den Geschlechtern wiederzufinden, um ein freudvolles und spielerisches Miteinander auf Augenhöhe zu ermöglichen. Die Zeiten, in denen wir uns anbrüllen mussten, dürften hoffentlich vorbei sein. Und nun, da die Geschlechterrollen bereits in Auflösung begriffen sind, dürfen wir uns trauen, darüber nachzudenken, wie denn die neuen Rollen aussehen könnten. In diesem Buch können wir natürlich nur erste Impulse und Ideen geben, aber genau diese wollen wir wagen. Und wir wollen alle dazu einladen, mutig und neu in die Zukunft zu denken.

Sandra Cegla

Fragen, die bewegen: Ein Gespräch zum Einstieg

Ein wenig haben Sie schon in der Einleitung verraten, trotzdem die Frage: Warum schreiben Sie ein Buch über New Female Leadership?

Sandra Cegla: Wir haben festgestellt, dass Frauen ganz viele Stärken haben, die sie noch immer für Schwächen halten. Unzählige Frauen laufen durch die Gegend und denken von sich, dass sie schwach sind, dass sie viel zu emotional sind und dass sie eine ganze Menge Eigenschaften haben, die eigentlich im öffentlichen Leben nicht wirklich gebraucht werden. Oder dass sie – wenn sie Karriere machen oder im öffentlichen Leben in bestimmte Positionen kommen wollen – eigentlich bessere Männer werden und von den Männern lernen müssen. Sie glauben, sich die Sprache der Macht zu eigen machen zu müssen, härter werden zu müssen, sich mit den Ellenbogen durchsetzen zu müssen. Ich habe in den letzten zwanzig Jahren meines Berufslebens hingegen gelernt, dass Frauen – gerade weil sie Frauen sind – längst »genug« sind.

Sie sind sogar total stark. Genau diese Eigenschaften, die Frauen haben, machen sie stark – nämlich, dass sie empathisch sind. Dass sie in der Lage sind, Harmonie herzustellen. Dass sie in der Lage sind, viele unterschiedliche Meinungen, Bedürfnisse und Wünsche zu integrieren. Dass sie nachhaltig agieren und Menschen auf lange Sicht als Team zusammenhalten können. Dass sie befrieden und Konkurrenzen im Zaum halten können. Sie schaffen eine Atmosphäre, wo Menschen in ihr volles Potenzial kommen können. Das sind weibliche Eigenschaften für mich, und genau diese Eigenschaften fehlen in ganz vielen Einrichtungen und Institutionen; sie fehlen in der Politik, in der Wirtschaft, im öffentlichen Leben – überall dort, wo immer noch gehauen, gehackt, gestochen wird, wo es immer noch um »schneller, höher, weiter« geht, wo ausschließlich das männliche Prinzip vorherrscht, das toxisch-männliche Prinzip.

Erich Vad: Bei mir war einer der Auslöser, dass ich Sandra mit ihrer Polizeivergangenheit am Filmset zu »Celebrity Hunted« in Aktion erlebt habe. Da musste Sandra Zugriffe durchführen und hat unseren flüchtigen Celebrities dann in einem ganz ruhigen, femininen Ton erklärt, dass sie jetzt verhaftet sind. Der polizeiliche Zugriff als solcher ist für einen Verfolgten ein ziemlich starker Einschnitt ins Leben und erfolgt meist auch auf eine eher männliche, sehr aggressive Art. Sandra hat ihn jedoch mit einer weichen Art der Kommunikation kombiniert. Das hat mich fasziniert. Ein Mann würde eher sagen: »Pass mal auf, du bist jetzt verhaftet, zack, zack, ab in den Knast.« Es hat mich berührt, wie unheimlich stark und selbstsicher Sandra als Frau aufgetreten ist, ohne dabei aggressiv sein zu müssen.

Auch Angela Merkel hat bei Ihnen eine Rolle gespielt …

Erich Vad: Das hat sie. Natürlich nicht bei »Celebrity Hunted«. Aber sie hat definitiv eine Rolle in Bezug auf die Frage gespielt, warum ich über New Female Leadership schreibe. Ich habe als militärpolitischer Berater für die mächtigste Frau der Welt gearbeitet – so hat das Magazin Forbes Angela Merkel betitelt –, und diese überaus mächtige Frau hat mit ganz vielen weiblichen Eigenschaften geführt. Das hat mich schwer beeindruckt und mich als Soldaten, der an männliche Führung gewöhnt war, neu denken und irgendwie auch aufatmen lassen. Außerdem bin ich Vater von zwei Töchtern und einem Sohn sowie Mann einer berufstätigen Frau. Was meine Frau mir früher berichtet hat, als sie als noch junge Ärztin in der Klinik gearbeitet hat, oder was meine Töchter mir früher aus dem Studium und heute aus ihrem Berufsleben erzählen … da muss man auch als Mann zuweilen den Kopf schütteln – und als Vater erst recht. »Papa, muss ich mir das gefallen lassen?«, fragen sie oft, wenn sie mir wieder eine Situation geschildert haben, wo es in Richtung Anzüglichkeit ging, wo es keine echte Freundlichkeit gab, wo männliche Kollegen sich Dinge herausgenommen haben, die einfach falsch und tendenziell übergriffig sind. Wenn Sie das alles zusammennehmen, dann gab es gar keine Frage: Ich musste einfach über New Female Leadership schreiben, und das zusammen mit einer Frau, die ihre langjährige Expertise in der Beratung von Frauen einbringen kann.

Es ist eben der Begriff des toxisch-männlichen Prinzips gefallen. Warum toxisch?

Sandra Cegla: Da, wo ich gearbeitet habe, bei der Polizei, in der Politik, da ist mir fast ausschließlich das männliche Prinzip begegnet, oft eben ein toxisches. Da ging es um Ausbeutung, Macht und Dominanz. Da habe ich selten Menschen zurücktreten sehen für das große Ganze. Da hat keiner gesagt: »Ich nehme mich mal zurück und höre einfach zu.« Und es hat auch keiner gefragt: »Was tut denn uns *allen* gut? Wo wollen wir gemeinsam in den nächsten fünf oder zehn Jahren hin, und was kann ich dazu beitragen?« Das wäre das weibliche Prinzip. Stattdessen hat man sich für einen schnellen Erfolg gegenseitig auf die Mütze gehauen, war dadurch die nächsten Jahre in einem dauernden Konkurrenzkampf gefangen und konnte sich nicht mehr gemeinsam an einen Tisch setzen. Ich habe mich also gefragt: Ist das wirklich das, was wir langfristig wollen? Global betrachtet, sehen wir doch, was wir davon haben: Stichwort Putin. Stichwort Kriege. Stichwort Klimawandel. Wir sehen es überall: Da, wo das männliche Prinzip herrscht, haben wir Krieg, Konflikt, Ausbeutung von Ressourcen. Wir sollten stattdessen Samen säen und abwarten, bis endlich wieder etwas wächst, und dafür brauchen wir Geduld. Dafür brauchen wir alle an einem Tisch. Dafür brauchen wir die Fähigkeit zuzuhören, wir brauchen auch mal das Zurücktreten von eigenen Interessen für das Wohl der Gemeinschaft, und das ist für mich das weibliche Prinzip. Und das beherrschen Frauen eben besonders gut. Solange Männer an der Macht sind, ihr männliches Prinzip durchsetzen und alles, was gerade anfängt, als kleines Pflänzchen zu wachsen, immer gleich absäbeln, so lange können wir auch nie gemeinsam auf einen grünen Zweig kommen.

Erich Vad: Das soll nicht heißen, dass wir nur schwarz-weiß malen. Auch das weibliche Prinzip *kann* toxisch sein. Ich höre zum Beispiel von verschiedenen Seiten immer wieder, dass Synergieeffekte unter Frauen in den großen Unternehmen oft fehlen. Da gibt es kaum Mentorinnen, die bereit wären, andere Frauen unter ihre Fittiche zu nehmen. Bei den Männern ist das ganz anders. Und auch weibliche Vorgesetzte sind nicht per se fair und fördernd.

Oder ein Beispiel aus der Politik: Ich hatte eine Vorbesprechung für eine TV-Runde. Da wurde über unsere Außenpolitik gesprochen und in diesem Zusammenhang auch über unsere Außenministerin, die, bezogen auf die Ukraine, anfangs sehr, sehr knallhart und männlich unterwegs war und uneingeschränkt auf Hard Power setzte, jedenfalls in der politischen Kommunikation.

Als 17-jähriger Schüler eines altsprachlichen Gymnasiums, dem ich in mancher Hinsicht meinen inneren Kompass zu verdanken habe, bekam ich beim Schmökern in einem Antiquariat ein Buch in die Hand. Es trug den ins Auge springenden Titel »Das Dogma der Vernichtungsschlacht«. Geschrieben hatte es der israelische Historiker Jehuda L. Wallach. Er sollte ein paar Jahre später mein geschätzter Doktorvater werden, zu einer Dissertation über die aktuelle Bedeutung von Clausewitz. Wallach schildert in »Das Dogma der Vernichtungsschlacht« die Entwicklung des deutschen militärstrategischen Denkens im 19. und 20. Jahrhundert, das sich immer mehr von Clausewitz' »Primat der Politik« entfernte – also immer mehr hin zu Hard Power. Schließlich, am Vorabend des Ersten Weltkrieges, hatten in Deutschland militärische Erwägungen den Vorrang vor politischen Lösungswegen erhalten. Die damalige Außenpolitik war gänzlich der Hard Power, also dem männlichen Prinzip, untergeordnet worden. Das führte bekanntlich in die Katastrophe. Der mit dem Überfall Russlands auf die Ukraine am 24. Februar 2022 ausgelöste Ukrainekrieg und die Debatte darüber in Deutschland haben insofern auch bei mir einen Nerv getroffen.

Die Entwicklungen können sich als toxisch für unser Land erweisen: Wirtschaftliche Rezession, mögliche Arbeitsplatzverluste und auch die Folgen unseres Engagements für die Ukraine können durchaus fatal sein. Wir wissen nicht, wo Deutschland nächstes Jahr um diese Zeit steht. Ich will unsere

Außenministerin nicht angreifen; ich finde es im Gegenteil vorteilhaft, dass wir endlich eine weibliche Außenministerin haben, und ich bin von der Leidenschaft und dem Kampfgeist der Ukrainer und Ukrainerinnen extrem beeindruckt. Ich will damit nur sagen, dass, wenn auf starke weibliche Emotionalität einfach männliche Härte draufgesetzt wird, wenn also zwei Extreme zusammenkommen und sich potenzieren, statt ausgleichend aufeinander zu wirken, dass man dann im Grunde immer auf dem Holzweg ist und die ohnehin angespannte Situation nur noch verschlimmert. Besser wäre hier – neben der notwendigen Härte gegenüber dem Aggressor –, auch Wege der Vermittlung, der Problemlösung und der Deeskalation aufzuzeigen. Auch deswegen schreiben wir über New Female Leadership, weil wir weibliche Führungseigenschaften mit männlichen *effektiv* zusammenbringen wollen. Die aufeinander abgestimmte Integration der beiden ist das Hauptanliegen unseres Buches.

Sandra Cegla: Weibliche Eigenschaften sind fast immer das genaue Gegenteil von toxisch: Sie fördern das Gemeinsame, das Harmonische, die Kommunikation. Aber sie haben (noch) keine Chance gehabt, ihre Wirkung und ihr Potenzial auf gesellschaftlich-öffentlicher Ebene zu entfalten. Ich würde sagen, dass wir als Gemeinschaft beziehungsweise als Gesellschaft doch sehr im Patriarchat feststecken. Wir leben mehr in einem männlichen System als in einem weiblichen. Und ich finde, wir können als Gesellschaft langsam anfangen, darüber nachzudenken, wie wir eigentlich mit weiblichen Werten umgehen wollen, eben auch in der Führung. Unsere Gesellschaft braucht Frauen in der Führung, die weibliche Werte mitbringen und weibliche Stärken ausleben.

Jede einzelne Frau für sich soll erkennen können: »Ich als Frau bin genug, ich muss mich nicht verändern, ich bin schön und stark, eben weil ich eine Frau bin. Und dass ich in einem männlichen System festhänge, das mir meine Kraft aussaugt, mich als schwach betrachtet und mich dadurch auch schwach macht, heißt nicht, dass ich schwach bin oder dass meine Eigenschaften nichts wert sind.« Wir werden mit diesem Buch wirklich nur Fragen stellen und Impulse geben können, aber ich finde, wir dürfen als Gesellschaft jetzt gern mal neu denken. Wir dürfen Führung neu denken, wir dürfen unsere Institutionen neu denken und wir dürfen auch unser Miteinander zwischen den Geschlechtern neu denken.

Eine männlich dominierte, patriarchale Welt. Kaum Frauen in den Chefetagen, in Aufsichtsratsposten oder in öffentlichen Ämtern. Was macht das, neben dem erwähnten toxischen Mit- oder eher Gegeneinander, mit uns als Gesellschaft?

Erich Vad: Als Gesellschaft berauben wir uns unendlich vieler Möglichkeiten. Unendlich viel Potenzial bleibt ungenutzt. Die vielen starken weiblichen Qualitäten bilden wir weder in der Führung noch in der Gesellschaft bisher vollends ab. Dabei erzielen wir doch erst optimale Ergebnisse, egal ob als Wirtschaftsunternehmen oder als Gesellschaft, wenn wir das männliche Prinzip mit dem weiblichen verbinden und zwar auf eine gute, kreative Art. Erst dann wird Leadership wirklich besser. Während an Frauen viele unterschiedliche Anforderungen gestellt werden – man denke nur an die Kindererziehung oder das Familien-Management –, werden wir Männer eher eindimensional geprägt. Entsprechend ist männliche Führung hinterher dann eben auch sehr eindimensional. Für die Probleme, vor denen wir als Gesellschaft stehen, gibt es aber keine einfachen Lösungswege, sondern sie sind komplex und werden immer komplexer. Ich glaube, da werden wir verstärkt Frauen brauchen, die andere Sichtweisen mit- und einbringen und die weniger polarisieren.

Denn Polarisierung löst Probleme nicht. Stattdessen muss sich das Führungsverhalten der jeweiligen Situation anpassen können, und dafür braucht es eben mehr als Schema F beziehungsweise Schema Mann.

Sandra Cegla: Wir müssen uns bewusst machen, dass sich der Fortschritt einer Gesellschaft immer auch daran zeigt, wie weit die Gleichstellung zwischen den Geschlechtern fortgeschritten ist. Daran kann man sehr, sehr viel ablesen. Unsere gesellschaftlichen Rollenbilder hängen natürlich eng mit unserer individuellen Prägung zusammen, die wir zu Hause in der Kindheit erfahren, das lässt sich gar nicht auseinanderhalten. Die ganzen Fragen rund um Familie, Partnerschaft, Liebesbeziehungen, Erotik, Sexualität – das geht alles ineinander über, und wir können es nicht voneinander trennen. Mit dem Resultat, dass alles, was sich in falsch verstandenen Rollenbildern im öffentlichen Leben zeigt, auch immer in die Familien, ins Zuhause zurückfließt. Und dann wird es andersherum wieder von den Familien ins öffentliche Leben hinausgetragen und endlos so weiter. Wenn auf gesellschaftlicher Ebene das männliche Prinzip also mehr gilt als das weibliche, lernen wir das zu Hause bereits als Kinder und verhalten uns als Erwachsene entsprechend. Wir geben das Erlernte dann zurück in die Gesellschaft.

Eine Art Teufelskreis?

Sandra Cegla: Ein Teufelskreis ist es dann, wenn sich dadurch negative Energien immer weiter aufladen. Was hier der Fall ist. Wir haben, wie Erich schon sagt, dadurch zum einen gesellschaftlich ungenutzte Potenziale. Aber wir haben zum anderen auch riesengroße Blockaden bis hin zu destruktiven Energien: Gewalt in der Familie, sexueller Missbrauch von Kindern, Kindesvernachlässigung und so weiter. Ich habe es als Kriminalbeamtin gesehen: Es gibt so viele Menschen, besonders Frauen, die sich aufgrund von Gewalterfahrungen noch nicht mal Gedanken darüber machen können, wie sie überhaupt ihre Karriere aufziehen könnten. Es gibt Frauen, die arbeitsunfähig sind, weil sie so schwer misshandelt worden sind. Und es gibt ganz, ganz viele Frauen, die zwar arbeiten können, trotzdem aber so schwer traumatisiert sind, dass sie über Führungspositionen und Ähnliches gar nicht nachzudenken brauchen. Das ist alles ein Teil unserer gesellschaftlichen Wahrheit. Eine Wahrheit, die wir alle nicht sehen. Diese Frauen leben unter uns und wir alle kennen sie. Aber natürlich erzählen sie uns nicht, was ihnen widerfahren ist. Ich weiß es nur meines Berufs wegen; ich habe diese Frauen kennengelernt, sie gesehen, mit ihnen gesprochen. Hätte ich diese Frauen auf der Straße getroffen, sie in ihren Ämtern gesehen, in ihren Positionen – ich wäre niemals auf die Idee gekommen, was sie für Geschichten in sich tragen.

Was ich damit sagen will: Wir alle leben und arbeiten mit sehr vielen Menschen zusammen, die ganz schwere Geschichten haben. Und das hat *auch* mit Geschlechterrollen zu tun. Das hat mit Männern zu tun, die ihre Frauen prügeln. Das hat mit Männern zu tun, die ihre Kinder sexuell missbrauchen. Das hat damit zu tun, dass vor unseren Augen und hinter verschlossenen Türen Dinge passieren, die Menschen ihre Lebensenergie rauben, teilweise sogar für immer. Dinge, die in Kreisläufen von Gewalt über Generationen weitergegeben werden. Es gibt natürlich auch äußere Auslöser wie zum Beispiel Erfahrungen, die man im Krieg macht und die man ungewollt oder zumindest unbewusst in der Familie weitergibt – und von dort landen sie dann wieder in der Gesellschaft. Aber aus meiner Sicht hat es auch viel mit falsch verstandenen Geschlechterrollen zu tun, eben mit Männlichkeit, die sich an der falschen Stelle entlädt und dadurch toxisch wird, nämlich zu Hause in der Familie. Und nicht dort, wo sie eigentlich hingehört und ihre gesunde

Berechtigung hat: als Schutz bei Angriffen von außen. Jeden zweiten, dritten Tag wird in Deutschland eine Frau durch die Hand ihres (Ex-)Mannes oder (Ex-)Partners getötet. Das sind laut Polizeilicher Kriminalstatistik (PKS) des Bundeskriminalamts (BKA) jährlich allein zwischen 100 und 130 vollendete Tötungen an Frauen in (Ex-)Partnerschaften. Jüngst, im Jahr 2021, gab es sogar insgesamt 301 versuchte und vollendete Tötungen an Frauen durch ihre männlichen (Ex-)Partner. Und das ist nur ein kleiner Ausschnitt, von dem wir offiziell wissen.[1] Diese Realitäten dürfen wir nicht außer Acht lassen.

In Deutschland, möchte man hinzufügen.

Sandra Cegla: Ja, im Land der Dichter und Denker. Wir halten uns für ein Land, das sicher und voller Wohlstand ist. Aber wenn wir in die Familien schauen und die Missstände wahrnehmen, muss ich sagen: Wir sind es nicht. Wir haben im Gegenteil noch viel zu tun, und die Geschlechter sind *nicht* gleichberechtigt.

Erich Vad: … und genau deswegen brauchen wir weibliche Eigenschaften in Führungspositionen, um diesen Teufelskreis zu durchbrechen. Um zu Hause und in der Gesellschaft etwas zu verändern. Um die – trotz aller Bemühungen – doch noch starke Dominanz des männlichen Prinzips zu beenden.

Ich muss in diesem Zusammenhang immer an das großartige Buch »Minimum« von Frank Schirrmacher denken, das ich mal gelesen habe und das sich an einer Stelle unter anderem

---

[1] Bundeskriminalamt: Partnerschaftsgewalt – Kriminalstatistische Auswertung – Berichtsjahr 2021, Seite 5. https://www.bka.de/SharedDocs/Downloads/DE/Publikationen/JahresberichteUndLagebilder/Partnerschaftsgewalt/Partnerschaftsgewalt_2021.pdf?__blob=publicationFile&v=8
Stand: 30. März 2023

um die Besiedelung des Wilden Westens dreht. Die Trecks waren damals im absoluten Niemandsland unterwegs, auf dem Weg in ein vollkommen neues Leben. Sie bestanden meist aus Familien, also aus Männern, Frauen, Kindern, manchmal waren auch noch die Großeltern mit im Planwagen. Einmal war ein Treck im Winter wochenlang eingeschneit. Man diskutierte, ob und wann es weitergehen sollte. Insbesondere den jüngeren, starken Single-Männern, die dabei waren, ging das alles nicht schnell genug, und sie entschieden sich, auf eigene Faust weiterzuziehen. Sie glaubten, die Frauen, die Familien, die Alten seien nur Ballast. Sie ritten also allein los, weil es ihnen zu lahm und zu langweilig war mit den alten Opas und den Frauen. Es zeigte sich jedoch, dass fast alle dieser jungen Männer auf ganzer Linie scheiterten. Sie haben die Ziele, die Siedlungsgebiete nie erreicht, weil sie nur auf ihre männliche Stärke gesetzt haben – nur auf diese – und nicht die Kombination suchten. Ich bin sicher, die Ehemänner und Familienväter in den Planwagen werden auch gesagt haben: »Wir müssen jetzt Gas geben!«, aber als Ausgleich haben die Frauen eben Vorsicht und Vorausschau walten lassen, nicht zuletzt mit Blick auf die jungen Kinder. Dann kam noch die Erfahrung der älteren Generation hinzu, und so konnte man Entscheidungen treffen, die optimiert waren.

So habe ich auch Angela Merkel als Regierungschefin erlebt. Sie hatte natürlich ihre moralischen Prinzipien, ihren inneren Kompass. Aber sie war eben auch pragmatisch und hat versucht, nicht schwarz-weiß, nicht »entweder-oder« unterwegs zu sein. Und vor allem hat sie vor Entscheidungen immer alle relevanten Faktoren erwogen. Jede »Basta-Mentalität« – wie sie etwa ihr männlicher Vorgänger im Amt gepflegt hatte – lag ihr fern. Sie hätte, wie ich glaube, auch mit Blick auf den Krieg in der Ukraine in der jetzigen Situation nicht nur nach mehr Waffen gerufen, sondern sie hätte – statt martialische Rhetorik zu praktizieren – auch alles darangesetzt, Wege zu finden, politisch und diplomatisch aus diesem Krieg herauszukommen. Das tut im Moment (im April 2023) keiner, doch das wird sich hoffentlich ändern.

Müsste das Buch dann nicht »New Leadership« heißen, wenn es um die Symbiose aus männlichen und weiblichen Führungseigenschaften geht? Warum braucht es das »Female« im Titel?

Erich Vad: Ganz einfach, weil das »Female« noch an allen Ecken und Enden fehlt, weil das weibliche Prinzip nicht anerkannt, sondern eher untergebuttert wird. Wenn beim Businesslunch der Sicherheitskonferenz nur Männer sitzen, dann läuft was falsch. Überall, aber gerade auch in dieses Hardcore-Geschäft der Sicherheit, gehören viel mehr Frauen rein. Das muss einfach deutlich werden – angefangen bei unserem Titel.

Sandra Cegla: In Deutschland haben wir wie gesagt noch eine sehr männliche Gesellschaft. Das öffentliche Leben findet unter Männern statt. Dort, wo Entscheidungen getroffen werden und unsere Lebenswirklichkeit gestaltet wird für Deutschland, da spielen die Frauen nicht mit. Deshalb brauchen wir Frauen mit echten weiblichen Stärken in Führungspositionen. Wir brauchen aber auch New Female Leadership für die *Männer*. Wir brauchen Männer, die ihre weiblichen Eigenschaften mehr ins Führen einbringen. Aktuell ist es noch so, dass wir uns alle stillschweigend darauf geeinigt haben, dass männliche Werte die sind, die beklatscht werden: Die wahren Helden sind die, die höher, schneller, weiter springen, es sind Zahlen, Daten, Fakten … Alles, was männlich ist, wird beklatscht. Alle, die laut sind, die sich auf die Brust trommeln, die schnelle Erfolge erzielen, werden gefeiert. Die Stillen gehen unter; die, die zuhören, die mal kurz abwarten, die sich nach dem weiblichen Prinzip verhalten – und das sind eben vor allem Frauen. Wer sich nicht in den Vordergrund drängelt und die anderen nicht plattmacht, der findet nicht statt. Faktisch heißt das, Frauen finden nicht statt, und auch die femininen Männer finden nicht statt. Weibliches Führen findet nicht statt, nicht von Frauen und nicht von Männern. Im Moment haben wir also Male Leadership, und um eine neue Balance zu finden, müssen wir das »Female« dazupacken und in den Vordergrund rücken. Deshalb muss es im Titel stehen.

Und irgendwann wird ein großes Ganzes daraus?

Sandra Cegla: Genau. Wir brauchen jetzt erst mal Female. Das ist das, was jetzt alle lernen müssen. Dann kommt später als nächster Schritt, daraus ein großes Ganzes zu machen. Aber dafür brauchen wir *jetzt* die Stärkung der Weiblichkeit; diesen zentralen Schritt können wir nicht auslassen. Wir müssen zum männlichen Prinzip das weibliche addieren, und wir müssen jetzt auch den Bewusstseinsschritt machen und erkennen: »Stimmt. Das, was wir gerade machen, ist ganz schön männlich. Und wir werden auch nicht weiterkommen, solange die Frauen versuchen, Männer zu sein.« Das ist übrigens etwas, was ganz viele nicht erkennen, auch Frauen nicht. Die sagen: »Es gibt aber doch viele Frauen, die ihren Mann stehen …« Aber genau das wollen wir ja nicht! Genau das ist ja das Thema!

Was ist Weiblichkeit und warum kommen die weiblichen Frauen nicht an? Warum kommen die weiblichen Männer auch nicht an? Weil wir uns alle überhaupt nicht damit beschäftigen und weil wir weibliche Eigenschaften nicht als Stärke sehen. Wir müssen also erst mal über Female Leadership sprechen, das ins Bewusstsein rücken. Dann müssen wir uns darüber einig werden, dass es etwas Schönes ist, etwas Gutes. Etwas, das erstrebenswert ist. Und dafür müssen wir es wirklich mal ins Zentrum der Aufmerksamkeit stellen. Der Schritt, Female und Male in eine Balance zu bringen, der kann erst danach kommen, wenn wir das Weibliche überhaupt erst zum Männlichen gepackt haben. Also muss es unbedingt jetzt Female sein. Alles andere geht nicht.

Erich Vad: Ich muss in diesem Zusammenhang noch mal auf die Ukraine zurückkommen, da ich momentan sehr mit diesem Thema befasst bin und es mich während des ganzen Schreibprozesses für das Buch begleitet hat: Wir haben in den internationalen Beziehungen eigentlich immer das Bedürfnis (gehabt), Soft Power mit Hard Power auszutarieren. Also das eher weibliche Prinzip der indirekten Strategie mit Hard Power zu verbinden. Das fehlt zum Beispiel in der Ukraine-Politik komplett in Deutschland. Wir setzen voll auf Hard Power, auf das männliche Prinzip, und das ist toxisch. Das führt wirklich ins Verderben, ich sage es Ihnen … Eine Kombination aus Hard und Soft Power würde hingegen heißen, dass man versucht, nicht nur auf die Russen einzudrängen, sondern dass man auch die Fragen stellt: Was ist denn das russische Sicherheitsbedürfnis? Wie sehen die diesen Kontext, wo ist das Problem für *sie* und wie kommt man zu einer Lösung? Dass man sich empathisch auch in den Aggressor versetzt. »Empathisch« meint nicht naiv oder mitleidsvoll nach dem Motto »der arme Putin« – ganz und gar nicht. Empathisch heißt einfach, dass man verstehen und nachvollziehen kann, was den anderen antreibt. Man muss das empathisch Verstandene nicht gutheißen. Aber was man versteht, kann man auch besser »bearbeiten«. Das hat man in der NATO-Strategie übrigens immer gemacht, auch im Kalten Krieg: Man hat immer auf militärische Stärke gesetzt, aber in Kombination mit Dialogbereitschaft, Abrüstung, vertrauensbildenden Maßnahmen und so weiter, also auch auf die »weichen«, weiblichen Prinzipien vertraut. Ich bin beileibe nicht der Typ, der sagt, Soft Power ist alles.

Man braucht beides! Ich halte es mit Theodore Roosevelt: »Speak softly and carry a big stick; you will go far.« Rede sanft, aber hab' einen starken Stock in der Hand. Wenn es trotz Gesprächen und Auf-den-anderen-Zugehen nicht läuft, dann kommst du eben mit Hard Power – dem Stock – um die Ecke.

Das ist im Grunde das, was Sie an der von Sandra Cegla durchgeführten Verhaftung begeistert hat.

Erich Vad: Ja, das ist das, was Sandra bei dem Zugriff gemacht hat. In der Rolle der Polizistin mit der staatlichen Macht im Hintergrund konnte sie es sich »leisten«, den Zugriff auf eine softe Art und Weise durchzuziehen. Sie stand ja nicht hilflos da und sagte: »Bitte lass dich verhaften«, sondern da steckte jede Menge Hard Power dahinter. Darum geht es letztlich in der Führung: dass man beides miteinander verbindet. Menschen, die gut führen können, machen das meines Erachtens sowieso; die setzen nicht nur auf knallharte, testosterongesteuerte Machtdemonstration. Andererseits gibt es Situationen, da ist genau das Knallharte gefragt und nichts anderes. Menschen, die gut führen können, wissen, wann sie welche Power in welchem Umfang einsetzen müssen. Trotzdem – oder vielleicht auch deshalb – tue ich mich etwas schwer damit, wenn Sandra sagt, wir brauchen mehr feminine Männer.

Inwiefern tun Sie sich mit dem Ausdruck schwer?

Erich Vad: Ich finde, wir brauchen eigentlich *starke* Männer, die sich zugleich ihrer weichen Seite bewusst sind und diese zeigen können, ohne Minusmänner zu sein – mit »Minusmännern« meine ich Männer, die solche Angst um ihre gesellschaftliche Position und ihr Image haben, dass sie sich dem System, anderen Männern und dem scheinbar erwarteten, vermeintlich

»männlichen« Verhalten überanpassen. Für mich wirken solche Männer immer sehr höfisch im Sinne von »nach oben buckeln, nach unten treten«. Ich glaube, der neue Mann, den wir brauchen, der ist kein femininer Mann, sondern er ist ein starker Mann mit einem weichen Kern. Einem Kern, den er nicht verbirgt. Das macht ihn zu einem anständigen Kerl, und davon gibt es leider zu wenige Exemplare. Beruflich war ich immer in einer Männerdomäne unterwegs. 90 bis 95 Prozent der Personen, mit denen ich beruflich zu tun hatte, waren Männer – bis auf die Kanzlerin und ihr hoch qualifiziertes »Girls' Camp« mit unter anderen Beate Baumann, das ich immer sehr bewundert habe. Auf diesen von einigen nicht ganz freundlich gemeinten Begriff des »Girls' Camp« komme ich später noch mal zurück, deshalb steht er hier auch in Anführungszeichen. Und ehrlich gesagt habe ich in meinen drei Berufsleben – im Militär, in der Politik und seit rund zehn Jahren auch als Unternehmensberater in der Wirtschaft – festgestellt, dass viele Männer in hohen Positionen sitzen, die nach außen eine wahnsinnige Führungsstärke zeigen, aber dabei nicht selten eher schwach auf der Brust sind – um es mal so zu sagen. Mit ihrer vermeintlichen Stärke kaschieren sie lediglich ihre Schwäche, und darin sind nicht wenige tatsächlich sehr gut. Dieser Kontrast hat mich immer sehr gewundert. Einige dieser Männer waren so schwach, dass sie es sich in dieser männlich dominierten Welt nicht leisten konnten, überhaupt ihre weiche, eher weibliche, feminine Seite zu zeigen – oder eben das zu zeigen, was man gemeinhin unter einer eher weiblichen Seite versteht. Also Empathie; die Fähigkeit, auf seine Mitarbeiter zuzugehen; dass man in kleinem Kreis auch zu einem herrschaftsfreien Diskurs in der Lage ist; dass man nicht mit Herrschaftswissen arbeitet und nicht total hierarchisch.

Diese vermeintlich weiche Seite habe ich eigentlich eher selten und wenn, dann interessanterweise bei sehr starken

Männern erlebt, solchen, die wirklich hardcoremäßig unterwegs waren. Mit denen hatte ich persönlich immer die wenigsten Probleme, weil ihr weicher Kern sie zu anständigen Kerlen gemacht hat. Deswegen meine ich, wir brauchen starke Männer, die sich zu ihrer weichen Seite bekennen können, eben *weil* sie stark sind. Und zusätzlich brauchen wir weibliche Frauen, feminine Frauen, die nicht die Männer kopieren, die aber trotzdem auch eine starke Seite haben, diese zeigen, ausleben und in die Führung einbringen. Für New Female Leadership brauchen wir also einen neuen Mann, wenn man so will, aber auch eine neue Frau – und das ist eben nicht diejenige, die versucht, den Mann zu imitieren, um dadurch Stärke zu demonstrieren. Diese Balance der Geschlechter, das Zusammenspiel der Geschlechter beziehungsweise ihrer Eigenschaften in der Führung – das ist, glaube ich, der Weg in die Zukunft. Dafür muss man auch überkommene Rollenbilder hinter sich lassen.

Sandra Cegla: Mit »femininen Männern« meinte ich nicht, dass diese nicht auch harte Seiten haben dürfen. Sondern nur, dass sie – genau wie du sagst – auch fähig sein müssen, ihre weiche, weibliche Seite zu erkennen und zu nutzen. Im Grunde widersprechen wir uns nicht. Wir haben nur andere Worte gewählt und vielleicht einen etwas anderen Schwerpunkt für diese Männer gesetzt.

Erich Vad: Du hast recht. Und die Frauen, die müssen neben ihrer femininen Art auch bereit sein, ihre starke Seite zu zeigen. Ich meine, die Frau kämpft wie eine Löwin für ihre Kinder, das habe ich bei meiner Mutter erlebt, das sehe ich bei meiner Frau … die kämpft – wenn es um die Kinder geht – und das total parteiisch, knallhart … das schaffe ich gar nicht, als Mann so parteiisch zu sein. Diesen Löwinnen-Charakter, den müssen Frauen im Beruf auch ausleben können in der Führung, und dann passt das. Was meinst du, Sandra? Nicht, dass ich hier zu krass unterwegs bin.

Sandra Cegla: Bist du nicht.

> ***Sie haben darüber gesprochen, was die Dominanz des männlichen Systems mit uns als Gesellschaft macht. Dass die Männer nicht unbedingt aufschreien, ist vielleicht verständlich. Aber hätten nicht zumindest die Frauen längst auf die Barrikaden gehen müssen? Merken wir es als Gesellschaft gar nicht, wenn die Frauen aufbegehren?***

Sandra Cegla: Frauen *sind* ja auf die Barrikaden gegangen. Wir haben heute die Herausforderung, dass man nicht mehr so deutlich wie noch vor Jahrzehnten merkt, was schiefläuft. Wir befinden uns jetzt mehr als 150 Jahre nach den ersten Aufständen, und heute haben wir eine Situation, in der wir zumindest auf dem Papier und in der Verfassung gesetzlich geregelt haben, dass die Geschlechter gleichberechtigt *sind*. Wir können jetzt vor Gericht ziehen, und wir können das einklagen. Rein faktisch sind wir aber gesellschaftlich, tief in den Strukturen und auch tief in unserem kollektiven Unterbewusstsein eben doch noch nicht gleichberechtigt. Das sieht man jedoch erst auf den zweiten Blick. Die Frauen und Mädchen und selbst die Jungs, die heute geboren werden, wachsen in dem Bewusstsein auf: Wir sind gleichberechtigt.

Erst wenn die Mädchen ihre Ausbildung oder ihr Studium beendet haben und in den Beruf gehen, wenn sie ihre Kinder bekommen haben und dann befördert werden wollen, kriegen sie mit, dass ihre männlichen Kommilitonen längst an ihnen vorbeigezogen sind; dass die das dicke Konto haben und sie nicht; dass sie zurückstecken gegenüber ihren Ehemännern; und dass sie im Alter wahrscheinlich viel ärmer sein werden als ihre gleichaltrigen Mitstudenten von damals. Und erst wenn sie merken, dass es für sie so viel schwerer ist, das Gleiche zu erreichen wie ihre männlichen Mitstreiter, kriegen die Frauen mit: »Hm, vielleicht bin ich doch nicht ganz so gleichberechtigt. Vielleicht habe ich es doch ein bisschen schwerer im Leben. Vielleicht habe ich doch nicht die gleichen Chancen, einfach, weil ich eine Frau bin.« Wir sind de facto noch nicht ganz gleichberechtigt, doch wir sehen es erst auf den zweiten oder sogar auf den dritten Blick. Und wenn wir nicht hingucken, sehen wir es gar nicht. *Das* ist die große Herausforderung der heutigen Zeit. Die Ungerechtigkeit, die es noch gibt, und die strukturelle Diskriminierung von Frauen sind nicht mehr so offensichtlich, dass es zum Himmel schreit und uns auf die Straßen und die Barrikaden treibt.

Und weil im Gesetz steht, dass wir alle gleich sind, können wir das einfach behaupten … und uns darauf ausruhen, dass ja schon längst alles im Sinne der Frauen läuft?

Sandra Cegla: Ja. Jeder, der behaupten will, dass wir gleichberechtigt sind, der kann es tun. Schließlich sind wir vor dem Gesetz ja alle gleich. Kein Wunder, dass es eine ganze Menge Leute gibt, die die herrschende Ungerechtigkeit verleugnen und das sogar – gesetzlich gesehen – zu Recht. Aber rein faktisch gibt es eben noch immer keine Gleichberechtigung. Allein wenn ich mich mit meinem erwachsenen Sohn vergleiche, der nebenbei groß, stattlich und sportlich in der Erscheinung ist … Ich muss nur mit meinem Sohn über die Straße laufen oder ich muss es ohne ihn tun: Es verändert meine komplette Lebenswirklichkeit, es macht wirklich einen Unterschied im Lebensgefühl.

Frauen, die auf die Straße gehen, fühlen sich oftmals nicht sicher, gerade im Dunkeln. Männer, die auf die Straße gehen, fühlen sich fast immer sicher. Oder: Wenn man Frauen fragt, was sie sich für einen Tag einmal wünschen würden, dann sagen viele: »Ich wünsche mir eine Welt ohne Männer.« Männer wünschen sich ganz andere Sachen.

Ob ich als Frau oder als Mann geboren werde, macht einfach einen Unterschied. Es macht den Unterschied, wie ich mein Leben lebe, wie ich von Menschen behandelt werde, welche Erwartungshaltung die Gesellschaft mir entgegenbringt, welche Möglichkeiten ich habe, vor allem beruflich, wie mich die Menschen sehen, was ich mir erarbeiten muss, welches Vertrauen mir entgegengebracht wird und ob ich für das gleiche Geld das Gleiche leisten muss, ob mir Dinge geschenkt werden, ob mir Türen geöffnet werden oder nicht. Es macht einfach einen Mega-Unterschied, ob ich als Mann oder als Frau ins Berufsleben eintrete, und es macht einen Mega-Unterschied in Bezug darauf, was ich am Ende auf dem Konto habe oder nicht. Es gibt diese Unterschiede also, und die machen etwas mit uns als Individuum. Die Frauen, die ich kenne, die haben in ihrem Mindset: Ich muss leisten, ich muss rennen, ich muss was machen, ich bin nicht genug, ich muss immer über meine Grenzen gehen. Viele Männer, die ich kenne, lehnen sich grundsätzlich mehr zurück nach dem Motto: Ich mach' das schon irgendwie; das kriege ich schon hin. Da ist allein aufgrund der Sozialisation ein völlig unterschiedliches Lebensgefühl. Natürlich kann man das nicht komplett verallgemeinern, denn es kommen immer auch sehr individuelle Lebensthemen hinzu; die individuelle Sozialisation, die Prägung und die Familiengeschichte spielen auch eine Rolle. Aber wenn man genau hinschaut, gibt es noch zu viele Unterschiede in der Lebensrealität von Frauen und Männern. Und das macht auf der individuellen Ebene ganz viel aus.

Erich Vad: Ja, aber man muss wiederum bei den jungen Männern auch sehen, dass sie sich heute sehr stark gefordert fühlen, vor allem im Berufsleben. Denn damit die Quote stimmt, werden Frauen als Führungskräfte bevorzugt. Es herrscht also aktuell eine gewisse Not bei den Männern, perfekt dastehen zu müssen. Auf der anderen Seite erlebe ich natürlich auch, dass Frauen immer unter dem Druck stehen, letztlich besser sein zu müssen als die Männer auf gleicher Ebene. Das ist unfair, und davon müssen wir wegkommen – aber wir müssen eben auch aufpassen, gerade bei Quotenregelungen, dass die Männer nicht resignieren.

Sandra Cegla: Ich glaube, ein gewisser Schmerz auch bei den Männern wird sich nicht vermeiden lassen. Ich habe vor einiger Zeit eine interessante Erfahrung gemacht. Ich habe einmal vorübergehend bei meiner Schwester gewohnt, bin für vier Monate zu ihr gezogen. Das hat mir die Augen geöffnet: Ich habe dadurch eigentlich alles verstanden. Meine Schwester hat zwei Kinder und einen Mann, und sie arbeitet Vollzeit im Management eines Hotels – das erwähne ich, weil sie durch ihren Beruf vielleicht noch einmal besonders serviceorientiert ist. Sie ist also kein Beispiel, das ich verallgemeinern kann, und doch muss ich es erwähnen. Sie kümmert sich um ihre Familie, schmeißt einen super Haushalt – und ich komme in dieses Szenario hinein und erlebe zum allerersten Mal dieses Gefühl, was es bedeutet, wenn eine Frau sich um dich kümmert. Jeden Tag. Es war unfassbar.

Wenn ich morgens aufgewacht bin, war der Kaffee gemacht, das Frühstück war liebevoll hergerichtet. Jeden Tag, wenn ich von der Arbeit kam, haben mich freundliche Gesichter erwartet. Es war gekocht, der Kühlschrank war immer voll, nichts hat gefehlt. Mein Bett war immer frisch gemacht. Meine Wäsche war gewaschen, ohne dass ich darum gebeten habe. Es hat immer geduftet, es haben immer Kerzen gebrannt. Wenn ich nach Hause kam, habe ich mich wohl und willkommen gefühlt.

Irgendwie hatte ich ein schlechtes Gewissen und habe mich gefragt, wie ich mich mehr einbringen könnte. Ich habe auch immer gesagt, sie solle damit aufhören; habe gefragt, was ich tun könne. Denn bislang war ich ja nur in einer vergleichbaren Rolle gewesen wie sie: Ich habe als Frau getan und gemacht. Wenn ich Gespräche gesucht habe und die Aufgaben in meinem Haushalt verhandeln wollte, habe ich mich als Störenfried empfunden. Auch das ist nicht schön. Grundsätzlich kannte ich einfach das Gefühl, über meine Grenzen zu gehen. Bei meiner Schwester habe ich zum allerersten Mal die andere Rolle erlebt, quasi die des Partners. Ich habe vier Monate lang in einem gemachten Nest gesessen, sozusagen in einem Fünfsternehotel gewohnt. Und ich habe nichts dafür bezahlt, und damit meine ich nicht nur in monetärer Hinsicht.

Wenn ich also ein Mann bin und in einem Fünfsternehotel lebe und das alles umsonst kriege …

Sandra Cegla: Genau. Warum sollte ich als Mann dann bereit sein, davon etwas wegzugeben? Ich gehe arbeiten, ich habe zwei Kinder, ich kann mich vor meinen Kollegen brüsten, ich kann zum Sport gehen, ich komme nach Hause, setze mich an den gedeckten Tisch. Okay, ab und zu wird meine Frau vielleicht mal ein bisschen sauer, aber die krieg ich schon wieder hin. Irgendwas fällt mir schon ein, dass sie weitermacht, und dann hält sie mir wieder schön den Rücken frei. Was habe ich als Mann also für eine Motivation, von meiner Geschlechterrolle irgendwas abzugeben? Ich kann doch in Ruhe alles machen, und wenn mir irgendwas fehlt, dann kann ich mir nebenbei sogar eine Affäre suchen. Ich kann doch *für mich alles machen, was ich will.* Ich muss auf gar nichts verzichten in meinem

Leben, ich muss noch nicht mal über irgendeine Grenze gehen. Ich muss an nichts arbeiten.

Dieses Erlebnis, gewissermaßen in die männliche Rolle zu schlüpfen, hat mir die Augen dafür geöffnet, dass sich *natürlich* kein einziger Mann aus seiner Rolle bewegt. Freiwillig verlässt man dieses gemachte Nest doch nicht. Und natürlich verstehe ich auch, dass viele Männer jetzt sagen: »Nee, Veränderung oder wirkliche Gleichberechtigung wollen wir nicht, das ist doch auch ein Schmerz für uns.« Aber wir Frauen, wir bemerken unseren Schmerz nicht mal mehr in seinem ganzen Ausmaß, weil wir noch gar nicht erfahren haben, wie sich das Leben ohne Schmerz anfühlt! Ich habe bei meiner Schwester zum allerersten Mal ein schmerzfreies Leben erlebt, und ich kann immer noch kaum fassen, wie sich das anfühlt. Ein Augenöffner.

Erich Vad: Es gibt allerdings auch Frauen, die sich in das gemachte Nest der Männer setzen. Die Männer arbeiten, schuften von morgens bis Mitternacht, um das zu bringen, was die Frau sich wünscht und erwartet, und fahren sich oft selbst an die Wand dafür. In diesem Nestempfinden, das du hattest, Sandra, da richten sich manchmal Frauen gemütlich drin ein und kümmern sich nicht mehr um ihre Männer. Fragen nicht nach den Gefühlen oder danach, wie es dem Mann wirklich geht. Hauptsache, das Geld kommt rein. Hauptsache, der Wohlstand und die Sicherheit der Familie sind gewährleistet. Es gibt also auch diese Seite. Und Familie ist gewiss nicht immer Fünfsternehotel. Es ist ein Betrieb mit ständigen Baustellen, der funktionieren muss, und dazu gehört eine Form gerechter, fairer Arbeitsteilung der Eltern. Also, militärisch gesprochen, ist eine gute Partnerschaft auch immer (natürlich nicht nur) eine gute Kampfgemeinschaft, die gemeinsam durch dick und dünn geht, die sich gegenseitig stärkt und nicht schwächt, in der man seine Energien auftankt und in der nicht der eine immer weniger wird, immer mehr machen muss und schließlich im Burn-out landet … Es ist und bleibt eine Herausforderung, sich als Mann und Frau in der Familie und zu Hause auch einfach mal fallen lassen zu können, einen Rückzugsraum zu haben, auch zur Verarbeitung seiner positiven und negativen Erfahrungen im Beruf, der Krisen, Enttäuschungen oder wenn es einfach zu viel wird.

Es darf also nicht sein, dass der Mann zu Hause nichts macht und sich gemütlich einrichtet. Dann wären Männer bis in die Keimzelle der Gesellschaft hinein das bevorzugte Geschlecht. Nicht Frauen, wie es mein alter israelischer Freund Martin van Creveld mal – neben seinem eigentlichen Genre – in einem provokativen Buch geschrieben hat. Dieses Buch hat den Titel »Das bevorzugte Geschlecht«. Martin ist der beste Strategie- und Militärtheoretiker der Welt, von dem ich über die Jahre unendlich viel gelernt habe. Er, der Frauen schätzt und seine Frau Dvora über alles liebt, hat anschließend sehr viel Kritik für dieses Buch bekommen. Er hat mir dringend davon abgeraten, über Female Leadership zu schreiben, weil auch das ein sehr kontroverses Thema ist, bei dem jeder seine eigenen Emotionen hat. Eines seiner wichtigsten Beispiele im Buch ist der Krieg: Es sind in der Regel Männer, die in den Krieg ziehen müssen. Millionen von Männern sind allein im letzten Jahrhundert in den Kriegen verreckt. Die Kampf- und Todeszone in Kriegen war (und ist es größtenteils immer noch) eine frauenlose Gesellschaft, eine reine Männerdomäne. Und wenn du doch überlebt hast – sechs Jahre Krieg, dann bis zu zehn Jahre Kriegsgefangenschaft zum Beispiel nach dem Zweiten Weltkrieg –, dann war dein Leben vielleicht trotzdem zu Ende, weil deine Frau weg war … Aber ich kenne auch ein schönes Gegenbeispiel von einer Frau, unsere frühere Nachbarin, die während seiner Kriegsgefangenschaft jahrelang auf ihren Mann gewartet hat. Sie wollte nur ihn, hat niemals die Hoffnung aufgegeben, obwohl sie nicht wusste, ob er noch lebte. Sie hat alle anderen Männer, die um sie warben, in die Wüste geschickt. Das hat mich sehr gerührt. Tatsächlich kam der Mann eines Tages wieder, aber er war gebrochen, traumatisiert.

Doch viele Männer, die zurückkehrten, erlebten eher das Gegenteil, nämlich dass ihre Frauen nun mit anderen Männern zusammen waren, die ihnen Sicherheit bieten konnten, ein gutes Leben, ein Auskommen, das Vergessen der traumatischen Erfahrungen. Von der alten Generation habe ich gehört, dass Frauen nach dem Krieg auch vor diesem Hintergrund Besatzungssoldaten geheiratet haben. Einfach, um wegzukommen. Um aus diesem Elend wegzukommen. Nach 1945 war Deutschland ein zerstörtes, kaputtes Land mit Männern, die man – brutal gesagt – erst mal nicht mehr gebrauchen konnte. Viele waren traumatisiert, waren gesundheitlich am Ende oder waren Nazis. Da gab es Tausende von jungen Frauen, die einfach nur rauswollten und sich kurzerhand für den Mann entschieden haben, der sie dort rausholen konnte. Es gibt eben auch diese, für viele Männer schmerzliche Perspektive, die man nicht ausklammern darf. Und doch waren es gerade diese Menschen, die unser Land aus den Trümmern des letzten Krieges wiederaufgebaut haben. Es sähe bei uns heute anders aus, wenn wir nicht diese tüchtige Kriegs- und Nachkriegsgeneration von Frauen und Männern gehabt hätten.

Wenn man provokant wäre, könnte man einwenden: Wären nicht Männer an der Macht, sondern wäre das System weiblich geprägt, hätten wir keine Kriege – oder zumindest weniger. Dann müssten die vielen Männer nicht sterben.

Erich Vad: Im Prinzip ja, davon bin ich überzeugt. Es gab und gibt natürlich Frauen in der Führung, die würden ihr Land durchaus in den Krieg führen oder haben es getan. Vielleicht aber eher für ihr Land als für ihr Ego. In unserem vorliegenden

Buch »New Female Leadership« nenne ich an späterer Stelle beispielhaft Katharina die Große, die eine knallharte Herrscherin war. Sie war sehr stark, auch sehr modern und hat viele Reformen umgesetzt. Oder nehmen Sie Margaret Thatcher oder Golda Meir als israelische Ministerpräsidentin. Die waren sehr, sehr taff unterwegs.

Aber ja, ich glaube auch, dass es prinzipiell weniger Kriege gäbe, wenn mehr Frauen Regierungschefinnen wären. Ob Putin die Ukraine überfallen hätte, wäre Angela Merkel noch Kanzlerin gewesen? Allein die Tatsache, dass diese Frage aufgeworfen wird, zeigt, welche Macht Merkel wirklich hatte; es ist auch ein offenes Geheimnis bei denen, die Putin erlebt haben, dass er einen Höllenrespekt vor Merkel hatte. Wie auch immer, sie hätte es bestimmt anders gehandhabt, nicht dieses Schwarz-und-Weiß-Schema, das man jetzt hat und bei dem man nur auf den einen einprügelt. Sie wäre anders vorgegangen, da bin ich ziemlich sicher.

Wenn man die weiblichen Eigenschaften und ihre vielen Vorteile kennt, warum sind dann nicht schon längst mehr Frauen in Führungspositionen? Warum sehen Männer, die das System ja dominieren, das Potenzial der Frauen nicht? Sie könnten doch davon profitieren, wenn sie Frauen einstellen und fördern.

Erich Vad: Männer nutzen das Potenzial der Frauen schon, aber nur bis zu einem gewissen Grad. Die wirklich zentralen Positionen, die wirkliche Macht geben sie nicht her. Zudem glaube ich, dass niemand – auch eine Frau nicht – einfach in eine hohe Position gesetzt werden kann. Man muss sich hochkämpfen. Und da haben Männer weiterhin einen Vorteil, denn ich glaube, dass es für den beruflichen Aufstieg vor allem männliche

Eigenschaften braucht, so wie das System jetzt ist. Also zum Beispiel Ellenbogen und eine gewisse Rücksichtslosigkeit. Wenn man aber erst einmal in der Führungsposition angekommen ist, dann kommt es eher auf weibliche Führungsprinzipien an. Beim Aufstieg haben Frauen also einen gewissen Nachteil. Deswegen wird ja auch argumentiert, dass wir Quoten brauchen, weil Frauen sonst gar keine Chance hätten. Das kann ich ein Stück weit nachvollziehen. Und über die vielen Mängel – und damit die Nachteile für Frauen –, was die Vereinbarkeit von Beruf und Familie angeht, brauchen wir gar nicht zu reden … Junge berufstätige, gut ausgebildete und taffe Frauen machen Karriere, stehen aber unter dem biologischen Druck der Familiengründung. Diesen Druck haben junge Männer überhaupt nicht. Die können sich Zeit lassen, bis sie fünfzig sind. Oder noch länger! Manche fangen noch mit siebzig an, eine Familie aufzumachen. Diese Zeit hat eine junge weibliche Führungskraft eben nicht. Sie muss sich spätestens Mitte dreißig irgendwo entscheiden: Will ich das oder will ich das nicht? Hier herrscht ein Ungleichgewicht zwischen Männern und Frauen. Ich war vorher in unserem Gespräch eher gegen die Quote, aber wenn ich das jetzt so sage … Die Quote ist einfach hilfreich, damit Frauen überhaupt eine Chance haben, in die Führungsetagen zu kommen. Und da werden sie auch gebraucht, gerade jetzt, wo unser Land – und viele andere Länder auch – in eine wirtschaftliche, soziale, vielleicht auch politische Krise geht. Gerade jetzt können wir verstärkt Frauen in Führungspositionen gebrauchen.

Sandra Cegla: Ich finde die Frage, warum Männer das Potenzial der Frauen beziehungsweise der weiblichen Eigenschaften nicht erkennen, nicht wichtig für unser Buch. Weil wir sie sowieso nicht beantworten können. Aber ich finde wichtig, dass wir die vielen Vorteile weiblicher Eigenschaften wenigstens benennen. Eine Frau, die Kinder hat, bringt zum Beispiel besondere Fähigkeiten mit. Mit kleinen Kindern umzugehen heißt, mindestens hundert Konflikte am Tag auszuhalten und auszutragen. Und das nicht irgendwie. Mit den Emotionen von kleinen Kindern gut umzugehen, erfordert nämlich, auch die eigenen Emotionen zu regulieren, und das ist wirklich die konfliktreichste Managementzeit, die man so haben kann im Laufe seines Lebens. Frau kann also sehr gut mit sich selbst und ihren Emotionen umgehen; mit Kindern; mit Partnern; und mit allen Menschen um sich herum. Dann bekommt frau noch den Beruf unter einen Hut mit allem und kriegt einfach jede Menge hin – auch wenn sie dadurch und durch den Erwartungsdruck von außen völlig überlastet wird. Doch *wenn* frau das gemanagt hat, dann gibt es eigentlich nichts im Leben, was frau nicht schaffen kann. Es sind ausgeprägte Management-Eigenschaften, die eine Frau sich innerhalb der Familie aneignet (Gleiches gilt natürlich auch für Männer, die eine aktive Rolle innerhalb der Kindererziehung spielen); das schärft und schult besondere Fähigkeiten. Ich finde aber nicht, dass wir uns aus dem Fenster lehnen und andere kritisieren sollten, weil sie das nicht erkennen. Unsere Aufgabe ist eher, all das zu benennen und ein Bewusstsein für New Female Leadership zu schaffen. Und genau das machen wir.

»Kurier der Zarin«: Der General und Kanzlerin-Berater

Erich Vad

Im großen Pressekonferenzbereich des Bundeskanzleramts sind zahlreiche Menschen versammelt: Gäste aus dem Bundeskanzleramt, dem nahe gelegenen Bundestag und den Berliner Ministerien; es sind ausländische Militärattachés in ihren schicken, bunten Uniformen anwesend, genauso wie Journalisten der Hauptstadtmedien. Auch meine Frau und meine drei Kinder sind da. Die Bundeskanzlerin betritt mit ihrem engsten Gefolge den Raum und strahlt – wie immer – eine beeindruckende Machtaura aus, die nicht aufgesetzt oder abgehoben wirkt, sondern ganz unprätentiös und natürlich.

Die Gespräche verstummen. Ich halte eine kurze Rede – meine Abschiedsrede als langjähriger militärpolitischer Berater von Angela Merkel – und begrüße ehemalige Weggefährten.

Ganz ehrlich: Als junger Offizier hätte ich die Uniform sofort wieder ausgezogen, wenn mir damals jemand prophezeit hätte, dass ich einmal lange Jahre in der Politik verbringen würde – und das auch noch als militärpolitischer Berater einer Frau und Bundeskanzlerin. In meiner Zeit »vor Merkel« hatte ich mich beruflich überwiegend in der Männerdomäne des Militärs bewegt. Ich hatte mich an strenge Hierarchien gewöhnt und an männliche Vorgesetzte. Bei der Auftragserfüllung galt es immer, deren Ego mitzubedienen – auch, weil alle zwei Jahre eine Beurteilung anstand. Das zwang und zwingt alle Militärs dazu, ständig und überall zeigen zu müssen, wie gut sie sind und um wie viel besser als die Kameraden. Es drängt jeden – ob man will oder nicht – zur ständigen Profilierung und zum permanenten »Branding« und »Marketing« seiner selbst. Das muss man mögen oder zumindest aushalten können. Gleichzeitig zwingt es jeden in ein immer enger werdendes Korsett: Es nötigt einen dazu, sich an den jeweiligen Vorgesetzten anzupassen – und der will meist nichts von Problemen hören, sondern er will in der Regel Erfolge sehen und positive Nachrichten vernehmen. Daran wird man gemessen, wenn man in der Ministerial- und Stabsbürokratie mit ihren Tausenden fleißigen Beamten, Diplomaten und Offizieren auffallen und beruflich weiterkommen will. Kein Wunder, dass jeder Angst hat, etwas zu sagen, vor allem, wenn die Aussage dem Vorgesetzten potenziell nicht gefällt.

Was mich überrascht hat: Diese stark männlich geprägte Führungskultur des Militärs – und ganz ähnlich in der Berliner Beamtenschaft – habe ich in meiner Zeit im Bundeskanzleramt unter Führung der Bundeskanzlerin nur selten erlebt. Das liegt sicherlich an der viel flacheren Hierarchie, aber auch daran, dass mit Angela Merkel eine Frau Regierungschefin war.

Die gespannte Stimmung im Raum wird merklich lockerer. Ich spreche weiter, erzähle von meinen Anfangsjahren beim Militär, von meinem Auftrag als junger Leutnant und Spähtruppführer im Kalten Krieg: Im Falle einer kriegerischen

Auseinandersetzung zwischen dem damaligen Warschauer Pakt und der NATO war es meine Aufgabe, mich mit meinem Spähtrupp an der damaligen innerdeutschen Grenze in einem Versteck überrollen zu lassen, um dann melden zu können, welche gegnerischen Verbände nach Westen angriffen und in welcher Stärke und Zusammensetzung sie unterwegs waren. Danach sollte ich mich ebenfalls nach Westen aufmachen und zu den eigenen Linien durchschlagen. Es war durchaus ein Himmelfahrtskommando und genau so kam es mir und den mir anvertrauten Soldaten damals auch vor. Als Spähtruppführer war man in so einem Niemandsland vollkommen auf sich allein gestellt, man hatte keine direkten Nachbarn, keine unmittelbar verfügbaren Vorgesetzten, die einem etwas raten oder befehlen konnten; man agierte ohne jeden Puffer zwischen Freund und Feind und hatte Mühe, den Überblick zu behalten, wo sich Freund und Feind gerade aufhielten.

Meine Zuhörer schmunzeln. Erst recht, als ich konstatiere, dass diese existenzielle Erfahrung im Nachhinein die beste Vorbereitung war für meine langen Jahre in der Politik. Erst als Referent im Deutschen Bundestag und später als Referatsleiter und Gruppenleiter im Bundeskanzleramt. Schließlich als militärpolitischer Berater der Bundeskanzlerin im Berliner Bundeskanzleramt. Ohne die Mentalität des Spähtruppführers mit einem feinen Gespür für Freund und Feind, für das Machbare und Mögliche sowie mit einem gewissen Überlebensinstinkt und kühlen Blick wäre ich aus der politischen Schlangengrube am Ende vielleicht nicht heil herausgekommen.

Das Gelächter der Zuhörer und auch der Bundeskanzlerin ist erfrischend.

Ich schließe meine Rede mit einem meiner schönsten Momente in der Politik: Der damalige Verteidigungsminister Peter Struck wurde einmal im Verteidigungsausschuss von der Opposition ziemlich unter Feuer genommen. Ich habe mir das, hinter den »Schützen« sitzend, mit sichtlichem Vergnügen angeschaut. Danach kündigte mir Peter Struck meine bevorstehende Beförderung zum Oberst an mit den Worten: »Erich Vad, du bist zwar bei der total falschen Partei, aber ein anständiger Kerl.« Über dieses Lob eines sehr geachteten politischen Gegners – er bei der SPD, ich damals in der CDU – freue ich mich immer noch, genauso wie darüber, dass auch Vertreter der politischen Opposition an diesem Tag zu meiner Verabschiedung gekommen sind.

Nicht die Balance verlieren

Die Bundeskanzlerin lässt sich bei ihrer Erwiderung nicht lumpen. In ihrer Rede, die auf meine folgt, knüpft sie an meine jungen Jahre in der Bundeswehr des Kalten Krieges an: Bei meiner damaligen Tätigkeit sei mir sicherlich auch nicht klar gewesen, dass ich später einmal für eine Frau aus Mecklenburg-Vorpommern auf der anderen Seite des Eisernen Vorhangs tätig sein würde, für eine Bundeskanzlerin, in einem wiedervereinigten Deutschland und in einer Hauptstadt namens Berlin. Zum Schluss lässt Angela Merkel unsere gemeinsame Zeit und ihre persönlichen Highlights Revue passieren. Sie lobt mich, erwähnt aber auch – typisch für sie – einschränkend, dass wir nicht immer einer Meinung waren. Worauf mir ein Abgeordneter der Opposition, der hinter mir steht, auf die Schulter schlägt und ins Ohr flüstert: »Wir danken Ihnen dafür.«

Während der Rede der Bundeskanzlerin gehen meine Gedanken zurück zu den Ereignissen und Erfahrungen dieser intensiven Jahre im politischen Berlin. Ich war der General der Kanzlerin, wurde oft als »Kurier der Zarin« wahrgenommen. Das ist bis zum heutigen Tage so, rund zehn Jahre nach meiner Zeit als Angela Merkels militärpolitischer Berater.

Wenn es darum ging, ihre Entscheidungen umzusetzen, gab es gerade in der Männerdomäne des Militärs oft Schwierigkeiten. Unausgesprochen schwang dabei stets mit: Was will diese Frau eigentlich? Wir wissen es doch besser! Oft war ein regelrechter männlicher Widerwille zu spüren, das zu tun, was »Mutti« wollte. Entsprechend war nicht nur viel Überzeugungsarbeit, sondern auch nachhaltiger Druck notwendig, um die Absichten und Wünsche der Bundeskanzlerin durchzusetzen. Das hat mir nicht nur Freunde eingebracht. Ich hatte manchmal das Gefühl, dass mir gerade manche Uniformträger insgeheim Verrat am eigenen, vermeintlich überlegenen Geschlecht vorwarfen.

Als Emissär einer regierenden Frau war meine Aufgabe also nicht immer einfach, sondern ein ständiger Balanceakt. Nicht immer, aber doch sehr oft war ich gegen meinen Willen gezwungen, meine eher männlich-aggressive Seite herauszukehren, um den Willen einer weiblichen Regierungschefin durchzusetzen. Welch ein Widerspruch! Ganz krass war das in einem arabischen Land, als sich bei einer schwierigen Verhandlung die mit anwesende, sehr kompetente deutsche Botschafterin bewusst total zurücknahm, damit das Gespräch nur unter uns Männern geführt werden konnte.

Zurück nach Berlin: In den Männerrunden ging es immer zuerst darum, zu etablieren, wer welchen Status hatte; dabei wurde stets viel Zeit vergeudet. Dieses Prozedere männlicher Gesprächsformate war oft langwierig und von der Sache her vollkommen unnötig. Und doch wurde – und wird – es immer wieder ritualhaft durchexerziert. Schon bei der Sitzordnung wird dir dein Platz in der Hierarchie deutlich gemacht. Einmal wurde ich ganz am Ende des Konferenztisches platziert und war gezwungen, auf eine fast wölfisch-animalische Weise zu Beginn der Gespräche klarzumachen, wer die Rudelführung innehatte und wer nicht.

»Mutti« serviert Kaffee

Die in der Regierungszeit von Angela Merkel vorherrschende, ganz andere Arbeitsatmosphäre im Kanzleramt war ein wohltuender Kontrast. An einem Tisch in ihrem großen Büro ging es eher familiär zu; inhaltlich allerdings nicht weniger anspruchsvoll als in den archaischen Männerrunden, im Gegenteil: Zum Kaffee servierte Angela Merkel uns die schwierigsten Themen der internationalen Sicherheitspolitik. Aber die entspannte Atmosphäre trug dazu bei, dass man vernünftige, abgewogene Lösungen fand; zumindest kam alles auf den Tisch, was wichtig war. Genauso von Bedeutung war, dass die Bundeskanzlerin uns alle gleich behandelte – niemand war wichtiger als der oder die andere, egal ob ausländisches Staatsoberhaupt, Berater:in, Sekretär:in oder Bodyguard.

Es ist diese fast einmalige Synthese aus weiblicher Rationalität und Strategie sowie fürsorglicher Empathie, die Angela Merkel das Attribut »Mutti« einbrachte. In der rationalen Eiseskälte der Politik sorgte sie für eine familiäre Wärme im Gespräch; sie schuf eine angenehme, entspannte Atmosphäre und sorgte dafür, dass ihre Berater schon deshalb konsensorientiert miteinander arbeiteten, um Konflikte und Fehler zu vermeiden. Nicht selten schenkte die Bundeskanzlerin den Gesprächsteilnehmern den Kaffee selbst ein, was schnell zur allgemeinen Entspannung beitrug, auch wenn es darum ging, schwierige Themen mit reichlich Konfliktpotenzial zu besprechen.

Das Attribut »Mutti« kann liebevoll gemeint sein. Aber es ist auch unbeholfener Ausdruck eines obsoleten Rollenverständnisses: Würde man einen ihrer männlichen Vorgänger oder Nachfolger je als »Vati« bezeichnen? Ist es wirklich ein Kompliment, wenn eine deutsche Regierungschefin als »Mutti« bezeichnet wird? Ich weiß es nicht. Wenn ich jedoch ehrlich bin, dann wirkt es typisch männlich, eine Frau als »Mutti« zu betrachten, wenn sich diese Frau kümmert und – wie früher im Haushalt – zupacken und anpacken kann.

Natürlich meint »Mutti« auch das Ruhige und Abwägende im Regierungsstil von Angela Merkel – ihr Gegenentwurf zum kurzsichtigen, emotions- und testosterongetriebenen männlichen Herumgepoltere. Ich habe diese Gepoltere oft beim Militär und noch öfter in der Politik erlebt, aber nie bei Angela Merkel! Eine gute »Mutti« lenkt klug ihre Familie und auch so manchen Mann durch die Widrigkeiten des Alltags.

Am Tag meines Abschieds, als Angela Merkel in ihrer Rede unsere gemeinsame Zeit Revue passieren lässt, springen meine Gedanken noch ein Stückchen weiter; ich denke zurück an unsere Reisen in ferne Länder, oft in die Krisengebiete dieser Welt. Einige dieser Reisen – wie unsere Trips nach Afghanistan – waren nicht ungefährlich. Ich erinnere mich daran, wie wir beide vor den Särgen deutscher Fallschirmjäger standen, die bei den Kämpfen in Afghanistan ihr junges Leben gelassen hatten. Ich denke an die vielen internationalen Konferenzen, bei denen Angela Merkel meist ziemlich schnell die intellektuelle Lufthoheit übernahm, einfach deshalb, weil sie sich in zahlreichen Details besser auskannte als viele andere Regierungschefs.

Wenn mir anfangs im Militärdienst jemand gesagt hätte, dass ich erstens meine Kämpfe in der Politik ausfechten würde und zweitens für eine Frau aus der DDR als Bundeskanzlerin arbeiten würde, die von vielen Deutschen »Mutti« genannt wurde, ich hätte, wie gesagt, herzlich gelacht. Das war damals unvorstellbar für mich – auch wenn meine eigene Mutter mich im Grunde genommen genau darauf vorbereitet hatte, aber darauf komme ich noch zurück.

Frühe Muster und Prägungen

Es ist also so gekommen, wie ich es als junger Militär niemals für möglich gehalten hätte. Im Rückblick kann ich sagen: Ich habe unendlich viel daraus gelernt. Und das, obwohl ich meinen beruflichen Werdegang, so, wie er vonstattengegangen ist, zuvor überhaupt nicht wollte, ja, ihn niemals in Betracht gezogen hätte. Ich wollte im Gegenteil so lange wie möglich bei der Truppe bleiben und unter Soldaten sein, so wie in den langen Jahren als Zugführer und Kompaniechef. Ich wollte in Kampfeinsätze ziehen für mein Land und es verteidigen in der Not, so, wie gerade die vielen Ukrainerinnen und Ukrainer gegen die russischen Invasoren kämpfen. Es war für mich eine wirklich – und hier ist dieses Wort endlich einmal angebracht – ätzende Zeit, diese langen Jahre in der Ministerialbürokratie, in Stäben und Ämtern, fernab von der Truppe; eine Zeit, in der ich nur vom grünen Tisch aus handeln konnte. Das war wirklich das Letzte, was ich gewollt hatte. Bis ich Angela Merkel kennenlernte und mit ihr das so spannende Feld der Politik.

Auch in der Politik geht es um Kampf und Leidenschaften. Ich lernte regelrechte politische Schlachten kennen, musste schnell erfahren, was »friendly fire« in der Politik bedeutet und dass sich die gnadenlosesten Kämpfe oft im eigenen Lager abspielen. Für Frauen in der Politik ist das eine große Herausforderung. Als Frauen können sie bei nächtlichen, vornehmlich männlichen Gelagen und in Hinterzimmergesprächen keine Mehrheiten organisieren – einfach weil es im Verhältnis zur Anzahl der Männer (noch) zu wenige Frauen in der Politik gibt. Die wenigen, die doch da sind, sind bei solchen typisch männlichen Zusammenkünften nicht willkommen. Frauen müssen also anders vorgehen, um politisches Gewicht zu bekommen und sich gegen Widersacher durchzusetzen.

Angela Merkel hat schnell lernen müssen, sich gegenüber ihren hauptsächlich männlichen Konkurrenten zu behaupten. Sie hat mir in den langen Jahren unserer beruflichen Zusammenarbeit vorgelebt, was ich heute unter New Female Leadership verstehe. Und dann waren da noch ganz persönliche

Erfahrungen und Prägungen, die mich zu dem gemacht haben, der ich heute bin – ein ganz anderer Mann als der junge Militär, der über seine – meine – Zukunft gelacht hätte. Da war zum Beispiel meine Mutter: Nach dem frühen Tod meines Vaters musste sie meine beiden Geschwister und mich allein durch die ersten Jahre unseres Lebens bringen.

Ich war der Älteste und habe den Stress, die emotionalen wie materiellen Nöte sowie die vielen kleinen und großen Herausforderungen im Alltag einer Alleinerziehenden mit knappem Geldbeutel hautnah mitbekommen. Da gab es jedoch trotz allem unheimlich viel Liebe, die ich bekommen habe und die mich bis zum heutigen Tage stark macht.

Aber ich habe auch feminine Strenge, Führung und Stärke erlebt. Etwa die Forderung, ein starker Junge zu sein und ein richtiger Mann zu werden, kein Weichei; die Erwartung und auch die Notwendigkeit, den Mut aufzubringen, anders zu sein als andere, sich nicht von Ängsten besiegen zu lassen, Härte zu zeigen, wenn es sein muss, und dabei immer anständig und aufrecht zu bleiben. Was meine Mutter – die erste Frau in meinem Leben – damals von mir verlangte, habe ich verinnerlicht. Es floss in meine Prinzipien und Werte ein, die später auch meine Rolle als Mann bestimmten. Meine Mutter ist viel zu früh gestorben, aber sie konnte mir dennoch das Entscheidende mitgeben für meinen Lebensweg. Ich lernte feminine Stärke zu akzeptieren, verstand, dass es starke Männer nicht ohne starke Frauen geben kann, dass das Feminine und das Maskuline im Grunde keine Gegensätze, sondern zwei Seiten einer Medaille sind. Nicht allein, sondern zusammen sind sie stark, werden sie eins.

Frauen gegenüber hat meine Mutter mir Respekt und Achtung eingebläut. Das war in dieser Art und Weise in meiner Jugend, in den 1960er- und 1970er-Jahren, nicht gerade gefragt. Damals ging es eher um die freie Liebe, um Selbstverwirklichung und das Ausleben von Bedürfnissen, weniger um Verantwortung. An Letzterer hatte die Generation meiner Mutter vielleicht zu viel getragen. Oft denke ich an ihre mahnenden Worte zurück: »Lass die Frau, die dich liebt, niemals weinen, und bleibe immer ein Ritter, werde kein Lebemann.«

Im Rückblick war das Erleben einer Angela Merkel beruflich genau das Richtige für mich. Zusammen mit dem, was meine Mutter in mir verankerte, was meine Frau und meine Töchter mir im Familienleben nahebrachten, wofür sie mir die Augen öffneten, hat meine berufliche Erfahrung dafür gesorgt, dass ich Führungsstärke und -qualitäten heute völlig anders erlebe und verstehe als noch als junger Mann, der vor allem kein Weichei sein wollte, sondern einer unter seinesgleichen. Angela Merkel war ganz anders als die hohen Militärs, die Männer in hohen Positionen, die ich bislang beruflich erlebt hatte. Wo lagen die Unterschiede und worin zeigten sie sich? Was machte Angela Merkels Führungsstil aus? Was zeichnet generell die Art und Weise aus, in der Frauen führen? Und kann jemand wie Angela Merkel als Rollenmodell für Frauen in Führungspositionen dienen?

Das Leben hat mich zu der gemacht, die ich bin: Die Kommissarin und Stalking-Expertin

Sandra Cegla

Eine Anmerkung erlaube ich mir vorab: Ich habe in meiner Laufbahn viele unfassbare Gewalttaten erlebt und bis ins letzte Detail ermittelt. Wenn ich in meinen Schilderungen darüber berichte, dann setze ich eine Triggerwarnung vor den jeweiligen Absatz, sodass Sie die Wahl haben, ob Sie die Details lesen oder die Passage überspringen möchten.

Als ich an jenem Sommertag den Telefonhörer abnahm, war mein Vater in der Leitung. Wir sprechen vom Jahr 1999, und das einzige Telefon, das ich zu diesem Zeitpunkt in meiner ersten eigenen Wohnung besaß, war ein Festnetztelefon. »Du weißt doch noch, was ich dir über meine Schwester erzählt habe«, sagte mein Vater. »Er hat es jetzt wahr gemacht. Er hat sie erschossen.« Ich weiß noch, wie ich das zuerst für einen Scherz hielt, aber dafür war die Stimme meines Vaters viel zu angeschlagen. Er klang irgendwie schwach. Zittrig. Unter Schock. Ich klammerte mich am Telefonhörer fest und drückte ihn fest gegen mein Ohr, so als könnte ich dadurch irgendetwas verändern. Ich suchte nach einem Stuhl. Der sollte mir jetzt Halt geben, während die Welt um mich herum im Nebel versank. Das Alltägliche, Reale, Greifbare war plötzlich weit von mir weggerückt.

Die Tragweite, die dieser Moment für mein ganzes Leben haben würde, wurde mir erst viel später bewusst. Und doch begannen von nun an richtungsweisende Ereignisse ihren Lauf zu nehmen. Was war geschehen? Meine Tante hatte sich auf einen Mann eingelassen, der sich sehr schnell als Gewalttäter herausstellte – nicht unbedingt sichtbar für die Außenwelt, aber sehr wohl für meine Tante, die innerhalb der Beziehung seinen Aggressionen ausgesetzt war. Und das, ohne dass wir, ihre Familie, davon wussten – meine Tante hatte nur vereinzelt kleine Andeutungen gemacht und das auch nur wenigen Vertrauten gegenüber, darunter mein Vater, ohne dass diese Vertrauten die Zusammenhänge erkennen konnten. Der Gewalttäter begann, meine Tante zu kontrollieren, psychisch unter Druck zu setzen, sie zu erniedrigen, und schließlich schlug er zu. Dieser schreckliche Kreislauf der Gewalt spitzte sich über Monate hinweg zu. Als meine Tante sich schlussendlich von ihm trennte, läutete sie damit die nächste Eskalationsstufe ein: Die »Kränkung«, von meiner Tante verlassen worden zu sein, versetzte ihn so sehr in Rage, dass seine Wut und seine Rachsucht von nun an keine Grenzen mehr kannten. Der Mann, den meine Tante in ihr Leben gelassen hatte, wurde für sie zur Lebensgefahr. Als er begann, Morddrohungen auszusprechen, war er längst im Besitz gefährlicher Waffen, unter anderem einer scharfen Schusswaffe. Niemand von uns als Familie ahnte auch nur annähernd, welches Unglück sich anbahnte – für uns alle, aber zuallererst und am folgenschwersten für meine Tante.

Die ersten Anzeichen wurden sichtbar, als sie plötzlich von der Bildfläche verschwand. Das gab Rätsel auf – bis sich die Polizei bei meinem Vater meldete. Der Mann – inzwischen ihr Ex – hatte in sichtlicher Aufruhr die Polizei verständigt, weil ihr offenbar etwas passiert sei. Er könne sie nicht mehr erreichen und sie öffne auch die Tür nicht mehr für ihn. Als treu sorgender Lebensgefährte, als der er sich ausgab, konnte er natürlich nur das Schlimmste annehmen: Sie musste sich das Leben genommen haben.

Nichts davon stimmte. Die wirkliche Gefahr ging von ihm aus. Selbstverständlich war sie längst in Sicherheit, war im Frauenhaus untergetaucht und hatte für Kind und Katze gesorgt. Das erfuhren wir später durch die Ermittlungen der Kriminalpolizei, die bei Gericht vorgetragen wurden. In dieser Nacht fanden die Polizei, der Ex und später mein Vater nur eine aufgeräumte und verlassene Wohnung vor.

Und einen Zettel am Kühlschrank mit ihrem nächsten Arzttermin.

Vermutlich haben die Beamten ihn nicht einmal bemerkt. Aber der aufgewühlte »Lebensgefährte«, den ich an dieser Stelle nur noch einen Stalker nennen kann, hatte alle Informationen absorbiert, die er in den wenigen Minuten finden konnte. Er war auf der Jagd; meine Tante war die Beute. Während mein Vater damit beschäftigt war, die Wohnung seiner Schwester zu sichern, nachdem die Polizei sie aufgebrochen hatte, arbeitete das kranke Gehirn des Stalkers auf Hochtouren. Emotionale Fixierung, Obsession und höchsten emotionalen Schmerz nenne ich das heute, Jahrzehnte später, in meinen Vorträgen, wenn ich als Stalking-Expertin die Kriminalpsychologie dieses Phänomens erkläre.

Das Schicksal nahm anschließend einen so unglücklichen und furchtbaren Verlauf, dass ich auch heute noch zutiefst erschüttert bin, wenn ich daran denke. Der Stalker ging nach Hause, griff zu einem Gewehr, wartete den Arzttermin ab und spazierte dann in die Praxis. An einem warmen Sommertag verlor eine junge Frau ihr Leben: meine Tante. Außer ihr brachte er an diesem Tag auch noch zwei weitere Menschen um. Der Täter ging dabei auf eine Weise vor, die der Frau, die er einst geliebt hatte, unvorstellbare Qualen bereitete. Das hat er so gewollt. Die Identifizierung ihrer Leiche war später nur anhand ihres Zahnstatus durch einen Gerichtsmediziner möglich. All seine Wut, all seine Vernichtungsfantasien hatten sich an ihr entladen. Das Unglück war geschehen.

Von nun an machten sich Entsetzen, Trauer, Wut und ein Gefühl von unfassbarer Ohnmacht in unserer Familie breit. Wir konnten es einfach nicht glauben. Diese Art von Gewalt – ein enthemmter Mord unter den Augen argloser Menschen – passiert doch nur den anderen, nicht der eigenen Familie. So etwas liest man in der Zeitung oder sieht es in den Nachrichten. Aber das kommt nicht im echten Leben vor. Dachte ich.

Meine Oma hatte ihre Tochter verloren, mein Opa eines seiner Mädchen, mein Vater seine kleine Schwester. Und mein Cousin seine Mutter, als er gerade einmal zwölf Jahre alt war. Es gab Momente, in denen ich mich für meine Trauer schämte, denn als Nichte hatte ich meiner Tante weniger nah gestanden als die anderen. Heute weiß ich, dass dieser Gedanke nicht sehr hilfreich für mich war.

Mit meinem Vater am Telefon, dieser schrecklichen Nachricht im Ohr und einem mörderischen Stich im Herzen fiel mein Blick auf meinen Sohn. Er war wenige Monate alt, und unter seinem Strampler zeichnete sich ein dicker Windel-Po ab. Er hatte gerade erst sitzen gelernt und krabbelte vor mir auf dem Wohnzimmerboden der Katze hinterher. Sie war flauschig, sanft im Wesen und hatte wunderschöne blaue Augen. Emily. Dabei lachte mein Sohn immer wieder sein unwiderstehliches Babylachen, das so herzlich aus ihm aufstieg, dass ich dabei immer selbst in Lachen ausbrach. Normalerweise konnte ich das gar nicht verhindern. Aber heute lachte ich nicht. Ich saß wie angewurzelt auf meinem Stuhl und legte auf. Meine Welt hatte sich für immer verändert.

An jenem Tag war ich gerade einmal zwanzig Jahre alt. Ich hatte wenige Monate zuvor erst meinen Sohn bekommen, das Geschenk meines Lebens. Der gewaltsame Tod meiner Tante hinterließ nicht nur eine tiefe Erschütterung in mir, sondern auch eine nicht auffüllbare Leere im Herzen meiner Familie. Und eine ausschweifende Berichterstattung in den Medien. Meine Tante war plötzlich allgegenwärtig und mit ihr das Sterben. Die Endlichkeit allen Lebens. Und doch musste das Leben weitergehen. So gut ich es konnte, verdrängte ich diese schreckliche Tat und legte meinen mentalen Fokus auf das Wunder des Lebens, das sich mir direkt vor meinen Augen durch meinen Sohn offenbarte.

Mit meinem Abitur in der Tasche und einem Baby im Arm war für mich damals nicht wirklich klar, welche Richtung ich nun beruflich einschlagen würde. Nach zwei Irrwegen entschied ich mich schließlich, zur Berliner Polizei zu gehen und ein Studium für die Kriminalpolizei zu absolvieren. Auch das sollte mein Leben nachhaltig prägen, denn was ich hier lernte und erfuhr, legte den Grundstein für alles, was ich heute tun darf. Und in der Rückschau, besonders in Hinblick auf den Mord an meiner Tante, war das alles sicher kein Zufall.

Hoch motiviert, mit großen Erwartungen und wahnsinnig aufgeregt ging ich zu meiner feierlichen Ernennung. Hunderte weitere meiner Kolleg:innen wurden mit mir ernannt, viele davon in Uniform. Als dann der Polizeipräsident das Wort an uns richtete, wurde mir die Tragweite meines Berufes bewusst und ich spürte eine tiefe Ehrfurcht in mir. Ich ahnte, dass die Realität von meinem idealistischen Wunsch, die Welt zu retten, abweichen würde, und doch hatte ich das innere Bild, dass mein Alltag dem einer Tatort-Kommissarin ähneln würde. Ich erwartete Spannung, Abwechslung, Selbstbestimmung und viel Anerkennung für alles, was nun vor mir lag.

Bereits im Studium stellte ich jedoch fest, dass ich in einem Umfeld gelandet war, das sehr männlich geprägt war. Maskuline Eigenschaften wie Lautstärke, schnelle Entscheidungen und eine fast aggressive Aktivität waren nicht nur an der Tagesordnung, sondern definierten unausgesprochen auch »den guten Polizisten«. Als junge, feminine Frau, die im Wesen zudem zart und leicht zu verschrecken war, bekam ich es schnell mit der Angst zu tun. Ich verspürte erste Zweifel, ob ich für diesen Beruf überhaupt geeignet war. Ich konnte und wollte bei diesem harschen Umgangston nicht mithalten, empfand es als Kränkung, wenn ich in den eigenen Reihen unsanft angesprochen wurde, und fühlte mich vielen Situationen nicht gewachsen. Ganz sicher konnte man mir das ansehen. Neben vielen hoch motivierten, inhaltlich exzellenten und sozialkompetenten Kommissariatsleiter:innen und Kollegen:innen habe ich auch Menschen erleben müssen, für die Macht, Dominanz, harsche Kritik und eine gewisse Ellenbogenmentalität das Sinnbild für die Ausübung ihres Berufes waren. Ungeschriebene Gesetze, an denen »gute« oder »schlechte« Polizist:innen festgemacht wurden, waren zweifelsohne diese:

»Lautstärke bedeutet Selbstbewusstsein.«

»Zögern ist Schwäche.«

»Gefühle disqualifizieren.«

Neben den Überlegungen, die ganz besonders meinen damaligen Berufsstand betrafen, begann ich in dieser Zeit, mir zum ersten Mal auch Gedanken über meine eigene Weiblichkeit zu machen. Diese Gedanken warfen wiederum weitere Fragen auf: Was sind denn eigentlich feminine Eigenschaften, was sind maskuline? Kann man Eigenschaften überhaupt nach Geschlechtern trennen oder ist das viel zu einfach? Sind nicht alle Menschen in ihrer Persönlichkeit individuell, auch unabhängig vom Geschlecht? Was ist eigentlich gut, was ist schlecht? Was bedeutet Männlichkeit für den Beruf der Polizistin, was Weiblichkeit? Sind Frauen für die Polizei geeignet? Damals hatte ich noch keine Antworten, aber immer mehr Fragen. Diesen und vielen mehr ging ich in den folgenden Jahren auf den Grund: auf ganz persönlicher Ebene, in der Politik und in meiner späteren Arbeit mit Frauen in existenziellen Krisen.

Im Studium und während meiner ersten Dienstjahre fühlte ich mich eingeschüchtert. Ich sah im Fach »Gerichtsmedizin« Bilder von misshandelten Kindern und konnte nächtelang nicht schlafen. Ich sah die ersten Toten, und die Trauer der Angehörigen nahm mir den Atem. Ich machte meine erste Leichenschau und wartete darauf, dass die Tote ihre Augen öffnete und »Buh« sagte. Innerlich war ich bereit zur Flucht. Ich führte meine ersten Beschuldigten-Vernehmungen durch und war zutiefst schockiert, als ich herausfand, dass alles Geschilderte erlogen war. Ich wurde in die ersten Konkurrenzkämpfe im Kommissariat verwickelt und verstand die Welt nicht mehr. Über all das traute ich mich nicht, mit jemandem zu sprechen. Passten diese Empfindungen an den Arbeitsplatz, in meinen Beruf und waren sie grundsätzlich in Ordnung? Ging es anderen auch so? Damals war meine Antwort darauf: Nein.

Immer wieder hielt ich mich für vollkommen ungeeignet, den Beruf einer Kriminalkommissarin auszuüben, und bekam über viele Jahre hinweg neben Lob und Anerkennung auch wiederholt genau dieses Feedback. Ich war zu weich, zu verletzlich, zu emotional und nicht durchsetzungsstark genug.

Was ich damals noch nicht wusste: Genau das waren und sind meine Stärken. Dadurch, dass ich damals gegen meine weiblichen Fähigkeiten ankämpfte und selbst von mir dachte, ich müsste eigentlich mehr männliche Eigenschaften haben, um eine gute Polizistin sein zu können, machte ich meine Stärken zu meinen Schwächen. Mein innerer, mich selbst verurteilender Dialog demoralisierte mich so sehr, dass ich viele Jahre weit unter meinem vollen Potenzial blieb. Schlimmer noch: Dadurch, dass ich über mich selbst im Irrtum war, lud ich andere förmlich dazu ein, mich zu kritisieren. Und die mächtigste Anwältin, die ich habe, stand mir somit lange nicht zur Seite: ich selbst.

Nachdem ich mein Studium absolviert hatte, durchlief ich mehrere Dienststellen, so wie es in einer Behörde wie der Berliner Polizei üblich ist. Ich verbrachte einige Wochen bei der Mordkommission, ermittelte in Betrugsfällen, führte Todesermittlungen durch, die routinemäßig bei Sterbefällen mit ungeklärter Todesursache vorgeschrieben sind, erlebte die ersten SEK-Einsätze und beschäftigte mich mit Fahrzeugdiebstahl. Am Ende landete ich in einem Schwerpunktkommissariat für »Delikte am Menschen«. In der damaligen Direktion 5 waren wir örtlich zuständig für Kreuzberg, Neukölln und Friedrichshain und bearbeiteten neben Vermisstenfällen, Leichensachen, Waffenverstößen und Suizidversuchen auch schwere Gewaltdelikte. Neben gefährlicher Körperverletzung, schwerer Körperverletzung und Gefahrenlagen hatten wir auch immer wieder mit versuchten Tötungsdelikten zu tun. »Versucht« deshalb, weil den Opfern mit enthemmter Brutalität Gewalt angetan wurde, sodass dem Täter auch juristisch eine Tötungsabsicht unterstellt werden konnte. Durch einen unglaublichen Glücksfall hatte die jeweilige Geschädigte jedoch überlebt. Ich schreibe hier ausdrücklich in der weiblichen Form, denn die Betroffenen meiner Ermittlungsverfahren waren überwiegend Frauen.

In diesem Kommissariat tauchte ich in die Abgründe des Menschseins ein. Ich sah grausame, rohe Gewalt, strukturell gestörte und destruktive Familiensysteme, die Macht toxischer Beziehungen und die unfassbare Fantasie, die manche Menschen dafür einsetzen, andere zu quälen und zu schädigen. Am Körper, an der Gesundheit, am Vermögen und unwiderruflich an der Seele. Ich spezialisierte mich auf häusliche Gewalt und kam im Rahmen der Trennungsgewalt sehr schnell mit dem Phänomen Stalking in Berührung.

In diesem Kommissariat erfuhr ich auch, welch tiefe Erschütterungen psychische und körperliche Gewalt in der Seele eines Menschen hinterlassen. Bereits im Studium hatte ich gelernt, wie der Kreislauf der Gewalt in einer ungesunden Beziehung von seelischer Misshandlung, Isolation und Demütigung über einfache bis hin zu schwerer und tödlicher Gewalt eskalieren kann. All diese Stufen waren mir in der Theorie bekannt, hier aber füllten sie sich mit Leben; oder besser: mit Schmerz, Entsetzen und Vernichtung. Ich sah Dinge, die der Mensch, dem sie angetan werden, in seinem Leben niemals wieder vergessen kann. Immer wieder hatte ich mit Fällen zu tun, die mir selbst so sehr unter die Haut gingen, dass sie mir förmlich den Atem nahmen.

– TRIGGERWARNUNG –

Ich erinnere mich an eine Frau, die ihr Augenlicht für immer verloren hatte, weil ihr mit einer abgebrochenen Glasflasche ins Gesicht gestochen worden war. An eine andere Frau, deren Mann sie aus dem Fenster stieß; es grenzte an ein Wunder, dass sie anschließend aus dem

Koma erwachte. Die zertrümmerten Beine beeinträchtigen und beschäftigen sie sicher noch heute. Und ich erinnere mich an eine Frau, deren Expartner ihr genau das nehmen wollte, was er am meisten an ihr liebte: Er schnitt ihr Brüste und Schamlippen ab, fesselte sie an einen Heizkörper und hätte sie verbluten lassen. Auch hier geschah ein Wunder, und sie wurde gerettet. Unvorstellbar, welche Qualen sie erlitten haben muss. In meinen kühnsten Träumen hätte ich mir nicht ausmalen können, welche Geschichten, nein, welche Albträume das Leben schreibt und welche schier unvorstellbare Brutalität in wirklichen, realen Familien vorkommt. Hier, mitten in Deutschland.

Diese schlimmen Einblicke, die ich durch meine Ermittlungen, Vernehmungen, Durchsuchungen und zahlreiche weitere strafprozessuale Zwangsmaßnahmen erhielt, bewegten mich tief und ließen mich zeitweise nachts nicht mehr ruhig schlafen. Diese eine Frau, deren Ex-Freund sich während der Beziehung als Mörder entpuppte und der nun auch sie nach der Trennung mit dem Tod bedrohte; würde sie am Montag noch leben, wenn ich wieder in den Dienst zurückkam? Wenn ich heute auf diese Zeiten zurückblicke, dann muss ich feststellen, dass sie mir für immer meine Naivität und Arglosigkeit gegenüber der menschlichen Natur genommen haben. Heute weiß ich, dass es nichts gibt, wozu Menschen nicht in der Lage sind. Und für einen Moment haben mir diese Erfahrungen in ihrer geballten Wucht sogar den Glauben an die Menschheit genommen. Ich bekam einen Burn-out.

Diese Diagnose kennzeichnet ein schwarzes Kapitel in meinem Leben. Ein nicht mehr enden wollendes Gedankenkarussell begleitet von Schlafstörungen, Angstzuständen, Panikattacken und Konzentrationsschwierigkeiten überfiel mich. All diese Bilder, die ich einfach nicht aus meinem Kopf bekam. Eine Zeit lang war es mir unmöglich, einem geregelten Leben nachzugehen. Zuerst war da eine innere Leere, ein emotionales Nichts. So, als wäre ich betäubt. Dann kamen die Tränen, und die wollten einfach nicht mehr aufhören. Ich begab mich in Therapie und lernte. Ich lernte, wer ich eigentlich war, wie sehr ich über meine Grenzen gegangen war und wie wichtig für mich ein Ausgleich neben meinem anspruchsvollen Beruf war. Sport, gute Gespräche mit Freundinnen, Zeit in der Natur, Meditation und eine immerwährende Innenschau, um mir selbst nah zu bleiben. Ich wollte mich nie wieder selbst verlieren. Obwohl diese Phase in meinem Leben auch zu den schwersten gehörte, war sie doch eine, in der ich die tiefsten Weisheiten für mein Leben entdeckte. Über mich selbst, über gesunde Bindungen und über eine gesunde Lebensweise. Der Glaube an das Gute im Menschen kam zurück. Und ich hatte etwas ganz Wesentliches gelernt: Von nun an konnte ich das Licht von der Dunkelheit in den Herzen der Menschen unterscheiden.

Während ich innerlich heilte und auch danach, als ich wieder meiner Arbeit nachging, stellte ich mir weitere Fragen. Ohne es bewusst zu merken, kam ich dabei immer mehr in meine Stärke und in mein volles Potenzial. Und das, obwohl ich mich innerlich so oft verletzlich fühlte – oder vielleicht gerade deshalb.

Zu diesem Zeitpunkt hatte ich mich längst auf meiner Dienststelle etabliert und jede Menge Lektionen gelernt. Ich hatte mich mit den Themen Macht, Dominanz, Durchsetzungsfähigkeit, Führung und Teamgeist auseinandergesetzt. Ich hatte viel Gutes von Männern gelernt und musste gleichzeitig konsequent innerlich an mir arbeiten, um trotz meines männlich geprägten Berufes meine Weiblichkeit zu entfalten. Ich war stolz auf meine Arbeit im Kommissariat und hatte das Gefühl, auf der richtigen Seite zu stehen: auf der Seite von Recht und

Ordnung. Vor allem aber hatte ich nun eine der stärksten Anwältinnen an meiner Seite: mich selbst.

Da ich mittlerweile so facettenreiche und breit gefächerte Erfahrungen mit familiärer Gewalt und Stalking gesammelt hatte – ohne mich bewusst dafür zu entscheiden, hatte ich mich längst spezialisiert –, kam in mir der Wunsch auf, mit diesem Wissen mehr zu bewegen als »nur« im Einzelfall zu ermitteln. Ich hatte mittlerweile mit so vielen Geschädigten gesprochen, deren Tränen gesehen und ihre Bedürfnisse gehört, dass ich nach neuen Wegen suchen wollte. In meinen Fällen war es schließlich immer schon zu spät. Die Gewalt war eskaliert. Es musste doch Möglichkeiten geben, diese Gewaltspiralen schon viel früher zu durchbrechen und Weichen für eine gesündere, vor allem für Frauen sicherere Gesellschaft zu stellen. Ich begann, mich intensiv mit der Kriminalprävention auseinanderzusetzen, und spürte den inneren Drang, mich auch gesellschaftlich einzubringen: Ich ging in die Politik.

Damit ging plötzlich alles ganz schnell: 2011 wurde ich Mitglied in meiner Partei, 2012 wurde ich bereits zur Vorsitzenden der Frauen Union Berlin-Mitte (FU Mitte) gewählt. Mit einem Vorstand aus acht engagierten Frauen und einem Stamm von circa 400 Mitgliedern begann ich, mich zum ersten Mal aktiv mit den ungleich verteilten Chancen von Frauen und Männern in unserer deutschen Gesellschaft auseinanderzusetzen. Besonders mit Blick auf Länder wie beispielsweise Afghanistan, Indien oder arabische Staaten, in denen Frauen so offensichtlich benachteiligt und gefährdet sind, dass es niemand bestreiten kann, hatte ich bisher immer geglaubt, wir seien in Deutschland so weit fortgeschritten, dass wir uns mit den Themen Gleichstellung und Chancengleichheit zwischen den Geschlechtern nicht mehr auseinanderzusetzen bräuchten. Wie unwissend diese Sichtweise von damals war, durfte ich schnell in meinem politischen Engagement für Frauen lernen.

Ich erfuhr auf ganz neue Weise, wie ungleich die Bezahlung von Frauen und Männern für gleiche Arbeit ist, mit welcher Art von Sprache und offener Diskriminierung Frauen im täglichen Leben konfrontiert sind und wie schwer sie in politische, wirtschaftliche und gesellschaftliche Entscheidungspositionen kommen, geschweige denn dort bleiben. In den oberen, wirklich einflussreichen und gleichzeitig gesellschaftsprägenden Riegen wird es einsam um die Frauen; hier sind sie oft ausschließlich von Männern umgeben. Das alles erfuhr ich nun durch zahlreiche Erfahrungsberichte aus erster Hand und konnte es kaum glauben. In meiner Behörde, in der zumindest die Bezahlung transparent und geschlechtsunabhängig erfolgte, hatte ich mich bislang frei von jeglicher Art der geschlechtsspezifischen Diskriminierung gewähnt. Jetzt allerdings bekam ich ein neues Bewusstsein für die unterschiedlichen Rollenverständnisse und ihre gesellschaftlichen Folgen.

Plötzlich fiel mir auf, dass selbst mein eigener Kommissariatsleiter, dem ich im Rückblick so viel zu verdanken habe, das eine oder andere Verhalten gezeigt hatte, das ich heute als Diskriminierung bewerten würde. Zum Beispiel hatten wir schon seit Jahren vertrauensvoll zusammengearbeitet; doch plötzlich wollte er mich von einem SEK-Einsatz abziehen: von *meinem* SEK-Einsatz. Seine Begründung: Das sei zu gefährlich für mich und schließlich hätte ich ein kleines Kind zu Hause. Ich habe natürlich darauf bestanden, meinen eigenen Einsatz selbst durchzuführen. Zum einen, weil ich alle Ermittlungen geführt und die Umsetzung einschließlich aller Einsatzkräfte geplant hatte. Zum anderen, weil ich dies als Degradierung und Gesichtsverlust gegenüber meinen männlichen Kollegen empfunden hätte. Damals deutete ich sein Verhalten noch als freundlich und wohlwollend mir gegenüber. Jetzt kamen mir Zweifel. Hätte er das mit meinen männlichen Kollegen mit kleinen Kindern auch getan? Welches Bild hatte er von mir, das ihn zu solch einer

Entscheidung veranlasste? Vermutlich hatte er es wirklich gut gemeint – aber hätte er mir damit auch etwas Gutes getan?

Diese Fragen kann ich mir bis heute nicht abschließend beantworten. Aber ich kann sagen, dass sie für mich Auslöser dafür waren, im Lauf der folgenden Jahre so viele Gespräche und Diskussionen mit Frauen, Männern, Soziolog:innen, Politiker:innen und unterschiedlichsten Expert:innen zu führen, dass ich sie inzwischen nicht mehr zählen kann. Diese Menschen und Gespräche haben mich um so viele neue Sichtweisen, Erkenntnisse und Erfahrungen bereichert, dass sich mein enger Horizont von der Beamtin von einst um Welten erweiterte.

Besonders eines wurde mir während meines politischen Engagements klar: Wir haben in Deutschland ein sehr hohes Maß an Gleichstellung erreicht, auf das wir wirklich stolz sein können. Die Mütter der Frauenbewegung haben errungen, dass wir Frauen heute so frei leben können, wie es vor 160 Jahren noch als unverschämte Utopie galt: Wir haben freien Zugang zu Bildung, freie Berufswahl, Freiheit auch ohne Ehe, Rechte am eigenen Kind, das Recht, wählen zu gehen und sich selbst zur Wahl aufstellen zu lassen, und auch sonst eine im Grundgesetz verankerte Garantie für Gleichbehandlung, die sich von der Rechtssystematik her in alle bestehenden Gesetze fortsetzen muss. Gleichberechtigung ist einklagbar geworden. Und gleichzeitig ist es der blanke Hohn, dass diese Menschenrechte in einer Gesellschaft der Dichter und Denker in einem erbitterten historischen Kampf eingefordert werden mussten. Aber es war eben – trotz allem – eine Gesellschaft der Dichter und Denker, nicht eine der Dichter:innen und Denker:innen.

Heute ist es kaum noch vorstellbar, dass das tägliche Leben für Frauen und Mädchen jemals so anders gewesen ist. Vielen jungen Frauen und Mädchen ist heute nicht mehr bewusst, dass die Gleichstellung der Geschlechter teilweise erst wenige Jahrzehnte alt ist; bis in die 1970er-Jahre galt beispielsweise die Vergewaltigung in der Ehe in Deutschland noch nicht als Straftat. Frauen mussten ihre Ehemänner um ihr Einverständnis bitten, wenn sie ein eigenes Konto eröffnen oder einer Arbeit nachgehen wollten. Von diesen und vielen weiteren historischen Details der Frauenbewegung habe ich während meiner Schulzeit, etwa im Geschichtsunterricht, nie gehört, und auch heute sind diese Inhalte nicht flächendeckend in unserem Bildungssystem verankert. Anhand meines eigenen Bewusstseinsprozesses lernte ich, welch massive Wissenslücke das ist; aus meiner Sicht führt sie dazu, dass wir unsere eigene Geschichte und unsere Identität als Gesellschaft nicht richtig verstehen. Ich finde, dass die meisten von uns heute viel zu leichtsinnig mit den Errungenschaften der Frauenbewegung umgehen. Von der Gleichberechtigung profitieren *alle* Geschlechter und alle Mitglieder einer Gesellschaft.

Die Herausforderung, der wir uns heute gegenübersehen, ist für mich zweifelsohne die, dass die Geschlechter auf dem Papier zwar gleichberechtigt sind, im echten Leben – besonders im Beruf, in den Familien und auf der politischen Bühne – die Rollen und Möglichkeiten der Entfaltung für die Geschlechter aber noch immer ungleich verteilt sind. Dies offenbart sich jedoch erst dann, wenn man sich aktiv und bewusst mit dieser Thematik auseinandersetzt. Und das tun längst nicht alle. An der Oberfläche wirken wir wie ein gleichberechtigtes Land – bei genauerem Hinsehen erzählen die Einblicke, die ich im Lauf der Jahrzehnte sammeln durfte, jedoch eine ganz andere Geschichte.

Es gab und gibt noch viel zu tun. Das habe ich in jenen Tagen verstanden, und wir krempelten die Ärmel hoch. Gemeinsam mit den Frauen aus meinem Vorstand brachte ich die Menschen in vielen unterschiedlichen Formaten zusammen, um sich auszutauschen, Meinungen zu bilden, unsere Botschaften in die Welt zu tragen und sich mit der Idee zu identifizieren, dass eine mündige

Gesellschaft nur eine sein kann, in der sich alle Geschlechter auf Augenhöhe befinden. Bis heute bin ich fest davon überzeugt, dass sich der Fortschritt eines Landes an seinem Maß an Gleichberechtigung ablesen lässt. Was ich jedoch auch lernen musste, ist, dass längst nicht alle Entscheidungsträger:innen ebenfalls davon überzeugt waren. Viele redeten davon, dass mehr Frauen in die Führung und in politische Ämter gehören, gleiche Bezahlung für gleiche Arbeit erfolgen und die Carearbeit dringend auf mehrere Schultern innerhalb der Familien verteilt werden muss. Doch so gut sich das alles auch anhörte, so waren dies bei einigen Politiker:innen leider nur Lippenbekenntnisse. Das ließ sich an deren Handlungen ablesen. Denn sie taten: nichts. Gleichzeitig erfuhr ich, dass selbst dann, wenn die Überzeugungen aller, die in einem Raum über Frauen und Männer diskutierten, übereinstimmten, dies noch längst nicht bedeutete, dass auch Einigkeit über den Weg zur Chancengleichheit herrschte. Wie genau stellt man denn nun faktische Gleichberechtigung zwischen den Geschlechtern her? Was genau ist das überhaupt beziehungsweise woran lässt es sich messen? Ich stellte sehr schnell fest, dass ich mich mit dem »Frauenthema« in einem Diskurs bewegte, zu dem sich eine Vielzahl von Menschen äußerte. Denn Fragen rund um das Geschlecht betreffen nun einmal ausnahmslos jeden Menschen, egal, welchem er sich zugehörig fühlt. Deshalb hat auch wirklich fast jeder Mensch eine Meinung dazu. Gleichzeitig war ich mit einer so emotionalen, teilweise von haltlosen und unwissenschaftlichen Annahmen und sogar Vorurteilen geprägten Diskussion konfrontiert, dass mir manchmal ganz schwindelig wurde. Wirklich schnell konnte es passieren, dass die Inhalte ins Bodenlose abglitten. Wir hatten tatsächlich noch viel zu tun; und der Weg zur Gendergerechtigkeit schien alles andere als einfach. Und doch, oder vielleicht gerade deshalb, entschloss ich mich, an diesem Thema dranzubleiben. Es hatte nicht nur mein Interesse, sondern auch meinen Gerechtigkeitssinn geweckt. Und irgendwie spürte ich, dass darin viele Schlüssel für meine Arbeit liegen würden.

Meinem politischen Engagement ging ich ehrenamtlich außerhalb meines Dienstes nach. Tagsüber ermittelte ich als Kriminalbeamtin, führte Vernehmungen mit Geschädigten und Beschuldigten durch, ging mit meinen Kolleg:innen Wohnungen und Gebäude durchsuchen. Abends saß ich in Vorstandssitzungen, besuchte Diskussionsveranstaltungen und vernetzte mich im politischen Berlin. Das Leben pulsierte, und direkt vor mir eröffneten sich unzählige neue und ungeahnte Möglichkeiten.

In diesem Energiefluss wurde die Idee zu SOS-Stalking geboren, meiner Sicherheitsagentur. Längst war ich als Persönlichkeit aus der Beamtin von einst herausgewachsen. Ich wollte mehr bewegen, als ich es von meinem Arbeitsplatz im Kommissariat in Kreuzberg aus tun konnte. Also machte ich mich auf die Suche nach einer neuen Idee und einem Konzept, das die Welt wirklich brauchte. Um das zu finden, musste ich nicht lange suchen. Denn die Fälle, in denen ich täglich ermittelte, berührten mich nicht nur auf menschlicher Ebene, sondern mir war auch etwas aufgefallen: Die schweren Gewaltdelikte, mit denen ich im Rahmen meiner Spezialisierung auf häusliche Gewalt und Stalking zu tun hatte, waren zum Teil in ihrer Brutalität nicht zu übertreffen. Ich musste also immer wieder von versuchtem Totschlag oder sogar versuchtem Mord ausgehen. Während meiner Ermittlungen stellte ich oftmals fest, dass diesen rohen und fast tödlichen Eskalationen Stalking vorausgegangen war. Nicht immer war das Stalking juristisch haltbar, aber kriminologisch lag es fast immer vor. Zumeist wurde es jedoch nicht angezeigt und tauchte daher in der offiziellen Polizeilichen Kriminalstatistik (PKS) nicht auf. Auch bei Gericht spielte im Fall dieser versuchten Tötungen das Phänomen Stalking selten eine Rolle.

Ich bekam eine erste Idee davon, dass Nachstellungen – Stalking – in Deutschland viel weiter verbreitet sein könnten, als wir das alle vermuteten. Gleichzeitig war ich als Kriminalbeamtin auch mit Fällen konfrontiert, in denen die Gewaltspirale noch ganz am Anfang stand. Es war also noch keine Gewalt ausgeübt und auch noch keine Morddrohung ausgesprochen worden. Der Täter verfolgte die Betroffene bisher »nur« mit aneinandergereihten Alltagshandlungen, wie beispielsweise Anrufen, Textnachrichten oder »zufälligen« Treffen zur Aussprache. Dies alles stand einzeln für sich genommen nicht unter Strafe und wirkte zudem von außen betrachtet auch noch denkbar harmlos. Im Strafgesetzbuch befindet sich zwar der Paragraf 238, der Nachstellung unter Strafe stellt. Diese »Alltagshandlungen« stehen also durchaus unter Strafe, allerdings unter komplizierten und realitätsfernen Voraussetzungen. Leider liegt die Verurteilungsrate alleine aufgrund dessen in Deutschland noch immer unter 10 Prozent. Mir als Ermittlerin war natürlich auf ganz andere Weise klar, dass diesen auf den ersten Blick harmlos wirkenden Fällen eine innere Fixierung des Täters auf sein Opfer zugrunde lag; eine Fixierung, die von einer beachtlichen Gefährdung begleitet sein konnte. Schließlich sah und erlebte ich jeden Tag, wohin die Obsession der Täter führen konnte: Stalking als tickende Zeitbombe und als eine selbst von der Polizei unterschätzte Gefahr.

In diesen Fällen also, in denen es noch nicht zu handfesten Straftaten gekommen war, waren mir als Polizistin viel zu oft die Hände gebunden. Ich konnte Ermittlungen führen, die im Anschluss meistens von der Staatsanwaltschaft eingestellt wurden, und ich konnte im Rahmen der Gefahrenabwehr eine Gefährderansprache veranlassen. Dabei wird der Täter von uniformierten Polizisten aufgesucht, die ihm mit Nachdruck verdeutlichen, dass er angezeigt wurde und jede weitere Kontaktaufnahme mit der Betroffenen ab jetzt strafbar ist. Sollte er sie doch kontaktieren, würde dies rechtliche Konsequenzen nach sich ziehen. Führte diese Gefährderansprache mit dem Täter nicht zum Erfolg, war ich mit meinem Latein am Ende. Die Betroffenen waren oft verängstigt und hochgradig frustriert, wenn ich ihnen offenbaren musste, dass ich als Vertreterin der Polizei nichts weiter für sie zu tun vermochte. Sie konnten jetzt nur vor dem zuständigen Zivilgericht ein Kontaktverbot erwirken; wobei sie nie sicher sein konnten, ob ihr Fall in den Augen des Richters »schwer« genug war. Ganz abgesehen davon zeigt ein Kontaktverbot in vielen Fällen zwar Wirkung; im Ernstfall kann es jedoch nicht viel ausrichten. Diese Frauen spürten, dass dem Stalking eine Gefahr innewohnte, die sie nicht allein bewältigen konnten, und fühlten sich von mir als Polizistin allein gelassen. Ihre Erwartungshaltung gegenüber mir beziehungsweise der Polizei war menschlich absolut berechtigt; aber rechtlich waren und sind Polizist:innen die Hände gebunden. Sollten diese Frauen erst so lange warten, bis ihnen etwas wirklich Schlimmes zugestoßen war? Und das unter den Augen des Staates? Zunehmend war auch ich frustriert, denn auch wenn die Gesetzeslage nicht mehr zuließ als das, was ich bereits tat, konnte ich das immer weniger vor mir selbst und den betroffenen Frauen vertreten.

Damals habe ich auf die Frage, warum ich mich ausgerechnet für die so zähe und oft aussichtslose Stalking-Intervention entschieden habe, geantwortet, dass mich das Leid der Betroffenen berührt. Dass ich selbst Ohnmacht empfinde, wenn ich nicht helfen kann, obwohl ich es so sehr möchte. Dass ich es unerhört finde, wenn Betroffene mit Todesängsten allein gelassen werden. Und dass ich mich einfach nicht damit zufriedengeben will, dass nichts getan werden kann. Heute würde ich antworten: Das ist nur die halbe Wahrheit. Denn in dem Moment, in dem meine Tante ihr Leben verlor, ist die Kriegerin in mir erwacht. Seither hat mich die Frage »Warum töten Männer Frauen?« einfach nicht mehr losgelassen. Und ich wollte unbedingt eine Möglichkeit finden, die Leben so vieler Frauen zu retten.

Wenn ich heute auf meine Entwicklung bei der Kriminalpolizei zurückblicke, sehe ich deutlich vor mir, dass meine Stationen und Inhalte von dieser Frage geprägt wurden. Besonders die Einblicke bei der Kriminalpolizei haben mich mit den existenziellen Zusammenhängen rund um Leben und Tod, Heilen und Sterben, Gut und Böse, Richtig und Falsch konfrontiert. Und in meinen vierzehn Dienstjahren habe ich Antworten gefunden. Viele, viele Antworten, die ich heute nicht nur mir selbst und meiner Familie, sondern auch so vielen von Stalking Betroffenen geben kann. Auch in diesem Buch teile ich etliche dieser Antworten mit unseren Leser:innen.

Das Jahr 2015 brachte eine Zäsur in meinem Leben. Nach Jahren der Vorbereitung hielt ich ein Formular in den Händen, das zuvor mehrere Wochen gut sichtbar auf meinem Schreibtisch gelegen hatte: »Antrag auf Entlassung aus dem Beamtenverhältnis«. Obwohl ich längst entschlossen war, unzählige Gespräche mit meiner Personalabteilung geführt und meine neue berufliche Perspektive vorbereitet hatte, blieb dies ein nicht einfacher, weil entscheidender Schritt in meinem Leben. Zahllose Menschen auf meinem Weg hatten mich für verrückt erklärt, aber ich würde es allen zeigen. Das, was ich vorhatte, würde funktionieren und die Welt verbessern. Davon war ich überzeugt. Und doch zitterten meine Hände, als ich meine Unterschrift auf dieses Dokument setzte. Es war vollbracht.

Im Juli 2015 übertrat ich zum letzten Mal die Schwelle meiner Dienststelle als Polizistin und schlüpfte am 01.08.2015 zum allerersten Mal in meine neue Rolle: Inhaberin von SOS-Stalking. Von nun an veränderte sich meine Arbeit wesentlich. Ich war jetzt nicht mehr die Ermittlerin, sondern ich stand Frauen beratend zur Seite und hatte überdies viele neue

Aufgaben, die der Aufbau und das Führen meiner Sicherheitsagentur mit sich brachten. Von nun an wuchs ich in neue Führungsaufgaben hinein.

Die junge Frau mit dem lockigen Haar atmet heftig. Sie bekommt merklich schwer Luft. Wir sind in unserem Meetingraum mit der grünen Wand, vor wenigen Wochen erst sind wir mit unserem Büro an den Berliner Hauptbahnhof gezogen. Der Raum wirkt modern und strahlt zugleich Wärme aus. Direkt hinter unserer Klientin hängen Bilder von Nashörnern, die auf kunstvolle Weise den Stil brechen und dem Raum etwas Exotisches geben. Neben der zierlichen Frau mit natürlicher Erscheinung sitzt ihre Schwester. Beide halten sich aufrecht, sitzen wie angewurzelt auf ihren Stühlen und wirken angespannt. Jede ringt auf ihre Weise um Fassung. Stille. Nur Viviens[2] Tippen auf der Tastatur, die unser Gespräch protokolliert. Sie hat unsere heutige Strategieberatung terminiert und sich um die Betreuung der beiden Frauen gekümmert. »Er wird mich töten«, kommt es der jungen Frau mit dem lockigen Haar über die Lippen. Dieser warmherzigen und freundlichen Frau, die auf mich einfach nur sympathisch wirkt. »Er wird mir so lange auf den Fersen bleiben, bis er es geschafft hat.« Sie blickt nach unten. Ich sehe zu ihrer Schwester: Ihr laufen Tränen über die Wangen. Sie nickt.

Gerade haben die Schwestern uns davon berichtet, wie manipulativ der Vater des gemeinsamen Kindes mit der jungen Frau mit dem lockigen Haar umgeht, wie sehr er sie psychisch quält und dabei vor nichts zurückschreckt. So hat er dem vierjährigen Sohn beispielsweise gesagt, er solle sich von seiner Mutter verabschieden, weil sie bald beerdigt werden müsse. Meine Klientin berichtet, in welch grausamer Situation sie sich

[2] Die Namen in diesem Buch wurden teilweise geändert.

befand, als sie ihren verängstigten Sohn beruhigte, während sie selbst innerlich in einen Schockzustand verfallen war. Aus Fassungslosigkeit, Sorge um ihren Sohn und Angst um ihr eigenes Leben. »Ich verstehe selbst nicht, wie er sich so verändern konnte. Wir hatten schöne Anfangszeiten, bis nach der Geburt des gemeinsamen Kindes plötzlich alles anders wurde. Heute traue ich ihm alles zu. Ich musste sogar feststellen, dass er Kontakte ins kriminelle Milieu hat.«

Alles, was sie uns berichtet, wirkt unwirklich. So schlimm, als könnte es nicht echt sein. Ausgedacht, wie aus einem Film. Aber ich glaube ihr. Ihre Gefühle sind authentisch und ihre Erzählungen transportieren echte, starke Ohnmachtsgefühle. Alle Fakten, die wir im Rahmen unserer Voranalyse ausgewertet haben, sprechen für einen psychopathischen Täter, der Lust am Quälen hat. So hat er seiner Ehefrau beispielsweise erzählt, als diese gerade erst Mutter geworden und so sehr auf die praktische und emotionale Unterstützung ihres Mannes angewiesen war, dass er nun zu seiner Geliebten fahre. Die Details dieser angeblich bevorstehenden Begegnung schmückte er mit obszönem Vokabular aus. Anschließend blieb er zwei Tage und Nächte der gemeinsamen Wohnung fern, war einfach weg. Beim Beschreiben der emotionalen Qualen, die meine Klientin erlitt, versagt ihr die Stimme. Sie kann nicht weitersprechen, aber das muss sie auch nicht. Jede im Raum kann sich nur zu gut vorstellen, was sie durchgemacht haben muss. Kopfschütteln. Als sie die Trennung von ihm vollzog, ging sie abermals durch die Hölle.

Dies ist einer von so vielen, sich ähnelnden Fällen, die ich täglich in meiner Arbeit für SOS-Stalking höre und aufnehme. In diesem Fall konnten wir unserer Klientin emotionalen Beistand leisten, ihr zuhören und ihr aus kriminalpsychologischer Sicht das Vorgehen des Täters erklären. Gleichzeitig konnten wir strategisch wichtige Weichen in ihrem Fall stellen, mit denen wir ihren Schutz vor dem Täter erheblich erhöhten. Ein besonders wesentliches Element unserer Arbeit ist es jedoch, unseren Klientinnen zu helfen, die eigene Situation in ihrer Dynamik gut zu verstehen, damit sie auch in Zukunft intuitiv gute Entscheidungen treffen können. Das dürfte uns in diesem Fall gelungen sein.

Vielleicht haben wir es auch geschafft, ihr ein wenig von ihrem Schuldgefühl zu nehmen. Denn während der Beratung habe ich sehr deutliche Worte dafür finden können, dass nicht sie verantwortlich ist für das Stalking. Sie hat auch nichts falsch gemacht. Einzig und allein falsch und strafbar war das Verhalten des Täters. Punkt.

Wie so viele Frauen ging auch sie mit ihrer Verzweiflung nach Hause, denn noch immer sind die gesetzlichen Möglichkeiten, gegen Stalking vorzugehen, in Deutschland begrenzt. Aber sie ging mit der Gewissheit, dass sie mit ihrer Situation nun nicht mehr allein war. Gleichzeitig hatte sie von uns Informationen erhalten, die ihr in dieser Gesamtheit noch niemand anders hatte geben können.

»Frau Cegla, Sie sind so eine starke Frau. Ich bin Ihnen so dankbar für alles und froh, dass ich Sie gefunden habe. Danke.« Mit diesen Worten verabschiedet sie sich und läuft gemeinsam mit ihrer Schwester in Richtung Ausgang. Als ich später in die gleiche Richtung gehe, sehe ich, wie sie in den Armen ihrer Schwester liegt und bitterlich weint.

So sieht heute eine klassische Beratungssituation in meinem Alltag aus, die sich im Wesen stark von meiner Arbeit bei der Polizei unterscheidet. Heute kann ich den Frauen in ihrer Not besonders hinsichtlich des Stalkings viel effektiver zur Seite stehen, ihnen die Ängste nehmen und mit meinen Sicherheitskräften auch operativ eingreifen, wenn es sein muss. Das ist nicht nur für die Betroffenen hilfreich, sondern auch für mich höchst erfüllend.

So unterschiedlich all diese beruflichen Stationen und Tätigkeiten auch sein mögen, so haben sie doch etwas gemeinsam: Sie alle haben unterschiedliche Führungsaufgaben mit sich gebracht. Bei der Kriminalpolizei habe ich Ermittlungen und Einsätze geführt. Dort war ich verantwortlich für die Ergebnisse meiner Ermittlungsakten, was bedeutete, dass ich nicht nur inhaltlich und taktisch plante und vorging, sondern auch mit anderen Dienststellen zusammenarbeitete, kommunizierte, meine Teams für die operativen Einsätze zusammenstellte und die Einsatzleitung vor Ort übernahm. Ich hatte das Sagen und setzte mich zum Teil offen gegen meine männlichen Widersacher durch. Die Einsätze waren in aller Regel Zwangsmaßnahmen, mit denen die Täter selbstverständlich nicht einverstanden waren. Widerstand, körperliche Gewalt, tödliche Waffen und gefährliche Situationen wurden von mir immer mitgedacht und eingeplant.

In der Politik führte ich einen Vorstand von gut gebildeten und exzellent vernetzten Frauen, die alle den Antrieb hatten, gesellschaftliche Veränderungen voranzubringen. Uns verband mehr eine gemeinsame Überzeugung und der Kampf für die gleiche Sache als eine Institution beziehungsweise eine Struktur. Hier war eine komplett andere Art der Führung gefragt als bei der Polizei. In unserer Vorstandsarbeit standen Diskussionen, Argumente und ein Konsens im Mittelpunkt, der am Ende von allen mitgetragen werden konnte. Hierarchisches Vorgehen wie bei der Polizei war hier fehl am Platz.

Bei SOS-Stalking finde ich täglich einen Mittelweg aus diesen beiden Führungsstilen, der mit viel Kommunikation, gegenseitiger Wertschätzung, guten Argumenten und der Teilhabe an wichtigen Entscheidungen zu tun hat. Wenn es aber darauf ankommt, besonders dann, wenn es gefährlich wird, dann entscheide ich manchmal schnell und unbürokratisch.

Meinen Führungsstil habe ich über die letzten zwanzig Jahre zum einen durch positives Feedback entwickelt. Denn mir ist immer wieder aufgefallen, dass ich Menschen für meine Ideen begeistern kann und mir viele gern folgen. Das hat mich ermuntert, bestimmte Fähigkeiten weiter auszubauen. Zum anderen habe ich aber auch unglaublich viel über Führung gelernt, indem ich selbst geführt wurde. Besonders bei der Polizei, aber auch in der Politik, habe ich am eigenen Leib sehr bewusst wahrgenommen, wie es sich anfühlt, in einem Team zu arbeiten, in dem eine gute, wohlwollende Atmosphäre herrscht und sich die Mitarbeitenden von der Führung gesehen, gut informiert und gefördert fühlen. Gleichzeitig habe ich es immer wieder erleben müssen – leider in den männlich geprägten Systemen der Polizei und Politik häufig –, wie stark und negativ sich eine vergiftete Atmosphäre auf meine eigene Gesundheit, meine mentale Verfassung und meine Arbeitsleistung ausgewirkt hat. Neben der Tatsache natürlich, dass ich damit nicht allein war, sondern auch die anderen Teammitglieder litten und teilweise sogar krank wurden. Ganz abgesehen von der Qualität der inhaltlichen Arbeit, die in Teams mit schlechter Führung nicht nur weit unter ihrem Potenzial blieb, sondern manchmal sogar besorgniserregende Tiefen erreichte.

Diese Erfahrungen haben mir die Tragweite der Verantwortung von Führungskräften vor Augen geführt. Seither weiß ich, dass diese Verantwortung weit über Projekte, Ermittlungsverfahren und Beförderungen hinausgeht. Gute oder schlechte Führung entscheidet nicht nur über die Arbeitsleistung eines gesamten Teams, sondern auch über körperliche, geistige und emotionale Gesundheit; sogar über ein gesamtes Lebensgefühl. Die meisten Menschen verbringen täglich mehr als acht Stunden an ihrem Arbeitsplatz, sind einer toxischen Atmosphäre im schlimmsten Fall also länger und intensiver ausgesetzt, als sie Zeit mit Familie und Freunden verbringen.

Provokativ ausgedrückt: Toxische Führung kann Ehen und Lebensentwürfe zerstören.

Nach allen Erfahrungen, die ich bis heute gesammelt habe, sind die Fähigkeiten, die Frauen von Natur aus mitbringen, für mich die Antwort auf die Frage nach guter und nachhaltiger Führung. New Female Leadership für mehr Harmonie, Miteinander, Gemeinschaft und Rücksicht. Für mehr Gesundheit, Frieden und das Erschaffen von Lebensräumen, in denen Menschen gesehen werden und ihr volles Potenzial entfalten können. Um dieses Potenzial zu nutzen, müssen zunächst wir Frauen aufwachen und uns unsere Stärken sowie unsere innere und äußere Schönheit bewusst machen. Aber es gilt auch, kollektiv aufzuwachen. Denn New Female Leadership betrifft nicht nur Frauen, sondern auch alle Männer. Männer, die ein neues, gesundes Verständnis für ihre Maskulinität entwickelt haben; eine Maskulinität, die weggeht von Ausbeutung, Macho-Verhalten und Ellenbogenmentalität. Dieses Buch ist mir eine Herzensangelegenheit, denn durch ein neues Verständnis von Führung können nicht nur unzählige gesellschaftliche Probleme auf einmal gelöst werden, sondern wir können auch als Gesellschaft einen Quantensprung nach vorn machen.

Gelernt und geprägt: Alles fängt zu Hause an

Sandra Cegla

In den Vernehmungen, die ich als Kommissarin führte, saß ich häufig Frauen gegenüber. Frauen jeden Alters, von unterschiedlicher ethnischer Herkunft und aus allen sozialen Schichten. Rückblickend kann ich heute sagen, dass ich mit unzähligen Frauen sprach, die mir tiefe und teilweise sehr intime Einblicke in ihr familiäres Zusammenleben und in die Beziehungsdynamiken mit ihren Männern gewährten. Diese Frauen waren Opfer von Gewalt, teils sogar schwerer Gewalt, durch ihren Intimpartner geworden, die immer einherging mit seelischer Gewalt und oft auch mit sexueller Gewalt. Immer wieder stellte ich fest, dass viele dieser Frauen bereits als Kind in einer Atmosphäre aufgewachsen waren, in der Angst, Gewalt und Demütigung herrschten. Was mich allerdings am meisten überraschte, war die Tatsache, dass die Probleme, Konflikte und Machtverhältnisse innerhalb dieser strukturell gestörten Partnerschaften Ähnlichkeiten zu genau den Problemen aufwiesen, von denen mir auch meine Freundinnen berichteten. Sie waren sogar den

Problemen ähnlich, die ich aus eigener Erfahrung kannte. Nur eben nicht bis auf die Spitze getrieben und in leiseren Tönen. Aber weder meine Freundinnen noch ich lebten in Gewaltbeziehungen. Weshalb also konnte ich Ähnlichkeiten erkennen? Waren die Herausforderungen in Partnerschaften doch sehr viel universeller, als ich bisher geglaubt hatte? Und hatten sie etwas mit Geschlechterrollen zu tun? Waren diese unfassbaren Extreme, die ich im Zuge meiner Ermittlungen als Kommissarin bis ins letzte Detail zu sehen bekam, im Grunde genommen die Eskalation falsch verstandener Geschlechterrollen?

Egal wie wir diese Fragen beantworten, über eines dürften wir uns heute einig sein: Unsere ersten Lebensjahre sind besonders prägend. Wir entwickeln Urvertrauen in Menschen und ins Leben oder wir werden darin gestört. Wir binden uns emotional an die Personen, die uns versorgen und unser Überleben sichern. Wir lernen Bindungsverhalten. Das bedeutet, dass wir lernen, das zu tun oder zu lassen, worauf die Menschen, von denen wir abhängig sind, positiv oder negativ reagieren. All das Gelernte nehmen wir in unser Unterbewusstsein auf und nennen es später unsere Intuition, unser Wertesystem oder unseren Anstand. Zum Beispiel so, wie Erich es von seiner Mutter und ihrer Erwartungshaltung ihm gegenüber berichtet hat, stets ein Ritter zu sein und seine Frau nie weinen zu lassen. Und so unterschiedlich wir auch sein mögen, eines haben wir alle gemeinsam: Unsere Familien und die Umgebung, in der wir aufwachsen, formen uns so nachhaltig, dass die meisten unserer Handlungsmuster im Erwachsenenalter davon geprägt sind; besonders dann, wenn es ernst und gefährlich für uns wird. Vieles davon geben wir an die nächsten Generationen weiter, meistens ungewollt. Die Art und Weise, wie wir unserer Liebe Ausdruck verleihen, welche Verhaltensweisen wir als Zuneigung oder als Respektlosigkeit interpretieren, wie wir unseren Alltag strukturieren, welche weitreichenden Lebensentscheidungen wir treffen und wie wir unsere Kinder ins Leben begleiten. All das und noch so viel mehr gehört dazu.

Gerade in Bezug auf die Geschlechterrollen gibt es mittlerweile zahlreiche Studien und Versuche, in denen klar belegt wurde, dass Geschlechterrollen zum einen biologisch bedingt und zum anderen anerzogen sind. Nicht ohne Grund sprechen wir besonders in Hinblick auf Menschen, die sich der LGBTQI-Szene zugehörig fühlen, von biologischer und sozialer Geschlechterrolle. Und im Grundsatz betrifft uns diese Differenzierung zwischen biologisch und sozial alle. Nach wie vor sind die Schlüsse, zu denen die Wissenschaft kommt, heiß umstritten; ich persönlich bin jedoch fest davon überzeugt, dass Frauen und Männer von beidem geprägt sind: von ihrem angeborenen Geschlecht, also allem, was unsere weiblichen und männlichen Körper ausmacht, sowie von unserer sozialen Rolle im gesellschaftlichen Gefüge.

Schon allein als Mutter eines Sohnes, die sich mit anderen Müttern trifft und austauscht, habe ich die Erfahrung gemacht, dass Babys von Natur aus teilweise so unterschiedliche Temperamente, Reaktionsmuster und Interessen mitbringen, dass sie wirklich nur bedingt von ihrer Umwelt geprägt sein können. Manches lässt sich einfach nur mit dem Geschlecht erklären. Gleichzeitig habe ich an mir selbst und an den Menschen in meiner Umgebung beobachtet, wie Eltern, aber auch alle anderen Menschen, die den kleinen Lebewesen in ihrer sensibelsten Lebensphase begegnen, teils bewusst und teils unbewusst Dinge an sie weitergeben, die das soziale Geschlecht prägen. Das kann beispielsweise die Auswahl des Spielzeuges sein, der Kleidung, der Wortwahl oder der Freizeitaktivitäten. Mädchen und Jungen werden schon als Babys unterschiedlich behandelt und mit anderen Erwartungen bedacht. Es muss also alles eine wichtige Rolle für unsere Entwicklung spielen: die Biologie, die Hormone, die Atmosphäre im Elternhaus, das

Verhalten der Eltern und aller weiteren wichtigen Bezugspersonen, die Kommunikation, das Selbstverständnis der Peergroup, die gesellschaftlichen Strukturen, das Rechtssystem, in dem wir groß werden.

Niemals werden wir abschließend klären können, was im Einzelfall mehr ins Gewicht fällt, aber eines können wir festhalten: Kindheit prägt. Der eigene Körper prägt. Gesellschaft prägt.

Was ist also typisch männlich, was typisch weiblich? Auch darüber lässt sich viel und ausgiebig streiten, aber in meiner Erfahrung hat sich deutlich gezeigt: Mädchen und Frauen sind für den sozialen Zusammenhalt verantwortlich. Ihnen gelingt es, Harmonie und Wärme herzustellen. Sie können langfristig versorgen und Gemeinschaft schaffen. Sie beschäftigen sich mit sozialen Bindungen, spielen »Vater, Mutter, Kind« und schieben schon eine Babypuppe im Puppenwagen umher, wenn sie gerade erst Laufen gelernt haben. Sie sprechen täglich so viel mehr Worte als Jungen und gehen tiefe Bindungen ein. Wenn sie sich binden, dann ist genau dieser Mensch gemeint. Später sind es die Frauen, die sich für das Gelingen der Ehe verantwortlich fühlen und glauben, versagt zu haben, wenn durch eine Scheidung die Familie auseinanderbricht. Sie suchen in Partnerschaften oft das Gespräch, drücken Gefühle aus und sind gut darin, ihre eigenen Bedürfnisse zurückzustellen. Karriere, Finanzen, die große Bühne … das alles kann warten, wenn der Säugling nach der Muttermilch schreit. Frauen können von Natur aus gut netzwerken, sind verbindlich in ihren Entscheidungen und können realistisch und kleinteilig planen. Sie lernen von klein auf, mit Ressourcen umzugehen, um nachhaltig zu versorgen. Sie können Leben gebären und Überleben sichern.

Frauen besitzen also von Natur aus genau das, was wir heute »Soft Skills« nennen. Sozialkompetenz und ein großes Interesse am Gelingen von Bindung, Kommunikation und Gemeinschaft. Sie sind bereit, sich selbst zu hinterfragen, ihre inneren

Prozesse in Worte zu fassen und ihre Emotionen mit anderen zu teilen. Sie können sich selbst für andere zurücknehmen und fragen sich immer wieder, wie sie auf andere wirken. Das alles schafft Zugehörigkeit und Zusammenhalt. Gleichzeitig bringen Frauen alle Voraussetzungen für immerwährende Persönlichkeitsentwicklung, das Fortbestehen von Gemeinschaft und nachhaltiges Wachstum mit. Kurzum: Sie sind von Natur aus für erfolgreiche Führung geschaffen.

Das dürfte aber vielen so nicht bewusst sein, denn: Bisher gibt es meines Erachtens in Deutschland noch einen unausgesprochenen gesellschaftlichen Konsens, der erfolgreiche Führung mit etwas gleichsetzt, das ich als herz- und skrupellos empfinde. Es geht um Zahlen, Daten und Fakten. Der Erfolg einer Führungskraft, egal ob im mittleren oder höheren Management, wird anhand von Umsatz und den erreichten Zielen gemessen. Interne Hierarchien werden konfliktreich umkämpft und der eigene Status wiegt schwer im Vergleich mit der Konkurrenz. Kunden- und Mitarbeiterzufriedenheit sind lediglich weitere Zahlen einer Statistik, um den eigenen Erfolg zu messen und nach oben zu korrigieren. Selbstverständlich geht es dabei um die Auszahlung des nächsten Bonus am Jahresende.

Echte, aufrichtige Anteilnahme, Empathie und Rücksichtnahme, wie sie besonders Frauen in sich tragen, werden wir hier vergeblich suchen. Denn genau diese Eigenschaften sind in toxisch-männlichen Systemen, die von männlichen Führungskräften geprägt sind, verschrien. Aus meiner Sicht sind jedoch genau die Eigenschaften, die Frauen von Natur aus mitbringen, aber überwiegend an sich selbst ablehnen und unterdrücken, die Lösung, um zu gesunden Teams, Arbeitsatmosphären, Menschen und Systemen zu kommen.

Zurück zur Kindheit: Jungen tragen im Gegensatz zu Mädchen ihre Aggressivität mehr nach außen, und das stößt auf breite gesellschaftliche Akzeptanz. Zumindest habe ich über die

Jahre immer wieder beobachtet, dass besonders der Ausdruck der Emotion Wut bei Mädchen und Jungen von Erwachsenen in Deutschland unterschiedlich beantwortet wird. Während wütende Jungen häufig als durchsetzungsstark gelten, werden aufgebrachte Mädchen gern als zickig bezeichnet. Hinzu kommt, dass Jungen von Natur aus oft Spaß am Wettkampf haben, daran, sich körperlich zu messen; sie scheuen die spielerische Auseinandersetzung nicht. Sie lernen früh, dass Scheitern und Verlieren davon begleitet sein muss, sich wieder aufzurappeln, und dass Schwäche keine Option ist. So bereiten sie sich von Kindesbeinen an bestens für die große Bühne des Lebens vor, für das öffentliche Leben im Beruf. Oder für das, was wir heute noch als Führung und öffentliches Leben missverstehen. Gefühle spielen für sie eine weniger große Rolle, und wenn doch, dann eher eine lästige. Denn Gefühle bedeuten Schwäche.

Hier kommen vermutlich evolutionsbiologische Aspekte zum Tragen, denn in den Zeiten, als die Männer noch das Mammut erlegt haben, zählten andere Qualitäten als die emotionalen. Hier ging es um wachsames Beobachten, schnelles Entscheiden, die Hierarchie in der Gruppe, um körperliche Stärke und Schnelligkeit.

An dieser Stelle erlaube ich mir einen kurzen Einschub zur Evolutionstheorie. Das Thema ist viel zu umfassend, als dass ich sämtliche wissenschaftlichen Thesen und Erkenntnisse hier zusammenfassend wiedergeben oder von mir behaupten könnte, ich sei detailliert informiert. Natürlich gibt es immer wieder neue, teils widersprüchliche Thesen. Zum Beispiel deuten zwischenzeitliche archäologische Funde darauf hin, dass auch Frauen in Urzeiten Jägerinnen und Kriegerinnen waren oder gewesen sein könnten. Einige Wissenschaftler sehen dadurch die Theorie von den Männern als Jägern und den Frauen als Sammlerinnen infrage gestellt. Diesen Streitpunkt hat die Wissenschaft noch nicht lösen können, und ich kann es erst recht nicht. Ich bin jedoch allein aufgrund meiner Lebenserfahrung, die mir die biologischen Unterschiede zwischen Frauen und Männern besonders im Bereich der Gewalttaten sehr deutlich vor Augen geführt hat, weiterhin von der Männer-als-Jäger-und-Frauen-als-Sammlerinnen-Theorie überzeugt. Ausnahmen bestätigen schließlich die Regel. Selbst wenn es Frauen gegeben haben sollte, die Jägerinnen waren, und das sogar zahlreich, so können sie möglicherweise bereits als Fortschritt und Weiterentwicklung der Evolution gesehen werden, denn auch unser heutiges, modernes Leben bringt sowohl feminin als auch maskulin veranlagte Frauen hervor. Ich persönlich betrachte mich als feminine Frau und wäre niemals auf die Jagd gegangen. Bei der Polizei haben immer starke Männer die »Männeraufgaben« für mich übernommen. Ich war die Denkerin, Strategin, Ermittlerin. Ich wusste Bescheid und habe das Wort geführt. Hätte ich einen Straftäter mit eigenen Händen festnehmen müssen, hätte er sich vermutlich totgelacht. Oder mich einfach mitgenommen. Mir sind aber in meinem Leben zahlreiche Frauen begegnet, die – anders als ich – für solche Dinge sehr wohl geeignet sind.

Auch wenn die Zeiten des Jagens und Sammelns längst vorbei und die Anforderungen einer modernen Gesellschaft viel komplexer geworden sind, haben sich diese Geschlechterrollen doch in unseren heutigen sozialen Rollen und Systemen verfestigt. Und selbstverständlich ist es längst Zeit, dass wir uns alle weiterentwickeln.

An genau dieser Stelle kommen wir einem wesentlichen Irrtum auf die Spur, der es uns heute aus meiner Sicht schwer macht, unsere eigene Geschlechtsidentität natürlich und freudvoll auszuleben: Im Kern sind wir uns – fälschlicherweise – darüber einig, dass Gefühle Schwächen sind. Wir leben in einem männlich geprägten System, das nach männlichen Werten funktioniert. Das maskuline Prinzip ist das, in das wir alle hineingeboren werden. Gesetze werden noch immer überwiegend von Männern gemacht, unsere Sprache verwendet als Standard männliche Formen, die heiß umkämpft und von lautem Schreien begleitet nun um die weibliche Form ergänzt werden, medizinische Studien werden überwiegend an Männern durchgeführt und die Geschlechter werden für gleiche Arbeit längst nicht gleich bezahlt. Das sind die sichtbaren Symptome einer männlich geprägten Gesellschaft. Doch was unter der Oberfläche, zwischen den Zeilen, in den Familien und im Unterbewusstsein aller Menschen unseres Kulturkreises vor sich geht, reicht noch viel tiefer. Unausgesprochen sind wir uns darüber einig, dass bestimmte Emotionen und Verletzlichkeit Schwächen sind. Es gelten ungeschriebene Gesetze, die Lautstärke, Aggressivität und eine gewisse Art der Ellenbogenmentalität glorifizieren, während die weichen Eigenschaften, die sanften, zarten und leisen Töne des Miteinanders, die wir zum weiblichen Prinzip zählen können, als inkompetent, ungeeignet und nicht erstrebenswert eingeordnet werden.

Ohne es überhaupt zu merken, fügen sich die meisten von uns durch die eigenen Kindheitserfahrungen ungewollt in dieses Wertesystem einer männlichen Welt ein. Manche hinterfragen das im Lauf ihres Lebens, viele nicht. In jedem Fall tragen wir diese Prägungen, Überzeugungen und Gefühle in alle Bereiche unseres Erwachsenenlebens hinein. Egal ob Frau oder Mann: Dadurch, dass wir ganz tief im Unterbewusstsein immer noch das Einverständnis in uns tragen, uns am männlichen System auszurichten und es als Richtwert für unsere Maßstäbe anzuerkennen, können wir auch nur diesen einen kollektiven Rückschluss daraus ziehen: Das Männliche, Harte und Aktive ist gut und erstrebenswert. Das Weibliche, Weiche und Sensitive ist schwach und inkompetent. Frauen müssen gefördert werden, Männer sind von Haus aus richtig. Frauen müssen sich anpassen, Männer dürfen sein, wie sie sind. Frauen müssen überdurchschnittlich viel leisten, um ihren Mangel auszugleichen, Männer sind mit ihrer Geburt vollkommen. Eine mittlerweile viel zitierte Aussage der deutschen Journalistin, Unternehmerin und Menschenrechtsaktivistin Inge Bell bringt diese Disharmonie zwischen den Geschlechtern in der Karriere treffend auf den Punkt: »Männer werden grundsätzlich für kompetent gehalten – bis sie das Gegenteil beweisen. Frauen werden grundsätzlich für inkompetent gehalten – bis sie das Gegenteil beweisen.«

Dieser Konsens über ein männliches Wertesystem als Maßstab kann einer der Gründe dafür sein, dass viele Menschen ihre Geschlechterrolle nicht natürlich ausleben können, sondern gerade das, was uns zu ausdrucksstarken Wesen macht, unterdrücken, verleugnen und negieren. Sowohl Frauen als auch Männer können in unseren gesellschaftlichen Zusammenhängen ihre weichen Fähigkeiten nicht frei ausleben und entwickeln. Gerade das Vermögen, Gefühlen, inneren Prozessen beziehungsweise der eigenen Verletzlichkeit Ausdruck zu verleihen oder Unangenehmes auszuhalten und innerlich zu verarbeiten, *ohne* direkt zu reagieren oder in den Angriff zu gehen, fehlt uns heute so oft im öffentlichen Leben. Und das betrifft sowohl Männer als auch Frauen. Denn nicht nur wir Frauen leiden darunter, in der öffentlichen Wahrnehmung immer noch das »schwache« Geschlecht zu sein, sondern auch den Männern fehlt es an wesentlichen Ausdrucksformen ihres natürlichen Wesens. Denn das »starke« Geschlecht sehnt sich insgeheim oder sogar sehr bewusst ebenso nach Zärtlichkeit, sanften Tönen und Harmonie, kurzum: nach dem Ausleben der eigenen weiblichen Seite. Das muss zwangsläufig dazu führen, dass der Umgang zwischen den Geschlechtern, aber auch das individuelle Erleben des eigenen Geschlechts an Natürlichkeit verliert. Wir verleugnen einen großen Teil unserer Identität und merken das meist noch nicht einmal. Wir kennen – zumindest in Deutschland – keine Gesellschaft, in der das Weibliche das Maß aller Dinge ist, in der die Frauen die Gesetze machen und die weiblichen Bedürfnisse alle anderen Bedürfnisse dominieren. Vielleicht auch deshalb, weil das im Grundsatz dem weiblichen Prinzip widerspricht. Deshalb erkennen wir gar nicht, wie sehr wir alle das Männliche leben.

Wenn ich also eines gelernt habe bei meiner Arbeit mit Frauen, aber auch mit Männern, dann dies: Egal wie komplex und an der Oberfläche sachlich manche Themen erscheinen, sie haben immer eine subjektive und höchst emotionale Dimension. Wir können von Gesetzen sprechen, von Urteilsverkündungen, von Vertragskonditionen oder Beförderungsentscheidungen: Sie alle werden von Menschen gemacht. Und jeder Mensch kommt aus einem Elternhaus, hat eine Prägung, Gefühle und ein Unterbewusstsein. Egal ob Carearbeit, die wie selbstverständlich und unentgeltlich von Frauen geleistet wird; ob Haushalt, der überwiegend von Frauen noch neben der Arbeit gemanagt wird; ob Management, in dem frau sich an männliches Gebaren anpasst, um erfolgreich zu sein; ob männlich geprägte Firmenstruktur, subjektiv eingefärbte Rechtsprechung oder an der Lebenswirklichkeit vorbeiregierende Politik: Alles fängt zu Hause an.

Ein weiterer wesentlicher Punkt, den wir unbedingt beleuchten müssen, wenn wir das Führungsverhalten von Frauen und Männern unter die Lupe nehmen, ist Gewalt in der Kindheit. Aus meiner Erfahrung heraus hat sie massiven Einfluss auf das Selbstbild und das Empfinden der eigenen Wirksamkeit von Frauen. Leider haben mir die Einblicke, die ich durch meine kriminalpolizeilichen Ermittlungen gesammelt habe, gezeigt, dass körperliche, seelische und sexuelle Misshandlungen in den Familien unseres Kulturkreises weit verbreitet sind und damit ein ernst zu nehmendes gesellschaftliches Phänomen darstellen. Die offiziellen Zahlen der Polizeilichen Kriminalstatistik (PKS) des Bundeskriminalamts (BKA) bestätigen das.[3] Und wenn die Dunkelziffer tatsächlich wie angenommen zwei- bis dreimal so hoch ist wie die offiziellen Zahlen des Hellfeldes, dann müssen wir von einem verheerenden Ausmaß von ausgeübter und erfahrener Gewalt gegen Kinder und Erwachsene in bestehenden Familien sprechen. Das Hellfeld ist die Zahl, die die Polizeiliche Kriminalstatistik des Bundeskriminalamtes aufgrund der Strafanzeigen in ganz Deutschland jedes Jahr in etwa erfasst.

Jungen können in ihrer Kindheit ebenso häufig Opfer von Gewalt werden wie Mädchen, später ändert sich das jedoch. Im Erwachsenenalter ist der gefährlichste Ort speziell für Frauen statistisch gesehen das eigene Zuhause. Alle zwei bis drei Tage stirbt laut PKS in Deutschland eine Frau durch die Hand ihres Partners oder Expartners, meist nach jahrelanger Qual. Und obwohl Gewalt gegen Frauen in Deutschland so unvorstellbar häufig vorkommt, ist das immer noch ein Tabuthema, das für die meisten Menschen in der Debatte um Karriere- und Führungsthemen (noch) nicht im Bewusstsein angekommen ist. Gewalt gegen Frauen wirkt in alle Lebensbereiche – und damit auch in die berufliche Entwicklung – hinein, steht in den Köpfen der meisten Menschen aber trotzdem einsam für sich allein und betrifft sowieso grundsätzlich nur die anderen. Dabei prägen seelische, körperliche und sexuelle Misshandlungen die Lebenswirklichkeit so vieler Frauen und sind damit eng mit deren Leistungsfähigkeit, Gesundheit und ihrem Blick auf die Welt verknüpft. Wir bewegen uns alle direkt im Feld der Gewalt und, ohne es zu wissen, begegnen wir unzähligen Betroffenen. Jeden Tag.

---

[3] Unicef hat die Zahlen übersichtlich aufbereitet:
https://www.uniklinik-ulm.de/fileadmin/default/05_Uber-uns/2020-06-27_Faktenblatt_Gewalt_gegen_Kinder.pdf
Stand: 30. März 2023

Wir haben es beim Thema häusliche Gewalt also mit einer ernsthaften und realen Gefährdung für Frauen hinter verschlossenen Türen zu tun. Angesichts akuter Misshandlungen ist für die meisten betroffenen Frauen überhaupt nicht daran zu denken, ihre Karriere aktiv in die Hand zu nehmen und über Führungspositionen nachzudenken. Persönlichkeitsentwicklung und Fragen rund um die Entfaltung der eigenen Potenziale im Rahmen der Karriereplanung sind für diese Frauen reiner Luxus – oder der blanke Hohn. In ihrem Dasein geht es ums nackte Überleben. Oft begleitet von sozialer Isolation, finanzieller Abhängigkeit, Trauma, Schuld- und Schamgefühlen. Und selbst dann, wenn eine Frau in ihrem Erwachsenenleben keine Gewalt erlebt, ist die Wahrscheinlichkeit sehr hoch, dass sie in ihrer Kindheit irgendeiner Form von Misshandlung ausgesetzt war und auch als Erwachsene bewusst oder unbewusst unter den Folgen der Gewalt leidet. Das verraten uns die Statistiken.[4] Und genau hier können aus meiner Sicht auch die Unterschiede der Geschlechter zum Tragen kommen. Denn während meiner Arbeit als Ermittlerin und als Stalking-Expertin habe ich immer wieder beobachtet, dass sich auch die *Folgen* von Gewalt bei Frauen und Männern unterschiedlich auswirken.

---

[4] https://www.uniklinik-ulm.de/fileadmin/default/05_Uber-uns/2020-06-27_Faktenblatt_Gewalt_gegen_Kinder.pdf

https://www.lka.polizei-nds.de/forschung/dunkelfeldstudie/dunkelfeldstudie-vierte-befragung-von-40000-menschen-steht-unmittelbar-bevor-115379.html (Dunkelfeldstudien des LKA Niedersachsen)

https://www.bmfsfj.de/bmfsfj/themen/gleichstellung/frauen-vor-gewalt-schuetzen/haeusliche-gewalt/formen-der-gewalt-erkennen-80642 (Zahlen des Bundesfamilienministeriums)
Stand: 30. März 2023

Im Folgenden erkläre ich einige Prozesse des Kreislaufs der Gewalt[5], die ich hier stark vereinfacht darstelle. Auch die Geschlechterrollen sind von mir bewusst polarisiert. Das dient an dieser Stelle der Veranschaulichung. Die tieferen psychologischen Hintergründe würden hier zu weit vom Thema wegführen.

Während Jungen, die Gewalt erlebt haben, eher dazu neigen, die Erfahrung, ein Opfer zu sein, mit nach außen abgegebener Aggression und Aktivität zu bewältigen, neigen Mädchen eher zu Rückzug und Passivität. Sie empfinden ebenso wie die Jungen Ohnmacht und Traurigkeit, tendieren jedoch dazu, ihre Wut nach innen gegen sich selbst zu richten. Das Verarbeiten von Gewalt und die darauffolgenden Reaktionsmuster können also auch geschlechtsspezifisch sein. Das kann zum einen daran liegen, dass Jungen und Männer allein aufgrund ihrer sozialen Geschlechterrolle im Umgang mit ihren eigenen Gefühlen viel schlechter trainiert sind, was negative und ungünstige Gedankenmuster zur Folge haben kann. Zum anderen verursachen ihre Hormone andere Gefühle und Emotionen, die in aller Regel zu aggressiveren Regungen führen. Innere Konflikte und biologische Reaktionsmuster unterscheiden sich also zum Teil wesentlich bei den Geschlechtern.

Und genau diese Unterschiede im Erleben der Erfahrung des Opferseins haben aus meiner Sicht erheblichen Einfluss darauf, dass Frauen eher ein spezielles negatives Zerrbild von sich selbst entwickeln können. Ein Zerrbild, das von erlernter Hilflosigkeit aus der Kindheit begleitet ist, während die Frauen von ihrer Selbstwirksamkeit meilenweit entfernt sind.

---

[5] Hierzu gibt es schematische Darstellungen, die den Kreislauf der Gewalt abbilden und dadurch die Dynamik in Gewaltbeziehungen anschaulich aufzeigen. Nach der US-amerikanischen Psychologin Walker, Lenore E. A.: The Battered Women Syndrome, New York: 1984

Besonders darauf, was sich Frauen im Beruf und im öffentlichen Leben zutrauen, hat das aus meiner Sicht große Auswirkungen. Es könnte eine wichtige Erklärung dafür liefern, warum sich so viel weniger Frauen als Männer Führung und wichtige gesellschaftliche Entscheidungspositionen überhaupt zutrauen. Männer hingegen, die ihre Aggressivität eher nach außen richten, verfügen dadurch über ein Reaktionsmuster, das die Wahrscheinlichkeit extrem erhöht, auch mit Gewalterfahrung in der Kindheit im Beruf die angestrebten Positionen erfolgreich zu erobern. Durch ihre Aktivität stärken die Männer ihre Selbstwirksamkeit und können vielleicht sogar ihr Kindheitstrauma hinter sich lassen. Gelingt es ihnen nicht, die Energien ihrer erlebten Misshandlungen positiv in den Beruf umzulenken, können sich diese destruktiv im familiären Kontext Bahn brechen und so den Kreislauf der Gewalt in die nächste Generation fortführen. Natürlich gibt es auch andere »Ventile« für die Bewältigung solcher Kindheitstraumata – im besten Falle bewusste Aufarbeitung. Und auch der Beruf ist nicht die einzige Lebenswelt, Energien positiv umzulenken; auch Sport, Kreativität oder andere Ausdrucksformen können konstruktiv und heilsam sein.

In meiner Arbeit mit von Stalking betroffenen Frauen zeigt sich immer wieder, wie schwer es ihnen fällt, sich aktiv gegen die strafbare Grenzüberschreitung durch den Täter zur Wehr zu setzen. Das liegt zum einen daran, dass die Täter-Opfer-Dynamik von Stalking häufig so manipulativ verläuft, dass die Betroffenen ihrer eigenen Wahrnehmung nicht mehr trauen und sich wahnsinnig schuldig fühlen. Gleichzeitig verhalten sich die Täter häufig so konfrontativ, dass sich die Frauen nicht nur eingeschüchtert, sondern auch bedroht fühlen. Auch biologische Aspekte spielen hier aus meiner Sicht eine nicht zu ignorierende Rolle, denn allein die körperliche Überlegenheit und die hohe Aggressivität, mit der die männlichen Täter auftreten, haben einen Effekt auf die Frauen. Schon eine tiefe und voluminöse Männerstimme kann im Konflikt Furcht einflößend auf eine Frau wirken, selbst dann, wenn von einem Mann keine reale Gefahr für die Frau ausgeht. Nicht selten berichten mir hingegen Männer von Stalking-Erfahrungen mit Frauen, die sie zwar als lästig, aber keineswegs als bedrohlich erlebten. Bei Frauen ist das anders. Wenn sie von einem Mann verfolgt und belästigt werden, empfinden sie sehr schnell eine Gefährdung. Und wie meine Erfahrung über Jahrzehnte gezeigt hat: leider zu Recht. Die verfolgten Frauen fürchten, mit Gegenwehr den Gefährder zu provozieren und in Rage zu versetzen, sodass sie seiner Aggressivität nicht mehr gewachsen sind. Meist wenden sie daher über einen langen Zeitraum beschwichtigende Strategien an.

Aber auch Frauen, die scheinbar »nur« mit Karrierefragen beschäftigt sind, decken im Lauf ihres Bewusstseinsprozesses immer wieder schwierige Erlebnisse und Zusammenhänge aus ihrer Kindheit auf, die ich als Außenstehende mindestens als psychische Gewalt einschätzen würde. Die Erfahrungsberichte all der Frauen, denen ich bisher zur Seite stehen durfte, haben mir diese Zusammenhänge verdeutlicht.

Und noch ein weiterer Punkt ist mir dadurch klar geworden: Viele der Frauen, die mir begegnet sind, empfanden das Thema Macht als etwas Anstößiges, wenn es zur Sprache kam. Im Einzelfall war es sehr individuell, von welchen Gefühlen dieses Thema begleitet wurde, jedoch sind mir überwiegend negative Emotionen begegnet. Angefangen von Ablehnung und Beklemmung über Entrüstung und Scham bis hin zu kompletter Verleugnung war alles dabei. Das hat mir über Jahre hinweg wirklich Rätsel aufgegeben, denn übersehen konnte ich diese Häufung starker Emotionen nicht. Woher kam dieses Phänomen nur?

Auch hier lassen sich sicher keine abschließenden, allgemeingültigen Antworten finden, aber ich habe einen leisen

Verdacht. Für mich liegt es nahe, dass insbesondere Frauen durch ihr persönliches Erleben von Grenzüberschreitung und Ohnmacht, die viele im Lauf ihres Lebens mindestens einmal erfahren haben, einen Irrtum in Hinblick auf das Thema Macht entwickeln: Sie verwechseln Macht mit Machtmissbrauch. Sie empfinden und erleben Macht als etwas Negatives und Schädliches, sowohl auf individueller als auch auf gesellschaftlicher Ebene: Männer herrschen über sie. Hierauf komme ich im Kapitel Macht später ausführlich zurück, es sei jedoch schon einmal angemerkt: Ich verstehe den Begriff »Macht« in enger Anlehnung an den Begriff »Selbstwirksamkeit« und verknüpfe ihn deshalb mit einer positiven Bedeutung. Nur dann, wenn wir machtvoll sind, können wir überhaupt irgendetwas bewegen in unserem Leben. Das fängt mit dem Schutz unserer Kinder an, setzt sich in der Gestaltung unserer Beziehungen fort und führt durch die Planung unserer Karriere. In allen Lebensbereichen sind wir kreative und schöpferische Wesen. Es entspricht der menschlichen Natur, zu wachsen und unser Umfeld zu gestalten. Und das geht nur mit Macht, denn sie ermöglicht es uns, Einfluss auf unser Leben und all das zu nehmen, was uns wichtig ist. Wenn wir den Begriff der Macht also negativ verstehen, dann ist die Wahrscheinlichkeit groß, dass wir damit die dunkle Seite der Macht – also den Machtmissbrauch – meinen. Immer dann, wenn Einfluss ausgeübt wird, ohne die Interessen anderer Menschen oder der Umgebung im Blick zu haben, immer dann, wenn es lieblos und einseitig um eigene Belange geht, denen alles andere unterworfen wird, dann geht es um Ausbeutung, Grenzüberschreitung und Gewalt – und das beruht auf dem Missbrauch von Macht und hat nichts mit einer verantwortungs- und liebevollen Ausübung von Macht zu tun.

Beim Thema Machtmissbrauch sind wir aus meiner Sicht mit toxischer Männlichkeit konfrontiert. Das falsch verstandene und einseitig ausgelebte männliche Prinzip allein kann in den Machtmissbrauch führen, hat aber nichts mit gesunder und kraftvoller Macht im Sinne der Selbstwirksamkeit zu tun, die eine der wichtigsten Voraussetzungen für erfolgreiche und nachhaltige Führung ist.

Die Basis unseres Wertesystems und unserer bewussten Überzeugungen im Erwachsenenleben basiert also aus meiner Sicht im Wesentlichen auf einschneidenden Erfahrungen und Prägungen unserer Kindheit, die eng mit unserem Geschlecht und somit mit unserer Biologie und den Erfahrungen mit unseren Mitmenschen verknüpft sind. Denn die Erlebniswelten von Mädchen und Jungen in einer überwiegend von männlichen Werten geprägten Welt unterscheiden sich doch stark voneinander. Egal wie sehr wir also davon überzeugt sein mögen, mit unserem Geist und unserem Verstand bewusste und mündige Entscheidungen zu treffen: Den größten Einfluss auf unsere Emotionen und unser Verhalten hat am Ende unser Unterbewusstsein. Und das wurde in der Kindheit programmiert. Am Ende fängt eben alles zu Hause an.

Starker Junge, braves Mädchen

Es gibt Erwartungen, die an uns herangetragen werden, und das fängt ganz früh an, nämlich in der Familie: dort, wo wir am eindrucksvollsten und stärksten für unser gesamtes Leben geprägt werden. Hinzu kommen die Erwartungen von anderen. Von der Gesellschaft. Vielleicht ist es die nette Nachbarin, die sagt: »Oh, du hast aber ein hübsches Kleid an. So eine feine kleine Dame!« Oder der Verkäufer im Getränkeladen: »Na, so ein starker Junge kann der Mama bestimmt helfen, die Wasserflaschen zu tragen.« Die Tante, die sich von der kleinen Nichte einen Kuss wünscht, während der Onkel den Neffen zur Begrüßung spielerisch-rau gegen den Oberarm knufft. Der Lehrer, der das Mädchen für seine schöne Schrift lobt. Die Kindergärtnerin, die dem weinenden Jungen schnell die Tränen trocknet, »weil Indianer nicht weinen«.

Das sind zugegeben sehr klischeehaft gezeichnete Beispiele, und den tapferen Indianer bringt heute hoffentlich sowieso niemand mehr ins Spiel. Aber ganz fremd sind uns diese Situationen auch nicht. Oder? Jungs sind nun mal wild, laut, kämpferisch und stark, sie sind nicht so nah am Wasser gebaut, halten mehr aus, haben es nicht so mit den Gefühlen. Mädchen sind hingegen ruhig, wohlerzogen, brav, sie sehen hübsch aus, sind immer sauber, sagen »Danke« und »Auf Wiedersehen«, sind aufopfernd, ein bisschen zu emotional, ängstlich und manchmal auch ganz schön hysterisch oder gar zickig. Oder?

Nein, sind sie nicht.

Und ja, ein Teil davon ist trotzdem wahr und auch evolutionsbiologisch bedingt. Aber der andere, größere Teil wird uns eingeredet; ein Denken, das von frühester Kindheit an in uns verankert wird. Und das nicht, weil uns jemand etwas Böses will (zumindest in den meisten Fällen nicht), sondern weil die Menschen, die es uns einreden und so unser Selbstbild bestimmen, selbst in diesem gesellschaftlichen Konsens aufgewachsen sind.

Das Interessante dabei ist: Oft merken wir auch als Erwachsene nicht, wie viel starker Junge beziehungsweise wie viel braves Mädchen in uns steckt und wie sehr uns diese Rollen beeinflussen. Wir sehen den starken Jungen und das brave Mädchen in uns nicht, weil sie uns von Anfang an mit auf den Weg gegeben wurden. Sie waren schon immer da. Sie waren schon immer wir.

Und doch ist es nötig, aus diesen Rollen auszubrechen und hinter unsere eigenen Fassaden zu schauen. Wie viele (Führungs-)Stärken mögen wir dort entdecken, wenn wir nicht mehr so sind, wie wir immer geglaubt haben, sein zu müssen? Und was kann uns eigentlich passieren, wenn wir nicht mehr *nur* stark und nicht mehr *nur* brav sind, sondern beides?

Der starke Junge: Als General in der Politik weint man(n) heimlich

Erich Vad

Shimon Stein, ein in Berlin hochgeachteter und bestens vernetzter Botschafter, hatte mich bei einem unserer Treffen vorgewarnt: Wenn du aus dem Job gehst, verlierst du die meisten deiner sogenannten »Freunde«. Es ist ein tiefer Fall vom »Somebody« zum »Anybody«. Es sind Zweckfreundschaften, die an deine Funktion und an dein Amt im politischen Berlin gebunden sind, ähnlich wie die Kameradschaft in menschlichen Ausnahmesituationen, im Krieg oder in der Gefangenschaft, aus denen enge Freundschaften werden können, aber nicht zwingend entstehen müssen.

Ich denke an den letzten Tag im Dienst zurück, als ich mit der Entlassungsurkunde in der Hand und rund zehn Jahre vor der planmäßigen Außerdienststellung – wie es im Beamtendeutsch genannt wird – das Berliner Kanzleramt verließ. Ich habe unheimlich gern für Angela Merkel gearbeitet und schätze sie sehr. Doch Gott sei Dank waren diese Kämpfe in und mit der Ministerialbürokratie sowie in und zwischen den politischen Lagern vorbei. Ich hatte da sicherlich oft »im vordersten Graben« gestanden, mein Kopf wackelte bisweilen gewaltig in den vielen Affären im zivilgesellschaftlich umstrittenen Sicherheits- und Verteidigungsbereich. Mein »Exit« war geplant, kam nicht überraschend, aber er bedeutete dennoch, dass ich mich beruflich neu erfinden musste.

Exit: Vom Somebody zum Anybody

Die ersten Tage und Wochen nach diesen knapp dreizehn intensiven Jahren im Bundestag und im Kanzleramt, die mich an die Seite der – laut dem Magazin Forbes – mächtigsten Frau der Welt gebracht hatten, waren schön. Ich genoss die Zeit zu Hause mit der Familie, wir machten einen längeren Urlaub. Ich hatte die Chance, meinen Sohn – den Nachzügler und das jüngste unserer Kinder – auch tagsüber zu erleben, im Alltag mit ihm zusammen zu sein; nicht nur abends, so wie es bei seinen beiden älteren Schwestern gewesen war.

Nach und nach wurden jedoch die Nebenwirkungen meines beruflichen Exits deutlicher: Niemand rief mehr an, es standen nicht länger wichtige Gespräche in der Regierungszentrale an, keine spannenden Missionen in den Krisengebieten dieser Welt und keine Begegnungen mit den wichtigen Männern der Sicherheits-Community. Als Newcomer in der Zivilgesellschaft war ich nicht mehr wichtig; stattdessen kochte ich, bügelte, holte den Sohn von der Schule ab und freute mich darauf, wenn am Abend meine Frau nach Hause kam und ich mich mit ihr austauschen konnte. Meine Frau erlebt als Ärztin täglich, wie wichtig ihre Tätigkeit für andere Menschen ist. Aber was war mit *meiner* beruflichen Domäne, in der es um Sicherheit, Gewalt, Krieg und Frieden geht?

Ich schrieb mit einer Co-Autorin, Andrea Riemer, zwei kleine Bücher über Selbstmanagement und Leadership: »Von Samurais und anderen Siegern« und »In den Spuren des Helden«. Ich wollte mir selbst mehr Klarheit verschaffen über meine Lage und war auf der Suche nach einem neuen Sinn. Ich erkannte, dass mein Lebenssinn doch sehr stark beruflich geprägt war. Hausmann zu sein, empfand ich als nicht genug, insbesondere nach dem Job, den ich gerade hinter mir hatte. Ich erfuhr am eigenen Leibe, wie es wohl Frauen zumute sein muss, die – früher noch viel öfter als heute – mehr oder weniger automatisch in der Rolle der Hausfrau landen. Der Job als Hausfrau oder -mann ist fordernd, keine Frage, sicherlich erst recht mit jüngeren oder mehreren Kindern, aber er erfüllt nicht jede:n von uns gleichermaßen.

Mein damals zwölfjähriger Sohn, den ich tagtäglich als Hausmann daheim erlebte, motivierte mich, das berufsbedingt über Jahre ausgesetzte traditionelle japanische Karate wiederaufzunehmen. In der Tat stabilisierte es mich innerlich. Ich lernte, dass körperliches Training auch dem Geist und der Seele guttun kann, erst recht in einer schwierigen Übergangszeit. Dennoch kam immer wieder ein Gefühl von Sinnlosigkeit auf; mir fehlte ein Ziel. Meine Bestimmung. Ich hatte mich lange Zeit stark über den Beruf definiert und der war nun nicht mehr da.

Dieses Gefühl der Leere bei Männern nach Ende ihres Berufslebens ist meiner Erfahrung nach stark verbreitet. Viele werden krank und viel zu viele treibt das Erleben einer solchen Sinnlosigkeit in den Suizid. Auch ich wurde zu einer neuen Selbstfindung gezwungen; dabei erkannte ich, dass der Neurologe und Psychiater Viktor Frankl, dessen Bücher ich mit viel Zustimmung gelesen hatte und den ich deswegen gern auch als »meinen Psychiater« bezeichne, recht hatte: Man muss immerzu neu entscheiden, was man sein will und was nicht.

In den langen Jahren im Kanzleramt war ich – auf höchster Ebene – im Prinzip stets reaktiv unterwegs. Beim Betreten des Kanzleramtes morgens wusste man nur, dass es wieder hart hergehen würde, dass unter permanentem Zeitdruck Lösungen für konkrete Fragen des Regierungshandelns zu finden sein würden, dass man wieder in der »Waschmaschine Kanzleramt« – der Bau sieht ja auch architektonisch wie eine Waschmaschine aus – »im Hauptwaschgang« würde unterwegs sein müssen bis in den späten Abend hinein, um danach erschöpft – manchmal auch erschöpft und glücklich – nach Hause zu fahren.

Ins Offene gehen

Ich musste neu lernen, proaktiv zu werden. Organisation und Struktur waren in meinem neuen Dasein schließlich nicht mehr vorgegeben. Ich musste sie erst erschaffen. Mein bisheriges Berufsleben war definitiv zu Ende. Als Kanzler(in)berater sitzt man immer zwischen den Stühlen des Ministeriums, aus dem man kommt, in meinem Fall das Verteidigungsministerium, und denen des Bundeskanzleramtes, in dem man tätig ist. Das ist quasi systemimmanent; man muss es aushalten.

Der große Unterschied zwischen einem General in der hohen Politik und Regierung und einem, der in einem rein militärischen Umfeld tätig ist, besteht darin, dass Ersterer über politisches Erfahrungswissen und über ein politisches Gespür verfügen muss, um erfolgreich zu sein. Er muss auch damit leben können, zwischen den Stühlen zu sitzen und in gewisser Hinsicht als suspekt eingeschätzt zu werden: suspekt aus der Sicht mancher Politiker, weil er ein Militär ist; und vielen Militärs suspekt, weil er ihrer Meinung nach zu nah an der Politik ist. Dann kann der in der Politik tätige General sich nicht auf klare Hierarchien verlassen, wie das beim Militär üblich ist. In der Politik gilt der alte Ausspruch des Philosophen Heraklit »Alles fließt«, und zwar viel stärker als in den vergleichsweise behäbigen, geordneten, fest durchstrukturierten und bürokratischen Militärapparaten.

Gerade in den Krisen und Skandalen des damaligen Verteidigungsressorts – und davon gab es nicht wenige in meiner Zeit im Bundeskanzleramt – befand ich mich als Berater der Bundeskanzlerin im vordersten Graben der Auseinandersetzungen und war daher auch entsprechend »gefährdet«. Ich musste oft ein »starker Junge« sein – trotz heimlicher Tränen, wenn es besonders krass zur Sache ging. Die guten Erfahrungen als Berater einer Regierungschefin waren mit ausschlaggebend, dass ich schließlich keine große Lust mehr verspürte auf die »Ritter der Drachenburg« – wie die Journalistin und ehemalige Regierungssprecherin Ulrike Demmer das damalige Verteidigungsministerium einmal charakterisierte. Nach den Jahren an der Seite von Angela Merkel wäre das nämlich die berufliche Alternative gewesen. Eingliedern, unterordnen, Befehlsempfänger werden, Hierarchie innerlich und äußerlich akzeptieren, Gestaltung aufgeben … das alles ging für mich nicht mehr nach diesen langen Jahren einer weitgehend sehr selbstständigen Tätigkeit in der Politik und im Bundeskanzleramt. Außerdem hatte ich mir nicht nur Freunde im »Mutterhaus« gemacht, wie die Männerdomäne Verteidigungsministerium auch genannt wird.

Meine Unternehmensberatung musste ich ganz neu aufbauen – ein nicht immer einfacher Prozess, auch wenn ich mir das Handwerk des Unternehmensberaters als Partner einer Schweizer Beratungsfirma zügig und zuverlässig aneignete. Für mich lernte ich außerdem, meine im Militär und in der Politik erworbenen Fähigkeiten neu zu entdecken, neu zu justieren und in neuen, erst zu findenden Formen einzusetzen. Das ging nicht nach dem Prinzip »Cut and Paste« oder als simples Fortführen des Alten. Nein, es verlangte eine gedankliche, kreative Transferleistung ins Neue. Wenn über Jahrzehnte erlebte und tief eingeprägte berufliche Strukturen erst mal internalisiert sind, ist das ein schwieriger Vorgang. Ich musste bereit sein, alte Denkmuster abzulegen und ins Offene zu gehen.

Eigentlich hatte Angela Merkel mir genau das vorgelebt. Sie musste in ihrem Leben stets bereit sein, ins Offene und Neue zu gehen, statt die kompliziertesten Probleme abzustoßen, sie als »Gedöns« abzutun oder einfach wegzudelegieren (was zugegeben sehr menschlich gewesen wäre). Bei der Kanzlerin geschah das genaue Gegenteil: Je komplizierter etwas Neues war und je mehr Lernprozesse damit verbunden waren, desto offener und interessierter zeigte sie sich. Mir ist das immer wieder aufgefallen, insbesondere auf unseren Reisen in die Krisengebiete dieser Welt. Und auch immer dann, wenn es darum ging, sich auf ein Terrain zu begeben, das ihr nicht vertraut war, das sie jedoch kennen und verstehen lernen wollte: das Militär.

Angela Merkel wollte einfach alles wissen. In Afghanistan wollte sie sich zum Beispiel unbedingt auch unseren abgelegensten Außenposten anschauen, trotz bedenklicher Sicherheitslage und schlechter Wetterprognose sowie des heiklen Tatbestands, dass man nur mit einem Hubschrauber aus der entlegenen Region wieder herauskam. Ich stellte mich innerlich darauf ein, dass wir einige Tage dort würden ausharren müssen und sie Deutschland von dort regieren müsste. Mit Mühe konnte ich sie schließlich von diesem Besuch abhalten. Im Nachhinein bedauere ich es jedoch manchmal; es wäre sicherlich eine spannende Erfahrung geworden, aus einem Lager der Bundeswehr in Afghanistan das einige Tausend Kilometer entfernte Deutschland zu führen.

Stark sein

Nicht nur die Besinnung auf Angela Merkels vorbildliche Stärken, auch die frühe Prägung zu Hause hat mir die Schritte ins Neue schließlich wesentlich erleichtert. Meine Jahre als Kind, Jugendlicher und junger Erwachsener waren beständige Aufbrüche ins Neue. Räumlich betrachtet gab es viele Umzüge; ich lernte, was es bedeutet, immer wieder neu ankommen zu müssen, mich unter nicht immer schönen Umständen neu orientieren zu müssen und schließlich in einem einfachen Vorort einer größeren Stadt anzukommen. Dabei ließ meine alleinerziehende Mutter es nie zu, dass wir uns dem nicht immer ganz freiwilligen Schicksal ergaben oder es uns unter den gegebenen Umständen bequem einrichteten und dadurch unseren Antrieb verloren. Stattdessen forderte sie von uns Kindern – und vor allem von ihrem Ältesten, also von mir –, dass wir uns nicht mit der Lage abfanden. Sie wollte, dass wir uns auf Neues einstellen und einlassen konnten; dass wir lernten, es innerlich anzunehmen, uns gleichzeitig aber stets kritisch dazu positionierten; dass wir hinterfragten; dass wir nicht einfach dazu übergingen, dem Mainstream zu folgen; dass wir vor allem den Mut entwickelten, anders zu sein. So sinnvoll vieles war, so schwierig war anderes: Manche ihrer Forderungen sind mir als dem Ältesten sehr hart vorgekommen und heute als sehr »old school« in Erinnerung:

Ein Junge weint und friert nicht, ein Junge hat keine Angst, er muss stark sein und darf vor allem niemals aufgeben. »Never surrender« – diese angesichts der deutschen Geschichte problematische, aber in schwierigen Lagen oftmals unverzichtbare Erziehungsmaxime habe ich nolens volens verinnerlicht. Ich hatte keine Wahl.

Das Unterdrücken von Gefühlen hat im Gegenzug auch Versagensängste hervorgebracht, mit denen ich zu kämpfen hatte und habe. Stärke zu zeigen hat bei mir heimliche Tränen, schwache Momente und falsche Härte am falschen Ort und zur falschen Zeit nicht verhindert. Man läuft außerdem Gefahr, in eine falsch verstandene Männlichkeit abzugleiten, wenn man Gefühle nicht zulässt. Trotzdem ist und bleibt es eine Art männlicher Auszeichnung – und eine Fähigkeit, die zuweilen unbedingt erforderlich ist –, Gefühle ausblenden oder zumindest kontrollieren zu können.

Aber gilt das nicht auch für Frauen? Zum Beispiel für Mütter, die wollen, dass ihre Söhne starke Männer werden. Als ich auf dem Schulweg das erste Mal von Halbstarken verprügelt wurde, war es meine Mutter, die wollte, dass ich mich der Gewalt stellte, mich wehrte und Judo und Karate lernte. Machte mich das nicht auch zu einem *braven* Jungen, statt bloß zu einem *starken* Jungen? Weil ich genau dieser »brave, starke Junge« war und geworden bin, betreibe ich das klassische japanische Karate übrigens bis zum heutigen Tage und habe es immerhin zum 3. Dan gebracht. »Brave Mädchen« assoziiert man gewöhnlich mit anderen Eigenschaften als »brave Jungen«. Gibt es unterschiedliche Definitionen des Bravseins bei den Geschlechtern? Bei beiden geht es darum, folgsam zu sein, bei den Mädchen aber wohl eher um Zurückhaltung, bei den Jungen (wieder) darum, Stärke zu zeigen, an Herausforderungen und Disziplinierungen zu wachsen, Härte und einen starken Willen zu entwickeln – so zumindest die Stereotype.

Nur echt mit weichem Kern

In jedem Fall hat mich meine Mutter gelehrt, gegenüber allen Formen der Gewalt – auch seelischer – und auch gegenüber anderen Unterdrückungsmechanismen stark zu bleiben. Beim Militär war das nicht immer einfach, wenn ich durchschnittliche, wenig überzeugende Vorgesetzte hatte. Konfrontation war da oft vorprogrammiert. Überhaupt gibt es in der Bundeswehr als Männerdomäne nicht wenige Männer, die nicht primär Sicherheit produzieren, sondern vor allem die eigene Absicherung suchen; also eher von Motiven angetrieben werden, die klassischerweise und stereotyphaft dem weiblichen Geschlecht zugeschrieben werden.

Das war für mich eine interessante Erfahrung. Die Männerdomäne par excellence – das Militär – als eine weitgehend auf widerspruchsfreie Absicherung und Fehlervermeidung hin programmierte Institution? Für unser Thema, New Female Leadership, stellt sich dabei unwillkürlich die Frage, wo eigentlich die Unterschiede zwischen männlicher und weiblicher Führung liegen. Ob es vielleicht nur scheinbare Unterschiede sind, selbst wenn es um das ach so männliche Militär geht? Das gilt sicher nicht für den »echten« Kriegertypus unter den heutigen Soldaten, den es ja auch gibt; der gesellschaftlich eher nicht gewollt ist, auf den es im Ernstfall aber eher ankommt als auf den, der auf Absicherung aus ist; und der es in der Regel schwer hat in der Militärbürokratie. In meinen jungen Jahren gab es von diesen Männern mehr als heute. Es waren die alten Soldaten, die Krieg und Kriegsgefangenschaft erlebt hatten – darunter viele großartige Männer, die mich immer noch faszinieren; eine eher seltene Spezies unter den nicht wenigen angepassten, höfischen, nach oben buckelnden und nach unten tretenden Minusmännern mit und ohne Uniform, die mir in meinem Berufsleben begegnet sind.

Auch die amerikanischen Generale und Oberbefehlshaber in Afghanistan, mit denen ich in meiner Zeit im Kanzleramt zu tun hatte – Stanley Mc Chrystal, David Petraeus und John Allen sowie der deutsche NATO-General Egon Ramms –, gehörten beileibe nicht zur Kategorie der Duckmäuser und Drückeberger. Sie waren mutig, stark und sprachen auch Klartext gegenüber der Politik, wenn es erforderlich war.

Oder um jemanden zu nennen, der nicht aus dem Militär kommt: Clint Eastwood ist für mich ein Paradebeispiel für die Integration von zum einen eher weichen und zum anderen eher harten, männlichen Elementen der Führung, zumindest in seinen Filmen. Besonders in seinen späteren Werken wie »Gran Torino« oder »The Mule« geht es dem Regisseur und Darsteller Eastwood im Kern darum, ein echter Kerl und zugleich ein guter Mann zu sein – trotz aller Begrenztheiten und Fehler der eigenen Person. Die von ihm gezeigten »Kerle« sind meines Erachtens auch eine Art Gegenentwurf zu dem scheinbaren, aufgesetzten Gutmenschen unserer Tage, der in jeder Hinsicht – nicht nur politisch – absolut korrekt und einwandfrei sein will. »Einwandfrei ist nur die klare, runde, tadellose Null« hat dazu Walther Rathenau, Außenminister in den Anfangsjahren der Weimarer Republik, einmal kritisch bemerkt – und recht hatte er. Und von den starken Frauengestalten wie Angelina Jolie in »Changeling« und Hilary Swank in »Million Dollar Baby«, die Clint Eastwood ebenfalls in seinen Filmen inszeniert, können wir uns sowieso alle eine Scheibe abschneiden. Aber zurück zu den mir persönlich bekannten, großartigen Männern: Sie alle hatten einen klaren inneren Kompass mit Ecken und Kanten und einen auf den ersten Blick nicht erkennbaren, weichen, sensiblen und empathischen Kern. Man kann vielleicht sagen, ihr Kern war eher »weich« – deswegen waren sie so starke Männer! Ist es im Gegenzug bei starken Frauen vielleicht so, dass ihr Kern eher »männlich« ist und nur ihre Schale »weiblich«? Der

Kriegertypus und die Trümmerfrau, die ihre Kinder in einer widrigen Zeit durchbringt, haben insofern auf den zweiten Blick starke Gemeinsamkeiten.

Weibliche Rückendeckung

Ich definiere den »starken Jungen« nicht so, wie unsere Gesellschaft es lange Zeit getan hat und zum Teil immer noch tut: möglichst gefühllos, hart, unkaputtbar. Ich bin der Meinung, dass wirklich starke Männer sehr viel Empathie haben, ohne darüber zu reden, und Empathie geht nicht, ohne selbst Emotionen zu kennen. Empathie ist nicht Weichheit und Mitleid. Es ist eher ein nicht offen kommuniziertes zutiefst menschliches Mit- und Einfühlen, das Machos, Narzissten und Egomanen einfach nicht besitzen. Männer, die über dieses Mit- und Einfühlen hinwegsehen – eben besagte Machos, Narzissten und Egomanen –, sind eigentlich keine starken Männer im Sinne meiner Mutter. Ihnen fehlt diese Empathie, die einfach zum Menschsein dazugehört; Empathie nicht nur für das andere Geschlecht, sondern für jede und jeden.

Auf den ersten Blick ist es paradox: Erziehung zur Stärke ist nicht Erziehung zur Rücksichtslosigkeit – zumindest dann, wenn diese Erziehung richtig verstanden und umgesetzt wird. Wer hier an den fiesen Internatsdirektor denkt, der seine Schüler mit Gürtel und Schlimmerem züchtigt, sie klein hält, in willenlose Jasager verwandelt und keine Gefühlsregungen duldet, der denkt falsch. Ja, diese Art der »Erziehung« und diesen unmenschlichen Irrglauben, wie man vermeintlich »starke Jungen« heranzieht, gab es auch. Und wahrscheinlich gibt es sie immer noch. Ich denke jedoch an den starken Jungen, den meine Mutter und viele andere im Sinn hatten. Ihre Idee des starken Jungen ging einher mit Erziehung zur Empathie; sie postulierte das Einstehen für Schwache, menschliche Rücksichtnahme und Verständnis dafür, wie andere ticken und was sie bewegt. Es ist meine Lebenserfahrung: Starke Jungs sind immer auch empathisch im besten Sinne. Minusmänner und andere, auf den ersten Blick human wirkende Männer habe ich nicht selten als rücksichtslos, heimtückisch, Ego-getrieben und charakterlos erlebt. Gerade Menschen, die ihre angebliche höherwertige Moral wie eine Monstranz vor sich hertragen, haben ein hohes Versagerpotenzial in Situationen, in denen es drauf ankommt. Kleiner Exkurs am Rande: In der KZ- und Lager-Literatur, deren Autoren wie Viktor Frankl, Alexander Solschenizyn, Jorge Semprún oder Herta Müller ich mit Bewunderung gelesen habe, weil es hier um Ausnahmesituationen geht, in denen viel Menschliches klarer wird, wird dieses Bild bestätigt.

Auch mit Blick auf meine Mutter denke ich heute: Ohne starke Mütter und Frauen, die genau diesen Typus Mann wollen, schätzen und lieben, sind starke Männer gar nicht möglich. Das eine ist – war? – ohne das andere offensichtlich nicht zu haben. Da wäre zum einen die geschilderte Erziehung, die den starken Jungen formt, aus dem später der starke Mann wird. Als ich aufgewachsen bin – und erst recht, weil meine Mutter alleinerziehend war –, waren es vornehmlich die Mütter, die für die Kindererziehung zuständig waren. Heute sieht es vielleicht – wahrscheinlich? – ganz anders aus: Mehr und mehr Väter erziehen oder sind zumindest stärker in die Erziehung eingebunden; und auch die Mütter denken und erziehen zu einem großen Teil anders als in meiner Jugend. Dadurch wird meine These, dass starke Männer ohne starke Mütter und Frauen gar nicht möglich sind, zugegebenermaßen ordentlich durchgerüttelt. Dem im Detail nachzugehen, führt hier aber zu weit vom Thema weg.

Neben der Erziehung auf der einen Seite ist da auf der anderen Seite aber auch (weiterhin) die gesellschaftliche Verklärung. Oder eher Verehrung? Männliche Kriegerkasten zum Beispiel waren zu allen Zeiten nur möglich, weil Mütter und Frauen das so wollten oder zumindest glaubten, es zu wollen.

Einen starken, erfolgreichen Mann in der Familie zu haben, als Sohn, Bruder oder Ehemann, galt oft als Auszeichnung oder Ehre. Kein Wunder, dass Frauen den Kriegertypus attraktiv fanden.

Zugleich ist dieser Dreiklang – stark ist gleich erfolgreich ist gleich attraktiv – oft ausgenutzt worden und wird es immer noch. Man denke an die nationalsozialistische oder überhaupt an die Kriegspropaganda, in der der Soldat zum Helden und der Gefallene zum Märtyrer er- beziehungsweise verklärt wird. Ohne das weibliche Geschlecht – die Mütter, die ihre Söhne, und die Frauen, die ihre Ehemänner opfern sollen – an Bord zu holen, funktioniert dieses Narrativ jedoch nicht. Also bläut man dem Volk ein, was es glauben soll und muss, um der Idee des starken Mannes zu huldigen.

Und doch meine ich nicht diese Art der gesellschaftlichen Gehirnwäsche, wenn ich behaupte, ohne Frauen gäbe es keine starken Männer. Menschen haben sich schon immer mit anderen Menschen oder Gefahren auseinandergesetzt. Dann zählte Erfolg, und der hing oft mit Stärke zusammen – nicht nur, aber auch mit Muskelmasse. Ergänzt durch die Fähigkeit zur Empathie (Empathie nicht im Sinne von Mitfühlen, sondern von Einfühlungsvermögen – also die in einer Auseinandersetzung zentrale Fähigkeit, die Beweggründe und Verhaltensweisen eines anderen verstehen und dadurch vorhersehen zu können, sodass man selbst entsprechend agieren beziehungsweise reagieren kann). Fertig war der attraktive Krieger, der begehrte starke Mann. Wenn eine Frau sich von diesem Typus Mann angezogen fühlt (in einem Maße, dass sie bereit ist, auch ihren Sohn zu einem solchen Mann zu erziehen), dann lässt sich das jedoch sicherlich nicht rein evolutionsbiologisch erklären nach dem Motto: »Wer die meisten Muskeln hat, wird mich am besten vor dem Mammut beschützen.« Schließlich hat derjenige mit Köpfchen das Mammut garantiert in die besseren Fallen gelockt, ganz ohne Muskeln. Also müssen wir als Gesellschaft das Bild des erstrebenswerten starken Mannes von Generation zu Generation weitergereicht haben. Wobei es vielleicht gar nicht der starke *Mann* sein muss. Wünschen und brauchen wir nicht alle jemanden – egal welchen Geschlechts –, der oder die es uns erlaubt, hin und wieder schwach zu sein – und umgekehrt? Suchen wir nicht alle Schutz für den Moment, in dem wir nicht selbst stark sein können oder wollen? Jemanden, der uns führt, dem wir uns anvertrauen können und wollen? Soldat:innen, Regierende, Partner, Freunde, Familienmitglieder, Politiker:innen, Führungspersönlichkeiten, wir selbst: Jede:r kann diese Funktion abhängig von seiner oder ihrer Rolle übernehmen. Insofern hat der starke Junge – in seinem besten Sinne – ausgedient. Es braucht den starken Menschen.

Das brave Mädchen: Nie bewusst gewollt, trotzdem da

Sandra Cegla

Ich saß vor meiner Freundin Franzi. So viele Nachmittage und Abende hatten wir nun schon damit verbracht, dass ich meine Sorgen mit ihr teilte. Meine Wut über die Ungerechtigkeit im Beruf, meine Ohnmacht gegenüber den Hierarchien. Immer wieder verkauften meine männlichen Kollegen meine Erfolge als ihre. Immer wieder litt ich unter den Entscheidungen meines Chefs, die ich sachlich und persönlich nicht nachvollziehen konnte. Immer wieder tauchten Gerüchte auf, denen ich mich wehrlos ausgesetzt sah. Das Leben als Kollegin, Konkurrentin und Frau in meinem Kommissariat machte mir manchmal so sehr zu schaffen, dass ich daran verzweifelte. Dann suchte ich Rat, Trost und Wärme bei meinen Freundinnen. Franzi hörte mir geduldig zu. Und immer wieder in all den Jahren und ohne dass sie es selbst merkte, stellte sie mir vorsichtig und mit ihrer sanftesten Stimme diese eine Frage: »Und, hast du was gesagt?«

»Nein«, war meine Antwort. Nicht zum ersten, sondern mindestens zum tausendsten Mal. Ich war den Tränen nah. Jedoch nicht aus Verzweiflung oder weil die aktuellen Ereignisse so sehr schmerzten, sondern weil ich wütend war. Wütend auf mich selbst. Immer und immer wieder ließ ich mir Dinge gefallen, die mir wehtaten, die mir missfielen und die auch einfach ungerecht waren. Und nicht ein einziges Mal hatte ich je etwas dazu gesagt. Niemand im Kommissariat ahnte auch nur, wie sehr es hinter meiner freundlichen Fassade brodelte, wie sehr ich mich gekränkt fühlte und wie ohnmächtig ich manchmal nach Hause ging.

Als Kommissarin führte ich täglich detailreiche Ermittlungen, vernahm Zeugen und Beschuldigte, veranlasste Festnahmen, hantierte mit Rechtsgrundlagen und Zwangsmaßnahmen. Ich beantragte Durchsuchungsbeschlüsse, telefonierte mit Richter:innen und Staatsanwält:innen, hörte Telefone ab, sicherte Videoüberwachungsaufnahmen, beschlagnahmte Waffen. Bei all dem fühlte ich mich stark, selbstwirksam. Ich tat Dinge, für die mich meine Freundinnen bewunderten. »Wow, du bist so stark. Ich könnte das nicht«, hörte ich von ihnen oft, wenn ich von meinen Erlebnissen und Entscheidungen sprach. Für mich war das normal und selbstverständlich. Und doch stand das alles in einem starken Kontrast zu meinem Gefühl der Ohnmacht, das ich so oft als Mitglied unseres Teams empfand. Das verstand ich nicht. Ich zweifelte an mir und war immer wieder einfach nur traurig.

»Wovor hast du denn eigentlich Angst?« Franzi sah mich mit ihren großen Augen an und wartete. Ja, wovor hatte ich eigentlich Angst? Ich war Beamtin auf Lebenszeit und hatte einen unlösbaren Konflikt mit meinem Chef. Ich war unglaublich wütend auf ihn und fühlte mich in einer Sackgasse gefangen. Aber grundsätzlich galt doch: Egal, was ich ansprach und wie unliebsam dies auch für Vorgesetzte und Teammitglieder sein mochte: Ich konnte nicht gekündigt werden. Den Verlust meines Arbeitsplatzes musste ich also nicht fürchten. Zumal die Dinge, die ich zu sagen hatte, bei genauer Betrachtung so unbedeutend waren, dass sie selbst in der freien Wirtschaft niemals zu einer Kündigung geführt hätten. Wovor also dann? Eine Beförderung stand für mich in nächster Zeit nicht an, das hatte man mir bereits unmissverständlich mitgeteilt. Dafür sei die Haushaltslage für die Berliner Polizei viel zu schlecht. Und sie hätte auch keinen großen Durchbruch für mich mit sich gebracht, weder inhaltlich noch finanziell, deshalb bedeutete mir eine Beförderung nicht viel. Nein, eine eventuelle Beförderung konnte es ebenfalls nicht sein. Das Ansehen meiner Kolleg:innen, mein Ruf innerhalb der Behörde? Wovor hast du eigentlich Angst, wiederholte ich Franzis Frage in meinen Gedanken und ließ sie einen Moment in mir nachwirken, während ich tief durchatmete. Und da war sie plötzlich: die Antwort. Sie traf mich wie ein Schlag: »Vor Gewalt.«

Gewalt. Genauso schlimm, wie sich das anhört, war es für mich auch. Gewalt als Grenzüberschreitung, die einen Schaden verursacht. Gewalt als etwas existenziell Böses. Seelisch, körperlich, materiell. Vor allem kann Gewalt natürlich nicht ausschließlich körperlich, sondern auch psychisch ausgeübt werden. Gerade seelische Misshandlungen finde ich besonders gefährlich, denn die Wunden, die sie hinterlassen, sind von außen nicht sichtbar. Das blaue Auge vom Faustschlag sehen wir sofort, die Folgen von Demütigung, Erniedrigung und Ausgrenzung nicht. Und wenn sich dann doch psychische Symptome bemerkbar machen, können sie allzu leicht banalisiert oder als Unzulänglichkeit der eigenen Persönlichkeit zugeschrieben werden. Trost und emotionaler Beistand – gerade in diesem Moment so wichtig – bleiben in der Folge aus. Mich wundert es nicht, dass das seelische Leid, das unfähige und bisweilen narzisstische Führungskräfte bei ihren Mitarbeiter:innen verursachen, lange unerkannt bleibt und meistens nicht direkt auf besagte Führungskräfte zurückzuführen ist. Gewalt kann also in vielen, vielen Facetten auftreten und sogar über Jahre unerkannt erschreckende Ausmaße annehmen.

Ich erinnere mich an jenen Moment mit Franzi vor fünfzehn Jahren, als wäre er gestern gewesen. Denn er bedeutete einen ganz persönlichen Durchbruch für mich in meiner Entwicklung. In genau jenem Augenblick habe ich verstanden, dass da ein ganz braves Mädchen in mir wohnt, das von allen geliebt werden will. Um jeden Preis. Und nicht geliebt zu werden, bedeutete für dieses kleine Mädchen, Gewalt oder Liebesentzug ausgesetzt zu sein. Diese Erkenntnis war bahnbrechend für mich, denn hier konnte kein Kindheitstrauma oder irgendeine schlechte Erfahrung im Spiel sein, sondern es musste eine andere Erklärung dafür geben. Und die lautete: das brave Mädchen.

In den Tagen und Wochen nach dieser Offenbarung beobachtete ich mich und mein Seelenleben aufmerksam. Und dabei fiel mir etwas auf: Diese diffuse Angst, die nun einen Namen von mir bekommen hatte, hatte überhaupt keinen Bezug zu den objektiven Zusammenhängen, in denen ich mich bewegte. Die Entscheidungen meines Chefs zu hinterfragen, hieß auf gar keinen Fall, dass er zuschlagen oder mich mobben würde. Allein dieser Gedanke war schon so absurd, dass ich ihn niemals laut ausgesprochen hätte. Kolleg:innen mit unliebsamen Wahrheiten zu konfrontieren, würde auf keinen Fall bedeuten, dass ich aus der Gemeinschaft ausgestoßen und geächtet werden würde. Im Gegenteil, vermutlich schätzten meine Kolleg:innen mich dadurch sogar noch mehr, denn Konfrontation gehörte zu unserem Beruf und war hoch angesehen. Und hätten sie sich doch unangemessen verhalten, gab es Rechtsmittel, mit denen ich dagegen vorgehen konnte. Das, was mich davon zurückhielt, mich zu zeigen und für meine Sichtweisen einzustehen, hatte also nichts mit rationalen oder objektiven Gründen zu tun; es war ausschließlich irrational. So irrational, dass ich Jahrzehnte gebraucht hatte, um es in mir aufzudecken und zu verstehen.

Das brave Mädchen. Genau dieses brave Mädchen saß tief in meinem Unterbewusstsein und wollte geliebt werden. Um jeden Preis, komme, was da wolle. Dafür nahm ich in Kauf, mich selbst zu verraten. Denn wenn das brave Mädchen nicht geliebt wurde, musste es im schlimmsten Fall Gewalt oder Liebesentzug befürchten. Und da es noch sehr klein war, bedeuteten Liebesentzug und Gewalt durch Menschen, von denen es abhängig war, den sicheren Tod. Das spielte sich alles auf emotionaler Ebene ab, fühlte sich aber sehr real an. Und stand ganz im Gegensatz zu der erwachsenen Frau, die ich war. Diese erwachsene Frau war in fachlichen Angelegenheiten vom Urteil anderer unabhängig und schüttelte unablässig den Kopf über diese Gefühle. Und doch schüchterten große Männer mit tiefer Stimme das kleine Mädchen in mir ein. Einen solchen Mann laut werden zu hören, versetzte die Kleine in Angst und Schrecken. Und dafür reichte allein die Vorstellung aus. Aus einer Gruppe ausgestoßen und nicht mehr geliebt zu werden, gehörte mit zu den schlimmsten Szenarien, die sogar von Todesangst begleitet sein konnten. Das alles nahm ich plötzlich so deutlich wahr, dass ich es nicht fassen konnte. Dieses kleine Kind hatte mich all die Jahre gesteuert? Das brave Mädchen in mir war es, das mir aus meinem Unterbewusstsein immer wieder dieses diffuse Unwohlsein geschickt hatte? Dieses übergroße »NEIN!!«, wenn ich in einer Teambesprechung kurz davor war, meine ehrliche Meinung zu sagen? Diesen Kloß im Hals, wenn ich meinem Chef mit guten Argumenten widersprechen wollte? Ich konnte es kaum glauben. Mir war ein Licht aufgegangen, das von nun an mein Leben veränderte.

Heute erkläre ich mir diese tief liegenden Ängste meines braven Mädchens mit unserem evolutionsbiologisch angeborenen Bedürfnis nach Gemeinschaft. Genau betrachtet ist das ein sinnvolles Überlebensprogramm. Für einen Säugling bedeutet Alleinsein und nicht mehr versorgt zu werden den sicheren Tod. Aber auch unsere Vorfahren in Urzeiten waren auf den Schutz und die Versorgung innerhalb von Gruppen angewiesen. Ein Alleingang oder Ausgestoßenwerden bedeutete ebenso den sicheren Tod. Heute, in einer global vernetzten Welt mag das zwar auf den ersten Blick anders aussehen, aber seit Covid dürfen wir alle noch einmal mit neuer Perspektive das Gewicht unseres sozialen Zusammenhalts hinterfragen. Ich bin fest davon überzeugt, dass wir dieses Überlebensprogramm noch heute in unseren Genen tragen. Das erklärt beispielsweise, warum Menschen nach dem Tod eines geliebten Menschen am »Broken-Heart-Syndrom« sterben oder warum wir körperlichen Schmerz erleiden, wenn wir eine Trennung oder einen Ausschluss aus einer Gruppe durchleben. Der Mensch ist im Kern ein soziales Wesen und ich persönlich finde das eine große menschliche Stärke.

Das brave Mädchen geht über dieses reine Überlebensprogramm noch etwas hinaus. Ich glaube, hier mischt sich zusätzlich die gesellschaftliche Erwartungshaltung an das Mädchen hinein, anmutig, sanft, dienend und aufopfernd zu sein oder anderenfalls nicht mehr geliebt zu werden. Meist haben sowohl die weiblichen als auch die männlichen Bezugspersonen, mit denen Mädchen aufwachsen, diesen Anspruch an das Kind, der jedoch vom Kind selbst übernommen wird. Und das erklärt auch diesen scheinbaren Widerspruch, den ich an mir selbst aufdecken durfte. Denn während in den engen sozialen Bindungen, in denen Abhängigkeiten und Näheverhältnisse bestanden, wie beispielsweise zu meinen Chefs und Kolleg:innen, das brave Mädchen seine volle Wirkung entfaltete, hatte es gegenüber

Tätern und bei anderen Konfliktherden nur eine schwache oder gar keine Wirkung. In diesem Kontext konnte ich mich viel freier bewegen. Heute ergibt das alles für mich Sinn.

In den darauffolgenden Jahren, nach meiner Erkenntnis, bekam ich eine Stimme. Ich überwand mein Schweigen und fand immer klarer zu meiner eigenen Wahrheit, die ich auch mehr und mehr nach außen vertrat. Zunehmend gelang es mir, aushalten zu können, dass nicht alle Menschen meine Meinung teilten und dass mich einige nicht mochten. Manche bekämpften mich sogar. Das hinterließ dann zwar immer noch eine persönliche Betroffenheit in mir, doch ich konnte immer selbstbewusster mit Konkurrenz, Neid und Widersacher:innen umgehen. Ab und zu machte es mir sogar richtig Spaß, mich in den Kampf zu stürzen. Der Kampf des Lebens wurde fast zu einem Spiel, in dem ich bewusst entscheiden konnte, ob ich mitspielen wollte oder nicht. Ich wuchs über mich hinaus und hatte bald das Gefühl, dass es keine Anfeindung mehr geben konnte, mit der ich nicht fertigwurde.

Ein wichtiger Indikator, der mir in meiner Arbeit mit den Frauen in Bezug auf das brave Mädchen aufgefallen ist, ist die Empathie. Ich habe festgestellt, je stärker ein Mensch, besonders natürlich eine Frau, empathiefähig ist und den Wunsch in sich trägt, andere Menschen glücklich zu machen, desto größeren Einfluss hat das brave Mädchen auf diesen Menschen, auf diese Frau. Denn sie ist in der Lage, die Erwartungshaltung und die Gefühlslagen der Menschen, die ihr am Herzen liegen, zu erspüren, und möchte sich dementsprechend verhalten. Auch dann, wenn das manchmal im Widerspruch zu ihren eigenen Wünschen steht. Ein zweiter Punkt, der die Macht des braven Mädchens beeinflusst, ist die Fähigkeit zur Selbstreflexion. Nur ein Mensch, der seine eigenen inneren Prozesse spüren und bewusst wahrnehmen kann, kann diese komplexen Zusammenhänge an sich selbst aufdecken und einordnen. Hier kommen aus meiner Sicht also nicht nur geschlechtsspezifische Aspekte zum Tragen, sondern auch sehr individuelle Persönlichkeitsmerkmale, die unabhängig vom Geschlecht sind.

Seit ich bei der Polizei aufgehört und mit SOS-Stalking meine Sicherheitsagentur gegründet hatte, gab und gebe ich diese Erfahrungswerte in meinen Coachings und Beratungen an zahlreiche Klientinnen weiter. Und hier erlebte ich noch eine ganz neue Dimension: Ich hatte überwiegend mit Frauen zu tun, die in ihrer Karriere gut aufgestellt waren.

Besonders in Hinblick auf die oberen Führungsriegen werde ich immer wieder gefragt, was denn die Karriereplanung mit den Themen Stalking und Mobbing zu tun hat. Darauf kann ich nur antworten: leider viel. Gerade in hohen Entscheidungspositionen sind Leistungsdruck und Konkurrenzsituation stark ausgeprägt, der Ton wird rauer und die Menschlichkeit wird zunehmend rarer. Vor allem Frauen haben es hier oft schwer, sich nachhaltig zu etablieren, und sehen sich immer wieder unfairen Intrigen, hinterlistigen Machenschaften und sogar Mobbing ausgesetzt. Das alles kann nicht nur ihrem Ansehen und ihrer Karriere langfristig schaden, sondern sie auch ihre Anstellung und ihre Gesundheit kosten.

Ich traf also viele gut gebildete und gut sozialisierte Frauen. Akademikerinnen, die in Führungsfunktionen viel Verantwortung trugen und großes Ansehen genossen. Sie taten täglich so viel Gutes und lebten in ihren Positionen eine wirklich starke Seite aus. Aber genau dort, wo sie neben Verhandlungen, Meetings, Personalentscheidungen und selbstbewusstem Auftreten ihre eigenen Blockaden und Karrierehemmnisse sahen, saß es wieder: das brave Mädchen. Es gab keinen Grund, die Gehaltserhöhung nicht anzusprechen. Nur das brave Mädchen, das nicht den Zorn des Chefs auf sich ziehen wollte. Es gab keinen Grund, die eigenen Aufgabenbereiche nicht klarer abzustecken. Nur das brave Mädchen, das nicht als illoyal empfunden werden wollte. Es gab keinen Grund, nicht die eine oder andere Afterwork-Party auszulassen. Nur das brave Mädchen, das nicht ausgeschlossen werden wollte. Und es gab auch keinen Grund, den eigenen Partner für die Kinderbetreuung nicht umfassender in die Pflicht zu nehmen. Nur das brave Mädchen, das fürchtete, verlassen zu werden.

In meinen Coachings mit so vielen starken und wundervollen Frauen habe ich zwei Dinge verstanden. Zum einen habe ich erkannt, dass nahezu jede erwachsene Frau dieses brave Mädchen in sich trägt. Egal wie stark sie ist. Es spricht mal lauter und mal leiser, aber irgendwie ist es immer da und möchte gesehen werden. Dieses kleine Mädchen, das allen gefallen möchte und um jeden Preis geliebt werden will. Und dafür sogar sich selbst verrät. Zum anderen habe ich verstanden, dass dieses brave Mädchen stark von der gesellschaftlichen Geschlechterrolle geprägt ist, die ganz früh in der Kindheit schon erlernt wird. Vor allem erfolgreiche und gut an das herrschende, männlich geprägte System angepasste Frauen berichten oft davon. Sie wollen schließlich alles richtig machen und merken gar nicht, wie aussichtslos dieses Vorhaben ist. Sie sind angetrieben von einer Rolle, die der Frau die Verantwortung für Privates und Berufliches gleichzeitig zuschreibt. Wenn frau Karriere machen will, gilt sie schnell als Rabenmutter und muss sich das Recht »verdienen«, arbeiten und Erfolg haben zu dürfen. Mädchen werden sehr viel mehr mit dem Gedanken des Dienens großgezogen als Jungen, leider jedoch in seinem negativen Sinne: Mädchen sollen sanft, anmutig und artig, anständig und schön anzusehen sein. Vieles von dem, was sie tun, ist darauf ausgerichtet, von Männern begehrt und geliebt zu werden. Sie sind für das Schöne und Ästhetische zuständig, sie schaffen Gemeinschaft, sie versorgen und wollen dafür nichts außer Anerkennung zurückbekommen. Frauen und Mütter geben. Wut, Aggressivität und Erschöpfung passen nicht zu ihnen. Wer jetzt an dieser Stelle protestiert und sagt, das sei längst Schnee von gestern, heute, da wir so aufgeklärt und weit weg von diesem alten Rollendenken sind, der möge einmal einen Blick in die sozialen Medien werfen. Hier tummelt sich eine Generation junger Frauen und Mädchen, die besonders viele Likes für Kurven, Freizügigkeit und aufgespritzte Lippen bekommen. Ein ebenso imposantes Phänomen unserer Zeit sind die langen Wartelisten für Mutter-Kind-Kuren, in denen Mütter, die längst im Burn-out angekommen sind, erkennen dürfen, wie lange und wie weit sie im Alltag über ihre eigenen Grenzen gegangen sind.

Aus meiner höchst persönlichen Erfahrung und meinen Gesprächen mit vielen, vielen starken Frauen habe ich genau das mitgenommen: Frauen stehen unter Druck von allen Seiten. Erwartungsdruck aus ihrem Umfeld, das eingebettet ist in ein maskulines Wertesystem, und Überlastung durch das brave Mädchen, das sie von innen antreibt. Die wahre Schönheit der Frau, die so viel Natürliches zu verschenken hat, bleibt dadurch im Verborgenen und kann sich nicht offenbaren. Da bleibt für die meisten Frauen kaum Raum für persönliche Entfaltung, Karriereplanung und Führung. Und machen sie doch Karriere, lastet ein Erwartungsdruck auf ihnen, der sie zwischen Privatleben und Beruf zerreibt.

Emotion

Menschen sind die einzigen Lebewesen, die mit komplexen Gefühlen und einer reichen inneren Erlebniswelt geboren werden – ebenso wie mit der Fähigkeit, ihren Empfindungen, Vorstellungen und Bedürfnissen Ausdruck zu verleihen. Unbestritten müssen diese Fähigkeiten eine wichtige Funktion haben und dem Menschen sogar einen evolutionären Vorteil verschaffen.

Was aber haben Emotionen mit Führung – besonders mit moderner Führung – zu tun? Werfen wir einen Blick auf Social Media. Auf Instagram springt uns ein Bild entgegen: Ein gut aussehender Mann mit teurer Uhr am Handgelenk und fester Körperspannung spricht darüber, was er erreicht hat, und lässt sich von seiner Community dafür feiern. Er trägt nach außen, was sich viele wünschen: Statussymbole, Geld, Luxus, und das alles offenbar mit Leichtigkeit erreicht … Zweifelsohne bemisst er seinen Erfolg an Verkaufszahlen, hat das Controlling im Griff und arbeitet selbst bis zum Umfallen. Oder vielmehr: Er erwartet das von seinen Angestellten. Seine erste Million hat er in zwölf Wochen gemacht – zumindest behauptet er das – und gut, dafür hat er auch einiges getan, zu dem andere nicht bereit waren. Freundlicherweise verrät (oder besser: verkauft) er seinen Followern auch das Geheimnis seines Erfolgs, schließlich kann jeder (aber aus seiner Sicht wahrscheinlich nicht jede) das jederzeit nachmachen, man muss sich nur an die Grundsätze dieses Mannes halten – und viel Geld für die vermeintlichen Insidertipps bezahlen.

Im Klartext heißt das: Man muss bereit sein, sich selbst und andere auszunutzen. Emotionen und Verständnis sind da nur im Wege. Wie soll man hart gegenüber sich selbst und anderen sein, wenn man fühlt, mitfühlt und reflektiert? Wenn man nicht wie eine Maschine konsequent und kompromisslos auf direktem Wege das Ziel ansteuert, sondern für sich und andere aus emotionalen und moralischen Gründen Verantwortung übernimmt? An dieser Stelle wäre sicher auch der Zusammenhang zwischen Emotionen und Ethik interessant. Sind wir beispielsweise nur dann zu moralischem Verhalten in der Lage, wenn wir auch empathisch sind? Das führt hier jedoch zu weit vom Thema weg.

Während besagter Millionen-Macher also Härte und Konsequenz zum Erfolgsgeheimnis stilisiert, nutzt er paradoxerweise – und ganz bewusst – unsere Emotionen für sich: Er zeigt uns, was wir (vermeintlich) wollen, und lässt uns nachempfinden, wie fantastisch sein Leben ist – wie fantastisch also auch unseres sein könnte. Natürlich mit dem reinen Zweck, uns das Geld aus der Tasche zu ziehen. Er lehnt Emotionen also ab, weiß aber um ihre Wichtigkeit.

In den Führungsetagen großer Einrichtungen und Unternehmen sieht es im Prinzip ähnlich aus. Hier herrscht noch immer die Auffassung, dass eine gute Führungskraft wenig Emotionen zeigen oder haben sollte. Wer zu emotional ist, ist zum Führen nicht geeignet. Wer wiederum gutes Marketing machen will und ein ganzes Unternehmen leitet, muss sich großer Emotionen bedienen, um die Massen zu bewegen: Emotionen werden hier zur Ware.

Wie kann aber etwas, das so wichtig ist, dass es unser ganzes Sein beeinflusst und mitbestimmt und uns Menschen sogar einen evolutionären Vorteil verschafft, verpönt sein oder lediglich als Mittel zum Zweck dienen? Uns beschäftigt deshalb die Frage, was die natürliche, echte Funktion unserer Gefühle ist, die das Leben für sie vorgesehen hat. Sind die bislang (noch) vorherrschenden Führungsgrundsätze, die Empfindungen ablehnen, wenn sie keinem (Verkaufs-)Zweck dienen, eigentlich noch zeitgemäß oder können wir sie zu den verstaubten Überzeugungen der Vergangenheit zählen? Was zudem besonders im Kontext von New Female Leadership spannend ist: Wie gehen Frauen und Männer mit ihren eigenen und den Emotionen ihrer Mitmenschen um? Und was bedeutet das für ihre Führungsstile?

Gefühle machen Arbeit, die sich lohnt

Sandra Cegla

»Sie müssen schon mit mir reden.« Meine Kollegin Marina kochte innerlich, das war deutlich zu spüren. Wir saßen in einem unserer grauen Vernehmungszimmer, meine Kollegin führte das Gespräch, die Schreibkraft tippte mit klackenden Geräuschen auf ihrer Tastatur. Ich unterstützte Marina, indem ich an der einen oder anderen Stelle Fragen einwarf, die ich für sinnvoll hielt. Vor allem aber glättete ich die Wogen, wenn sie als verantwortliche Ermittlerin des Falls aufbrausend wurde. Wir führten Ermittlungen wegen versuchten Totschlags. Der Täter, ein junger, blonder Mann, gerade einmal Anfang 20, hatte sich unsterblich in eine junge Frau verliebt. Oder besser: Er glaubte, sich unsterblich verliebt zu haben, aber mit echter Liebe hatte das alles nichts zu tun. Wie auch immer wir es nennen: In jedem Fall löste besagte junge Frau, die nun hier vor uns im Kommissariat zur Zeugenvernehmung saß, überaus starke Emotionen in ihm aus, die sie auch erwiderte. Leider war dem Paar kein langes Glück vergönnt, denn bereits in der ersten Begegnungsphase entwickelte der junge Mann eine übermäßige Eifersucht, die ihn zu grenzüberschreitendem Kontrollverhalten veranlasste. So begann er, die junge Frau emotional und physisch massiv zu bedrängen. Vermutlich war seine Eifersucht, die sich zunehmend auf einen konkreten Kontrahenten konzentrierte, in der Realität niemals berechtigt, aber in seinem Kopf sah das anders aus. Und das war alles, was für ihn zählte. An einem Sommertag in Berlin griff dieser junge, obsessive Mann daher zu einer massiven Holzstange, an der vorn ein Nagel eingeschlagen war.

– TRIGGERWARNUNG –

Auf offener Straße, mitten am Tag im belebten, sonnigen Kreuzberger Kiez wurde das nichtsahnende Opfer – der vermeintliche Kontrahent – plötzlich von einem Schlag auf den Hinterkopf getroffen. Mit voller Wucht. Der Nagel stanzte ein Stück des Schädels aus und blieb in der Hirnmasse stecken. Ein Schutzengel muss am Werk gewesen sein, denn nur knapp entging das Opfer – ebenfalls ein junger Mann – dem Tod, wie der Gerichtsmediziner später feststellte. Der Hirnblutung, dem anschließenden Koma, quälenden Schmerzen und bleibenden neurologischen Einschränkungen entging er leider nicht. Dem Täter unterstellten wir eine Tötungsabsicht.

Anspannung lag in der Luft. Die Schreibkraft hielt inne und sah fragend in den Raum. Sie sagte jetzt besser nichts, das wusste sie schon – denn sie kannte meine Kollegin Marina. Ich auch. Wir beide spürten, wie wütend sie war. »Wenn Sie in Zukunft sicher sein wollen, dann müssen Sie schon mit uns reden. Wenn Sie das alles für sich behalten, können wir ihn nicht für das, was er getan hat, zur Rechenschaft ziehen. Dann bleibt er auf freiem Fuß und macht das Gleiche noch mal. Mit jemand anderem oder mit Ihnen.« Marinas Gesicht hatte sich rot verfärbt. Angesichts solcher Ungerechtigkeiten kam immer die gnadenlose, leidenschaftliche Ermittlerin in ihr durch. Die junge Frau saß vor ihr auf einem einsamen und schmucklosen Holzstuhl. Ihr Gesicht wirkte blass, sie hatte Augenringe. Ihr feines, dunkelblondes Haar war zu einem Zopf im Nacken zusammengebunden, einige Strähnen fielen ihr ins Gesicht. Sie kümmerte sich nicht darum. Ihr zierlicher Körper saß zusammengefallen vor uns. Wie immer, wenn Marina hochfuhr, nahm ich automatisch den beschwichtigenden Part in der Vernehmung ein, um ein Gleichgewicht in der Situation herzustellen. Es hatte sich in der Vergangenheit bewährt, den belasteten Zeug:innen auf psychologischer Ebene zwei Angebote zu machen. Eines, das sanften Druck auf sie ausübte, und eines, das ihnen Halt und Vertrauen schenkte. Je nach Beschaffenheit der Persönlichkeit waren die Chancen groß, dass eine der beiden Ansprachen auf fruchtbaren Boden fiel. »Wir wollen Ihnen und anderen helfen. Wir können Sie nur schützen, wenn Sie uns die Details erzählen«, erklärte ich ihr in der Hoffnung, sie damit zu beruhigen. Die junge Frau, der der Schrecken ins Gesicht geschrieben stand, berührte mich. Ich wollte ihr wirklich helfen. Aber sie spielte nicht mit. Ihre Angst war so groß, dass sie für sachliche Argumente einfach nicht zugänglich war. Deshalb war Marina jetzt wütend, und ich verstand sie. Marina holte einmal tief Luft und begann zu schreien.

Es dauerte nicht lange und die junge Frau fing an zu reden. Sie weinte und erzählte uns von all den schrecklichen Dingen, die der Täter ihr angetan hatte – und das in der kurzen Zeit, die sich die beiden erst kannten. Von der Todesangst, die sie empfunden hatte und auch jetzt empfand, und dem Schrecken, den sie für sich und ihre Familie in der Zukunft für möglich hielt. Sie war in die Fänge eines übermächtigen und gewissenlosen Gewalttäters geraten, der so rasend wütend wurde, dass er zu allem in der Lage war.

Für uns Kriminalbeamt:innen stand während unserer Ermittlungen immer die Frage der Glaubwürdigkeit unserer Zeug:innen im Raum. Sagten sie die Wahrheit? Hatten sie einen Grund, uns eine falsche Geschichte aufzutischen oder wichtige Details wegzulassen? Wir glaubten der jungen Frau. Mit ihrer Aussage in Kombination mit all den Beweisen, die unsere Ermittlungen bereits ergeben hatten, war eine Verurteilung des Täters möglich. Er ging in Haft und sie konnte sich in Sicherheit bringen. Das alles hatten wir dem emotionalen Ausbruch meiner Kollegin Marina zu verdanken, die die Ermittlungen in diesem Fall führte.

Ihre Emotionalität unterschied sich jedoch von der vieler meiner männlichen Vorgesetzten, das hatte ich beobachtet. Denn das, was Marina anders machte, war ihre Authentizität. Sie hatte nicht versucht, ihre Wut zu verstecken, und sie unterdrückte sie auch im Arbeitsalltag nicht; vielmehr nutzte sie sie als ein Werkzeug, als ein Instrument, um sich selbst und ihren Absichten Nachdruck zu verleihen. So setzte sie sich auf vielen Ebenen auf eine Art und Weise durch, die kaum von anderen infrage gestellt wurde. Und besonders in Hinblick auf diesen schlimmen Fall einer versuchten Tötung, in dem wir an jenem Tag ermittelten, konnte niemand in Abrede stellen, dass eine gewisse Art der Wut und Entrüstung dem Anlass absolut angemessen war.

Und eine weitere Besonderheit war mir aufgefallen: Marina hatte immer die volle Kontrolle. Egal wie emotional sie wurde, niemals vergriff sie sich im Ton, ging unter die Gürtellinie oder war für sachliche Argumente nicht mehr zugänglich. Damit unterschied sie sich fundamental vom »cholerischen Chef«, der seine Gefühle und Emotionen zwar ebenfalls zeigte, aber keineswegs im Griff hatte, sondern dabei im Gegenteil sogar zügellos wurde.

Besonders meine Ermittlungstätigkeit hat mir immer wieder gezeigt, dass ein authentischer und angemessener Umgang mit den eigenen Emotionen ein wichtiger Bestandteil einer erfolgreichen Karriere ist. Und genau diesen Umgang mit Emotionen beherrschen aus meiner Sicht eher Frauen als Männer. Da Frauen sich im Allgemeinen aufgrund ihrer biologischen und sozialen Geschlechterrolle viel natürlicher als Männer aus eigenem Interesse beziehungsweise Antrieb und sogar immer wieder auch mit einer gewissen Lust mit ihren eigenen inneren Prozessen, Verletzungen und Konflikten auseinandersetzen, liegt es ihnen auch mehr, ihren Gefühlen einen angemessenen Ausdruck zu verleihen. Angemessen in Hinblick auf die Situation, den Kontext, die anwesenden Menschen, die herrschende Stimmung oder den Anlass. Vorausgesetzt, sie erkennen diese Fähigkeit, ihren Emotionen Ausdruck zu verleihen, als Stärke an.

Bereits in den 1980er-Jahren hat der Systemforscher Jens Rasmussen im Drei-Ebenen-Modell beschrieben, welche Prozesse für menschliches Verhalten, insbesondere aber für menschliches Fehlverhalten, verantwortlich sind.[6] Die drei Ebenen – unsere Gefühle, unser Denken und unser Handeln – greifen in einer Art und Weise ineinander, dass keine ohne die andere auskommt. Auf der Gefühlsebene empfinden wir alles, was sich in unserem Inneren abspielt und durch innere oder äußere Reize ausgelöst wird. Unser Denken hilft uns dabei, diese Gefühle und Empfindungen einzuordnen, zu werten, mit unseren Erfahrungen abzugleichen und anschließend Entscheidungen zu treffen, die dann wiederum Handlungsimpulse

[6] Rasmussen, Jens: Skills, Rules, and Knowledge; Signals, Signs and Symbols, and Other Distinctions in Human Performance Models. IEEE Transactions on Systems, Man, and Cybernetics, SMC-13 (1983), S. 257–266.

auslösen – oder auch nicht. Wenn wir uns allein diese extrem vereinfachte Darstellung unserer inneren Prozesse ansehen, wird schnell klar, was für hoch komplexe Wesen wir Menschen sind und wie leicht das Zusammenspiel dieser Ebenen in unserem Inneren durcheinanderkommen oder aber auch von uns selbst und anderen missverstanden werden kann. Unsere Emotionen zu fühlen, richtig einzuordnen, auszudrücken und im richtigen Moment adäquat auszuagieren ist also richtige Arbeit. Und zwar immer. Ein immerwährender Bewusstseinsprozess voller mutiger Begegnungen und Verletzlichkeit. Aber auch tiefer Erfüllung und Freude. Er lohnt sich also.

Besonders in Bezug auf Konflikte habe ich immer wieder die Erfahrung gemacht, dass Frauen als Führungskräfte in aller Regel eher bereit sind, zuzuhören und Problemen im Team auf konstruktive Art und Weise auf den Grund zu gehen. Bei männlichen Führungskräften habe ich hingegen oft erleben müssen, wie Konflikte oder sogar ernst zu nehmende Mobbing-Situationen banalisiert wurden. »Wir sind doch nicht im Kindergarten. Klärt das unter euch«, habe ich beispielsweise hören müssen. Auch heute erlebe ich es immer wieder, dass es überwiegend die Frauen in Firmen, Einrichtungen und Institutionen sind, die mich als Stalking-Expertin zu den Themen Stalking, Mobbing und sexuelle Gewalt am Arbeitsplatz im Rahmen einer Fortbildung oder zu Personalversammlungen buchen, weil sie diese Themen besonders auch im Arbeitsalltag für wichtig halten. Ihnen muss ich nicht erklären, wie wichtig eine sichere, respektvolle und von Wohlwollen getragene Arbeitsatmosphäre ist, auch jenseits von Statistiken und Produktivitätszahlen. Ihnen ist es oft ein echtes Anliegen. Mit ihren männlichen Kollegen oder Vorgesetzten gibt es darüber hingegen häufig Diskussionen.

Uns Menschen sind Emotionen angeboren, also müssen sie auch wichtige Funktionen haben. Zum einen erlauben sie uns, uns aneinander zu binden: Sie ermöglichen es uns, unserem inneren Wesen Ausdruck zu verleihen und darüber miteinander eine Verbindung einzugehen. Damit sichern sie uns neben vielen schönen Effekten der Lebensqualität unser Überleben. Zum anderen haben sie wichtige Schutzfunktionen, wie beispielsweise die Wut, durch die wir in die Abgrenzung gehen und mit hoher Energie unsere eigenen Interessen vertreten. In der Verbindung mit uns selbst und mit anderen Menschen können wir wachsen, lernen und Neues erschaffen. Das ist wundervoll. Besonders in einer modernen Gesellschaft wie der heutigen sollten wir uns dringend die Frage stellen, ob der Umgang, den wir mit unseren Emotionen im öffentlichen Leben pflegen, noch zeitgemäß ist. Zum einen verbannen wir echte und aufrichtige Gefühle aus unserem Arbeitsalltag, zum anderen nutzen wir Emotionen für Werbe- und Verkaufszwecke. Emotionen sind zu einer Ware geworden, die Menschen instrumentalisiert und Geldmaschinen am Laufen hält und nichts mehr mit ihrem natürlichen Sinn zu tun hat: mit echter Verbundenheit, mit echtem Wachstum, mit echtem Austausch und Sich-Erleben. Wir sollten uns dringend zurückbesinnen.

Frauen und Männer, die ihren weiblichen Teil in sich angenommen haben, haben die Fähigkeit, diese Ursprünglichkeit zu leben, und dazu gehört ein gesunder und angemessener Umgang mit unseren Emotionen beziehungsweise Ausdruck unserer Emotionen. Das gilt beispielsweise für die Mutter, die im Umgang mit ihren Kindern sowohl die fürsorglichen und empathischen Anteile ihrer Persönlichkeit lebt, genauso wie sie dort »ihren Mann steht«, wenn sie Regeln aufstellen und durchsetzen muss. Ebenso ist es Ausdruck eines gesunden inneren Wachstumsprozesses für sie, immer wieder aufs Neue auch in der Führungsetage eine Balance zwischen all diesen Fähigkeiten zu finden. Der Familienvater, der als Vorbild für seine Kinder nicht nur von ihnen beobachtet wird, sondern der die Kleinen ebenso wie die Mutter mit seinen männlichen Eigenschaften beschützt und ihnen gleichzeitig mit seinen weichen Eigenschaften die Welt erklärt, erhält überhaupt erst Zugang zu den Herzen seiner Kinder durch Empathie. Auch diese herausfordernde Führungsaufgabe zu Hause wird seine Fähigkeiten für die Führungsetagen erheblich erweitern, wenn er sie mit einem offenen Bewusstsein für seine eigenen emotionalen Prozesse begleitet. Besonders wichtig finde ich es für beide Geschlechter, die eigenen Emotionen als Stärken zu begreifen und sie als wichtiges Leitsystem im Leben zu erkennen: New Female Leadership bedeutet für mich, Emotionen in gesunder Art und Weise in unseren Lebensalltag zu integrieren, ganz besonders jedoch ins öffentliche Leben.

Wer führen will, muss fühlen

Erich Vad

Wir stehen vor den Särgen deutscher Fallschirmjäger, die bei Kämpfen in Afghanistan ihr junges Leben gelassen haben. Im anschließenden Zusammentreffen mit den Angehörigen zeigt Angela Merkel eine ganz außergewöhnliche Empathie. Das ist angesichts der ihr ansonsten eigenen stoischen Ruhe bemerkenswert. Keine einzige Floskel kommt ihr über die Lippen, sondern wirkliches Mitgefühl. Echtes Mitleiden. Jeder Satz stimmt. Nicht, weil er gelernt, einstudiert oder schon vielfach erprobt wäre, sondern weil er wahrhaftig ist. Der Raum, in dem das Gespräch stattfindet, wird zum Ort einer tiefen menschlichen Begegnung. Die Zeit steht still. Es wird nicht viel geredet wie sonst in der Politik üblich. Neben den wenigen Sätzen sind es eher die ausgetauschten Blicke, die im Zentrum stehen. Die Blicke der jungen Frauen – Witwen und Partnerinnen ohne Partner –, die nach dem Warum und Wofür fragen. Der Blick der Kanzlerin, der auf das Unsagbare antwortet. Sie hat Tränen in den Augen und beherrscht sich trotzdem. Sie zeigt Wärme und Festigkeit zugleich. Die Trauernden sehen und verstehen diese nonverbale Sprache. Sie fühlen sich nicht mehr so allein wie bei dem offiziellen Staatsakt der Trauerfeier. Auch der offizielle Akt ist wichtig, aber er ist weniger persönliche Anteilnahme als die zurückgehaltenen Tränen der Kanzlerin. Für die nächsten Angehörigen weckt das Große, das Getragene, das Ritualisierte des Staatsakts zuweilen den Wunsch, wegzulaufen, um fernab der Zeremonie trauern zu dürfen. Nicht im Rampenlicht zu stehen. Nicht Haltung bewahren zu müssen. Dennoch muss auch der Staatsakt sein – wenn auch vor allem für die vielen anderen. Die Angehörigen selbst schätzen das sehr persönliche, deutlich spürbare Mitgefühl der Kanzlerin mehr. So habe zumindest ich es empfunden.

Frustration mangels Emotion

Stereotypisch betrachtet geht es beim Militär, einer klassischen Männerdomäne, um das genaue Gegenteil, nämlich darum, Emotionen zu unterdrücken. Auf den ersten Blick scheinen Emotionen das ungestörte Verhältnis von Befehl und Gehorsam eher zu behindern. Wer machen soll, was ihm aufgetragen wird, der soll nicht erst in sich hineinhorchen, wie er oder sie den Auftrag persönlich empfindet. Als richtig oder falsch, gut oder schlecht, schwarz oder weiß. Er oder sie soll tun, machen, ausführen. Jetzt. Sofort. Unhinterfragt. Denn manchmal geht es tatsächlich um Sekunden, um Erfolg oder Misserfolg, Leben oder Tod. Aber dort, wo Krieg und Kampf ist, sind Emotionen eigentlich nicht wegzudenken. Man sieht das sehr gut am Beispiel des russischen Angriffskriegs in der Ukraine. Die Emotionen kochen hoch und bestimmen die Debatte, den politischen Diskurs. Und auch das ukrainische Volk ist aus Überzeugung, aus Liebe zum Land, aus Empörung, aus Leidenschaft stark; viel stärker als Putin erwartet haben dürfte. Für Carl von Clausewitz, den alten Militärstrategen, dessen Theorien zur Strategie bis heute an den Militärakademien der Welt gelehrt werden, gehören die Emotionen denn auch essenziell zu Krieg und Kampf dazu. Ohne Emotionen, ohne Hassgefühle und Kriegsbegeisterung sind Krieg und Kampf, Töten und Getötetwerden gar nicht denkbar. Sie können so stark sein, dass man die Angst vor dem Sterben und die Hemmung zu töten verliert. Das Problem für reale Soldaten – im Gegensatz zu Theoretikern – besteht darin, dass sie sich auf etwas vorbereiten, das sie hoffentlich nie ausüben werden. Vielleicht auch, dass sie etwas lieben – wie zum Beispiel die Führung im Gefecht –, das sie selten ausleben können und dürfen. Und dass sie – zumindest in Deutschland – darauf nicht stolz sein dürfen. Deutschland trägt – und das ist unbestritten – zu viel Schuld auf den Schultern, als dass wir als Nation, als Kollektiv oder als Einzelne stolz auf unsere militärische Seite sein wollen, können oder dürfen. Andere Nationen feiern ihre militärische Stärke mit Pomp und gewaltigen Machtdemonstrationen. Ohne für das eine oder gegen das andere zu sprechen, denn das würde hier vom Thema wegführen, ist doch klar, dass diese geschichtsbedingte Zurückhaltung und unsere Sorge vor unangebrachtem Stolz den Einzelnen in seinem Soldatsein beeinflusst. Einer meiner früheren Studenten an der Johns Hopkins University in Washington D. C., Joseph Verbovszky, hat übrigens 2022 eine sehr gute Doktorarbeit zum Thema »Deutscher Strukturpazifismus« vorgelegt.

Da ist Frustration vorprogrammiert, und Ersatzbefriedigungen werden zunehmend wichtiger beziehungsweise stärker ausgelebt, wie der starke Drang nach Anerkennung, nach Prestige, Rang und sozialer Stellung sowie eine nicht zu übersehende Ego-Getriebenheit, die sich täglich mit den vielen Gegen-Egos in der militärischen, vor allem der ministeriellen, Hackordnung herumschlagen muss. Doch Ersatzbefriedigungen hin oder her: Auch wenn Emotionen eigentlich nicht zugelassen sind, sind sie einfach da. Am eindrücklichsten habe ich das einmal erlebt, als ich nach Ende des Kalten Krieges an einem festlichen Dinner teilgenommen habe zu Ehren ehemaliger, im Krieg hochdekorierter deutscher und sowjetischer Frontoffiziere. Es waren alte Männer, die in ihren besten Jahren den Krieg in all seiner Brutalität erlebt hatten; damals standen sie sich als Gegner gegenüber. Noch all die Jahre später waren sie gezeichnet von der ständigen Nähe des Todes. Im Nahkampf hatten sie viele ihrer damaligen Gegner getötet. Es waren starke militärische Persönlichkeiten, die ihre Männer in der Todeszone eines Vernichtungskrieges zuverlässig geführt hatten. Diese Menschen – im Krieg einst verfeindet – lagen sich zu später Stunde mit Tränen in den Augen in den Armen – nach eindringlichen Berichten ihrer einfach unvorstellbaren Erlebnisse, ihrer Todesverachtung und Tapferkeit.

Flow oder Fallstrick

Emotional ist auch die Politik. Sie ist wie der Krieg ein Feld der Gegensätze, vieler Kämpfe und Leidenschaften. Man braucht Ehrgeiz, Glauben an die eigene Partei und die eigene politische Überzeugung und sicherlich auch einen gewissen Willen zur Macht, freundlicher formuliert zur Gestaltung. Politiker müssen ständig bereit sein, Mehrheiten für sich zu organisieren, andere Menschen zu überzeugen und hinter sich zu bringen. Das ist für Frauen in der Politik wie für Männer gleichermaßen wichtig. Dazu braucht man viel Zeit, die man für andere Dinge nicht hat. Frauen sind da eher als digitale Netzwerkerinnen unterwegs, wie ich erlebt habe, Männer lieber persönlich und unmittelbar; lange alkoholreiche Abende und Nächte inklusive – ein Prozedere, das Frauen in der Politik eher erschwert ist. Führende Politiker leben und agieren leidenschaftlich, in einem speziellen »Flow« und in einer nicht durchschnittlichen Bewusstseinslage. Das macht sie einerseits leistungsfähig und immun gegen Angriffe. Adrenalin pur – das beschreibt am ehesten den politischen Betrieb. Höhepunkte sind dabei, wenn den Protagonisten mediale Inszenierungen gut gelingen, was Befriedigung verschafft. Gleiches gilt für das Durchsetzen politischer Inhalte. Aber die Befriedigung ist nur von kurzer Dauer: Sie will mehr. Sie will Verstärkung. Sie will es allen ein weiteres Mal zeigen. Das führt zu regelrechten inneren Machtkämpfen, am meisten im eigenen politischen Lager, denn dort sitzen die eigentlichen Konkurrenten, die Gegner und Herausforderer, die um ein Mehr an Macht gegeneinander kämpfen. Gleichzeitig gefährden die Euphorie und die hohe Emotionalität viele Politiker auch und verführen sie dazu, Fallen und Fallstricke zu übersehen, wenn zum Ausgleich und zur charakterlichen Stabilisierung die innere Bodenhaftung und auch Bescheidenheit und Demut fehlen. Das alles braucht es nämlich, um nicht innerlich abzuheben und früher oder später abzustürzen.

Bescheidenheit und Demut verschafften Angela Merkel viel Bodenhaftung und soziale Anerkennung. Sie verhinderten Fehler. Denn gerade dann, wenn Politiker erfolgreich unterwegs sind und in Umfragen zu den beliebtesten gehören, verlieren sie die Bodenhaftung und machen im politischen Höhenflugmodus und im emotionalen Hochgefühl fundamentale Fehler – aus reiner Selbstüberschätzung. Es kommt eben darauf an, Emotionen zuzulassen und gleichzeitig die innere Bodenhaftung nicht zu verlieren.

Es gibt zahlreiche Beispiele. Ein Minister zu meiner damaligen Zeit im Kanzleramt war so ein Typ. Er trat formvollendet auf, bewegte sich perfekt auf dem politischen Parkett und strahlte eine Popularität aus wie einst JFK. Aber sein übersteigerter Geltungsdrang begrub jede Demut unter sich. Wenn dann auch die

Empathie unterentwickelt ist, was bei Machtmenschen schnell passiert (oder vielleicht auch von Anfang an gegeben ist?), dann wird es rasch kritisch. Wenn besagter Minister im Bundestag redete oder vor der Presse auftrat, war das immer eine perfekte Inszenierung. Von der Regierungsbank aus sah ich dabei jedoch die vielen sehr ablehnenden Blicke der zuhörenden Abgeordneten. Ich fragte mich, ob er das überhaupt wahrnahm. Nein, tat er nicht. Er hatte einfach keine Antenne dafür, was nonverbal im Raum stand. Denn dafür braucht es Empathie – auch hier wieder verstanden als die Fähigkeit, sich in andere hineinzuversetzen, und nicht als reines Mitfühlen.

Das passierte Angela Merkel nie. Sie gehörte nicht zu dieser Gruppe von (eher männlichen) Machtmenschen, die zu Höhenflügen neigen; die Macht einfach nicht abgeben können; die wie ein Baby an der Flasche an ihr klammern; und die im Fall eines Verlusts der Macht oft sehr schnell verzweifeln und nichts mehr mit sich anzufangen wissen. Ausgehend von den persönlichen Erfahrungen, die ich mit Angela Merkel gemacht habe, bin ich der Meinung, dass Frauen der Abgang von der Macht und überhaupt ein Leben ohne Macht leichter fällt als Männern. Diese innere Lockerheit der Macht gegenüber macht Frauen vielleicht auch besser geeignet im Kampf um die Macht. Sie suchen weniger fokussiert und krampfhaft nach Macht, sondern finden sie eher, indem sie Gelegenheiten und Situationen erspüren, erkennen und nutzen.

Testosteron: hilfreich und schädlich

Der größte Hilfesteller für Frauen, die mit Männern und gegen Männer um die Macht kämpfen, ist das männliche Testosteron. Es ist super für den kurzen, alles entscheidenden Machtkampf, aber hinderlich für Auseinandersetzungen auf der Zeitachse; für das zähe, lange, geduldige Warten auf den entscheidenden

Zeitpunkt und die passende Konstellation. Viele von Angela Merkels Konkurrenten merkten gar nicht, wie sich – bildlich gesprochen – die Schlinge um ihren Hals fester zog. Und sie merkten vor allem nie, *wer* sie festzog. Angela Merkel hat nicht wenige Konkurrenten einfach machen lassen und sie sogar befördert, weil sie wusste, dass sie sich durch ihren männlichen Ehrgeiz, durch Egomanie und Eitelkeit früher oder später selbst zu Fall bringen würden. Angela Merkel musste nur warten und den politischen Sturz abschließend moderieren. Fairerweise muss man sagen, dass es auch mindestens zwei Frauen gab, die ihr politisch hätten gefährlich werden können. Sie sind nicht gescheitert, haben ihr Ziel, Angela Merkels Nachfolgerin zu werden, aber dennoch verfehlt. Und ja, natürlich musste Angela Merkel das Spiel um die Macht mitspielen, wenn auch auf die ihr eigene Art; wer sich in einer Führungsposition befindet und diese Position zum einen sinnvoll ausfüllen und zum anderen erhalten will, der oder die kann es sich nicht leisten, in Hinblick auf den Machterhalt »gar nichts« zu tun – egal wie freundlich, kompetent, empathisch und wohlgesonnen er oder sie grundsätzlich auch ist.

Eine »déformation professionelle« ist bei den beständigen Machtkämpfen in der Politik unumgänglich. Solche Machtkämpfe verändern Menschen körperlich, geistig und seelisch, insbesondere wenn diese keinen starken Charakter haben und nicht in sich selbst ruhen. Angela Merkel war jedoch nach sechzehn Jahren Kanzlerin hinsichtlich Persönlichkeit und Charakter keine andere, als sie das Kanzleramt verließ, als die, die es einst erstmals betreten hatte. Außer, dass ihr Tagesablauf inzwischen sicherlich entspannter ist und sie nicht mehr nachts auf den letzten Drücker einkaufen gehen muss, um sich zu Hause noch ein Mitternachtssüppchen zu kochen. Warum erwähne ich das im Zusammenhang mit der Bundeskanzlerin? Käme ich auf die Idee zu berichten, dass ein männlicher Spitzenpolitiker nachts zum Einkaufen geht? Mal ganz davon abgesehen, dass ein männlicher Spitzenpolitiker für den seltenen Fall, dass er nach der Arbeit auf dem Nachhauseweg spätabends noch schnell Windeln oder Ähnliches besorgt, über den grünen Klee für seinen außerordentlichen Einsatz gelobt werden würde, eine weibliche Spitzenpolitikerin jedoch aller Wahrscheinlichkeit nach nicht: Ich erwähne es nicht deshalb, weil Angela Merkel eine Frau und aufgrund ihres Geschlechts deshalb generell – so der verbreitete Irrglaube – für die Küche zuständig ist. Ich erwähne es, weil diese Art von »Multitasking« einem männlichen Spitzenpolitiker mit hoher Wahrscheinlichkeit völlig fremd ist, zumal er in der Regel eine Frau zu Hause hat, die diese Aufgabe übernimmt. In dieser Hinsicht steht hier eher »Selbst ist die Frau« und nicht »Selbst ist der Mann« zur Diskussion: Männer in Führungspositionen »dürfen« sich meist ausschließlich auf ihre Führungsaufgabe konzentrieren, zumindest mehr, als es Frauen »erlaubt« und zugesprochen wird, insbesondere wenn Kinder im Spiel sind – eine Frau hat einfach mehr und vor allem vielfältigere Aufgaben als ein Mann, so suggeriert es ihr zumindest die Gesellschaft, in der wir derzeit leben. Zum Glück bringt das wenigstens einen Vorteil mit sich: Weniger einbahnstraßenartige Fokussiertheit, dafür mehr Impulse aufgrund vielfältiger Aufgaben und Erwartungen können die Fähigkeiten zur Führung durch eine Frau potenzieren. Einfach gesagt: Frau macht mehr und kann deshalb mehr. Das darf man nicht unterschätzen. Frauen bringen aufgrund der an sie gerichteten, traditionell verankerten Erwartungen grandiose Skills in Leadership und Management ein, über die Männer schlicht nicht verfügen.

Teflon und Emoción

Ich habe oben gesagt, wer führen will, muss gewillt sein, das Spiel um die Macht mitzuspielen: Gute Führung geht nicht, ohne dass man Streit, Kontroverse und Kampf um den richtigen Kurs ausgesetzt ist. Leider gehören oft auch Unterstellungen, persönliche Anfeindungen und leidenschaftliche Angriffe ad personam dazu. Dies gilt nicht nur für die Politik. Es betrifft auch Führung in Unternehmen und von Unternehmen. Oft verbergen sich hinter sachlichen Disputen Machtambitionen und auch Machtkämpfe. Es geht dabei sehr oft um hinter Sachthemen verborgene Angriffe auf die eigene Position und Stellung im Unternehmen.

Angela Merkel nahm in politischen Kontroversen stets den sachlich begründeten Punkt auf, filterte ihn heraus und ignorierte das Drumherum. Das konnte sie, obwohl sie Emotionen – wie beschrieben – durchaus zuließ, sich erlaubte und auch zeigen konnte. Sie war nur sehr gut darin, ihre Emotionen zu kontrollieren oder, besser gesagt, die Oberhand darüber zu behalten, wann, wem und in welchen Situationen sie Gefühle offenbarte. Unkontrollierte emotionsgeladene Wutausbrüche wie bei vielen ihrer männlichen Counterparts waren ihr völlig fremd. Persönliche Angriffe auf ihre Person ließ sie einfach unbeachtet. Oder besser gesagt nur scheinbar unbeachtet, denn sie kam, nicht immer, aber auch nicht selten, zuweilen später, bei passender Gelegenheit darauf zurück. Eindrucksvoll zu beobachten war es auch, wenn sie persönliche Angriffe für alle Anwesenden offensichtlich im Raum stehen ließ. Für den zumeist männlichen »Aggressor« wurde es dadurch peinlich, dass sie nicht darauf einging oder, falls doch, dann eher in einer »therapeutischen Art«, also mit ruhiger Sachlichkeit und intellektueller Souveränität darauf reagierte, was die Peinlichkeit für den Betreffenden noch mal steigerte – erst recht, wenn dieser stark egozentriert war, wie es bei so vielen Machtmenschen der Fall ist.

Phil Murphy, der damalige amerikanische Botschafter in Berlin, der im Übrigen ein durch und durch sympathischer Mensch und fantastischer Gastgeber war und zudem das völlige

Gegenteil eines vertrockneten Berufsdiplomaten, nannte die Bundeskanzlerin schon kurz vor ihrem Amtsantritt in einem geheimen, aber durch Wikileaks veröffentlichten Bericht passend Angela »Teflon« Merkel. In der Tat ließ Angela Merkel unberechtigte, polemische Kritik oder Angriffe gegen ihre Person an sich abperlen. Es ist ein wichtiges Attribut einer politischen, wie überhaupt jeder Führungspersönlichkeit, Kritik zwar rational auf ihre Berechtigung hin zu analysieren, aber emotional nicht an sich herankommen zu lassen. Emotionen zulassen zu können heißt also nicht automatisch, Emotionen auch stets zeigen zu müssen oder sich davon leiten zu lassen. Ganz klar möchte ich hier auch zwischen dem Nichtzeigen und dem Unterdrücken von Emotionen unterscheiden. Das Nichtzeigen oder das Sich-nicht-leiten-Lassen ist eine bewusste Entscheidung, die oft situationsabhängig getroffen wird und die meiner Meinung nach voraussetzt, dass man sich grundsätzlich sehr bewusst mit seinen Gefühlen auseinandersetzt, denn sonst könnte man sie wohl nur schwerlich bewerten, einordnen und kontrollieren. Das Unterdrücken von Emotionen ist hingegen eine mit ziemlicher Sicherheit eher ungesunde Weise, mit den eigenen Gefühlen umzugehen, die vielen Männern – zumindest noch denen meiner Generation – eher gesellschaftlich aufgedrückt als von Natur aus mitgegeben wurde. Nach dem Motto »Jungs kennen keinen Schmerz« oder »Männer weinen nicht«.

Vielleicht haben es Männer genau deshalb jedoch leichter als Frauen? Wer früh lernen muss, Gefühle zu unterdrücken, muss sich später nicht mit ihnen herumschlagen, so in etwa. Kann das funktionieren? Wahrscheinlich nicht; stattdessen haben unterdrückte Gefühle etwas von einer tickenden Zeitbombe an sich. Zudem bin ich selbst der lebende Gegenbeweis: Obwohl ich ein Mann bin, der es »mit den Gefühlen nie so hatte« (oder ihnen zumindest eine andere Wertig- und Wichtigkeit zuschrieb als die Frauen, die mir im Leben nahestanden und -stehen), musste auch ich das Abperlenlassen erst in der beruflichen Praxis erlernen und einüben. Immer gelang es nicht. Vielleicht empfinde aber auch nur ich das so. Denn interessanterweise nehme ich meine Emotionalität anders wahr als die Welt um mich herum. Als ich zum Beispiel während des russischen Angriffskriegs in der Ukraine einmal als Experte an einer TV-Talkrunde teilnahm, brachten mich die Aussagen eines anderen Talk-Teilnehmers auf die Palme und ich rastete aus. Fand ich zumindest. Als ich mich nach der Sendung bei der Moderatorin, Maybrit Illner, entschuldigen wollte, kommentierte sie, das sei beileibe kein Ausraster gewesen, sondern einer der besten Momente der Diskussion. Dass meine Emotionalität vielleicht gar nicht so sichtbar ist, wie ich selbst es empfinde, dafür spricht auch ein anderes Erlebnis: Bei der Reality-TV-Show »Celebrity Hunted« leitete ich das Ermittlerteam. Wir jagten zehn Prominente quer durch Deutschland in dem Versuch, sie aufzuspüren, während sie sich versteckten, untertauchten und sich für uns unsichtbar machten. Bei den Dreharbeiten rief unser Regisseur regelmäßig ein lautes, aufforderndes »Emoción, emoción!« – spanisch ausgesprochen – in den Raum. Er wollte mehr Emotion von uns sehen, in der Körperhaltung, den Bewegungen, der Mimik. Wir sollten alle Sinne aktivieren – und tatsächlich nahmen wir jedes Mal, wenn er rief, emotional Haltung an.

Der richtige Umgang mit (echter, nicht inszenierter) Emotionalität – ohne seine Empathie oder überhaupt die eigene Gefühlswelt aufzugeben – ist eine Kunst, die erlernt werden muss. Es ist zwar leichter, aber meist nicht besser, emotional und aus dem Bauch heraus zu reagieren als mit kühlem Kopf adäquat, rational und nach Analyse von Daten und Fakten. Schnellschüsse aus dem Bauch heraus treffen selten ins Schwarze! Es kommt immer auf den inneren Abgleich zwischen Kopf und Bauch und auf eine ausgewogene Balance zwischen Ratio und Emotio an. Dann liegt man richtig. Nur so kann man in sich selbst ruhen und nach außen als Ruhepol gelten. Das hat Ausstrahlung auf die anderen, gerade bei kontroversen Themen, die es in der Politik wie überhaupt in jeder Führungsposition reichlich gibt. Angela Merkel war in schwierigen, auch emotional beladenen Verhandlungen und Debatten stets ein solcher, auf rationaler Analyse basierender Ruhepol – auch deshalb, weil sie die Emotionen verstand, die in diesen Momenten im Spiel waren; sie hat es vorgelebt und ist mit gutem Beispiel vorangegangen. Oft übertrugen sich ihre Ruhe und Rationalität auf ihre Verhandlungspartner und animierten diese dazu, zu vernünftigen Lösungen zu kommen.

Kopf und Bauch

Wenn ich ein persönliches Fazit ziehen sollte, würde ich sagen: Als langjähriger Berater in der Politik habe ich versucht, Emotionen aus meiner Arbeit weitgehend auszublenden. Anders als bei vielen höheren Beamten, Militärs oder Diplomaten meines Umfeldes klappte das bei mir jedoch nicht, zumindest nicht immer. Und das unabhängig davon, ob andere mich als emotional erlebten. Ich selbst empfand mich auf jeden Fall als »emotional engagiert«. Was – eigentlich – nicht verwunderlich ist, denn Politik ist schließlich ein nicht immer leidenschaftsloses Feld. Im Gegenteil. Hier wird, wie bereits beschrieben, gekämpft, gestritten, polemisiert, intrigiert und auch gehasst – nicht nur mit Blick auf den politischen Gegner, sondern vor allem im eigenen politischen Lager. Hier laufen – oft verdeckt und unter dem Mantel inhaltlicher Auseinandersetzung verborgen – heftige Kämpfe. All das fördert und fordert Emotionen.

Ich habe außerdem gelernt: Es ist zuweilen besser, politische Kritik im öffentlichen Raum stehen zu lassen, ohne explizit darauf einzugehen; es ist besser, Angriffe nicht sofort, sondern bei passender späterer Gelegenheit indirekt zu parieren, weil eine direkte Entgegnung den Angreifer aufwertet und das Thema unnötig aufbläst, es auch medial verstärkt und verlängert. Einen Opponenten auf Distanz zu halten und ihn in der Distanz regelrecht verhungern zu lassen, darin war Angela Merkel eine Meisterin. Dazu gehört auch, in der Auseinandersetzung mit irrationalen, testosterongesteuerten Akteuren die Ruhe zu bewahren und die Gesprächsebene zu wechseln. Dafür brauchte es, gerade unter persönlichen Anfeindungen, innere Stärke. Gleichzeitig demonstrierte Angela Merkel dadurch große Überlegenheit. Gerade bei internationalen Konferenzen und Gesprächen hat sie es anderen überlassen, konfrontativ auf konfrontative Anfeindungen zu reagieren, um die eigene intellektuelle und moralische Hoheit nicht in Gefahr zu bringen und die Gespräche weiterhin dominieren zu können.

Was man überdies nicht vergessen darf: Politische und emotionsgeladene Krawallmacherei kann kurzfristig nutzen, wird aber selten auch vom krawalligsten Wähler goutiert. Sprich: Krawall ist selten mittel- bis langfristig erfolgreich; der Effekt verpufft schnell. Insofern fährt man mit der alten, eher indirekten und weiblichen Strategie immer noch am besten, wie sie der chinesische General, Militärstratege und Philosoph Sun Tzu schon vor rund 2 500 Jahren postuliert hat. Dessen Werk »Die Kunst des Krieges« gilt als frühestes Buch zum Thema Strategie und als eine der bis heute bedeutsamsten Abhandlungen dazu: Eine indirekte Vorgehensweise ist oft geschickter, zielführender und rationaler als eine emotionsgeladene direkte, die unmittelbar und Schlag auf Schlag agiert und reagiert. Auf diese Weise hat Angela Merkel viele männliche Kontrahenten zur Verzweiflung getrieben, sie hat sie ins Leere laufen lassen beziehungsweise hinter sich gelassen und oft auch für immer abgehängt.

Verbale Entgleisungen gab es bei Angela Merkel nicht. Aber ihr Gesichtsausdruck verriet sehr oft und untrüglich, was sie gerade dachte und fühlte – wohlgemerkt: wenn sie das wollte!

Das ist ganz praktisch, denn die Mimik wird in den Protokollen internationaler Gespräche nicht festgehalten. Das gab ihr mehr politischen Spielraum als ihren Kontrahenten. Es half auch dabei, Kommunikationskanäle nicht zu verschütten, sondern offen zu halten für neue Versuche, miteinander ins Gespräch zu kommen.

All das zeigt: Erfolgreiche weibliche beziehungsweise weiblich geprägte Führung braucht beides: Bauch und Kopf, Emotion und Verstand – und das in einer ausgewogenen Balance. Es hilft nicht, Gefühle »typisch männlich« zu unterdrücken. Denn dann fehlt einem entweder das feine Gespür, um die Emotionen des Gegenübers nachvollziehen und entsprechend reagieren zu können (und das ist nicht nur wichtig, wenn es darum geht, Mitgefühl zu zeigen, sondern auch, um zum Beispiel Teamgeist zu schaffen, Mitarbeiter zu motivieren und zu inspirieren oder einfach zu wissen, wann das Gegenüber sein Gesicht verliert und wie weit man gehen will, kann oder muss, wenn man ihn mit dem Rücken an der Wand haben oder doch lieber einen gemeinsamen Kompromiss finden will). Oder man muss seinen Gefühlen irgendwann in einer unvermeidlich explosionsartigen Entladung – Stichwort »tickende Zeitbombe« – freien Lauf lassen und ist ihnen dadurch hilflos ausgeliefert.

Ebenso wenig bringt es etwas, sich »typisch weiblich« allzu stark von seinen Emotionen leiten zu lassen, denn dadurch macht man sich angreifbar – Gefühle werden ausgenutzt oder man wird anhand seiner Gefühle und nicht aufgrund seiner Haltung und Handlung bewertet (was zugegebenermaßen ein Problem unserer stark männlich geprägten Gesellschaft ist. Beherrschten Frauen die Welt, sähe das Ganze vielleicht anders aus). Angela Merkel hat mir – und der ganzen Nation – vorgemacht, wie es geht. Oft wurde ihr vorgeworfen, zu wenig Gefühl beziehungsweise zu wenig Leidenschaft zu zeigen. Wäre das anders gewesen, wenn sie ein Mann gewesen wäre? Ich glaube schon. Auch männliche Führungspersönlichkeiten werden für ihr vermeintliches oder tatsächliches Zaudern, für ihre abwartende Haltung oder – im Gegenteil, aber seltener – für ihr Vorpreschen kritisiert. Doch selten sprechen die Kritiker in solchen Fällen von mangelnder Emotionalität. Emotionen erwartet man in erster Linie von Frauen, egal ob Kanzlerin oder nicht.

Auch wenn Angela Merkel diese Erwartungshaltung unterlief, so war sie sich ihrer eigenen Emotionen und der anderer sehr bewusst; sie hat sie nur anders gezeigt, eingesetzt und beherrscht als erwartet. Genau das macht meiner Meinung nach die gelungene Balance aus – die Balance, die es braucht, um erfolgreich zu führen.

Harmonie

»Wer Sehnsucht nach Harmonie hat, muss in [einen] Gesangsverein gehen. Aber nicht in die Politik.« – Das hat der Politiker und ehemalige Bundesminister für Arbeit und Sozialordnung, Norbert Blüm, einmal gesagt. Wie traurig! Und wie wahr – zumindest dann, wenn vornehmlich Männer Politik machen. Dann geht es nämlich nicht unbedingt um Inhalte und Ziele, sondern um Macht und Status. Und das, obwohl wir als Menschheit vor allem in der Vergangenheit nur gemeinsam überleben konnten – Stichwort Säbelzahntiger –, nämlich als Team, das Herausforderungen und Gefahren zusammen überwand, weil jede:r mit den ihm oder ihr eigenen Fähigkeiten und Stärken dazu beitrug.

Haben wir unser Team vielleicht einfach aufgespalten? Die Frauen im Team sind damals wie heute dafür zuständig, ein harmonisches Miteinander zu schaffen und aufrechtzuerhalten, während sich die Männer ganz dem Konkurrenzkampf hingeben, der natürlich auch seine Berechtigung hatte (aber vielleicht nicht mehr hat?). Schließlich braucht jedes Team – jedes Rudel – klare Strukturen und eine starke Führung. Sollte man meinen.

Frauen gestalten und nutzen ein Team jedoch anders: gleichberechtigter, gegenseitiger, gemeinsamer. Harmonischer.

Sie zahlen mit ihren persönlichen Stärken, ihrer individuellen Kreativität und ihrer Energie in die Gemeinschaft ein und kriegen genau das zurück: Gemeinschaft.

Denn Gemeinschaft macht stark. Gemeinschaft beflügelt. Aber in einer gesunden Gemeinschaft muss auch gestritten werden, wenn sie sich weiterentwickeln soll. Kann und darf man dann noch von Harmonie sprechen? Verhindert ein harmonisches Miteinander Konflikte? Oder verhindern Konflikte ein harmonisches Miteinander? Geht es zudem nicht wider die weibliche Veranlagung, Konflikte überhaupt zuzulassen? Und von welcher vermeintlichen Veranlagung sprechen wir eigentlich? Fällt Harmonie zwangsläufig in den Aufgabenbereich der Frau – »Eine muss es ja machen« –, weil man(n) selbst keine oder kaum Harmonie herstellen kann? (Und wenn ja, warum regieren dann nicht längst Frauen die Welt?) Schließlich ist man(n) mit Wichtigerem beschäftigt. Und was hat all das überhaupt mit erfolgreicher Führung zu tun?

Spart Blut, macht stark, sichert Erfolg – oder verführt zum Scheitern

Erich Vad

Männlich geprägte Führung scheint vom Grundsatz her nicht primär auf Harmonie, sondern auf das Durchsetzen von Zielen, vielfach von persönlichen, angelegt zu sein. Oft muss dabei das Zielerreichen hinter dem Konkurrenzkampf zurückstehen – dabei spielt der Statuserhalt eine dominierende Rolle. Ich habe es in unzähligen Sitzungen mit männlichen Vertretern erlebt: Erst einmal wurde sehr viel Zeit damit vergeudet, zunächst die Hackordnung am Tisch festzustellen beziehungsweise festzulegen. Erst wenn diese klar war, ging man zum Thema über. War es endlich so weit, dass man sich in medias res begab, so erschien die Zielerreichung weiterhin oft sekundär; an erster Stelle stand immer der Wettbewerb untereinander, er war unumgänglich. Stets ging es nicht allein um Inhalte und darum, Lösungen zu finden, sondern auch darum, die eigene Position und den eigenen Status herauszustellen, zu erhalten und falls nötig zu verteidigen. Nach dem Motto: Nicht die geeignetste Lösung ist die beste, sondern meine Lösung ist die beste – und Kompromisse mache ich nicht der Sache zuliebe, sondern nur, wenn ich im Gegenzug etwas dafür kriege. Das klingt harsch, ist aber real und auch oft auf der internationalen politischen Bühne zu beobachten, wenn etwa die Mitgliedsländer der EU mal wieder ein Tauziehen um das eine oder andere Thema veranstalten oder einzelne Staatschefs sich an einer Erpressung versuchen. Harmonie wird zwar hin und wieder demonstriert, aber Status und Stärke noch viel mehr.

Segen, Fluch und Frauennetzwerke

Viele führende Männer sind zudem in den typischen Männerseilschaften organisiert. Das verschafft ihnen Halt und Sicherheit, lässt aber auch ein hohes Maß an Abhängigkeit von dem jeweiligen Führer der Seilschaft entstehen. Stürzt dieser ab, ist es oft auch mit der eigenen Karriere vorbei – also wird schon allein aus eigenem Interesse für die Seilschaft gekämpft. Seilschaften implizieren zudem immer Unterordnung, bisweilen auch Unterwerfung. Harmonische Führung oder gar ein harmonisches Miteinander passen nicht in ein solches System, werden also nicht vorgelebt und erst recht nicht weitergegeben, denn genau dafür bräuchte es ein positives Vor- und Erleben. Der Führer einer männlichen Seilschaft ist beziehungsweise bleibt also nicht unbedingt deswegen in seiner Führungsposition, weil er so gut führt, sondern weil alle anderen Angst um ihre eigene Karriere haben. So kann niemals gute Führung entstehen.

Der Begriff Harmonie meint Zusammenklang, Wohlklang, Abgewogenheit und Ausgeglichenheit – eigentlich also etwas, das unser Miteinander angenehmer macht. Unser Harmoniebedürfnis ist sicherlich stammesgeschichtlich in uns angelegt, weil wir nur als Rudel – sprich: als Team – überleben können, evolutionär gesehen. Und doch ist unser Harmoniebedürfnis nicht nur Segen, sondern auch Fluch – und es kollidiert bisweilen mit Eigenschaften, die genauso wichtig sind: Ein gesundes Maß an Individualität, Selbstbestimmung und ja, auch Egoismus und Machtstreben lässt sich nicht immer und überall mit einem harmonischen Miteinander vereinen. Ein Beispiel: Manchmal muss man eine klare Ansage machen, einen Befehl geben, hart durchgreifen oder eine einsame Entscheidung treffen, mit der man andere vor den Kopf stößt. Eine Entscheidung, die man zu seinem persönlichen Wohl trifft. Oder sogar zum übergeordneten Wohl des großen Ganzen; die Entscheidung bleibt trotzdem unbeliebt. Scheut man sich jedoch vor Konflikten und Kritik, weil man ein ausgeprägtes Harmoniebedürfnis hat, werden wichtige Entscheidungen vielleicht nicht getroffen – und Entscheidungen treffen zu können ist nun mal ein wesentlicher Faktor guter Führung. Schlussendlich kann gute Führung also an Harmonie scheitern.

Was dennoch nicht unter den Tisch fallen darf (und trotzdem lange verkannt oder abgetan wurde): Gute Führung kann durch Harmonie wachsen und gedeihen; sie wird gestärkt und gefestigt. Harmonisch muss schließlich nicht bedeuten, dass jede Entscheidung gemeinsam getroffen wird oder für jeden passt. Harmonisch kann auch den Umgang miteinander oder den Weg der Entscheidungsfindung meinen.

Frauen wird zum Beispiel ein tendenziell größeres Harmoniebedürfnis zugesprochen als Männern – und auch mehr

Befähigung, Harmonie herstellen zu können. Das eröffnet Frauen ein weites Spektrum von Möglichkeiten, mit Konflikten umzugehen beziehungsweise sie zu lösen. Das bewusste Herstellen und Pflegen eines harmonischen Umgangs miteinander setzt voraus, dass ich mich in die jeweilige emotionale Welt meines Gegenübers hineinversetzen kann, sie oder ihn dort abholen kann, wo sie oder er sich gerade emotional befindet; das heißt, ich weiß oder kann nachvollziehen, wie sie oder er sich fühlt. Und genau das ist essenziell in der Führung von Menschen: die Bereitschaft und Fähigkeit, sich abseits der verbalen Ebene und Kommunikation auch in die jeweilige Gefühlswelt der Mitarbeitenden hineinzuversetzen. Zwischen dem, was Menschen in bestimmten Situationen denken und fühlen, und dem, was sie sagen und schlussendlich tun, können bekanntlich Welten liegen. Denken, Sagen und Tun in eine kohärente, harmonische Balance zu bringen und dann diese Harmonie nutzbringend zur gemeinsamen Zielerreichung einzusetzen, dazu scheinen mir Frauen tendenziell besser geeignet zu sein als Männer – aus dem einfachen Grund, dass sie augenscheinlich ein stärkeres Harmoniebedürfnis haben und auch bereit, willens und fähig sind, dieses Bedürfnis als solches wahrzunehmen und diesem Taten folgen zu lassen.

Überträgt man das Harmonieprinzip auf eine organisatorische, strukturelle Ebene, dann entspringt daraus das eher weiblich geprägte Netzwerken – im Gegensatz zur typisch männlichen Seilschaft. Die typisch männliche Seilschaft hat nichts mit Harmonie oder Verständnis zu tun, sondern impliziert, wie bereits angesprochen, Unterordnung und ein hierarchisches Unter- und Hintereinander derer, die die Seilschaft nicht anführen, sondern auf den darunterliegenden Rängen agieren. Jeder hat einen ihm zugewiesenen Platz, ein Überholen ist nicht möglich. Netzwerken dagegen findet eher horizontal als vertikal statt, es geht mehr um ein Miteinander.

Es ist »demokratischer« und nutzt das gesamte Potenzial der Netzwerkenden beziehungsweise der Mitarbeitenden, findet auf Augenhöhe statt und kann damit viel effizienter sein als die Seilschaft. Hier hilft es, dass Frauen früher und schneller internalisiert haben – vielleicht aus Gründen der Evolution und aufgrund unserer stammesgeschichtlichen Entwicklung, aber auch, weil es dem »braven Mädchen« gesellschaftlich von Kindesbeinen an antrainiert wird –, wie sie Menschen zusammenhalten, sie miteinander verbinden und für dieses Miteinander eine harmonische Balance schaffen können. Die Tiefenstaffelung der Seilschaft ist von der Struktur her hierarchischer, konfrontativer und aggressiver angelegt als die Breitenstaffelung des Netzwerks, die besser und flexibler auf beziehungsweise in Krisen reagieren kann. Das gilt natürlich auch für das Finden von Kompromissen: Das ist in Netzwerken in der Regel leichter und effektiver als zwischen Seilschaften, die jede für sich durch klare, meist miteinander konkurrierende Ziele definiert sind. Einen Kompromiss zu finden, ist zwischen Seilschaften daher oft ungleich schwieriger als beim Netzwerken und kann – je nach Problemstellung – mit Macht- oder Gesichtsverlust einhergehen; und beides will man in einer Seilschaft natürlich vermeiden. Beim Netzwerken verbaut man sich hingegen weniger Wege und hält sich ein weites Spektrum an Lösungsmöglichkeiten offen.

Girls' Camp und Boy Scouts

Die engsten politischen Berater von Angela Merkel waren Frauen. Als Bezeichnung für diesen Beraterinnenkreis ist irgendwann der Begriff »Girls' Camp« entstanden, schätzungsweise eingeführt von einem Mann. Nebenbei bemerkt: Mit dem Begriff spottete im Grunde genommen die eigene Partei über Angela Merkel. Bei der Vorbereitung für dieses Buch habe auch ich den Begriff übernommen, zugegebenermaßen unreflektiert. Hätte irgendjemand – mich eingeschlossen – es für nötig befunden, festzuhalten, dass Helmut Kohls, Gerhard Schröders oder Olaf Scholz' Beraterteam hauptsächlich aus Männern bestand? Nein, es wäre keine Meldung, keine Notiz, kein Wort wert gewesen. Es wäre selbstverständlich gewesen und kein Mensch (und erst recht kein Mann) wäre auf die Idee gekommen, dieses Team als »Boygroup«, »Boy Scouts« oder ähnlich Unsinniges, weil Abwertendes zu bezeichnen. Und doch fand und finde ich es bemerkenswert, dass sich die Bundeskanzlerin mit weiblichen Beratern umgab – aber aus einem anderen Grund als der einfachen Tatsache, dass es eben Frauen waren. Sie umgab sich mit Frauen, weil diese Frauen die gesteckten Ziele auf eine andere Art und Weise erreichen konnten, als es die männlich geprägte politische Welt gewohnt war. Der Erfolg gab Angela Merkel recht: Ihr spöttisch, manchmal abfällig als »Girls' Camp« bezeichnetes Team sicherte ihr bekanntlich besser die eigene Macht und ermöglichte ihr eine effektvollere Entfaltung als die männlichen Seilschaften ihrer Konkurrenten. Man darf davon ausgehen, dass weibliche und männliche Berater vergleichbar kompetent und zielorientiert sind. Ich bin daher sicher, dass der Erfolg des »Girls' Camp« – ich benutze den Begriff unter Vorbehalt – auch am Netzwerken lag: Frauennetzwerke können Männerseilschaften in vielen Belangen überlegen sein. Sie agieren in der Regel nicht direkt und konfrontativ, sondern eher indirekt.

Es ist wie in der militärischen Strategie: Das eher indirekte Vorgehen von Seemächten wirkt auf den ersten Blick schwächer als die Blitzkriegoperationen massiver Landstreitkräfte. Bei einer seegestützten Blockade einer Hafenstadt kann es beispielsweise länger dauern, bis Wirkungen erzielt werden, als bei der schnellen, spektakulären Eroberung zu Lande. Aber: Die seegestützte Blockade ist weniger kostenintensiv, sie spart Blut, verzeichnet sicherlich weniger Kollateralschäden, ist effizienter und kann schneller zum Frieden führen als ein direktes, aggressives Vorgehen.

Wirklich ideal wäre es, beide Strategien sinnvoll zu vereinen – die direkte und die indirekte; Frauennetzwerke und Männerseilschaften; Harmonie und Härte. Wobei Harmonie und Härte kein wirkliches Gegensatzpaar sind, denn beides ist auch unter Einbeziehung des jeweils anderen möglich. Ich hatte Angela Merkel einmal vorgeschlagen, ein drängendes politisches Thema »direkt und mit kinetischer Energie« anzugehen. Ihr Konzept dagegen war es, und hier zitiere ich, »zunächst klammheimlich durch die kalte Küche zu gehen und erst im Wohnzimmer die kinetische Energie von Erich Vad« einzusetzen. Sprich: Wenn die Vertrauensbasis stimmt, ist die Mischung männlicher und weiblicher Netzwerke, Vorgehensweisen und Strategien durchaus Erfolg versprechend.

Voraussetzung dafür sind gegenseitiger Respekt und Achtung. Männliche Sparringspartner und Mentoren können durchaus zum Empowerment von Frauen in Führungspositionen beitragen. Ich nenne hier bewusst Männer als Partner, die Frauen durch ihre Position und Stellung unterstützen können, und nicht umgekehrt; denn unsere Gesellschaft und damit ihr Führungssystem ist (noch) sehr männlich geprägt, auch wenn es glücklicherweise inzwischen immer mehr Frauen in zentralen, wichtigen Führungspositionen gibt. Doch unabhängig davon, wie viele Männer und wie viele Frauen wo an der Macht sitzen, ist Empowerment immer und überall möglich und funktioniert in beide Richtungen: Ich zum Beispiel habe in den langen Jahren meiner Beratertätigkeit an der Seite von Angela Merkel sehr viel gelernt, was ich in klassischen Männerdomänen so nicht erlebt, erfahren oder verstanden hätte.

Offensiven braucht es trotzdem

Ich habe es schon erwähnt und möchte es in diesem Zusammenhang noch einmal hervorheben: Harmonie ist genial und zentral, genügt allein und ausschließlich aber nicht – es geht auch hier stets darum, die richtige Balance zu finden und scheinbar gegensätzliche, tendenziell weibliche und tendenziell männliche Eigenschaften effektiv miteinander zu kombinieren. Selbst wenn Frauen eher weniger konfrontativ sind, wird man in Leadership und Management nicht umhinkommen, zuweilen bewusst die Konfrontation zu suchen. Es stellt sich dann die Frage, wie man damit umgeht, ob man auf Angriffe mit Gegenangriffen reagiert oder sie einfach im Raum stehen lässt, weil sie auch immer viel über den Angreifer selbst aussagen. So kann man sich eine Reaktion sparen und muss einen Angriff nicht weiter kommentieren, wenn dieser beispielsweise durch verbale Entgleisungen oder inhaltslose Aggressivität bereits für sich spricht und sich der Angreifer allein dadurch selbst diskreditiert. Es kann stärkere Wirkung entfalten, nicht direkt und nicht aggressiv auf Aggressivität und Konfrontation zu reagieren. Mit ruhigen, überlegten Reaktionen, aus denen man bewusst jede Emotionalität heraushält, lässt sich Überlegenheit demonstrieren. Wobei ich natürlich einschränken muss: Es kommt immer darauf an, situationsbedingt zu entscheiden, wann Konfrontation und Gegenhandeln Sinn ergeben und wann nicht. Aber auch, um eine solche Abwägung zu treffen, braucht es innere Ruhe und Ausgeglichenheit – beide Eigenschaften machen sich also in jedem Fall gut. Und ganz abgesehen davon muss man oft genug auch selbst als Erste beziehungsweise Erster angreifen und in die Offensive gehen – hart und direkt, vielleicht sogar brutal; mit mal mehr, mal weniger harmonischen Untertönen.

Ein harmonisches Paar

2008 sagte Frankreichs damaliger Staatspräsident Nicolas Sarkozy in seiner Laudatio zur Verleihung des Karlspreises an Bundeskanzlerin Angela Merkel über das Verhältnis der beiden: »Wir sind ein harmonisches Paar.« Genau genommen sagte er: »Ich liebe Angela Merkel. Mehr als manche das schreiben mögen … Wir sind ein harmonisches Paar.« Das zugehörige gemeinsame Foto, das um die Welt ging, ist unvergessen. Darauf umarmen sich die beiden Staatsführenden freundschaftlich-herzlich und schauen einander lächelnd in die Augen. Lässt man einmal die (zugegebenermaßen herrliche) Steilvorlage außer Acht, die Sarkozy den Medien und der Öffentlichkeit mit seiner Aussage lieferte – so titelte etwa die Süddeutsche Zeitung »Turteln mit Angie«[7] –, so darf man vielleicht behaupten: Was auf höchster politischer Ebene gilt, lässt sich genauso auf andere Führungsebenen und -situationen übertragen, gerade auch auf solche, bei denen sich die beteiligten Partner auf verschiedenen hierarchischen Leveln bewegen und keine gleichrangigen Führungspersönlichkeiten sind, wie es Nicolas Sarkozy und Angela Merkel in dem genannten Beispiel waren. Grundsätzlich ist Harmonie allerdings sicherlich einfacher zu bewerkstelligen, wenn man sich auf dem gleichen Führungslevel befindet. In einer hierarchischen Rangordnung kann Harmonie falsch verstanden oder (aus-)genutzt werden. Der Chef könnte zu »nett« wirken oder es könnte der Eindruck entstehen, als biedere er sich an. Man darf Harmonie auch nicht mit mangelnder Distanz verwechseln oder als solche missverstehen. Und zu viel Nähe darf es sicherlich auch nicht geben. In den wenigsten Fällen kann sich eine

[7] https://www.sueddeutsche.de/politik/worte-der-woche-turteln-mit-angie-1.739889
Stand: 30. März 2023

Führungskraft entspannt hinstellen und – frei nach Sarkozy – sagen: »Ich liebe diese oder jene Mitarbeiterin beziehungsweise diesen oder jenen Mitarbeiter.« Das wäre im schlimmsten Fall das Gegenteil guter Führung, nämlich sexuelle Belästigung.

Aber grundsätzlich sind Harmonie und gute zwischenmenschliche Beziehungen zwischen Führungskräften und Mitarbeitern wichtiger als das starre Befolgen von Prozessen und SOPs – Standard Operating Procedures, also standardisierten Arbeitsanweisungen. Ein harmonisches Gespräch auch über konfrontative Themen kann zielführender sein als der direkte, bisweilen hitzige Austausch von Rede und Gegenrede, These und Antithese. Insbesondere bei konfliktträchtigen Inhalten ist es dadurch für beide beteiligten Parteien leichter, jeweils das Gesicht zu wahren. Sprich: Durch gute menschliche Beziehungen können viele Schwierigkeiten überwunden oder an ihrer Entstehung gehindert werden.

Beim Herstellen von Harmonie ist es wichtig, die Bedürfnisse seines Gegenübers zu verstehen und zu reflektieren. Das ausschließliche Befolgen von vorgegebenen, rein inhaltlichen oder strukturellen Prozessen ist langfristig hingegen problematisch, wenn es die zwischenmenschlichen Beziehungen belastet. Nicht zuletzt können eine gute, harmonische Atmosphäre im Team und ein ausgewogenes Miteinander die Motivation und Produktivität massiv steigern – und das ist schließlich eine der vornehmsten Führungsaufgaben.

Gleichzeitig muss ich noch einmal festhalten: Gute Führung ist nicht nur Harmonie! Zu viel Harmonie kann produktive Prozesse und einen fairen Austausch unterschiedlicher Ansichten behindern. Die besten und nachhaltigsten Entscheidungen können erst getroffen werden, wenn unterschiedliche Sichtweisen und Meinungen auf dem Tisch liegen – ein harmonischer Grundton im Umgang miteinander kann jedoch positiv beeinflussen, *wie* sie auf den Tisch gelegt werden. Harmonie darf gelebte Auseinandersetzungen nicht behindern, kann sie aber ergänzen. Der Ausspruch »Der Ton macht die Musik« fasst das ganz gut zusammen. Wenn wir über eine andere Person sagen, sie oder er sei »freundlich in Umgang und Ton, verbindlich in der Sache«, ist das ein großes Lob – und meines Erachtens die ideale Kombination aus einerseits Harmonie und andererseits der Fähigkeit, Entscheidungen argumentativ zu begründen, herbeizuführen und umzusetzen. Erst im Zusammenschluss wird daraus eine ausgewogene Balance und damit die Voraussetzung für ganzheitliche, erfolgreiche Führung.

Power ohne Störfall

Sandra Cegla

Ein lauer Sommerabend im Juni. Im politischen Berlin pulsiert das Leben, sodass selbst in einem Hinterzimmer der angesagten Charlottenstraße in Mitte Ideenlichter durch den Raum schwirren. Sechs Frauen sitzen um einen runden Tisch, redselig, impulsiv und angeregt. Lockiges, braunes Haar, blonde Hochsteckfrisur, knalliger Lippenstift oder nude, High Heels, Turnschuhe, Bluse, Bluejeans und Rock – hoch konzentriert, ins Zentrum strebend, laut, leise: Ich blicke in die Runde und realisiere eine bunte Mischung aus aufgeschlossenen und inspirierten Frauen, die unterschiedlicher nicht sein könnten. Jede von ihnen hat ihren ganz eigenen Stil, ihre ganz eigene Lebenswirklichkeit in ihrem Alltag, ihre ganz eigene Profession mit einer mehr oder weniger selbst gewählten Rolle. Heute Abend sind sie alle hier zusammengekommen, im Hinterzimmer in Berlin-Mitte, nach einem anstrengenden Arbeits- oder Familientag, um sich mit mir über politische Themen auszutauschen. Über Frauenthemen.

So verschieden sie auch sein mögen, was sich allein schon in ihrem Äußeren ausdrückt, so haben sie doch alle etwas gemeinsam: die Authentizität, mit ihrer höchst persönlichen Erlebniswelt auch die politische Dimension zu berühren und für viele andere etwas verändern zu wollen. Wir haben zusammengefunden, um die Welt für alle ein bisschen besser zu machen, besonders aber für Frauen.

An jenem Sommerabend befanden wir uns in einer Phase, in der es für Angela Merkel erneut in einen Wahlkampf ging. In meiner Partei herrschte Aufbruchstimmung, die elektrisierte und sich fast auf ganz Deutschland ausweitete. Zu jenem Zeitpunkt war ich Vorsitzende der Frauen Union Berlin-Mitte und führte einen Vorstand, der aus insgesamt zehn engagierten Frauen bestand. Unsere Organisation umfasste rund vierhundert weibliche Mitglieder. Zwei meiner Vorstandsdamen arbeiteten für die Kanzlerin in ihrem Wahlkampfteam und waren beflügelt von Leidenschaft und Enthusiasmus. Sie trugen eine Atmosphäre des Neubeginns und der unbändigen Lebensfreude in unsere Vorstandssitzungen. Sie waren an zahlreichen kreativen Kampagnen und Aktivitäten beteiligt, die sie mit uns teilten. Diese wunderschönen, frischen Energien steckten mich an und durchfluteten mich – ebenso wie den gesamten Vorstand. Meine und unsere Ideen flossen einfach nur so, und alle setzten sich mit Leidenschaft in Bewegung. Diese Art, wie zu jener Zeit Synergien entstanden und sich auf wundersame Weise Neues entwickelte, blieb mir noch lange im Gedächtnis. Besonders aber erinnere ich mich an eines: an die hoch ansteckende und co-kreative Energie dieses reinen Frauenteams. Es erscheint mir selbst heute noch wie ein Wunder, dass wir mit einem Vorstand von nur wenigen jungen, hoch motivierten Frauen ganze Sommerfeste für mehrere Hundert hochkarätige und bunte Gäste auf die Beine stellten, bei denen hochrangige Politikerinnen wie beispielsweise Julia Klöckner über wichtige frauen- und familienpolitische Themen auf dem Podium sprachen. Wir vernetzten das politische Berlin und streuten Gedanken einflussreicher Ideengeber:innen, stießen Diskussionen und Meinungsbildungsprozesse an. Gleichzeitig waren wir in Kommunal-, Landes- und Bundespolitik vernetzt, sodass wir wichtige Informationen weitertragen und Anstöße für politische Entscheidungen geben konnten. Noch heute denke ich gern an diese Zeiten und diese für mich lebensverändernden Erfahrungen zurück.

Neben meinem ganz persönlichen Wachstum, durch das ich so viel Neues dazulernte, hatte ich besonders eine Erkenntnis: Frauen tragen von Natur aus so viele wundervolle Eigenschaften in sich, die absolute Stärken sind. In jenen Zeiten erfuhr ich hautnah, wie es sich anfühlt, wenn all diese Stärken in einem Team zusammenkommen, ohne von toxisch-männlichen Energien gestört zu werden. Weibliche High Potentials, die mit Leidenschaft und in Co-Kreation gemeinsam für eine Sache loslaufen, sind nicht aufzuhalten und ermöglichen Quantensprünge. Das habe ich staunend und überwältigt in jenen Zeiten erlebt.

Das Besondere an »meinen« Frauen damals war, dass jede mit Leidenschaft ihre ganz persönlichen Stärken einbrachte. Sie alle waren bestens in Politik, Business und Gesellschaft vernetzt und sahen in anderen Frauen und Netzwerkpartner:innen die Potenziale und Chancen zum gemeinsamen Wachstum und zu neuen Projekten. Konkurrenz, Neid und Missgunst blieben weitestgehend außen vor. In unserer Kommunikation tauschten wir uns auf Augenhöhe aus. Es spielte keine Rolle, welchen Status, welchen Verdienst, welches Alter und welchen Umgang jede von uns mit berühmten Persönlichkeiten hatte – wir alle hatten Botschaften, Ideen und zwei Hände zum Anpacken, die gebraucht wurden. So verschwendeten wir keine Zeit damit, uns hierarchisch einzuordnen und uns gegenseitig zu maßregeln, sondern richteten uns inhaltlich auf unsere Vorhaben aus. Und das funktionierte. In einer Effizienz und mit Ergebnissen, hinter denen man eigentlich ein viel größeres (Männer-)Team hätte vermuten müssen.

Was war das Geheimnis hinter all dem, was wir damals schafften? Zweifelsohne war es unter anderem unsere Fähigkeit, Harmonie herzustellen und aufrechtzuerhalten. Hinter dem Begriff Harmonie steht für mich der aufrichtige Wunsch, dass es den Menschen um uns herum gut geht. Das setzt zunächst voraus, sich wirklich für andere Menschen und deren Bedürfnisse zu interessieren und selbst das Bedürfnis zu verspüren, dass sie sich wirklich wohlfühlen sollen.

Das beginnt – oder eher: endet – im politischen Raum schon mit der Frage nach Rang und Namen. Wenn ich jemandem in einem rhetorischen Kontext klarmache, wer ich bin und mit wem ich verkehre, bevor ich überhaupt eine echte menschliche Bindung zu diesem Menschen aufgebaut habe, die auf ehrliches Interesse und Miteinander ausgerichtet ist, dann geht es mir ausschließlich darum, den anderen zu dominieren. Und das ist nichts anderes, als mich selbst groß fühlen zu wollen – zu dem Preis, dass der andere sich klein vorkommt. Damit nehme ich in Kauf, dass sich andere in meiner Gegenwart schlecht fühlen. Schlimmstenfalls lege ich es sogar darauf an.

Männer beginnen ihre Sitzungen und Vorstellungsrunden häufig genau auf diese Art, nämlich eine Rangordnung zu etablieren, und das hat zur Folge, dass die Zuhörenden den Eindruck bekommen, im Vergleich dazu schlecht und klein zu sein. Besonders Frauen sind erfahrungsgemäß für Gefühle des Selbstzweifels sehr empfänglich, während sie gleichzeitig oft das natürliche und angeborene Bedürfnis haben, andere Menschen glücklich machen zu wollen. Das hat natürlich Folgen. Zum einen führt es dazu, dass sich Frauen viel mehr Gedanken darüber machen als Männer, wie sie selbst auftreten und wie sie bei ihrem Gegenüber ankommen, besonders in Hinblick auf ihre emotionale Wirkung. Zum anderen besitzen sie aber auch die Stärke, sich nicht zwingend groß fühlen zu müssen. Frauen brauchen häufig keine großen Ämter, Rang und Namen, um größer zu erscheinen, als sie sind, und es liegt ihnen nichts ferner, als all das für Macht- und Dominanzspiele zu nutzen. Frauen richten sich häufig mehr auf Inhalte und Effizienz aus, aufs Beschützen, Nähren, Erschaffen und Aufrechterhalten; vom männlichen Machtgehabe fühlen sie sich gestört. Frauen kommen also in aller Regel seltener auf die Idee, andere mit Hierarchie-Kämpfen zu behelligen, denn in ihrer Welt brauchen wir solche Kämpfe eigentlich nicht. Dafür nehmen sie auf natürliche Weise in Kauf, dass sie besonders für ihre männlichen Mitstreiter kleiner wirken, als sie sind. Das hat natürlich Vor- und Nachteile. Gleichzeitig könnte dies einer der Gründe dafür sein, dass sich viele Frauen gegen den Politikbetrieb entscheiden.

Ein lauer Sommerabend im Juni. Das politische Berlin pulsiert weiter. Genau in jener Zeit des Aufbruchs, der Lichtblitze und der Inspiration tagt eine reine Männerrunde. Falsch, genau eine Frau hat sich in den Raum verirrt: ich. Der Vorsitzende spricht. Wortgewaltig, mit kräftiger, tiefer Stimme und im Monolog ordnet er die aktuelle politische Situation ein. Mit seiner Energie mäht er alles nieder, was sich ihm entgegenstellt. Vorsorglich, denn es ist mit Widerstand zu rechnen. Hier geht es schließlich um die »echten« politischen Themen, das »richtige« (männliche) Leben. Nicht das bisschen »Frauenkram«, das ich mache. Das ist der Subtext seiner Rede, den ich verstehe, und das sehe ich sofort ein. Ehrfürchtig und andächtig höre ich zu und fühle mich klein. Ich finde keine Stelle, an der ich inhaltlich einhaken kann, deshalb sage ich einfach nichts. Drei Stunden lang.

Nach seiner Rede gibt es zahlreiche Wortmeldungen. Alle werden chronologisch aufgenommen, auf einer Liste vermerkt und vom Stellvertreter nacheinander aufgerufen. Jeder erhält seine Redezeit. Ich höre aufmerksam zu. Immerhin bin ich noch ziemlich neu im politischen Geschäft und als »Quotenfrau« aus Versehen hier gelandet. Nach einigen Äußerungen stelle ich fest, dass sie wenig mit der Vorrede des Vorsitzenden zu tun haben und auch alle weiteren Wortbeiträge inhaltlich nicht aufeinander aufbauen. Es entsteht kaum inhaltlicher Austausch, wie ich ihn aus meiner Polizeiarbeit und meinem reinen Frauen-Vorstandsteam gewohnt bin, aber sicher verstehe ich einfach nur das System dahinter noch nicht.

Die Redner greifen einzelne Stichworte des Vorsitzenden auf, um ihre eigene Expertise auszubreiten. Das gemeinsame Ziel dieser Sitzung wird mir nicht ganz klar. Aber ich bin schließlich noch zu frisch dabei, denke ich mir. Das verstehe ich schon noch. Nach einigen netten Randgesprächen am Ende der Sitzung gehe ich mit einem schlechten Gefühl nach Hause. Ich habe drei Stunden meiner Freizeit schweigend zugehört. Ich wurde nicht nach meiner Meinung gefragt. Und ich gehe mit dem Gefühl, diese Zeit sinnlos in etwas investiert zu haben, bei dem meine Anwesenheit nicht erwünscht war. Zwar auch nicht unerwünscht, aber irgendwie egal. Das befremdet mich, denn dieses Gefühl kenne ich bisher aus keinem einzigen meiner Lebensbereiche. Die Energien, die an diesem Abend flossen, waren die Energien des Niederredens, der Hierarchie, des Kampfes und des Gegeneinanders. Eine gemeinsame Sache, die uns ernsthaft miteinander verband, konnte ich nicht erkennen, und etwas zu tun gab es für mich auch nicht.

Morgengrauen an einem Sommertag im Juni. In jener Zeit, in der das politische Berlin pulsiert, sitze ich mit meinen Kollegen – und wenigen Kolleginnen – in einer unserer wöchentlichen Morgenrunden. Unser Kommissariatsleiter erläutert das Lagebild unserer Direktion. Ein Abriss durch die größten Kriminalitätsfelder in Kreuzberg und Neukölln, die neuen Maschen der überwiegend männlichen Straftäter, die neuen Hotspots, in denen sich die Straftaten ballen. Wie gewöhnlich kann der Chef seinen Bericht nicht ungestört abliefern, denn alle Nase lang wird er durch Einwürfe und Kommentare der Kolleg:innen unterbrochen. Es werden Scherze gemacht, über die alle lachen, oder Informationen eingeworfen, die aus Ermittlungsverfahren bekannt werden. Einer der alten Hasen im Team brüllt aus dem Zusammenhang gerissen in die Runde: »Wann werde ich eigentlich befördert?« – »Nie, solange ich hier noch Chef bin.« Alle lachen, nur einer nicht.

An anderer Stelle, als es um einen Einsatz der kommenden Woche geht, entschuldigt sich der Stellvertreter des Chefs, aufgrund seines Urlaubs nicht dabei sein zu können. »Ach, nicht schlimm«, tönt es vom anderen Ende des Tisches. »Ohne dich sind wir einer mehr!« Wieder lachen alle, nur einer nicht.

Zweifelsohne war es nicht die besondere Stärke meiner Kolleg:innen, Harmonie herzustellen. In diesem Team musste jede:r lernen, mit Bloßstellung, Vorführen und Gesichtsverlust umzugehen. Selbstverständlich stärkt auch das die Persönlichkeit. Unseren Zusammenhalt machte jedenfalls weniger das harmonische Miteinander aus als die Konfrontation, die Kontroverse und die gegenseitige Kritik, alles verpackt in Humor. Was hier in so illustrer Runde lustig anmutete, stieß jedoch spätestens dann an seine Grenzen, wenn es um handfeste Konflikte und Konkurrenzkämpfe ging. Im täglichen Arbeitsleben kann ein Umgang des permanenten Kräftemessens und des In-den-Widerstand-Gehens schleichend an die Substanz gehen. Hin und wieder kommt mir der Gedanke, dass wir früher im Grunde jeden Tag miteinander für den Einsatz trainierten. Und natürlich waren wir Kriminalpolizist:innen, die Schießereien aufklärten, Leichen ansahen und mit dem SEK in den Einsatz zogen, um nach scharfen Schusswaffen zu suchen. Selbstverständlich gehörten das Ausüben von Macht und das

Überwinden von Widerständen zu unserem Handwerkszeug. Und doch fehlte uns aus meiner Sicht an manchen Stellen ein echter menschlicher Zusammenhalt, der mit aufrichtigem Interesse aneinander einherging. Der Schlüssel dazu ist aus meiner Sicht Harmonie. Ohne Harmonie und ohne Teammitglieder, die in der Lage sind, sie herzustellen und aufrechtzuerhalten, kann eine Arbeitsatmosphäre schnell kippen und giftig werden. Besonders dann, wenn das Team aus ausgesprochenen Machtmenschen besteht. Auch das habe ich in den Jahren meiner Ermittlungstätigkeit bei der Kriminalpolizei gelernt.

Ein wichtiger Punkt sei an dieser Stelle noch angemerkt: Harmonie ist nicht gleichzusetzen mit Konfliktvermeidung. Eine offene und transparente Streitkultur ist aus meiner Sicht eine der wichtigsten Voraussetzungen für echte Harmonie, denn nichts ist schädlicher für eine Teamatmosphäre als schwelende und schleichende Konflikte, die nicht anständig ausgetragen und aufgelöst werden. Offene Konflikte mit anschließender Lösung können manchmal erst der Nährboden für echte Harmonie sein.

Sosehr sich die Umgangsformen und Führungsstile, die ich in Politik, Polizei und Wirtschaft kennengelernt habe, auch voneinander unterscheiden, so haben sie mich doch alle eines gelehrt: Diese eine Fähigkeit, die in meinen Augen eine gute von einer schlechten Führungskraft unterscheidet, ist es, ein Team so zu leiten, dass weitestgehend echte Harmonie herrscht. Diese überwiegend weibliche Eigenschaft ist für mich ein wesentlicher Erfolgsfaktor für gute Führung, den Frauen als natürliche und intuitive Stärke einfach schon mitbringen, ohne dafür noch irgendetwas lernen zu müssen.

Empathie

Machen wir einen kleinen Test: Sie sind der Chef oder die Chefin einer größeren Abteilung, irgendwo im höheren Management. Sie arbeiten gern, sind gut aussehend, erfolgreich, intelligent, sportlich, gut vernetzt – oder was auch immer. Hauptsache, alles ist so, wie Sie es sich vorstellen. Sie haben Macht und können bestimmen. Eines Tages sollen Sie und Ihre Abteilung neue Räume bekommen. Am liebsten Open Office, keine festen Plätze, keine Türen, papierloser Schreibtisch, ergonomische Ausstattung. 37 Mitglieder Ihres Teams finden das genial. Die vier übrigen Mitglieder finden es furchtbar. Aber diese vier sind auch schon relativ alt, haben wenig Sinn für neue Lebens- und Arbeitswelten, und in ein paar Jahren gehen sie in Rente. Klar, dass hier die Mehrheitsmeinung bestimmt: Es wird die Open-Office-Lösung.

Setzen Sie darauf, dass sich die vier Unzufriedenen daran gewöhnen und mit der neuen Situation arrangieren? Wenn die anderen das können, sollten diese vier es schließlich auch schaffen. Muss man Rücksicht auf die wenigen nehmen, die den vielen vielleicht etwas kaputtmachen? Haben die vier eine Vorzugsbehandlung verdient?

Haben sie nicht. Warum auch?

Trotzdem nehmen Sie als Chef oder Chefin Rücksicht. Vielleicht bestimmen Sie gemeinsam mit den vieren ausnahmsweise feste Plätze, dann dürfen am Ende des Tages auch Papier und Co. auf dem Schreibtisch liegen bleiben. Vielleicht finden Sie einen etwas ruhigeren, privateren Bereich für diese Plätze. Vielleicht gibt es auch einen Konferenzraum, der eigentlich nie genutzt wird, in den Sie die vier einziehen lassen. Vielleicht einigen Sie sich auch auf andere, flexiblere Arbeitszeiten, auf einen früheren Beginn oder einen späteren Schluss, damit die vier die Möglichkeit haben, ihre Arbeit dann zu machen, wenn im Büro am wenigsten los ist. Vielleicht ist auch ein zusätzlicher Tag Homeoffice drin.

Wissen Sie auch, warum Sie das tun? Warum Sie Extrawürste braten?

Weil Sie wissen, dass Nummer 1 und Nummer 4 nicht gut telefonieren können, wenn um sie herum zu viel los ist. Nummer 1 trägt nämlich ein Hörgerät, und Hörgeräte reagieren bei einer gewissen Lautstärke empfindlich. Nummer 4 fällt es hingegen einfach schwer, sich zu konzentrieren, wenn andere eventuell mithören, denn Nummer 4 ist furchtbar schüchtern. Sie wissen auch, dass Nummer 2 immer friert, wenn er nicht relativ geschützt und mit dem Rücken zur Wand sitzt. Und Nummer 3 ist es ein Graus, wie alle anderen zu sein, und wenn es nur um die Aufstellung des Schreibtisches geht. Denn Nummer 3 ist mit sechs Geschwistern aufgewachsen und lebt ihre Individualität erst aus, seit sie erwachsen ist. Vor allem aber wissen Sie, dass alle vier wertvolle Mitarbeiterinnen und Mitarbeiter sind, die loyal, engagiert und erfahren sind und die Sie nicht wegen einer dämlichen Schreibtischfrage demotivieren oder verlieren möchten.

Vergessen Sie zum Schluss nicht, sich zu fragen, warum Sie all das von Ihren Teammitgliedern wissen. Warum Sie zugehört oder nachgefragt haben. Warum Ihnen selbst nicht kalt ist, warum Sie keine betonte Individualität brauchen, warum Sie keine Ahnung von Hörgeräten haben und warum Sie trotzdem verstehen können, dass diese Dinge für andere eine wichtige Rolle spielen können.

Denn darum geht es auf den folgenden Seiten.

Ein Hoch auf das Einfühlungsvermögen

Erich Vad

Empathie ist Einfühlungsvermögen: die Fähigkeit – und natürlich die Bereitschaft –, sich auf die Empfindungen, die Gedanken, ja, sogar auf die Motive und die persönlichen Eigenschaften eines anderen Menschen einzulassen, sie zu erkennen, zu verstehen und nachzuempfinden. Und, möchte ich hinzufügen, mein eigenes Handeln daran zu orientieren. Dabei muss man unterscheiden: Einfühlungsvermögen ist nicht dasselbe wie Mitgefühl, selbst wenn mich erst meine Empathie dazu befähigt, angemessen auf die Gefühle anderer zu reagieren. Sprich: Je bewusster und offener ich mich und meine eigenen Gefühle wahrnehme, umso besser kann ich andere Menschen und ihre Empfindungen nachvollziehen und deuten. Das bewahrt mich im besten Falle davor, ein Egozentriker zu werden. Man muss aber auch sehen, dass Empathie nicht nur altruistisch, in mitmenschlicher Absicht funktioniert, sondern auch als Mittel genutzt werden kann, um die Empfindungen anderer interessengeleitet zu deuten und das Wissen darum zum eigenen Vorteil oder zur Erreichung eigener Ziele zu nutzen. Empathie kann sogar das Mittel sein, einen Kontrahenten in einer politischen oder militärischen Auseinandersetzung zu besiegen. Bei jeder politischen oder militärischen Lagebeurteilung geht es darum, sich bis in die letzten Motive, Bedürfnisse und Fähigkeiten des Gegners empathisch hineinzuversetzen. In jedem Fall hat Empathie viel mit Emotionen zu tun; sie setzt das Vorhandensein und Verstehen eigener Gefühle voraus und macht dadurch das Eingehen auf die Empfindungen anderer möglich. Ich habe an vorheriger Stelle bereits den Moment beschrieben, als wir vor den Särgen deutscher Fallschirmjäger standen, die bei den Kämpfen in Afghanistan ihr Leben gelassen haben. Und wie beeindruckt ich davon war, wie Angela Merkel – nicht bloß mit Worten, sondern auf emotionaler Ebene – auf die Angehörigen einging. Sie zeigte ihre eigenen Emotionen und dadurch auch ihre Empathie. Sie verstand, was die Hinterbliebenen fühlten, und ließ sie spüren, dass sie mit ihnen fühlte.

Vom Mutigsein und Begreifenkönnen: Authentisch, echt und ehrlich

Auf dem Rückflug vom Staatsakt zu Ehren jener Fallschirmjäger sitzen wir in einem Hubschrauber der Bundespolizei. Wir sind unterwegs Richtung Berlin. Während wir die Rotorblätter im Wind hören, überfliegen wir meinen alten Einsatzraum als junger Offizier an der ehemaligen innerdeutschen Grenze. Ich muss daran zurückdenken, wie oft wir damals diesen riskanten Überrolleinsatz, in dem man die gegnerischen Panzerverbände einfach vorbeistoßen lässt, um in ihren Rücken zu gelangen, geübt haben und wie gering meine damaligen Überlebenschancen im Ernstfall gewesen wären. Dann reden wir über die Sinnhaftigkeit von Kriegen im Allgemeinen und über unseren in Afghanistan im Besonderen. In der Regierungszeit Angela Merkels mussten deutsche Soldaten dort kämpfen und wurden im Kampf getötet. Erstmals seit dem Zweiten Weltkrieg kämpften und fielen deutsche Soldaten wie in einem Krieg (und ja, das »wie« steht hier mit voller Absicht), während in Deutschland darüber debattiert wurde, ob das ein Krieg sei oder nicht.

Ein paar Wochen später. Kurz vor der Landung in Afghanistan erhalten wir die Nachricht, dass ein weiterer deutscher Soldat zu Tode gekommen ist. Unmittelbar nach unserer Ankunft nehmen wir deshalb an einer Gedenkstunde im deutschen Lager teil – nicht bloß eine Selbstverständlichkeit für die Kanzlerin, sondern ein Wunsch, der von Herzen kommt. Ehre erweisen, Dank und Respekt zeigen, das gegebene Leben würdigen, mit den eigenen Emotionen und der persönlichen, tief empfundenen Bestürzung zurande kommen: Es ist wenig, was man dem Verstorbenen und den anwesenden Trauernden in einem solchen Moment zurückgeben kann, aber es ist echt und ehrlich. Die kurze Rede der Kanzlerin stammt fast ausschließlich von ihr selbst, nicht von ihren Redenschreibern. Sie ist anders als ihre sonstigen Reden: Es ist nicht das Übliche. Keine Politik. Angela Merkel trifft den Nerv der Situation und die Gefühle der Anwesenden.

In Gesprächen und Verhandlungen mit männlichen sogenannten Spitzenpolitikern erkannte ich sehr deutlich, dass Angela Merkel aufgrund ihrer persönlichen Integrität und ihrer politischen Weisheit (so würde ich das jedenfalls nennen), die man nur nach vielen Jahren im Amt erreichen kann, in hohem Maße ernst genommen und respektiert wurde und wird. Das lag und liegt meines Erachtens auch an Angela Merkels Fähigkeit, sich einzulassen. An ihrem Einfühlungsvermögen, nicht nur in Situationen wie den oben beschriebenen, sondern auch in Diskussionen, politischen Kontroversen oder internationalen Verhandlungen. Angela Merkel zeigte immer ein hohes Maß an Empathie und Verständnis – auch für Positionen, die sie nicht teilte. War ihr eine Sachlage unbekannt, versuchte sie, diese bis ins letzte Detail zu begreifen, bevor sie urteilte, diskutierte oder verhandelte. Sie hatte und hat eine unglaubliche Fähigkeit, sich in ihr Gegenüber hineinzuversetzen und denjenigen oder diejenige zu verstehen. Bei Meinungsverschiedenheiten bemühte sie sich, den anderen oder die andere von einer anderen Auffassung zu überzeugen – dabei musste es nicht unbedingt ihre eigene Auffassung sein, die sie an den Mann oder die Frau bringen wollte; Angela Merkel ist eine Meisterin des Kompromisses. Das Besondere ist, dass sie sich dafür in die Position des beziehungsweise der anderen begibt und aus dieser Perspektive heraus argumentiert.

Auch hier zeigt sich ihre generelle Haltung: Sie ist in der Konfrontation nicht konfrontativ, sondern verständnisvoll (was sie nicht daran hindert, ihre Werte stark und standhaft zu vertreten) und bemüht sich, einen dritten (Aus-)Weg aus zwei unterschiedlichen Positionen zu finden. »Wer Mut fordert, muss ihn auch vorleben«, so ihr Leitspruch. Es war keine leere Floskel, waren keine hohlen Worte; Angela Merkel hat immer viel Mut bewiesen, sowohl in Verhandlungen und Kontroversen, wenn es um zentrale Themen ging, aber auch auf vielen gefährlichen Auslandsreisen, bei denen ein Risiko für Leib und Leben bestand und ihre ganz persönliche Tapferkeit gefordert war.

Im Kopf der anderen: Gegneranalyse

Was Verhandlungen, aber auch Machtsicherung und -erhalt angeht, ist Empathie in (politischen) Führungspositionen ein zentrales Element: Man braucht Empathie, um seine Gegenspieler richtig verstehen und einordnen zu können. Eng damit verbunden ist die Fähigkeit, geduldig zuzuhören, um auf dieser Basis geeignete Gegenmaßnahmen – oder in Verhandlungen gemeinsame Lösungswege – zu finden. Nicht selten war Angela Merkel dadurch ein Ruhepol mit Ausstrahlung in den emotionsgeladenen Debatten der internationalen Politik. So konnte sie Lösungswege aufzeigen, wo andere keine mehr sahen.

Vielleicht ist Empathie der eigentliche, wirklich zentrale Pluspunkt weiblicher Führung. Im Fall der Bundeskanzlerin zeigt sich jedoch auch, wie wichtig nicht nur ein grundsätzliches Nachvollziehenkönnen der Gemütslage und Gedankenwelt anderer ist, sondern welche Rolle auch individuelle Erfahrungen spielen können. Nicht, dass Angela Merkel und der russische Präsident Wladimir Putin viel miteinander gemein hätten. Aber der Umgang mit schwierigen Staatschefs wie Putin war für Angela Merkel sicherlich leichter als für so manchen anderen Machtmenschen. Zum einen natürlich aufgrund ihrer grundsätzlich vorhandenen Empathie; zum anderen aufgrund ihrer persönlichen Erfahrungen, die sie als junge Studierende in Moskau und durch ihre Sozialisation im Sozialismus der DDR gemacht hatte.

Um einen schwierigen Verhandlungspartner richtig einschätzen und steuern zu können, bedarf es der Empathie. Das tiefe Verstehen seines Gegenübers, seiner Seelenlage und unbewussten Motive ist auch in konfrontativen Situationen und bei Feindschaft unerlässlich für jede Art von erfolgreicher Führung. Das gilt, wie eingangs bereits erwähnt, auch für die Selbstführung, denn Empathie ist auch an sich selbst gerichtet: Nur der- oder diejenige, der oder die sich selbst hinreichend kennt, kann sich selbst richtig führen. Selbstführung setzt Empathie voraus! Im Umkehrschluss heißt das: Wer sich selbst nicht führen kann, kann auch andere nicht führen. Zur Selbstführung gehört wiederum ein großes Maß an Disziplin, aber auch an Offenheit – nämlich die Bereitschaft, in sich hineinzuhorchen und sich selbst zu verstehen.

Eines der einprägsamsten Beispiele für diese eigenartige, hier etwas anders gelagerte, aber sich eben doch gegenseitig bedingende Mischung aus Disziplin und Empathie habe ich einmal erlebt, als ich als junger Offizier an einem Fallschirmspringer-Kursus in Israel teilnahm. Die Ausbildungsleiterin war eine junge Frau, die sehr streng war und uns insgesamt gut auf die ersten Fallschirmsprünge vorbereitete. Einige von uns hatten vor dem ersten Sprung dennoch Angst. Man konnte es ihnen ansehen. Da war es beruhigend, dass die Kursleiterin einige Sekunden vor dem Absprung die Ersten in der Reihe am Oberarm berührte und beruhigte. Sie praktizierte und zeigte Empathie und erzielte damit Disziplin. Alle sprangen.

Empathie ist also eine zentrale Voraussetzung, um in einem extrem kompetitiven Umfeld politisch aufzusteigen, Kanzlerin (oder eben auch Kanzler) zu werden und diese herausfordernde Position über so viele Jahre zu halten: Führungsstärke ist eng mit Empathie verbunden, weil man seine Mitarbeitenden, seine (politischen) Gegner und ja, ganz generell seine Mitmenschen dadurch besser verstehen und einschätzen kann. Was Empathie nicht zwangsläufig bedeutet, ist, dass wir – so wir denn über Empathie verfügen – immerzu freundlich und naiv auftreten müssen. Im Gegenteil: Unsere Empathie befähigt uns ja gerade auch dazu, unsere Führungsrolle zu festigen, potenzielle Konkurrenten oder Gegner zu durchschauen und, falls nötig, kaltzustellen oder aufs Abstellgleis zu schieben. Auch Angela Merkel ist entsprechend mit allen Wassern gewaschen, natürlich nicht nur mit den reinsten. Menschliche Enttäuschungen, die permanenten Intrigen im politischen Geschäft, die Hinterlist von Konkurrenten können nur ertragen werden, wenn ein hohes Maß an Leidensbereitschaft besteht.

Popularität statt Allüren

Ich habe gesagt, Empathie macht uns nicht zwingend zu dauerfreundlichen, rücksichtsvollen Menschen. Ich habe aber auch gesagt, dass Empathie uns dazu befähigt, uns selbst zu verstehen und zu führen; dass sie uns im besten Falle diszipliniert. Ich gehe noch darüber hinaus und sage: Empathie geht immer auch mit Bodenhaftung, Bescheidenheit, Demut und Akzeptanz sowie Popularität einher. Auf unseren Auslandsreisen insbesondere in ärmere Länder, in denen blutige Bürgerkriege stattfanden, erwartete Angela Merkel keine Vorzugsbehandlung, im Gegenteil: Sie lehnte eine Vorzugsbehandlung rundheraus ab. In den Camps der Militärlager, die wir besuchten, schlief sie unter den gleichen Bedingungen wie die einfachen Soldaten in Baracken. Wenn sie solche Entscheidungen traf, dann waren diese Entscheidungen echt und authentisch; sie waren nicht aufgesetzt oder wurden mit dem Vorsatz getroffen, das Image der Kanzlerin in der Öffentlichkeit oder bei den Truppen zu stärken. Und trotzdem – oder gerade deswegen – waren sie populär; sie machten die Kanzlerin nahbar und menschlich.

Eine Form der Interaktion

Eine Frage, die ich besonders spannend finde, aber noch nicht habe abschließend beantworten können, ist die, ob Frauen in der Führung aufgrund ihrer Empathie weniger konfrontativ sind als Männer – oder ob das weniger Konfrontative eher anerzogen oder sogar angeboren ist. Wie gesagt: Empathie nimmt uns nicht zwangsläufig unsere Fähigkeit zur Konfrontation, sondern befähigt uns teilweise erst dazu. Aber wer versteht und fühlt, was seine Mitmenschen fühlen, der oder die wird vielleicht den einen oder anderen Angriff oder aggressiven Vorstoß, der dem eigenen Nutzen dient, vermeiden. Und hier sind Frauen allgemein gesprochen sicher stärker »betroffen«, denn ihre Empathiefähigkeit ist meines Erachtens besonders stark ausgeprägt, stärker zumindest als bei vielen Männern, die ich erlebt habe. Auch das kann gesellschaftlich und kulturell bedingt sein, immerhin sorgen wir seit Jahrzehnten dafür, dass Jungen stark und kämpferisch, Mädchen aber brav und fürsorglich sind. Es kann auch evolutionär bedingt sein, denn in dem »Rudel« – dem Team –, das wir in Vorzeiten waren und das wir brauchten, um gemeinsam zu überleben, haben Frauen den

Zusammenhalt gesichert, während die Männer sich dem Mammut stellten. So zumindest die gängige Hypothese. Hier zeichne ich natürlich nur ein ganz grobes Bild und spreche in Klischees, aber im Kern ist etwas dran.

Vielleicht sind unter dem Strich alle Faktoren wichtig: die weiblichen genauso wie die männlichen, die anerzogenen wie die angeborenen. Am maskulinen Beispiel: Das Testosteron der Männer macht sie wahrscheinlich konfrontativer und sorgt auch dafür, dass sie tendenziell von Haus aus weniger empathisch sind; hinzu kommt die kulturelle und gesellschaftliche Prägung. Das mag in manchen Fällen Erfolg versprechend sein, in anderen, vor allem komplexeren Situationen kann es ins Verderben führen.

Wenn es um Führung geht, können Frauen ihre reichlicher vorhandene Empathie hingegen sinnvoll nutzen und im Idealfall vielleicht sogar bewusst und kontrolliert einsetzen – Empathie ist, wie gesagt, vielleicht ihr größter Vorteil als erfolgreiche Führungspersönlichkeiten: Empathie reagiert auf Emotionen, ohne selbst zu den Emotionen zu gehören (wobei es natürlich an der Empathie liegt, dass wir zum Beispiel mitleiden, wenn ein anderer leidet; es ist jedoch nicht die Empathie als solche, die uns Leid fühlen lässt, sondern es sind unsere eigenen Erfahrungen und Emotionen, die wir – aufgrund unserer Empathie – abrufen und widerspiegeln können). Empathie ist also keine Emotion, sondern eine Form der Interaktion, die den anderen – ob Freund oder Feind – mit seinen Dispositionen und Motiven in das eigene Handeln integriert. Und das ist, wenn es um Führungsqualitäten geht, ein einzigartiges Plus: Denn dadurch verfügen wir über eine bessere und situationsadäquatere Urteilskraft und können schwierige Führungssituationen mit hoher Wahrscheinlichkeit besser bewältigen. Empathie ist meines Erachtens damit ein ganz zentrales Merkmal von New Female Leadership.

Empathie im Gerichtssaal: Verstehen festigt Autorität

Sandra Cegla

Die Tür zum Gerichtssaal steht offen. Das Verfahren hat noch nicht begonnen, es ist noch etwa eine halbe Stunde Zeit. Ich bin nicht im Saal, stehe noch auf dem Flur, denn gerade haben wir erfahren, dass wir heute keine Drehgenehmigung vom Richter erhalten haben. Für einen Moment herrscht ratloses Schweigen. Der erste Prozesstag ist vorüber, und ab heute, dem zweiten Tag der Verhandlung, soll alles offensichtlich etwas geordneter ablaufen. So geordnet ein Verfahren wegen Mordes eben ablaufen kann. Ich bin mit einem Filmteam vor Ort, meine Expertise als Stalking-Expertin ist heute gefragt. Und obwohl ich nun seit zwanzig Jahren mit Gerichten, Mordfällen, Stalking und überwältigend viel Brutalität zu tun habe, stehe ich auf dem Flur, über mir eine meterhohe Decke, fühle mich klein und verloren in dem riesigen Gebäude – und habe eine Gänsehaut. Dieser Tag wird mich in menschliche Abgründe blicken lassen, in echte Schicksale. Doch vor allem: Ein Mensch ist tot. Eine junge Frau, genauso alt wie ich, die starb, weil sie Nein zu ihrem Mörder sagte. Eine junge Frau wie ich. Dorin.

Während ich in meine Gedanken versunken bin, bemerke ich Unruhe im Gerichtssaal. Das Filmteam, mit dem ich vor Ort bin, springt sofort auf. »Er kommt!« Ich überblicke den großen, pompösen und Respekt einflößenden Saal von der Eingangstür aus, und mein Blick fällt zuallererst in den Zuschauerraum, in den Bewegung gekommen ist. Auf den Bänken sitzen Menschen mit blassen Gesichtern und tiefen Augenringen. Sie alle müssen Dorin gekannt haben, vielleicht sind es Angehörige. Ich sehe, wie einigen der Atem stockt, und spüre, wie der Raum kälter wird.

Mein Blick wandert weiter, und da ist er. Der Mörder betritt den Saal. In Handschellen, begleitet von zwei Justizbeamten in Uniform, beide mit angestrengter Miene. Er selbst unscheinbar in der Erscheinung, etwas dicklich, mehr Glatze als Frisur, unsicheres, nervöses Auftreten. Auch mir verschlägt es für einen Moment den Atem. Dieser Mensch hat ein Leben ausgelöscht. Hätte ich ihn auf der Straße getroffen, hätte ich ihm das niemals zugetraut.

Während des gesamten Verfahrens kann ich meinen Blick nicht von ihm abwenden. Er spielt nervös mit einem Haargummi und fixiert seinen Blick darauf. Ich selbst kann diesen winzigen Gegenstand aus der Entfernung nicht erkennen, aber eine Jurastudentin, die im Zuschauerraum schräg hinter mir sitzt, erklärt es mir unaufgefordert. Offensichtlich ist ihr mein ratloser Blick aufgefallen. »Warum ausgerechnet ein Haargummi?«, frage ich. Sie weiß es nicht. Er starrt auf seine Hände, vermutlich, um so seine Gedanken fokussieren zu können und einigermaßen auszuhalten, womit er über Stunden hinweg konfrontiert werden wird. Er wird sich damit auseinandersetzen müssen, dass er glaubte, sich mit einer Frau in einer Beziehung befunden zu haben, während er jedoch in Wahrheit keine Rolle in ihrem Leben spielte. Im Gegenteil: Genau diese Frau fühlte sich unwohl mit ihm; verfolgt, beschattet und kontrolliert. Das berichten ihre Freundinnen, denn sie selbst kann nicht mehr für sich sprechen. Bis auf eine Ausnahme erscheinen alle Zeuginnen mit einer Begleitperson, die sie im Zeugenstand emotional unterstützt, und berichten von einer Bedrohung, die sie zwar empfunden hätten, aber schwer an Tatsachen festmachen konnten. Oberflächlich gesehen scheint der Angeklagte ruhig auf seinem Stuhl zu sitzen, bei genauerer Betrachtung zeigt er jedoch deutliche Stresssymptome. Er schwitzt, errötet immer wieder, spielt mit dem Haargummi, bewegt die zitternden Hände zum Mund, um den Kopf zu stützen. »Diese Hände haben eine Frau getötet«, schießt es mir immer wieder durch den Kopf. Erst am nächsten Tag werde ich merken, dass dieses Verfahren auch an mir nicht spurlos vorbeigeht. Ich wache mit Kopfschmerzen und einem Kloß im Hals auf.

»Sie haben sich auf einer Dating-App kennengelernt«, berichtet eine von Dorins Freundinnen. Dorin hatte sich gerade von ihrem langjährigen Freund getrennt und wollte nun jemand Neues finden. Eine der ersten Begegnungen war die mit ihrem späteren Mörder. Für ihn war es nicht das erste Mal. Er »konsumierte« Frauen, denn in seinem Leben blieb nie eine freiwillig länger, als sie musste. Im Prozess wird sein Verhalten ausnahmslos als vereinnahmend, kontrollierend, beschattend beschrieben. Auffälliger geht es kaum. Er konnte sich so wenig in die Frauen einfühlen, dass ihm vollkommen entging, wie er sie bedrängte und verfolgte. Eine der Frauen im Zeugenstand berichtet mit zitternder Stimme, dass Dorin schon nach wenigen Begegnungen mit dem Mörder, bei denen sexuelle Kontakte stattgefunden hatten, entschied, dass sie keine Partnerschaft mit ihm eingehen und auch keine weiteren intimen Begegnungen mit ihm haben wollte. Auf diese Aussage hin schüttelt der Angeklagte auf seiner Bank vehement den Kopf. Er hat die Hände schlagartig vor den Mund genommen. Er wirkt schockiert. Offensichtlich sieht er sich mit dieser Wahrheit überraschend konfrontiert, kann sich nur schwerlich mit ihr auseinandersetzen. Kaum zu glauben, dass er die Signale der Getöteten so sehr missachtet und ignoriert hat. Sind sie ihm wirklich entgangen?

»Mir ist bewusst, wie unangenehm es ist, Ihnen in diesem Kontext jetzt diese Frage zu stellen.« Der Richter ist ein reifer Mann, erhaben auf seinem Podest des Gerichtssaals, umgeben von Protokollantin, Staatsanwältin und Justizangestellter, in schwarzer Robe, unangefochtener Machtposition und angsteinflößend im gesamten Kontext. Er ist sich dessen bewusst.

Auf erstaunliche Weise transportiert er eine Sensibilität, die der gesamten Situation nicht nur angemessen ist, sondern ihr auch auf eine berührende Weise Würde verleiht. Die Art, wie er seine Fragen stellt, schließt die Erlebniswelt der Zeuginnen ein. Er muss es nicht mit Worten ausdrücken, denn alleine der Klang seiner Stimme macht greifbar, was der Angeklagte komplett vermissen lässt: Empathie.

»Mit wie vielen Männern unterhielt denn die Betroffene gleichzeitig sexuelle Kontakte?« Auch mir verschlägt es bei dieser Frage leicht den Atem. »Was genau tut denn das jetzt zur Sache?«, entrüste ich mich heimlich in Gedanken. Sie ist tot und muss sich immer noch für ihre sexuellen Kontakte rechtfertigen? Aber die Antwort der Zeugin macht klar: Dorin hat die Dating-App lediglich ausprobiert, mit dem Angeklagten schlechte Erfahrungen gemacht und sich dann lieber wieder aufs echte Leben fokussiert. Je mehr Zeit ich im Gerichtssaal verbringe, umso beeindruckter bin ich von dem Richter, der sich auf unaufgeregte, lautlose Weise den Respekt des gesamten Gerichtssaals verdient, ohne auch nur ein einziges Mal auf die Pauke hauen zu müssen. Ich habe im Lauf meines Lebens schon viele Gerichtsverhandlungen erlebt und längst nicht alle sind so reibungslos und harmonisch abgelaufen.

»Direkt nachdem die beiden sich kennengelernt hatten, bombardierte er sie mit Nachrichten. Er tauchte unangemeldet bei ihrer Wohnung auf und hatte die Erwartung, dass sie sich ununterbrochen mit ihm treffen sollte. Ich habe ihn einmal auf einem Geburtstag erlebt und habe gesehen, wie er sie keine Sekunde aus den Augen ließ. Selbst als sie nur fünf Minuten aus dem Raum ging, lief er hinterher. Er wirkte wie besessen von ihr. Und ich hatte das Gefühl, dass er sie von uns abschirmen, isolieren wollte. Ich hatte ein ganz schlechtes Gefühl. Und Dorin hatte das auch. Sie hat mir erzählt, dass sie auf keinen Fall eine feste Beziehung mit ihm wollte und ihm das auch deutlich gesagt hat. Irgendwann haben wir dann kaum noch über ihn gesprochen, weil er für sie in ihrem Leben keine Rolle mehr gespielt hat. Nachdem sie ihm mitgeteilt hatte, dass sie keine Beziehung mit ihm haben wollte, hat sie ihn eigentlich vergessen.« Das berichtet die Zeugin, die gerade im Zeugenstand sitzt.

Der Angeklagte schüttelt den Kopf. Er ist erneut errötet, er schwitzt. Seine Hände zittern, er spielt wieder mit dem Haargummi und hat seinen Blick fest darauf gerichtet. Es scheint, als würde es ihm zu viel. In seiner Welt war Dorin seine Traumfrau. Sie hatten eine gemeinsame Zukunft geplant. Das hat er am ersten Prozesstag unter Tränen und zitternd zu Protokoll gegeben. Er verstand nicht, warum sie sich plötzlich nicht mehr meldete, seine Geschenke nicht annahm und er einfach nicht gut genug für sie war. So schildert er den Tag ihres Todes, an dem es nach seinen Worten zu ihrer letzten Aussprache kam.

Schon der Begriff »letzte Aussprache« mutet merkwürdig an: Zum einen gab es bei einer losen Bindung nichts auszusprechen, zum anderen war alles klar und deutlich kommuniziert, was es zu kommunizieren gab. Dorin hatte ihrem Willen längst Ausdruck verliehen, aber der Stalker hatte sie nicht verstanden. Keines ihrer Worte hatte für ihn Gewicht, keines ihrer Gefühle konnte er selbst empfinden, geschweige denn deuten. Ihre Erlebniswelt war ihm so fern, dass es ferner nicht ging. Also fuhr er unter dem Vorwand zu ihrer Wohnung, ihr ihre Sachen zurückgeben zu wollen. Allerdings nahm er die Sachen nicht mit in ihre Wohnung, sondern ließ sie in seinem Auto liegen. Bei der anschließenden »Aussprache« gestand er ihr seine Liebe. Laut seiner Aussage soll sie, die Frau, die von all ihren Freundinnen als liebevoll, ruhig, besonnen und rücksichtsvoll beschrieben wird, als eine Frau, die im Streit eher den Rückzug und das Nachdenken bevorzugte, daraufhin die Fassung verloren haben.

Nachdem sie ihn minutenlang hysterisch angebrüllt und unter der Gürtellinie beleidigt habe, habe er sich nicht anders zu helfen gewusst, als sie zu Boden zu schlagen und sich auf sie zu stürzen. Mit bloßen Händen würgte er sie, bis das Leben aus ihr wich.

Es muss ein erbitterter Todeskampf gewesen sein. Als Kriminalistin mit gerichtsmedizinischer Ausbildung weiß ich, dass ein Tod durch Erwürgen nicht so friedlich abläuft wie im Fernsehen. In aller Regel wird der gesamte Körper in einem qualvollen Todeskampf von heftigen Krämpfen durchgeschüttelt. Der Mörder hätte also viel Zeit gehabt, um zu verstehen, was er tat, und er hatte ausreichend Zeit, um von seiner Tat abzulassen. Das hat er aber nicht getan. Er wollte sie töten.

Über seine Schilderungen, in denen er sich als Opfer einer hysterisch keifenden Frau darstellte, die man als einzigen Ausweg natürlich nur töten konnte, kann ich nur den Kopf schütteln. Natürlich ist er nicht das Opfer, als das er sich beschreibt. Er hätte in jenem Moment auch andere Entscheidungen treffen können. Die Aussagen von Dorins Freundinnen sprechen außerdem eine deutliche Sprache: Sie war keine Frau, die andere Menschen einfach wahllos beschimpfte. Dieses Verhalten entstammte eher dem Repertoire des Mörders und damit seiner Fantasie. Was ich ihm jedoch glaube: Sie hatte ihm eröffnet, dass sie sich in einen anderen Mann verliebt hatte und mit diesem nun ihre Zukunft plante. Und nicht mit dem Mörder. Ein vollkommen legitimer Wunsch. Und doch war dies ihr Todesurteil. Nur fünf Monate nachdem sie den Angeklagten über die Dating-App kennengelernt hatte, war Dorin tot.

Über Stunden hinweg beobachte ich den Mörder im Gerichtssaal und nehme seine Energien in mir auf. Besonders dann, wenn Dorins Freundinnen schildern, dass Dorin den Angeklagten längst vergessen und sich in einen anderen Mann verliebt hatte, wirkt der Mörder so schmerzerfüllt in seinen unterdrückten Stressreaktionen, dass ich fürchte, er könnte jede Sekunde die Fassung verlieren. Bei jeder Zeugin hebt er erneut überrascht und fragend im Affekt die Augenbrauen, so als hörte er diese Information zum ersten Mal. Dabei ist es bereits das fünfte oder sechste Mal. Keine seiner Stressreaktionen kann er ernsthaft unterdrücken, er kann sie nicht versteckt halten. Erstaunlich, wie wach seine Gefühle für sie noch heute sind und wie stark seine Verdrängungsmechanismen wirken, denke ich, während ich meinen Blick einfach nicht von ihm lösen kann.

An diesem Tag habe ich unbestritten viele Stunden mit einer höchst pathologischen Persönlichkeit in einem Gerichtssaal verbracht. Mit einem Mann, dem es an vielem mangelte; wobei er aber vor allem eines nicht hatte: Empathie. Er konnte sich so wenig in seine Mitmenschen einfühlen und war so sehr in seiner eigenen schmerzhaften Erlebniswelt gefangen, dass er mich den gesamten Prozess über wütend machte. Nicht allein die Tatsache, dass er ein Menschenleben ausgelöscht und so viele Menschen mit seiner Tat ins Unglück gestürzt hatte – mich machte es auch wütend und fassungslos, wie sehr er den Willen der Getöteten ignoriert oder besser gesagt: einfach ausgeblendet oder nicht wahrgenommen hatte. Dorin fühlte sich verfolgt, vereinnahmt und bedroht von ihm. Dorin wollte Distanz und Ruhe vor ihm, kommunizierte das klar und deutlich. Er ignorierte, ja, missdeutete ihre Bedürfnisse. Konnte sich in keiner Weise einfühlen. Er behandelte sie wie ein Objekt, missbrauchte sie für seine Zwecke, löschte ihr Leben aus.

Dieser Mörder hat mir einmal mehr mit einem unfassbaren Extrem vor Augen geführt, was es bedeuten kann, wenn Menschen keine Empathie besitzen. Empathie heißt tatsächlich nicht mitfühlen, sondern erfühlen. Es geht um Verstehen, nicht um Verständnis. Um Nachvollziehbarkeit, nicht um Mitleid oder gar Absolution. Im Idealfall ist Empathie immer vorhanden, zieht aber von Mensch zu Mensch unterschiedliche Entscheidungen nach sich. Ich kann mich zum Beispiel zu hundert Prozent in den Mörder einfühlen. Ich weiß genau, was er fühlt. Trotzdem macht mich seine Tat wütend, ich habe keinerlei Verständnis für seine Handlung, kein Mitleid für ihn, keine Gnade, keine Vergebung. Im Gegenteil: Meine Empathie lässt mich wissen, was er fühlt – und genau das muss ich auch wissen, um ihn bekämpfen zu können. Denn Empathie zu haben und den Mörder zu fühlen heißt ja nicht, dass ich nicht ethische und moralische Entscheidungen gegen ihn treffen kann. Vielmehr macht es mir mein – durch Empathie erlangtes – Wissen erst möglich, wie der Mörder oder ein anderer Krimineller zu denken und ihn dadurch zu fassen und vor Gericht zu bringen.

Im Fall dieses Mörders spielen selbstverständlich noch viel mehr hochkomplexe psychiatrische und pathologische innere Prozesse eine Rolle, die am Ende zu diesem grausamen Ergebnis führten. Selbstverständlich ist es viel zu kurz gegriffen, einen Mord nur auf das eine Wesensmerkmal »fehlende Empathie« zurückzuführen. Dass ich gerade dieses eine Merkmal herausgreife, um es im Kontext von New Female Leadership zu verdeutlichen, sollte allen klar sein. Hier weitere Details zu pathologischen Prozessen auszuführen, würde an dieser Stelle jedoch zu sehr vom Thema wegführen.

Unbestritten ist jedoch, dass sich ein Mangel an Empathie irritierend und zerstörerisch auf Bindungen auswirken kann; er verursacht Wut, Aggressivität und Missgunst. Was wir hier in diesem extrem ausgeuferten Fall sehen mussten, spielt sich im Kleinen und in verdünnter Dosis überall im Leben ab – das schließt natürlich auch viele Situationen in unserem

Arbeitsalltag ein. Besonders dann, wenn wir es mit empathielosen Führungskräften zu tun haben, kann das verheerende Auswirkungen auf das gesamte Team haben.

Ganz im Gegensatz dazu stand der Ablauf des Gerichtsverfahrens am Landgericht Leipzig mit seinem Vorsitzenden Richter. Während ich dem Prozess folgte, stellte ich fest, wie reibungs- und nahezu mühelos der Gerichtsalltag ablief. Ich fragte mich, woran das lag. Was hatte der Richter anders oder sogar besser gemacht als andere? Grundsätzlich gar nichts, denn die inhaltlichen Abläufe waren genau dieselben wie bei anderen Verfahren. Nachdem ich ihn jedoch einige Minuten lang mit genau dieser Frage im Sinn beobachtet hatte, wurde es mir plötzlich klar: Er war außergewöhnlich empathisch. Für meine Begriffe eigentlich eine eher weibliche Eigenschaft, die hier jedoch von einem Mann sehr deutlich an den Tag gelegt wurde. Es ging also gar nicht so sehr um das »Was« als vielmehr um das »Wie«.

Der Vorsitzende Richter demonstrierte in dem Mordprozess, den er leitete, Empathie und Lebensreife. Er führte souverän durch eine der schwierigsten Situationen, die sich ein Mensch vorstellen kann, der noch nie mit Mord und Totschlag, der Polizei und einem Gericht zu tun gehabt hat – und plötzlich vor einem Richter eine Zeugenaussage machen muss, mit dem Mörder im Nacken. Der Richter hatte sich den Respekt und das Ansehen aller Prozessbeteiligten auf ganz natürliche Weise verdient, denn sie alle spürten, dass er ihre Erlebniswelt wahrnahm, respektierte und darauf einging. Niemand zweifelte seine Kompetenz oder seine Rolle an, und auch ich war beeindruckt von der guten Atmosphäre im Saal – erst recht angesichts der erschütternden Kontexte und Inhalte.

Dieses Erlebnis hat mir deutlich vor Augen geführt, wie sehr Empathie, wenn sie auf gesunde Art und Weise in einen starken Führungsstil einfließt, eine natürliche Autorität begründen und erhalten kann. Sie ist eben nicht nur eine höchst persönliche

Eigenschaft eines Menschen, der in der Lage ist, Gefühle anderer nachzuempfinden und sein Verhalten danach auszurichten; in einen guten Führungsstil integriert, kann Empathie vielmehr die Grundlage für viele wichtige Dinge sein, die am Ende ein gutes Team ausmachen. Empathie kann die Grundlage sein, auf der Harmonie innerhalb eines Teams hergestellt werden kann; sie kann die Basis sein, von der ausgehend die Stärken und Schwächen, Wünsche und Bedürfnisse, aber auch die aufkeimenden Konflikte innerhalb eines Teams frühzeitig erkannt werden. Empathie gibt auch einen ersten Hinweis darauf, ob jemand die Wahrheit sagt oder nicht beziehungsweise ob gute Absichten im Spiel sind. Selbstverständlich geht es auch hier wie überall im Leben um eine gesunde Balance, denn ein Übermaß an Empathie ohne gesunde Abgrenzung hat am Ende den gegenteiligen Effekt.

Und doch lässt sich festhalten: Wenn innerhalb eines Teams weitestgehend alle Bedürfnisse abgebildet sind, dann ist die Wahrscheinlichkeit besonders hoch, dass alle Mitglieder sich entsprechend ihren Potenzialen entfalten und sich dadurch auch mit ihrer Tätigkeit identifizieren können. Gleichzeitig halte ich Empathie für eine insbesondere weibliche Eigenschaft.

Am Beispiel des Vorsitzenden Richters ist mir jedoch noch einmal deutlicher bewusst geworden, dass New Female Leadership einen Führungsstil begründet, der sowohl von Frauen als auch von Männern angewendet werden kann. Wenn ich zurückblicke auf die Zeit, in der ich von Männern geführt wurde, dann kann ich heute sagen, dass ich mich mit denen am wohlsten gefühlt habe, die viele weibliche Eigenschaften auslebten und vor allem empathisch waren.

Empathie ist im Übrigen nicht mit inhaltlicher »Weichheit« gleichzusetzen beziehungsweise zu verwechseln. Besonders gute Führungskräfte können sehr empathisch, in der Sache aber klar und manches Mal auch hart sein. Denn auch dann, wenn die Bedürfnisse aller erspürt werden können, heißt das keineswegs, dass diese Bedürfnisse zwangsläufig immer auch erfüllt werden müssen. Empathie eröffnet die Erlebniswelten und Bedürfnisse aller Beteiligten – wie hier im Beispiel auch die des Mörders –, um sie nachzuvollziehen und so alle Perspektiven in eine ausgewogene Entscheidung einbeziehen zu können. Gleichzeitig ist sie oft der Schlüssel zum Verstehen von Zusammenhängen, Hintergründen oder Verstrickungen. Eine gute Führungskraft muss am Ende aber Entscheidungen zum Wohle aller beziehungsweise zum Wohle der Sache oder der Firma treffen, somit also im Zweifel auch gegen die Bedürfnisse Einzelner. Mit Empathie wird eine gute Führungskraft jedoch gute Argumente finden, den richtigen Zeitpunkt oder Ton treffen, vielleicht auch einen guten Ausgleich vorschlagen, mit dem sich einzelne Teammitglieder oder eine ganze Abteilung zufriedengeben können, die ihre Bedürfnisse in einer bestimmten Entscheidung nicht berücksichtigt finden. Das kommt ganz auf die Dynamiken und die Kommunikationsstrategien an, denn auch diese haben am Ende viel mit Empathie zu tun.

Im Falle unseres Richters am Landgericht Leipzig ist ein Urteil gesprochen worden: Lebenslänglich wegen Mordes. Der Mörder hat die Höchststrafe erhalten.

Strategie

Angenommen, in einer Stellenausschreibung steht, dass »strategisches Denken« eine Eigenschaft ist, die man unbedingt mitbringen sollte. Denken Sie dann an eine Frau oder doch eher an einen Mann? Wir glauben, dass die meisten im Geiste automatisch einen Mann vor sich sehen, wenn ihnen eine Phrase wie »strategisches Denken« begegnet. Schließlich ist ein Stratege eine Art Kämpfer, ein geschickter Schachzügler, der vorausschauend plant, alles vorhersieht und im Blick hat, ein vorbildlich vorausstürmender Befehlsführer, ein kluges Muskelpaket, einer, der keine Angst hat, der in die Offensive geht und am Ende immer siegt. Typisch Mann eben. Damit hier keine Missverständnisse aufkommen: Das gilt in der Wirtschaft genauso wie auf dem Schlachtfeld.

Dieses Bild unseres beispielhaften Strategen ist nicht falsch. Zumindest nicht vollkommen. Natürlich gehört zur Strategie immer auch ein Ziel, das man verfolgt, und um dieses Ziel zu erreichen, ist Kampf(-geist) nötig. Aber es bedarf zugleich überraschend vieler weiblicher Eigenschaften. Warum und welche das sind? Das lesen Sie gleich ausführlich.

Dazu gehört übrigens auch der lange Atem, der uns – bildlich gesprochen – den (Strategie-)Marathon laufen und dabei seltener straucheln lässt; außerdem Realitätssinn, Geduld und die Fähigkeit, langfristig vorauszuschauen und das große Ganze nicht aus den Augen zu verlieren, selbst wenn es Jahre in der Zukunft liegt. Das sind einige der typisch weiblichen Fähigkeiten, die es im strategischen Denken und damit für eine erfolgreiche Führung braucht. Daraus lässt sich ziemlich eindeutig schlussfolgern, dass Strategie (auch) Frauensache ist oder es zumindest sein sollte. Finden Sie nicht?

Übrigens: Schon die alten Chinesen wussten, dass eine gute Strategie auch von weiblichen Eigenschaften geprägt ist beziehungsweise geprägt sein muss, weil sie ansonsten nicht funktioniert oder gar nicht erst als Strategie bezeichnet werden kann. Natürlich haben auch die Chinesen damals keine Frauen im Sinn gehabt. Sie wären wohl auch nie auf die Idee gekommen, die entsprechenden Eigenschaften als »weiblich« zu bezeichnen. Es waren schließlich trotz allem Männer, die damals die strategische Theorie entwarfen. Aber Irren ist bekanntlich männlich – und eine gelungene Strategie zu einem großen Teil weiblich.

Nicht ohne Widersacher: Von der Kunst, zu gewinnen

Erich Vad

Was ist eigentlich Strategie und inwiefern ist sie wichtig für unser Thema, für New Female Leadership? Zunächst einmal die zentrale, fast schon banale Aussage zum Thema Strategie: In der Strategie gibt es keinen Ersatz für Erfolg und Sieg! Das gilt für alle, die ein Ziel verfolgen und sich dabei mit Gegnern und Konkurrenten auseinandersetzen müssen – also auch für Frauen in den Chef(innen)etagen und in Führungsfunktionen. Die cleverste Strategie, die konsequente Anwendung der bekannten Strategien von Sun Tzu, Machiavelli oder Clausewitz, ist in Konfrontation und Konflikt nichts wert ohne den abschließenden Sieg. Der um 496 vor Christus in China geborene Sun Tzu war General, Stratege und Philosoph. Der rund tausend Jahre später in Florenz auf die Welt gekommene Niccolò Machiavelli war Diplomat und wird heute als einer der klassischen politischen Denker angesehen. Carl von Clausewitz war preußischer General und gilt bis zum heutigen Tage als der profilierteste Kenner des nicht immer einfachen Verhältnisses von Politik, Strategie und Krieg. Für diese drei Vordenker ist Strategie immer Interaktion zwischen mindestens zwei Personen oder Parteien, von denen jede versucht, ihre Ziele durchzusetzen und für sich den Sieg zu erringen. Es geht um Wettbewerb und Wettstreit, um die Frage, wer der beziehungsweise die Bessere ist, wer den Markt beherrscht und wer sich gegen seine Kontrahenten durchsetzt. Das ist erst mal genderneutral.

Wettbewerb und Fokussierung

Strategie ist die Kunst des Wettbewerbs, seine Ziele gegen den Widerstand anderer, die ihrerseits Gegenstrategien verfolgen, mit den verfügbaren Mitteln durchzusetzen. So verstanden bezieht sich Strategie auf alle Lebensbereiche, nicht nur auf Politik, Wirtschaft oder Militär. Wem das zu martialisch klingt, der darf »Sieg« gern durch »Erfolg« ersetzen – dann fügt es sich zumindest auf der Wortebene etwas harmonischer in unser Führungsthema ein. Doch die Aussage bleibt gleich: Eine Strategie ist erst dann eine Strategie, wenn sie zum gewünschten Ergebnis führt. Das gilt für unser Thema New Female Leadership genauso wie fürs Schachspiel, für Marketingkampagnen oder Erziehungsmethoden, fürs Diäthalten, für diplomatische Krisen, für Feldzüge, fürs 130-km/h-Tempolimit. Für alles. Vorausgesetzt, es gibt einen Widersacher, der gegen uns agiert; ansonsten ist die Strategie nämlich bloß ein Plan. Ich gebe zu, dass das Beispiel des Diäthaltens insofern vielleicht nicht gerechtfertigt ist – wobei der innere Schweinehund ein sehr cleverer Gegner sein kann, der zudem all unsere Pläne und Absichten in ihrer Gänze kennt und durchschaut. Gleiches gilt für Asketen aller Art, die ihre leiblichen Wünsche und Ambitionen nur zu gut kennen, durchschauen und sich in einem täglichen Kampf gegen sich selbst und um die Macht über sich selbst befinden.

Strategie wird immer vollzogen vor dem Hintergrund von Zufällen, Wahrscheinlichkeiten, Unwägbarkeiten, Täuschungen, Überraschungen und Halbwissen über die gegnerischen Möglichkeiten, Motive, Absichten und Pläne. Sprich: Es gilt, jederzeit jede Menge mitzubedenken und möglichst viele Informationen über meine Gegner zu sammeln und auszuwerten. Wir haben schon im Kapitel Empathie gesehen, dass für eine erfolgreiche Strategie Einfühlungsvermögen vonnöten ist. Nur wer seine Gegner, Widersacher und Konkurrenten kennt, kann sie besiegen. Jede Strategie definiert dabei Ziele und bildet Schwerpunkte. Der ideale strategische Plan führt das Gewünschte mit dem Möglichen optimal zusammen. Natürlich können wir uns vieles zum Ziel setzen, aber wie realistisch ist es, unser Ziel zu erreichen? Wenn uns die Mittel und Möglichkeiten fehlen, kann es auch keine Strategie geben. Die Essenz der Strategie ist es, quantitativ und qualitativ und vor allem im entscheidenden Punkt überlegen zu sein. Was das heißt? Es geht darum, die eigenen Kräfte zu fokussieren und zu bündeln, sich niemals zu verzetteln. Unsere Kräfte müssen auf den Zielhorizont und die konsequente Zielerreichung gerichtet bleiben. Wer seine Kräfte zersplittert, wessen inneres Mindset konfus ist, der oder die wird niemals ein Ziel erreichen.

Strategie ist also Aktion und ein »System der Aushilfen« im Rahmen einer gegengerichteten Interaktion. Vorab ist jedoch wichtig zu wissen: Im Gegensatz zum Plan oder Konzept setzt Strategie per definitionem mindestens einen gegengerichteten Willen voraus, der seinerseits gegen die eigene Strategie vorgeht – also einen oder mehrere Widersacher. Strategie ist somit keine Einbahnstraße, sondern es geht bei ihr immer um Wettbewerb, Auseinandersetzung und Kampf.

Weniger Businessplan, mehr Information und Improvisation

Es geht bei der Strategie deshalb auch nicht primär um die exakte Erarbeitung eines Konzepts oder die detailgetreue Ausführung eines Plans. Strategie beinhaltet immer Vorausschau, Improvisation, das Überwinden von Friktionen, das beharrliche Im-Auge-Behalten der eigenen Ziele gegen einen Gegner, der sie zu durchkreuzen versucht, der einen vernichten oder vom Markt verdrängen will. Strategie ist immer die – zuweilen unberechenbare – Aktion gegen einen gleichwertig handelnden Akteur sowie Reaktion auf einen gegen mich agierenden Widersacher. Der Businessplan ist ein Stück Papier und lediglich ein Plan; er hat noch nichts mit Strategie zu tun – das Durchsetzen eigener Geschäftsziele gegen Wettbewerber auf einem heiß umkämpften Markt hingegen schon.

In Anlehnung an die politische und militärische Führungsphilosophie von Sun Tzu, Machiavelli und Clausewitz kann man daher sagen: Strategie ist mehr als eine exakte Kalkulation; sie ist eine Kunst der Aushilfen, das heißt der lageangepassten Improvisation. Komplizierte Pläne taugen nichts.

Davids Strategie gegen Goliath; die Strategie des Themistokles gegen die Perser bei Salamis; die Blitzkrieg-Strategie der Deutschen zu Beginn des Zweiten Weltkrieges; oder die Strategie der Terrororganisation »Islamischer Staat« heute: Sie alle folgen Prinzipien, die Sun Tzu bereits vor 2 500 Jahren und

Clausewitz zu Beginn des 19. Jahrhunderts beschrieben haben. Es sind Prinzipien, die zeitlos sind und nach wie vor Gültigkeit besitzen. Und die im Übrigen auch wertfrei sind – jeder und jede kann und wird sie sich zunutze machen, egal ob »gute« oder »schlechte« Absichten dahinterstehen. Was jedoch wichtig ist: Sun Tzus Traktat, Machiavellis Kriegskunst oder auch Clausewitz' berühmte Abhandlung »Vom Kriege« machen aus den Genannten noch keine Strategen, sondern bestenfalls Theoretiker der Strategie. Strategie ist aber keine Theorie, sondern lebendige Praxis. Es geht um kognitives und intuitives Vorausschauen, um das Beherrschen unvorhersehbarer Friktionen und Imponderabilien, um sich permanent ändernde räumliche und zeitliche Umstände und um oft nur zu erahnende Motive, Pläne und Absichten des Gegners oder Mitbewerbers. Insofern sind die Praxis, die Kontrahenten, die Mitbewerber und Gegner dabei unsere wahren Lehrmeister. Wenn wir in Büchern über Strategie lesen, kann das bestenfalls unseren Geist erziehen. Strategie in Aktion lernt man hingegen nur in der praktischen Erfahrung.

Wichtige Prinzipien der Strategie sind Schnelligkeit und Flexibilität. Was so viel heißt wie: Richte deine ganze Kraft gegen die Schwachstellen des Gegners. Halte dich nicht an vermeintliche Regeln des Erfolgs, wie du ihn in der Vergangenheit erlebt hast, sondern sei kreativ, analysiere den Markt perspektivisch, ebenso deine Wettbewerber, ihre Stärken und Schwächen. Vergleiche sie mit deinen eigenen Fähigkeiten. Oder wie Sun Tzu es ausdrückt: »Wer den Gegner kennt und sich selbst, wird in hundert Schlachten nicht in Not geraten.« Oder wie es die Marketingagentur sagen würde: »Wir brauchen eine Markt- und Wettbewerbsanalyse.« Versetz dich in die Köpfe von Mitbewerbern und Konkurrenten, denn vor der Aktion steht immer die Analyse. Sprich: Erst denken, dann handeln. Erst wenn man die Fähigkeiten und operativen Möglichkeiten von Mitbewerbern und Konkurrenten kennt, kann man die passende Gegenstrategie entwerfen und zu Aktionen gegen die erkannten Schwachstellen übergehen.

Intuition und kalte Analyse

Strategisches Denken und Vorgehen hat also viel mit erfolgreicher Führung zu tun. Denn wer führen will, braucht Macht, und wer sich Macht aneignen und erhalten will, braucht eine Strategie – um Macht und Führung wird nämlich naturgemäß gekämpft. Interessanterweise finden sich in dem beschriebenen Strategieverständnis nicht wenige Hinweise auf tendenziell eher weibliche Eigenschaften und Elemente: Es ist viel von Intuition die Rede, von Improvisation, vom Fühlen und Spüren in unklaren Situationen, von Empathie für den Gegner (denn nur so kann man sich in ihn hineinversetzen). Es geht um ein eher abwartendes Handeln, um ein indirektes Vorgehen, um das Erspüren von Schwachstellen eines Herausforderers, um das Durchschauen seiner wahren Motive, um das Erkennen des günstigen Augenblicks und auch um das Täuschen. Womit ich nicht sagen will, dass Frauen eher dazu neigen, andere zu täuschen, als Männer. Frauen sind tendenziell einfach nur besser darin, die Ruhe zu bewahren, die Lage vollumfänglich zu bewerten, geduldig Informationen zu sammeln und – weil sie Emotionen verstehen und, so bekommt man zumindest manchmal den Eindruck, deshalb auch scheinbar Gedanken lesen können – den Widersacher in die Falle tappen zu lassen, was er mehr oder weniger freiwillig macht, wenn man ihn nur lässt. Genauso gibt es aber auch die eher männlichen Prinzipien der Strategie: die kalte Analyse, das rationale, kontrollierte Vorgehen, die Fokussierung und klare Zielorientierung, das Bestehen und Durchkämpfen im Wettbewerb.

In Kombination belegt all das: Strategie braucht beides – das Weibliche genauso wie das Männliche. Überträgt man das auf das Thema Führung, so würde New Female Leadership – so wie wir es hier verstehen und als Gegenentwurf zu einem rein männlich geprägten Strategie- und Führungsverständnis – versuchen, über die kalte Analyse von Daten und Fakten hinaus auch Stimmungen und Trends zu erspüren, daraus zukunftsfähige Ideen zu generieren und diese umzusetzen. Ein solches Strategie- und Führungsverständnis wäre offen für das empathische Hineinversetzen in den gegenhandelnden Kontrahenten und in Handlungssituationen; es würde der Intuition Raum geben und dadurch versuchen, ein Gesamtlagebild unter Einschluss von eher nicht rationalen, aber dennoch wirksamen und bisweilen entscheidenden Faktoren zu entwickeln. Sprich: Es bringt Subjektivität und Objektivität, Gefühl und Verstand, Bauch und Kopf in Einklang, lässt all das ins Führungsverhalten einfließen und sich entfalten.

Weich und hart: zusammen unschlagbar

Im Prinzip haben die genannten Strategen Sun Tzu, Machiavelli und Clausewitz auch schon so gedacht, ohne es expressis verbis als »Female Leadership« zu bezeichnen. Sun Tzu war ein Meister des indirekten, eher weichen Vorgehens, das den männlichen Kampf »Mann gegen Mann« möglichst vermeidet und trotzdem zum Ziel führt. Sun Tzu ging es immer um den ständigen, situationsangepassten Wechsel eines eher männlichen und eines eher weichen, weiblichen Vorgehens, das ja auch in der chinesischen Dialektik von Yin und Yang, also dem Zusammenspiel von Abwarten, indirekter Strategie und weicher Flexibilität sowie einer eher männlich geprägten Härte und Aktion, zum Ausdruck kommt. Wer Kung-Fu oder das traditionelle Okinawa-Karate kennt, das ich sehr bewundere, der weiß auch um das beständige Wechselspiel zwischen »weichem« Ausweichen und hartem Kontern auf die Schwachstellen des Gegners, zwischen Entspannung und äußerster Körperspannung in Sekundenbruchteilen.

Die drei klassischen Strategen haben dabei gewiss nicht in Gender-Kategorien gedacht und die verschiedenen Eigenschaften nicht so, wie wir es heute tun, als »eher weiblich« oder »eher männlich« klassifiziert. Es waren einfach Eigenschaften, die es brauchte. Sie sahen in Frauen auch generell keine Strategen, Krieger oder Kämpfer. Aber sie haben dennoch erkannt, dass eher weibliche Eigenschaften hocheffiziente Mittel sein können, um zum Erfolg zu gelangen. Und darauf kommt es an: Beide Handlungsebenen, also die eher weibliche ebenso wie die eher männliche, haben nicht nur ihre *Berechtigung*, wenn es um erfolgreiche Führung geht. Sie sind meines Erachtens zwingende *Voraussetzungen*, um heute erfolgreich zu führen. Und das ist in meinen Augen New Female Leadership – eine Strategie, die es versteht, beide Perspektiven zu integrieren und in guter Führung zu nutzen.

Erinnern Sie sich noch an meine kinetische Energie und Angela Merkels klammheimliches Anschleichen durch die kalte Küche im Kapitel Harmonie? Ich habe nicht nur von Sun Tzu, Machiavelli und Clausewitz, sondern eben auch von Angela Merkel – wie in diesem Beispiel – gelernt, dass es wichtig für den Erfolg ist, ein eher indirektes strategisches Vorgehen mit einem direkten zu verbinden. Gerade die Erweiterung der Handlungsprinzipien um eher weiblich geprägte Elemente – das Indirekte – ermöglicht es, das gesamte Potenzial von Leadership und guter Führung zu entfalten. Erst New Female Leadership, also die Integration der männlichen und weiblichen Prinzipien in allen Führungsaktivitäten, überwindet eher kopfgesteuertes, mechanistisches und technokratisches Management und vermag erfolgreiche Führung zu realisieren.

Von inneren Mantras, langem Atem und seltenem Straucheln

Sandra Cegla

Ich sitze im Gründer:innen-Seminar. Während mir Begriffe wie »Umsatzsteuer«, »Kleinunternehmerregelung«, »Gewerbeanmeldung«, »Marketingstrategie« und »Mut zur Sichtbarkeit« um die Ohren fliegen, ahne ich, dass ich hier ganz neues Terrain betrete. Ich komme aus einer Behörde, in der es üblich ist, pünktlich zum Monatsbeginn Geld zu erhalten, Witze über »Beamtenmikado« zu machen – wer sich als Erstes bewegt, hat verloren –, und als Beamtin auf Lebenszeit weiß ich, dass ich bis zum Tag meines Todes finanziell abgesichert sein werde. Jetzt ist mir das noch nicht bewusst, aber Jahre später werde ich feststellen, dass sich dieses Wissen als ein Gefühl tief in mein Unterbewusstsein eingebrannt und erheblich zu meinem Sicherheitsgefühl und sogar zum Gelingen meiner Selbstständigkeit beigetragen hat. Aber heute sitze ich noch mit meinem verstaubten Beamten-Mindset hier, das nicht geprägt ist von wohlklingenden Seminarsätzen, sondern von: Mangel. Sätze wie »Das haben wir immer so gemacht«, »Wie willst du denn damit Geld verdienen?«, »Das geht nicht!« sind keine Seltenheit in meinem bisherigen beruflichen Umfeld, das mich derzeit mehr als acht Stunden am Tag prägt und mit ebendiesen Äußerungen auf meine Pläne reagiert, mich selbstständig zu machen. Ich lausche den Inhalten der Referentin im Seminar – und bin gleichermaßen inspiriert wie eingeschüchtert.

Erste zaghafte Versuche, meine Glaubenssätze zu verändern, sodass sie an mein Erfolgsbewusstsein und meinen Gründer:innengeist appellieren, habe ich längst unternommen: »Ich erschaffe meine Realität«, »Geld schenkt mir Freiheit« und »Meine Mission verändert die Welt« sollen mich von nun an begleiten. Ich bin selbst gespannt, ob es funktionieren wird, denn den Beweis dafür habe ich noch nicht. Dafür ist es noch zu früh. Dass meine Persönlichkeit ein wichtiger Schlüssel für meinen zukünftigen Erfolg sein wird, ahne ich schon, habe aber auch hier die Tragweite noch längst nicht in vollem Umfang begriffen.

Was ich aber nach dem Gründer:innen-Seminar sicher weiß: Das, was ich vorhabe, ist groß für mich und lässt sich nicht von heute auf morgen umsetzen. Ich brauche eine tragfähige Strategie. Innerlich habe ich längst die Entscheidung getroffen, dass mich mein Lebensweg aus der Berliner Polizei hinausführen wird, und doch wird mir hier fast schmerzlich klar, dass dies noch ein weiter, weiter Weg sein wird, der mir einen langen Atem abverlangt. Ich weiß heute schon, dass ich eine Sicherheitsagentur gründen und mich für Frauen einsetzen möchte, die von Stalking betroffen sind. Sie trägt noch keinen Namen, hat keine Konturen und noch keine konkreten Aufgaben. Keine Website, keinen Newsletter, kein Büro und kein Team. So weit, so gut. Bevor ich aber überhaupt starten kann, sind noch so viele To-dos auf meiner Liste: Konzeptionierung, Businessplan, Anmeldung beim Finanzamt, Marketingstrategie, Team, Finanzen, Büro, Partner, Qualitätsmanagement, interne Abläufe, Rechtliches. Hinter all diesen Überschriften verbergen sich unzählige Unterpunkte. Als mir das klar wird, verstehe ich plötzlich, wie schnell man in der Gründungsphase bei all diesen Themen den Überblick verlieren kann, und beschließe, mir eine Person zu suchen, die mich einfach durch all diese Themen hindurch begleitet. Große Ernüchterung im Gründer:innen-Seminar: Diese eine Person gibt es nicht. Denn jedes Thema für sich genommen erfordert eine so spezielle Expertise, dass es schlicht nicht möglich ist, sich auf allen Gebieten gleichzeitig gut auszukennen. Ich muss mir also mein eigenes Fachwissen häppchenweise an unterschiedlichen Stellen erfragen … und ohne eigene Expertise herausfinden, wer überhaupt kompetent ist und wer nicht. Einen Moment lang spüre ich Ernüchterung. Ich hatte mir das Ganze wenigstens ein bisschen einfacher vorgestellt.

Als Landesbeamtin mit einem abgeschlossenen Studium für die Berliner Kriminalpolizei bin ich ausgebildet als Kriminalistin und habe Erfahrungen im Führen unzähliger Ermittlungsverfahren … ob mir die jetzt helfen im Kontext von BWL, Steuern, Marketing und Co.?

Ich beschließe, einfach alle Themen nacheinander abzuarbeiten. Ganz strukturiert, so wie ich es von meinen Ermittlungsverfahren und der Tatortarbeit gewohnt bin. Eine Wohnung wird beispielsweise für die Beweissicherung ausgehend von der Wohnungseingangstür im Uhrzeigersinn systematisch, Raum für Raum abgearbeitet. So ergibt alles am Ende auch beim Betrachten des Grundrisses oder der Skizze der Wohnung Sinn und kann jederzeit logisch nachvollzogen werden. Genau! Dieses Muster übertrage ich jetzt einfach abstrahiert auf meine Agentur … Das kann doch nicht so schwer sein. Bis ich schnell feststelle, dass auch das überhaupt nicht funktioniert. Denn ein Abarbeiten aller Themen nacheinander stellt sich als vollkommen unmöglich heraus, da sie alle ineinandergreifen und als ein gesamter Prozess alle miteinander wachsen. Ich begreife also schnell, dass ich alle Bälle gleichzeitig in die Luft werfen muss, damit ein großes Ganzes entstehen und sich auch als Ganzes in Bewegung setzen kann.

Ich beschließe also, mich mit ein paar anderen Frauen, die wie ich in der Gründungs- oder noch in der Vorgründungsphase sind, in einem Erfolgsteam zu vernetzen. Neben meinen eigenen Netzwerken, die mich beim Aufbau von SOS-Stalking unterstützen, brauche ich dringend auch den Support von Menschen, die mit mir gemeinsam von außen auf alles draufschauen.

Zunächst zu fünft, später dann zu viert, treffen wir uns alle drei bis vier Wochen in einem Café und besprechen unsere jeweiligen Fortschritte. Wir geben uns gegenseitig Feedback und Hilfestellungen und begleiten uns mit Fragestellungen durch diesen für uns wichtigen Prozess. Noch heute ist mir lebhaft in Erinnerung, wie mir diese Treffen wichtige Perspektiven auf mein Vorhaben und meine einzelnen Schritte eröffnet haben – neben insgesamt vielen spannenden Ideen und Anregungen der tollen und kreativen Frauen in meinem Erfolgsteam. Ich habe von den ganz konkreten Impulsen der einzelnen Meetings profitiert, aber auch von der inneren Haltung der Frauen, die meiner eigenen im Grundsatz sehr ähnlich war: eine ruhige, unaufgeregte Herangehensweise, die besonnen alle Aspekte einbezieht und auf lange Sicht plant. Schnelles, übermäßig risikoreiches Vorgehen war für uns nicht an der Tagesordnung; vielmehr ermutigten wir uns hin und wieder, mehr ins Risiko und in die Sichtbarkeit zu gehen. Wir unterstützten uns in kleinteiligen Details, bei Planungen und To-dos, im Besonderen aber legten wir unsere jeweiligen Strategien fest.

Was ist also eine Strategie? Eine Strategie beschreibt das Vorgehen zum Erreichen langfristiger Ziele. Und so wie Erich es immer wieder betont, steht eine Strategie auch in Zusammenhang mit einem Widersacher oder Hindernis – in meinem konkreten Fall waren das zum Beispiel Konkurrenten und unternehmerische Risiken. Im Gegensatz zu kurz- oder mittelfristigen Zielen sind hierbei die Handlungen und Maßnahmen nur grob und grundsätzlich zu umschreiben oder zu formulieren, denn auf lange Sicht können sich innerhalb eines Prozesses viele Details, Dynamiken und Faktoren ergeben, die nicht vorhersehbar sind. Eine Strategie kann dennoch weiterhin erfolgreich sein oder mit leichten Anpassungen zum angestrebten Ziel führen, auch wenn auf dem Weg zum Ziel viele Änderungen vorgenommen werden. Die grobe Marschrichtung kann dennoch die gleiche bleiben. Anders ist das bei kurz- und mittelfristigen Zielen: Hier werden schon eher Pläne und konkrete To-dos für die Umsetzung verlangt. Was jedoch immer Voraussetzung für eine Strategie ist: ein konkretes Ziel. Wohin genau die Reise geht, muss also unbedingt definiert werden. Denn genauso wie bei einer Autofahrt, bei der ich mein Reiseziel ins Navigationssystem eintippe, um an einem konkreten Endpunkt anzukommen, benötige ich für eine Strategie auch ein klar definiertes Ziel. Niemand setzt sich in sein Auto und fährt mit Vollgas im Kreis.

Ich habe damals für mich das Ziel formuliert, eine Sicherheitsagentur zu gründen, die Frauen eine effektive Stalking-Intervention anbietet. Ich war optimistisch und habe mit circa zwei Jahren gerechnet; aber erst nach vier Jahren hatte ich mein Ziel erreicht. Erst dann waren alle Vorbereitungen abgeschlossen, die mir einen erfolgreichen Start versprachen. Immerhin hatte ich neben meinem Vollzeit-Polizeiberuf und meinem politischen Ehrenamt auch noch meine Selbstständigkeit vorbereitet. Aber: mit ganz viel Leidenschaft, die am Ende unendlich viel bewegte.

Heute, sieben Jahre, Tausende Gespräche mit betroffenen Frauen, TV-Interviews und diverse neue und unvorhergesehene Projekte später, habe ich ein neues Ziel. Und das braucht wirklich eine Strategie, denn es ist so groß, dass mir manchmal etwas schwindelig wird: Heute möchte ich in Deutschland die Mordrate senken. Denn über die letzten Jahrzehnte ist diese eine Zahl in etwa konstant geblieben: Jeden zweiten oder dritten Tag stirbt in Deutschland eine Frau durch die Hand ihres Partners oder Expartners. Und das ist die Zahl aus dem Hellfeld. Es gibt jedoch zahlreiche Fallkonstellationen aus dem Dunkelfeld, bei denen wir vermutlich nie ergründen werden, ob es sich hierbei vielleicht auch um vorsätzliche Tötungen gehandelt hat. Ungeklärte Vermisstenfälle beispielsweise, in denen Frauen einfach verschwinden und nie wieder auftauchen. Ein sehr prominentes Beispiel ist hier der Fall Rebecca Reusch, von der bis heute seit Jahren jede Spur fehlt. Fälle, die aussehen wie ein Suizid: Eine Frau, die aus dem Fenster springt oder die Treppe hinunterstürzt. Ohne Zeugen wird sich anschließend niemals ergründen lassen, ob eine andere Person hier nachgeholfen und die Frau geschubst hat. Wenn es nicht zu übermäßigen Kampfhandlungen gekommen ist, die sich durch die Spurensicherung nachweisen lassen, sondern der Täter das Überraschungsmoment und die Arglosigkeit des Opfers ausgenutzt hat, werden wir nie erfahren, dass es ihn – den Täter – überhaupt gegeben hat. Ebenso verhält es sich mit Vergiftungen wie beispielsweise mit K.-o.-Tropfen. Sie sind so flüchtig, dass sie schon wenige Minuten nach der Aufnahme in den Körper nicht mehr nachweisbar sind, jedoch in einer Überdosis leicht und schnell zum Tod führen können. Ein Tod durch K.-o.-Tropfen ist in aller Regel gerichtsmedizinisch schwer bis gar nicht feststellbar. Auch hier werden wir eine vorsätzliche oder fahrlässige Tötung nur schwer nachweisen können. Und dies sind nur drei von unendlich vielen möglichen Beispielen. Das Dunkelfeld der vorsätzlichen Tötungen von Frauen – auch genannt Femizide – ist vermutlich viel größer, als wir alle ahnen. Dennoch müssen wir uns zunächst mit den Zahlen des Hellfelds begnügen.

Leider haben wir in Deutschland noch keine offiziellen Zahlen zum Zusammenhang von Mord, Totschlag und Co. auf der einen und Stalking auf der anderen Seite – was aus meiner Sicht absolut untragbar ist und gleichzeitig so leicht lösbar wäre. Meine Erfahrungen aus nunmehr zwanzig Jahren intensiver Stalking-Intervention lassen für mich den Schluss zu, dass in nahezu allen Fällen von Tötung mit Intimpartnerbezug im Vorfeld gestalked worden sein muss. Mit anderen Worten: Wir halten also mit einer strukturierten und gut durchdachten

Stalking-Intervention den Schlüssel für die Senkung der Mordrate in den Händen. Und das ist mein Ziel: die Senkung der Mordrate in Deutschland. Und danach geht's mit den Best-Practice-Ergebnissen weiter nach Europa.

Am Beispiel der Unternehmensgründung habe ich bei mir selbst und bei anderen Frauen beobachtet, dass wir häufig sehr klare Ziele vor Augen haben und diese mit einer nachhaltigen Strategie verfolgen, die nicht nur mit einem langen Atem, sondern auch realistisch und ressourcenorientiert in die Tat umgesetzt wird. Hierbei spielen weniger egogetriebene Allüren oder selbstüberschätzendes Risikoverhalten eine Rolle, sondern vielmehr eine wirklichkeitsnahe Umsetzung und eine kund:innenorientierte innere Haltung.

Besonders in Hinblick auf Führung und das Ausüben von Führungsaufgaben ist mir in den letzten Jahren sehr deutlich bewusst geworden, dass Frauen und Männer sehr unterschiedliche Herangehensweisen an die Umsetzung von Zielen haben. Während Frauen tendenziell langfristiger auf organisches Wachstum, besonnenes Vorgehen und das Einbeziehen externer Prozesse und Dynamiken setzen, sind Männer aktiver, schneller, risikoreicher und kampfbereiter unterwegs. Sie ändern Strategien und Ziele öfter als Frauen, sie unterbrechen schneller mal natürliche Prozesse und gehen eher Risiken ein. Gleichzeitig trauen sich Männer grundsätzlich viel zu, was manchmal dazu führt, dass sie sich überschätzen – Frauen neigen eher dazu, sich zu unterschätzen. In Hinblick auf Gründungen sind Männer daher manchmal extrem erfolgreich, was Umsätze, Mitarbeiter:innen und Volumen angeht, scheitern in den ersten Jahren nach Gründung aber auch erheblich öfter. Frauen hingegen bemühen sich mehr um organisches Wachstum, haben dafür mehr langfristige Erfolge und scheitern erheblich seltener. Mich wundert das nicht. Auch hier zeichnen sich das weibliche und das männliche Prinzip sehr deutlich ab.

Gerade jetzt, in dieser Zeit der gesellschaftlichen Transformation, in der sich so vieles im Umbruch befindet und wir vor so vielen offenen Fragen stehen, können wir uns auch die Frage stellen, welche Prinzipien wir stärker beziehungsweise vermehrt in unseren Systemen verankern wollen. Ich finde nach wie vor, dass wir genug vom toxisch-männlichen, ausbeutenden System gesehen haben, das zerstört und niedermacht. Und auch das treibende, risikoreiche, kämpfende, leistungsorientierte männliche Prinzip hat ausgedient. Wir sind alle erschöpft. Wir dürfen jetzt alle zu der neuen Erfahrung übergehen – besonders auch im öffentlichen Leben –, wunderschöne Ergebnisse zu erzielen, ohne uns selbst und unsere Umgebung auszubeuten. Zu der Erfahrung, dass wir mit Freude Neues gestalten und erschaffen können. Dass wir mit all den Ressourcen, die bereits vorhanden sind, so viel bewegen können. Dass wir schon genug sind, wir uns gar nicht noch weiter pushen müssen und mit Geduld vieles von ganz allein wachsen kann. Es ist allein unsere Aufgabe, das große Ziel in der Zukunft vorzugeben, uns gemeinsam darauf zu einigen und die Rahmenbedingungen dafür festzulegen. Und hier haben wir als Gesellschaft eine riesige Chance, uns einmal wirklich zu überlegen, wo wir uns in Zukunft eigentlich hinentwickeln wollen.

Ich habe die Erfahrung gemacht, dass mehr tun nicht immer mehr bewirkt. Es sind am Ende die Klarheit über das Ziel und die Klarheit über die Handlungen, die wirklich dort hinführen. Und die Wegbegleiter:innen, die an einem Strang ziehen. Das alles hilft beim Umsetzen einer guten Strategie. Ein übermäßiges – männliches – Machen schafft manchmal neue Baustellen, wo eigentlich keine sein müssten. Manche Dinge erledigen sich von selbst, wenn man sie sich selbst und ihrem natürlichen Prozess überlässt. Diese Herangehensweise trägt weibliche Weisheit in sich und ist Teil von New Female Leadership.

Risiko

Wenn man das Schlagwort »Risiko« googelt, stößt man auf jede Menge Zitate, die uns ermutigen (sollen), ins Volle zu gehen. »Was wäre das Leben, hätten wir nicht den Mut, etwas zu riskieren.« Das stammt von Vincent van Gogh, der sich immerhin sein eigenes Ohr oder zumindest einen Teil davon abschnitt – da hat er durchaus etwas riskiert, erst recht angesichts der gesundheitlichen Versorgung im Jahr 1888. (Wobei die Theorie der Selbstverstümmelung zugegebenermaßen nicht in Stein gemeißelt zu sein scheint, aber das führt hier zu weit.) Oder Friedrich Schiller in »Wallenstein«: »Wer nichts waget, der darf nichts hoffen.« Schön auch Friedrich der Große: »Wer mit Affen spielt, wird gelegentlich gebissen.« Da klingt Fußballlegende Karl-Heinz Rummenigge mit seinem Understatement »Das war nicht ganz unrisikovoll« schon fast wie eine mahnende Stimme, hin und wieder doch etwas Vorsicht walten zu lassen.

Diese Liste ließe sich unendlich fortführen, wobei bei den meisten Zitatgebern ein Konsens besteht: Wer kein Risiko eingeht, hat keinen Erfolg – oder zumindest keinen Spaß im Leben. Stimmt! Grundsätzlich muss man auch in der Führung eine gewisse Risikobereitschaft beziehungsweise Mut zum Risiko mitbringen. Ansonsten gäbe es nur zufällige Innovationen, es gäbe keinen Pioniergeist und nur wenig wirklich Neues.

Und doch machen sich die wenigsten die Mühe, zwischen Risiko und Risiko zu unterscheiden und Fragen zu stellen: Können und sollen wir uns absichern oder müssen wir als Führungspersönlichkeiten grundsätzlich vorausstürmen? Wie weit kann ein Risiko, das wir eingehen, durchdacht sein? Dürfen oder müssen wir sogar Risiken eingehen, um vorbildlich zu handeln? Können Risiken auch Verpflichtungen sein, die wir uns als Führungspersönlichkeit auferlegen? Wann sind Risiken bloß Show, Egomanie oder Dummheit? Sind Neugierde und Lerneifer gute oder schlechte Gründe, dem Risiko mit offenen Armen (und vielleicht auch einer Exitstrategie) gegenüberzutreten? Wann hat Risiko Sinn – und bringen eher Frauen oder Männer ein Bewusstsein für diesen Sinn mit? Viele spannende (Führungs-)Fragen, auf die wir versuchen, Antworten zu geben.

In der Gefahrenzone

Erich Vad

Ein Tag im April in den frühen Morgenstunden: Zwei CH-53-Hubschrauber der Bundeswehr fliegen im Tiefflug, nur ein paar Meter über Grund, von Usbekistan aus über die afghanische Grenze nach Kundus. Bordtüren und Verladerampe sind offen, Soldaten halten Maschinengewehre mit Gefechtsmunition im Anschlag. In der ersten Maschine sitzt die Bundeskanzlerin neben mir. Ich habe sie mit den beiden Helikoptern auf einem ehemaligen russischen Militärflughafen in Usbekistan abgeholt. Beim Umstieg aus dem komfortablen Flieger der Flugbereitschaft in diesen »luftigen« Militär-Hubschrauber spüre ich eine gewisse Vorsicht bei ihr, eine irgendwie ehrfürchtige, respektvolle Annäherung an eine ihr bislang noch nicht bekannte, neue Situation. Nicht aus Furcht, eher aus Neugierde auf eine gänzlich neue Erfahrung, die kein deutscher Regierungschef zuvor machen musste: ein geheimer Flug über ein Kriegsgebiet, direkt in einen Hotspot des damaligen afghanischen Kampfgebietes. Angela Merkel wollte es so, und auch ich hatte dazu geraten, unmittelbar in den Hotspot Kundus zu fliegen statt zunächst in die Hauptstadt Kabul oder ins benachbarte Masar-i Scharif, um von dort erst einmal zu schauen, wie sich die Lage entwickelte.

Aus Sicherheitsgründen weiß an diesem Aprilmorgen niemand von der Reise. Wir haben sie so geheim wie möglich gehalten. (Rückblickend muss ich leider sagen, dass es mit der Geheimhaltung nicht weit her war: Die Gegenseite war sehr wohl im Bilde.) Aufgrund der aktuellen Gefährdungslage haben Sicherheitskreise von der Reise abgeraten. Kundus ist ein heißes Pflaster. Erstmals seit 1945 kämpfen und fallen hier deutsche Soldaten. Doch genau deshalb will sich Angela Merkel selbst ein Bild von der Lage vor Ort machen.

Im Anflug auf das Feldlager Kundus ertönt plötzlich ein Alarmsignal: Die Bordelektronik hat Leuchtreflexe einer Radaraufschaltung aufgenommen – was bedeuten kann, dass wir von einem feindlichen Raketensystem ins Visier genommen werden. Unser automatisches Abwehrsystem reagiert: Es knallt. Die Maschinen werden erschüttert, rauchende Täuschkörper werden ausgestoßen und die Hubschrauber gehen in ein waghalsiges Ausweichmanöver über. Einen Moment lang ist nicht klar, ob wir beschossen werden oder nicht. Angela Merkel bleibt vollkommen ruhig und gefasst. Sie macht sogar einen kleinen Scherz: Ob ich noch weitere solcher »spannenden Einlagen« auf Lager hätte. Diese Eigenschaft, in sich zu ruhen und daraus Stärke und Kraft zu schöpfen, habe ich in kritischen Situationen häufig an ihr bemerkt und bewundert. Hinter einer solchen Haltung steckt weit mehr als nur Erfahrung und Routine im Umgang mit brenzligen Situationen, die für die deutsche Kanzlerin beinahe tägliches Brot sind.

Wir landen in Kundus und das Programm vor Ort beginnt. Als wir anschließend weiterfliegen, wird das Feldlager mit Raketen der Taliban beschossen – unmittelbar nach unserem Abflug. Zum Glück verfehlen die Raketen ihr Ziel und das Lager bleibt verschont. Später sind wir in Masar-i Scharif. Auch hier haben Sicherheitsdienste Bedenken geäußert, die Stadt zu bereisen – genauso wie zuvor bei unserem Besuch in Kundus. Sicherheitshalber habe ich angeordnet, Teile der »Quick Reaction Force« und des KSK – kurz für das »Kommando Spezialkräfte«, eine Spezialeinheit der Bundeswehr – in die Stadt zu verlegen. Müssten die Kräfte im Falle des Falles erst aus dem Feldlager Masar-i Scharif ausrücken, wenn in der Stadt etwas geschähe, wäre alles zu spät: Es würde etwa fünfunddreißig Minuten dauern. Ich danke dem alten Personenschützer mit DDR-Vergangenheit, der mir bei den Verhandlungen zum Schutz der Kanzlerin ins Ohr flüsterte, dass fünfunddreißig Minuten eine verdammt lange Zeit seien, wenn man »mit der Kanzlerin in der Scheiße festsitzt«.

Es empfängt uns ein mächtiger und einflussreicher afghanischer Gouverneur vor seinem pompösen Palast. Seine Vita ist nicht ganz ohne, wie so oft, wenn man mit autokratischen Staatschefs zu tun hat. Angela Merkel lässt ihn das bei der Begrüßung mit orientalischem Gepräge spüren. Sie sagt, von ihm höre sie »*auch* Gutes«. Die Brisanz des »auch« sehe ich dem Dolmetscher an, der schlagartig seine Gesichtsfarbe wechselt und das kleine, aber entscheidende Wörtchen sicherheitshalber nicht mitübersetzt.

Plötzlich ist draußen eine laute Explosion zu hören. Die deutschen und afghanischen Sicherheitsleute raten dazu, den

Besuch sofort abzubrechen und die Kanzlerin in das sichere Camp zu bringen. Aber die Bundeskanzlerin besteht darauf, den Besuch im Stadtzentrum fortzuführen. Später erklärt sie mir ihre Entscheidung: Wer Mut und Tapferkeit einfordert, der müsse selbst mit gutem Beispiel vorangehen.

Merkelscher Dreiklang: Risiko, Mut und persönliches Vorbild

Angela Merkels Verhalten, ihre stoische Ruhe und ihre Bereitschaft, auch Risiken einzugehen, haben mich stark beeindruckt: Sie *musste* sich keinem Risiko und keiner Gefahr aussetzen, tat es aber dennoch – weil sie ein gutes Beispiel geben und ein Vorbild sein wollte. Diese Form persönlicher Tapferkeit habe ich in meinen langen Jahren in der Berliner und der internationalen Politik eher selten erlebt. Ich muss in diesem Zusammenhang immer an ein lange zurückliegendes Gespräch denken zwischen Angela Merkel, die damals noch Oppositionsführerin war, und Shimon Peres, damals Stellvertretender Regierungschef und Außenminister Israels. Peres sagte zu ihr: »There is no leadership without risk.« Es gibt keine Führung ohne Risiko. Sehr leicht gesprochen, aber schwierig vorzuleben! Gleiches gilt für die Devise: »Never surrender!«, die, wie ich glaube, Angela Merkel innerlich geleitet hat.

Beide Maximen haben sich mir in persönlich harten Situationen und in heftigen politischen Auseinandersetzungen ins Bewusstsein gebrannt. Ich werde sie niemals vergessen können (und auch nicht vergessen wollen) und versuche bis zum heutigen Tage, danach zu leben.

In Masar-i Scharif geht schließlich alles gut aus – wie auch bei Angela Merkels Reisen nach Kabul, der Hauptstadt Afghanistans. Auf Wunsch der afghanischen Seite sollte die Kanzlerin einmal vom Flughafen mit dem Wagen zum Präsidentenpalast fahren, um politische Normalität und eine entspannte Sicherheitslage zu signalisieren. Ich fuhr die Strecke vorher mit BND- und BKA-Beamten ab und folgte deren Rat, aus Sicherheitsgründen Angela Merkel nicht wie gewünscht mit dem Auto zu fahren, sondern zu fliegen. Wir bekamen zusätzlich zwei Apache-Kampfhubschrauber der Amerikaner zur Unterstützung. Ich wollte natürlich kein Risiko eingehen für die Kanzlerin. Ich hatte ohnehin – das haben mir vorher alle klargemacht – die volle, alleinige Verantwortung, sollte etwas schiefgehen.

Ein anderes Beispiel von einer anderen Reise: Als wir mit der Wagenkolonne einmal vor dem pompösen und hermetisch abgeriegelten Präsidentenpalast ankamen, standen die Ehrengarde und die Personenschützer des Präsidenten ganz anders, als in stundenlangen Verhandlungen vorher abgesprochen worden war. Verdammt! Doch alles ging gut. Kurz danach wurden übrigens ein Selbstmordattentäter am Flughafen gestellt und eine Straßenbombe gefunden. Wir hatten Glück gehabt. Die ursprünglich geplante Route wäre dadurch wahrscheinlich zu einer tödlichen Falle geworden.

Beispiele wie diese zeigen die hohe persönliche Risikobereitschaft der Kanzlerin – und das nicht, weil sie ein grundsätzlich risikofreudiger oder gar leichtsinniger Mensch ist, eher das Gegenteil. Aber sie war mutig und ging diese Art von Risiken ein, weil es ihren Wertvorstellungen und ihrem Pflichtgefühl entsprach: Sie setzte sich dem auch aus, weil sie es für ihre politische Pflicht – für eine Selbstverständlichkeit! – hielt, für die damals in Afghanistan kämpfenden Soldat:innen ein Vorbild zu sein und den Getöteten Ehre zu erweisen. Ich denke, keiner ihrer männlichen Vorgänger hat sich so exponiert. Zum Glück war und ist sie außerdem immer offen für Neues und bringt eine gesunde Neugierde sowie einen ausgeprägten Wissensdurst mit – das machte ihr jene riskanten Reisen vielleicht etwas leichter.

Ins Neue gehen

Angela Merkel hat sich ihre erfrischende – und unübersehbare – Neugierde stets erhalten. Sie war immer bereit, ins Neue und Offene zu gehen. Diese Wachheit, diese Offenheit für Neues, bisher Unbekanntes oder noch nicht Durchdachtes ist ein ganz zentraler Impuls bei ihr. Sie wertschätzte neues Wissen und neue Erkenntnisse nicht nur, sie freute sich darüber, fand sie spannend und hieß sie willkommen. Ich glaube, nur wer eine solche Haltung verinnerlicht hat, kann sich wirklich – und stetig – weiterentwickeln. Einmal haben wir am Rande eines Staatsbesuchs eine Raketenabwehrstellung an der syrischen Grenze besucht. Der zuständige (und zugegebenermaßen recht aufgeregte) Kommandant wollte ihr mit seinen Rechnern die Reaktions- und Abfangzeiten der Raketen vorführen. Angela Merkel rechnete im Kopf schneller und konnte dem erstaunten Offizier das Ergebnis nennen. Sie ließ sich also nicht einfach mit Informationen »füttern«, sondern griff sie auf, brachte sich ein und zeigte, dass sie sich interessierte – und das eben auch in einem Bereich wie dem Militär, eine Lebenswelt, die sie nur von außen und nur oberflächlich kannte.

Ein anderes Mal stand ein hoher Militär mit ziemlicher Leibesfülle vor ihr. Später machte sie nebenbei die Bemerkung, dass Soldat:innen, Polizist:innen und Feuerwehrleute doch körperlich fit sein müssten. Doch wie immer hat alles zwei Seiten: Einer der amerikanischen Oberbefehlshaber in Afghanistan, der ihr sehr gefiel, war ausgesprochen fit – allerdings führten seine beachtlichen frühmorgendlichen Sportaktivitäten dazu, dass er bei wichtigen abendlichen Dinnertalks eher ermüdete – was den amtierenden Botschafter wiederum nicht amüsierte.

Wenn Angela Merkel sich auf etwas Neues einließ, nahm sie nie eine prinzipielle Abwehrhaltung ein oder zeigte Angst (die man ruhig haben darf, wenn man – wie die Bundeskanzlerin – für eine Regierungschefin ganz unüblich in einem Feldlager in Afghanistan übernachtet oder einem die herumfliegenden Geschosse bei einem Gefechtsschießen selbst auf dem Beobachtungsstand noch um die Ohren pfeifen). Im Gegenteil: Sie war und blieb immer aufgeschlossen, je nach Situation und Risiko natürlich mit der nötigen Vorsicht. So war es auch, als ich ihr zum ersten Mal in Uniform gegenübersaß – ich merkte, dass das eine interessante, wenn auch eher exotische Erfahrung für sie war. Auch wenn wir in Krisengebieten unterwegs waren, in denen Sicherheit für die Menschen, die dort lebten, nicht selbstverständlich war, dann interessierte Angela Merkel sich. Sie interessierte sich nicht oberflächlich oder höflich, sondern echt und intensiv. Sie stellte immer viele Fragen, saugte neues Wissen in sich auf. Sie war durch und durch neugierig auf die Welt und die Menschen, denen sie begegnete. In Verbindung mit ihrem persönlichen Mut und ihrem Grundsatz, stets mit gutem Beispiel voranzugehen, ergab sich meiner Meinung nach daraus ihre Bereitschaft, Risiken einzugehen. Nicht weil sie das Risiko schätzte oder gar suchte, sondern weil sie es als notwendiges Übel akzeptierte, um ihren »Job« mit Überzeugung, Leidenschaft und Wissen aus erster Hand, was in der Welt und bei ihren Truppen vorging, machen zu können.

Mit Offenheit und Neugier führen

Doch was genau hat Risikobereitschaft mit guter Führung und insbesondere mit weiblich geprägter Führung zu tun? Glaubt man der Literatur oder der Filmindustrie, gibt es (mindestens) zwei verschiedene positiv bewertete Führungspersönlichkeiten: Diejenigen, die stets ganz vorn an der Spitze stehen, ihren »Männern«, ihrem Team oder ihren Gefolgsleuten voranstürmen und damit ein Musterbeispiel an Heldenmut, Tatkraft und Kampfeswillen abgeben. Kampfeswillen deshalb, weil die Kombination aus Risiko, Gefahr und Führung meist im Zusammenhang mit Kampfhandlungen in der einen oder anderen Form auftaucht. Oder die anderen, die eigentlich gewillt wären, auch in brenzligen Situationen vorn mitzumischen, die von ihren eigenen Leuten jedoch davon abgehalten werden, weil sie zu wichtig »für die Sache« sind und ihr Leben keinesfalls verlieren dürfen, denn dann würde auch »die Sache« sterben. Darüber hinaus gibt es natürlich auch genügend Führungspersönlichkeiten, die sich wegducken, aber die sollen hier außen vor bleiben – ihre Führungsfähigkeiten sind nicht unbedingt das, worauf ich hier hinauswill.

Ob historisch, gesellschaftlich oder kulturell betrachtet: Bei den beiden genannten Führungspersönlichkeiten gründet sich ihre Führungsrolle beziehungsweise deren Anerkennung zumeist auf Mut, Entschlossenheit, Fähigkeit und, ja, auch auf Offenheit und Neugierde. Denn nur wer offen und neugierig ist, kann Fakten sammeln, seinen Informationsvorsprung ausbauen und das eigene Wissen mehren. Und erst fundiertes Wissen und Informiertheit wiederum erlauben es uns, kreativ und innovativ zu sein. Für einen Wikingeranführer im Kampf bedeuteten Kreativität und Innovationskraft vielleicht, einen cleveren Schachzug zu entwickeln oder die Taktik der Widersacher vorauszusehen. Für einen CEO oder eine Staatschefin ist es im Prinzip dasselbe – außer, dass sich das Ganze bei internationalen Verhandlungen auf diplomatischer Ebene abspielt oder bei innerpolitischen Grabenkämpfen auf strategischem Niveau; in den meisten Fällen wird Blut hier nur im übertragenen Sinne vergossen. Auch in einem Wirtschaftsunternehmen kann es von Mut und Entschlossenheit, Kreativität und Genialität abhängen, ob man dem Wettbewerb (oder seinen Widersachern) voraus ist oder ihm hinterherhinkt.

Wer also führen will und vor allem andere motivieren will, dieser Führung zu folgen, der braucht meines Erachtens die Fähigkeit, die Komfortzone zu verlassen und sich – im weitesten Sinne – in die Gefahrenzone zu begeben. Und das heißt: offen und neugierig zu sein, mögliche Gefahren und Bedrohungen abzuschätzen, ohne vorab alle Risiken zu kennen. Darüber hinaus braucht er oder sie die innere Stärke und eine gewisse Portion Gelassenheit, um es nicht bloß heil durch die Gefahrenzone zu schaffen, sondern um gestärkt, mit neuen Erkenntnissen und Erfolgen daraus hervorzugehen. Führung mit Profil, mit Ecken und Kanten schafft Widerstände, Gegner, massive Kritiker. Die muss man innerlich aushalten und dennoch nicht vom Kurs abweichen. Man bekommt in jedem Fall immer neue Gegner und Widersacher, aber eben auch unerwartete Zustimmung und neue Freunde. Manchmal ist es auch einfach »nur« Anerkennung vonseiten des eigenen »Teams«, die man durch das Eintauchen und Durchqueren der Gefahrenzone gewinnt. Das »nur« steht bewusst in Anführungszeichen, denn Anerkennung macht wirkliche Führung meines Erachtens überhaupt erst möglich: Nur wenn ich (m)einer Führung (also dem- oder derjenigen, der oder die mich führt) und deren Fähigkeiten vertraue, lasse ich mich führen – und trage bereitwillig mit meinen eigenen Fähigkeiten zum Erfolg dieser Führung bei. Opfere ich eine geniale Idee, meine Zeit, meine Überzeugung oder gar mein Leben für eine Führung, die mir aufgedrückt wird, die zum Beispiel rein hierarchisch bedingt ist oder per Abstammung vererbt wird? Oder bin ich eher bereit, all das für eine Führung zu geben, die mich überzeugt? Für die ich mich bewusst entscheide? Das ist eine Büchse der Pandora, die ich als General a. D. vielleicht nicht öffnen sollte. Immerhin basieren das Militär und darüber hinaus auch viele andere politische oder unternehmerische Führungsstrukturen auf Disziplin, Hierarchie und in mancher Hinsicht auf einer gewissen Form des »blinden« Gehorsams, auch wenn das keiner zugibt. Und dennoch: Der Gedanke, wie unterschiedlich wir auf verschiedene Arten von Führung abhängig von ihrer Legitimierung reagieren, lässt mich nicht los und ließe sich mit vielen Pro- und Kontraargumenten noch lange weiterspinnen.

Risiko kalkulieren, Gefahr kontrollieren, Potenzial nutzen

Die Abgrenzung zwischen einer mit Führung verbundenen wichtigen Risiko*bereitschaft* und einer eher gefährlichen Risiko*freude* ist ein schmaler Grat: Es stärkt meinen Mut, wenn ich sehe, dass sich meine Führung – etwa besagter Wikingeranführer – furchtlos in einen Kampf stürzt, der notwendig und unumgänglich ist. Ich fände es jedoch fragwürdig, wenn mein Staatschef in einen Krieg hineinschlitterte und sein Land einem unnötigen Risiko aussetzte. Wer gut führen will, muss es also verstehen, ohne Netz und trotzdem sicher auf diesem Grat zu wandeln. Zu allem Überfluss erwarte ich von dem oder der Führenden, dass er oder sie stets mit gutem Beispiel vorangeht. Dieses beispielhafte Vorangehen braucht keine großen dramatischen Gesten – es kann reichen, wie Angela Merkel auf einem Feldbett in einer Baracke im Feldlager in Afghanistan zu übernachten, nicht besser oder komfortabler als die Soldat:innen. Ohne die Annehmlichkeiten, die sich einen kurzen Helikopterflug entfernt in einem Hotel geboten hätten und die sicherlich niemand der Bundeskanzlerin übel genommen hätte. Doch Angela Merkel hat mit ihrer Nacht im Feldbett mehr erreicht: Statt des bloßen Nichtübelnehmens hat sie sich Anerkennung verdient und so ihre Führungsposition gestärkt.

Bliebe die Frage nach dem Vergleich von weiblicher und männlicher Risikobereitschaft. Grundsätzlich würde ich sagen: Der Mann stürzt sich ins Getümmel, die Frau verschafft sich zunächst einen Überblick – so zumindest mein persönlicher Eindruck. Das heißt nicht, dass die Frau ängstlicher oder weniger risikobereit ist oder sich niemals stürzt. Sie ist nur pragmatischer, realistischer und vorausschauender. Warum zu viel riskieren, wenn sich das Risiko abschätzen und dadurch minimieren oder zumindest bis zu einem gewissen Grad kontrollieren lässt? Warum mögliche Folgen oder Entwicklungen nicht von Anfang an mitbedenken, statt sich nachher unnötig mit vermeidbaren Konsequenzen herumschlagen zu müssen? Es liegt zwar in der Natur des Risikos, unabwägbar zu sein. Denn es wäre kein Risiko, wenn man das Risiko durch vorausschauende Maßnahmen ausschalten könnte. Was man jedoch kann, ist, sich wappnen. Sich vorbereiten, statt sich kalt erwischen zu lassen. Hier spielt der eher weibliche Umgang mit dem Risiko in das strategische Denken hinein – und das ist wiederum sehr weiblich geprägt, wie wir gesehen haben. Die eher männlichen Teile der Strategie sind das Harte, das Direkte, die schnelle Aktion und Reaktion – es passt also, wenn sich der Mann direkt ins Getümmel stürzt. Wenn meine Theorie hier stimmt, wäre interessant herauszufinden, was der Grund für den genderspezifischen Umgang mit dem Risiko ist. Natürlich lassen sich die Evolution und das Mammut bemühen, genauso wie die Rolle, die wir gesellschaftlich, historisch und kulturell dem Mann – starker Junge; unerschrockener Kämpfer – sowie der Frau – braves Mädchen; Fürsorge, Zusammenhalt und Sicherheit für die Gemeinschaft – zugeschrieben und damit auferlegt haben. Vielleicht müssen wir aber auch wieder auf die Empathie als eine für mich zentrale weibliche Führungseigenschaft zurückkommen: Wenn Frauen sich besser in das Denken, Handeln und Fühlen anderer, aber auch in die Konsequenzen, die das eigene Tun für andere haben kann, hineinversetzen können als Männer, sind sie dann nicht auch besser befähigt, eine Situation (sprich: ein Risiko) korrekter »lesen« und realistischer (und damit konsequenter- und logischerweise auch vorsichtiger) einschätzen zu können? Ich würde sagen, dass sie das zu außergewöhnlichen Führungspersönlichkeiten macht: Sie vermeiden das Risiko nicht, sie gehen es nur nicht unnötig oder unüberlegt ein. Ich glaube, das ist von Vorteil. Denn wer sich auf diese Weise sogar im Risiko einigermaßen sicher fühlt, kann die Potenziale, die das Risiko mitbringt, für sich nutzen.

Natürlich ist nicht jedes Risiko identisch. Es kann riskante Situationen geben, die sich gerade durch ein aggressives Auftreten – ein eher männlicher Wesenszug –, das die Macht- und Kraftverhältnisse unmissverständlich klarmacht, entschärfen lassen. Ich gebe mich als Sieger, also bin ich der Sieger. Genauso kann Aggression eine Situation auch bewusst eskalieren lassen, je nachdem, welches Ziel man erreichen will. Ist hingegen Deeskalation gefragt, wäre ein besonnener, vorausschauender, empathischer Umgang mit der Situation gefragt. Keine dieser Optionen funktioniert, wenn man erst einmal in einem Hubschrauber in Afghanistan sitzt. Aber sie funktionieren, wenn man sich in einer Führungsposition befindet, vielleicht in einem politischen Machtkampf oder einem unternehmerischen Wettbewerb. Die Kunst liegt darin, die Situation richtig deuten, das Risiko realistisch einschätzen und entsprechend handeln zu können – es ist also wichtig, hier auf alle Handlungsmöglichkeiten, die eher männlichen wie die eher weiblichen, zurückgreifen zu können. Und diese Kunst ist meines Erachtens eine eher weibliche Kunst, wenn es um erfolgreiche Führung geht.

Eines noch, was vielleicht zum Weiterdenken anregt: Ich habe oben gesagt, dass Angela Merkels männliche Counterparts sich nicht wie die Bundeskanzlerin exponierten, keine vergleichbaren Risiken eingegangen sind. Auf den ersten Blick steht das im Widerspruch zu dem Bild von dem Mann, der sich, ohne zu zögern (des Öfteren wohl auch, ohne nachzudenken), ins Risiko stürzt. Auf den zweiten Blick kommt es hier jedoch auf die Art des Risikos an. Schließlich macht es einen Unterschied, ob man sich dem Risiko aussetzt, in Afghanistan abgeschossen zu werden, oder sich in einen karrierepolitischen Machtkampf begibt, der zumindest keine körperliche Versehrtheit nach sich ziehen kann. Und natürlich zählt auch das, was man(n) gewinnen kann, wenn man ein Risiko eingeht. Eine Nacht im Feldbett ist für machthungrige Menschen sicherlich weniger erstrebenswert und damit auch nicht das gleiche Risiko wert wie ein Sprung auf der Karriereleiter. Angela Merkel hat das anders gesehen und dadurch wahre Führungspersönlichkeit bewiesen – eine Stärke, die vor allem von denen gesehen, verstanden und respektiert wurde, die in diesem Fall zählten: die Menschen, die sie führen sollte – und nicht ihre Konkurrenten im Kampf um die Macht.

Der Sinn männlicher Muskeln

Sandra Cegla

Die Tür geht auf, ich blicke in ein überraschtes, schmales Gesicht mit tiefen Augenringen. Es scheint schon länger kein Tageslicht mehr gesehen zu haben. Ich stehe im Hausflur eines mehrgeschossigen Wohnhauses, hinter mir drei Sicherheitsmänner. Vor mir öffnet sich nicht nur eine Wohnungstür, sondern auch eine Welt der Tristesse. Kahle Wände, eine unvollständige Einrichtung, die Wohnung ist unaufgeräumt, heruntergekommen, kalt, heruntergewohnt. Mein geschulter Kripoblick rastert innerhalb von Sekunden, sucht nach Anzeichen für weitere

Personen, für Waffen, Drogen oder andere gefährliche Gegenstände in der – man muss schon so sagen – Behausung. Es sieht nicht danach aus. »Mein Name ist Cegla, wir sind wegen Frau XY hier«, stelle ich mich dem Mann vor. Ein Zucken im Gesicht meines Gegenübers, er weiß sofort Bescheid. »Dürfen wir reinkommen?« – »Ja.« Vermutlich ist es auch ihm lieber, unser Gespräch drinnen fortzuführen und nicht hier im Hausflur, vor den Ohren neugieriger Nachbarn. In der Wohnung schlägt uns ein abgestandener Geruch entgegen; wir bleiben im direkt angrenzenden kleinen, grauen und kahlen Wohnzimmer stehen. Der Mann beginnt sofort zu reden und erzählt uns ungefragt seine Lebensgeschichte, bevor wir überhaupt zu Wort kommen. Uns, vier Eindringlingen in seine Privatsphäre, die ungebeten vor seiner Tür standen. Komisch mutet das an. Er fragt gar nicht weiter, wer wir sind, woher wir kommen und was die Hintergründe unseres Erscheinens sind. Ich mache das heute nicht zum ersten Mal, und für mich ist sein Verhalten nichts Neues.

Wie geahnt stellt sich aus seiner Sicht alles ganz anders dar, als wir es bisher wissen. Denn in der ganzen Geschichte ist er schließlich das Opfer, nicht – wie »wahrheitswidrig« von unserer Klientin, Frau XY, behauptet – der Täter. Ihm sei so viel Unrecht durch sie widerfahren, das müsse er jetzt endlich einmal klarstellen, und am Ende hätte sogar sie ihn gestalkt. Genau das sei die Wahrheit.

Innerlich verdrehe ich die Augen, denn genau so oder so ähnlich habe ich schon Tausende Varianten von Stalker-Perspektiven gehört. Ich wundere mich nicht und bin unbeeindruckt von seiner Sicht auf die Welt und auf unsere Klientin. Ich weiß, wie sehr sie leidet und was er ihr bisher alles angetan hat. Gleichzeitig sehe ich ihm an, wie wenig er von all dem ahnt, denn er dreht sich ausschließlich um sich selbst. Und um seinen eigenen Schmerz, den ich persönlich zwar nachvollziehbar und in sich schlüssig finde, wenn ich mich auf seine Welt einlasse – der aber dennoch im Kontext realer Zusammenhänge weltfremd ist und bleibt.

Ich warte darauf, dass der Mann eine Sprechpause macht, um in seinen Redefluss hineinzukommen, doch ich warte vergeblich. Ich muss ihn unterbrechen. »Wir sind hier, um Ihnen noch einmal zu verdeutlichen, dass Ihr Verhalten nicht erwünscht ist und rechtliche Konsequenzen nach sich ziehen wird, wenn Sie damit nicht aufhören. Frau XY möchte keinen Kontakt mehr, jeder weitere Kontaktversuch von Ihrer Seite ist strafbar.«

Er schüttelt den Kopf und sein linkes Bein bekommt nervöse Zuckungen. Ich spüre, wie sich die Männer hinter mir anspannen. »Ich war das nicht. Ich mache das nicht!«, streitet er alles mit einem Zittern in der Stimme ab. Seine Gesichtszüge entgleiten ihm. Der Stress steht ihm wirklich auf die Stirn geschrieben, sein ganzer Körper rebelliert und gehorcht ihm nicht mehr vollends. Er ist ein schmächtiger Mann, klein, schmal, blass, mitleiderregend in der Erscheinung. In unserer Einsatzbesprechung habe ich den »Typ Stalker« genau so beschrieben, und auf wundersame Weise hat auch dieses Mal meine Prognose gestimmt. Ich bin selbst etwas überrascht und hebe mir diesen Gedanken für die Nachbesprechung auf.

Ich setze noch einmal mit Nachdruck an, betone, dass ich alles ernst meine, was ich ihm bereits gesagt habe, und lasse ihn nicht aus der Verantwortung. Immerhin liegen uns Beweise vor, dass unsere Klientin die Wahrheit sagt, also habe ich ernsthaften Grund, am Wahrheitsgehalt seiner Worte zu zweifeln. Mir entgeht dabei nicht, dass ich eine seiner beiden Hände nicht sehen kann, er vergräbt sie tief in seiner rechten Hosentasche. Was zufällig und unbeholfen anmutet, könnte auch geplant sein. Der Griff zum Messer? Leider passt sein Täterprofil potenziell auch auf das eines Messerstechers.

Als mir das klar wird, werde ich für einen kurzen Moment unruhig. Er steht gerade so unter Stress, dass er für uns unberechenbar wird. Während ich nachdenke und innerlich mehrere Exitstrategien durchgehe – nach außen hin behalte ich eine starke Körperhaltung –, bewegt sich einer der Sicherheitsmänner. Langsamen Schrittes tritt er von seiner Position hinter mir um uns herum, hinter den Stalker. Seine langsamen, bedachten Bewegungen in Kombination mit seiner starken Körperhaltung wirken bedrohlich. Für einen Moment bin ich froh, auf der richtigen Seite zu sein. Die anderen beiden gehen jeweils einen Schritt auf den Stalker zu, sodass ich nicht mehr allein und ungeschützt vor ihm stehe. Jede seiner Bewegungen könnte nun sofort abgefangen werden. Alle Männer sind in höchster Alarmbereitschaft. Diese Positionswechsel verändern alles. Der Aggressor ist weiterhin hochgradig gestresst, aber alle im Raum wissen, dass ihm nun kein unkontrollierter (Messer-) Angriff mehr gelingen kann.

Ich beende das Gespräch mit ein paar wichtigen Schlüsselbotschaften (»Wenn das nicht aufhört, kommen wir wieder«) und wir gehen.

Auf der Rückfahrt nach Berlin werten wir den Einsatz aus. Zwei der drei Sicherheitsmänner schimpfen mit mir, dass ich so schnell in die Wohnung gegangen bin. In der Einsatzbesprechung im Vorfeld hatten wir festgelegt, genau das nicht zu tun, denn die Informationen, die wir über den Täter recherchiert hatten, gaben Anlass zu wichtigen Sicherheitsbedenken. Aber ich fühlte mich sicher und das hatte mit meiner männlichen Unterstützung zu tun.

Mein professionelles Leben war und ist stark geprägt von Gefahren und Einsätzen, die von operativen Kräften begleitet sein müssen, um die Eigensicherung zu gewährleisten. Die Gefahren, mit denen ich konfrontiert war und bin, sind also real. Auch für mich als Frau fühlt es sich selbstverständlich an, mich diesen realen Gefahren zu stellen, statt ihnen aus dem Weg zu gehen. Sie sind Teil meines Berufes und ein Stück weit spannend. Allerdings nur mit männlicher Unterstützung. Solange ich den männlichen Support, professionellen Rückhalt und intuitiven Beschützerinstinkt hinter mir vereint wusste, habe ich mich in meiner Führungsrolle immer so stark und sicher gefühlt, dass ich dies auch in meinem Auftreten transportieren konnte. Neben meiner inhaltlichen Vorbereitung, meiner Expertinnen-Rolle und der Koordinierung des Einsatzgeschehens vor Ort haben die Männer um mich herum immer eine ganz wichtige Rolle für mich gespielt, damit ich in meiner Führung, aber auch in meiner Weiblichkeit stark sein konnte. Rein körperlich brauchte ich in Gefahrenmomenten die Stärke von Männern oder zumindest von Menschen, die sich auf Sicherheit und Stärke spezialisiert haben. Nicht jede und jeder muss selbst körperlich stark sein, um gut führen zu können – gute Führung heißt nämlich auch, ein Team zu haben oder aufzubauen, auf das man sich verlassen kann und das aus Expert:innen besteht. So hatte ich beispielsweise nie das Bedürfnis, selbst alles zu können, wie eben auch körperlich stark sein zu müssen.

Wenn ich dieses Prinzip auf New Female Leadership übertragen möchte, sehe ich es im Kontext der Ausgewogenheit zwischen dem männlichen und dem weiblichen Prinzip: Besonders dann, wenn es um Gefahren geht, kehren wir eben doch wieder zurück zu den uns evolutionsbiologisch angeborenen Geschlechterrollen, denn genau hier haben sie ihren Ursprung und auch ihren Sinn. Wenn wir in die graue Steinzeit zurückgehen, dann waren es vermutlich genau die Archetypen des Weiblichen und Männlichen, die uns als Spezies das Überleben gesichert haben. Die Männer, die zur Jagd aufgebrochen sind, und die Frauen, die die Beeren gesammelt und die Kinder großgezogen haben. In einer lebensfeindlichen und gefährlichen Umgebung wie der Urzeit haben unsere traditionellen Geschlechterrollen

Sinn ergeben, der in unserer modernen Gesellschaft allerdings in seiner Ursprünglichkeit verloren gegangen ist. Sich in Gefahrensituationen auf männliche Stärke zu verlassen, ist gut und richtig. Weibliche Eigenschaften stehen nicht im Gegensatz dazu, sondern sie ergänzen auf sinnvolle Weise. Und übrigens: Obwohl diese schützende Stärke eine eher männliche Eigenschaft ist, muss sie nicht zwangsläufig von einem Mann kommen – es gibt natürlich auch weibliche Sicherheitskräfte oder Polizistinnen, die um ein Vielfaches stärker sind als ich, die trainiert und für genau dieses körperliche Eingreifen ausgebildet sind.

Dass sowohl die Unterteilung ins männliche und weibliche Prinzip als auch ihr Miteinander hier Sinn ergeben, habe ich in Ausübung meines Berufes sehr deutlich gespürt. Ich habe mich sehr wohl auf meine weiblichen Stärken verlassen können, aber nur im Zusammenspiel mit den Stärken der Männer, die mich beschützt haben. Ohne sie hätte ich in keinen meiner Einsätze überhaupt hineingehen und schon gar nicht unbeschadet wieder herauskommen können. Genauso sollte auch gute, moderne Führung immer situationsangepasst sein und sich vor Augen halten, wann welche Prinzipien sinnvoll und zielführend sind.

Macht

Etwas, über das wir nicht diskutieren müssen: Wer führen will, braucht Macht. Denn wer führt, muss auch bestimmen und entscheiden können. Er oder sie muss wegnehmen oder geben, Konsequenzen durchsetzen und Ideen realisieren können. Idealisten, die glauben, man müsse sich nur zum Präsidenten oder zur Präsidentin zum Beispiel der USA wählen lassen, um dadurch zum mächtigsten Mann oder der mächtigsten Frau der Welt zu werden und endlich alles in Ordnung bringen zu können, was im Argen liegt, die haben nicht die Biografie von Barack Obama gelesen. Dafür braucht es neben der Macht nämlich auch Kompromisse, Taktik, Verhandlungsgeschick und die besseren Angebote, die man bei Streitfragen in die Waagschale werfen kann.

Doch zum Glück benötigt man als Führungspersönlichkeit nicht immer und überall diese Art Macht, mit der man die Welt verändert. Es reicht, Macht zu erlangen, zu sichern und sie bestmöglich einzusetzen, um ein Team erfolgreich zu führen – seien es die Mitarbeitenden in einem Unternehmen oder in öffentlichen Ämtern oder die Gesellschaft als solche.

Die erste Herausforderung ist, zunächst überhaupt an die Macht zu kommen. Die zweite: Wer Macht hat, wird seine beziehungsweise ihre Macht stetig verteidigen müssen, denn andere wollen genau diese Macht für sich selbst. Leider ist Macht nämlich eine endliche Menge: Sie wird nicht mehr, wenn man sie teilt.

Wie gehen es Frauen und wie gehen es Männer an, an die Macht zu kommen und sie sich anschließend über einen längeren Zeitraum zu sichern? Sind ihre Herangehensweisen unterschiedlich? Stimmt das Bild von der sanften, vielleicht sogar laschen weiblichen Führung und der männlichen Führung mit harter Hand? Erfordert Macht Härte? Und was sollen mächtige Frauen mit ihren Soft Skills machen? Sind diese Soft Skills in einer Machtposition überflüssig oder gar hinderlich? Und weshalb streben Frauen und Männer überhaupt nach Macht?

Und dann spielt noch etwas ganz anderes eine zentrale Rolle. Wenn Sie als Mann in sich hineinhorchen: Ist Macht dann etwas Gutes oder etwas Schlechtes? Und wenn Sie es als Frau tun: Wie empfinden Sie Macht? Wir wagen uns an Antworten – und an eine These, warum Frauen in Sachen Macht viel zu oft zögern, statt Macht (auch) als Möglichkeit der Selbstverwirklichung, der Durchsetzungsfähigkeit und des Gestaltens freudig anzunehmen.

»Power is not given, it's taken.«

Erich Vad

Macht ist in Sachen Führung nicht alles, aber ohne Macht ist alles nichts. Will heißen: Führung geht nicht ohne klaren Machtwillen und Machtanspruch. Wer das nicht will oder kann, sollte von Führung Abstand nehmen. Macht ist wichtig, um das als richtig Erkannte überhaupt umsetzen zu können. Und auch umgekehrt gilt: Ohne Macht kann man in der Politik keine Mehrheiten finden und diese »führen«. Ohne Macht ist Politik gar nicht möglich. Doch Macht kann bekanntlich auch missbraucht und fehlgeleitet werden. Um jedoch solche Fehlleitungen erfolgreich stoppen und bekämpfen zu können, wird wiederum Macht benötigt, nämlich Gegenmacht. Das heißt: Wer machtlos ist, kann nicht führen, kann keinen Führungsanspruch erheben, kann nicht handeln oder gegenhandeln, sondern muss sich behandeln lassen.

Den Wind aus den Segeln nehmen

Angela Merkel hat bekanntlich alle ihre männlichen Konkurrenten in internen Machtkämpfen und Wahlen besiegt. Niemand hat es geschafft gegen sie. Den Übervater der Union, Helmut Kohl, hat sie als Ersten politisch überwunden. Zugegeben: Er, das alte »Schlachtross«, das es noch einmal wissen wollte, war damals politisch schon stark angeschlagen. Doch wenn man das Gesamtbild sieht, fühlt man sich durchaus zu einer gewissen Ehrfurcht genötigt: Es gab in Angela Merkels Regierungszeit drei Bundestagswahlen; alle drei hat sie gewonnen. Wahrscheinlich hätte sie auch die letzte Wahl ihrer Amtszeit gewonnen – wenn sie denn angetreten wäre. Nur einmal hat sie einem Mann – in diesem Fall Edmund Stoiber – den Vortritt gelassen, sodass dieser bei der Bundestagswahl 2002 als Kanzlerkandidat antreten konnte. Dafür hat sie im Gegenzug jedoch ihre parteiinterne Machtposition gesichert.

Angela Merkels Machtstrategie ist meist indirekt, auf Dauer und Zeit ausgerichtet: Sie zermürbt ihre Gegner, zwingt sie in die Defensive und begrenzt ihren Aktionsraum. Auf Angriffe und persönliche Anfeindungen geht sie in der Regel gar nicht erst ein, würdigt sie keiner Beachtung oder gar einer unmittelbaren Antwort. Nicht selten reagiert sie Tage später in anderem Kontext auf Vorwürfe der politischen Opposition. In den wenigen Fällen, in denen sie bei persönlichen Angriffen überhaupt beziehungsweise sofort reagiert, ist ihre Reaktion immer überraschend verständnisvoll, sodass sie den Gegner dadurch gleichzeitig demoralisiert. Er steht dann als der »Böse« da, als der, der unnötig in die Offensive geht und es scheinbar nur auf Konfrontation anlegt, statt Inhalte zu diskutieren. Damit nimmt sie ihm – und zugleich auch den Medien oder der Öffentlichkeit, die ansonsten vielleicht auf den Zug aufspringen würden – den Wind aus den Segeln. Sprich: Angela Merkel gelingt das, was wir uns alle wünschen, wenn wir angegangen werden – und wenn uns die wirklich schlaue Antwort, die gelassene, intelligente und vor allem überlegene (Nicht-)Reaktion erst drei Tage später unter der Dusche einfällt. So siegt Angela Merkel am Ende, indem sie die Konfrontation vermeidet; sie macht es so, wie es Sun Tzu, der chinesische Altmeister der Strategie, einst lehrte: Es kommt darauf an, ohne Kampf und Krieg zu siegen! Das spart nämlich Ressourcen und Kräfte, die man an anderer Stelle sinnvoller einsetzen kann.

Bei großen Kontroversen und in Auseinandersetzungen mit starken Gegnern wartet Angela Merkel deshalb auch ab, wie das Ganze verläuft. Sie steigt – bildlich gesprochen und getreu den chinesischen Strategemen – auf den Berg, um zunächst in scheinbarer Passivität den Kampf der Tiger zu beobachten. Dahinter steckt eine weise politische Maxime: Sollen sich doch die anderen gegenseitig zerfleischen, dann gibt's weniger Gegner, mit denen man sich am Ende selbst auseinandersetzen muss. Das braucht eine große innere Ruhe und Stärke, Geduld und emotionale Selbstkontrolle. Denn ganz ehrlich: Kritik oder persönliche Anfeindungen, gern gepaart mit Ignoranz oder Dummheit aufseiten dessen, der uns angreift, mit Selbstüberschätzung und -verblendung oder einer bewussten Herausforderung, gehen nicht spurlos an uns vorüber, auch nicht an Angela Merkel, selbst wenn sie nach außen den Anschein erweckt. Sich in einem solchen Moment zusammenzureißen und ruhig zu bleiben, vorauszuschauen, zu planen und eine intelligente, strategische Lösung zu finden, statt im Eifer des Gefechts die Nerven zu verlieren und emotional statt rational zu reagieren, das ist schon eine bewundernswerte Fähigkeit. Wahrscheinlich sogar weniger eine Fähigkeit, sondern mehr eine hart erarbeitete Leistung, denn die allerwenigsten von uns dürften als Mrs oder Mr »Teflon«, an der oder dem alles einfach abperlt, das Licht der Welt erblicken. Sicherlich: Wir alle unterscheiden uns individuell vom Gemüt und unserer emotionalen Disposition her – egal ob angeboren oder anerzogen –, wir reagieren unterschiedlich stark und erlernen in unserem familiären, gesellschaftlichen und kulturellen Umfeld auch, wie viel Emotionalität gang und gäbe oder eben nicht gang und gäbe ist. Aber dieses außerordentlich »coole« Abperlenlassen und Abwartenkönnen, das müssen die meisten von uns aktiv lernen; insofern ist es eine Leistung. Angela Merkel hat das Studium der Teflonbeschaffenheit auf jeden Fall summa cum laude abgeschlossen.

Große Erzählungen

Natürlich gibt es unterschiedliche Formen von Macht, abhängig davon, in welchem Bereich wir sie uns aneignen und einsetzen – und auch abhängig davon, zu welchem Zweck wir Macht nutzen. Politische Macht zu erringen, setzt zum Beispiel in der Regel eine mehrheits- und öffentlichkeitswirksame Erzählung voraus, ein politisches Leitnarrativ. Die Idee einer gerechten Welt und des »Fair Trade«, der Wunsch nach einem Europa als zivilgesellschaftliches Friedensprojekt oder als politischer Raum des guten, umweltbewussten Lebens mit Vorbildfunktion für die ganze Menschheit sind solche Erzählungen, die mehr oder weniger realitätsfest sind. In jedem Fall geht damit auch ein Legitimitäts- und Machtanspruch einher.

Politische Narrative sind immer Ausdruck der jeweiligen gesellschaftlichen Verhältnisse. Angela Merkel erkannte, dass es in einer zunehmend fragmentierten, digital geprägten Gesellschaft mit vielen sich in Konkurrenz befindlichen Sinnbildern auf Pragmatismus und Dialog ankommt. Das Sein bestimmt das Bewusstsein – diese alte Erkenntnis von Karl Marx trifft auch hier zu. Zu einem vergleichsweise reichen, überalterten und schwachen Europa passen die hier vorherrschenden, bewahrenden Narrative ganz gut. Aufsteigende Mächte wie China, die das internationale System in ihrem Sinne aktiv verändern und gestalten, haben Narrative mit anderen politischen Schwerpunkten. Man darf daher nicht übersehen, dass wir uns in einem permanenten Wettbewerb der politischen Narrative befinden. Dabei ging und geht es in der Regel nicht um Wahrheit, sondern darum, eine politische Entscheidung durchzusetzen. Ein Beispiel: Helmut Kohls Entscheidung für den Euro löste bekanntlich den D-Mark-Mythos der Deutschen ab. Die alte Erzählung der Nachkriegszeit und des Wirtschaftswunders wurde in ein neues, sinnstiftendes Narrativ der Einbindung Deutschlands in Europa überführt. Auch das finanzpolitische Engagement Angela Merkels für den Euro und das umstrittene Offenhalten der Grenzen angesichts der europäischen Flüchtlingskrise muss man in dem Kontext eines pro-europäischen Narrativs sehen. Gleiches gilt für ihr außenpolitisches Agieren in der Ukrainekrise nach der russischen Annexion der Krim 2014: Damals nahm sie stellvertretend für den Westen die politischen Zügel in die Hand, um schnell aus der damaligen militärischen Eskalationslogik herauszukommen und ein Waffenstillstandsabkommen zwischen den verfeindeten Parteien auszuhandeln. In der zweiten Ukrainekrise – richtiger: dem Krieg in der Ukraine – seit dem Überfall durch Russland im Februar 2022 und noch andauernd, während ich diesen Text schreibe, fehlt sie meines Erachtens als politische Führerin; und das unabhängig davon, was man über ihre Politik des »Wandel durch Handel« und die damit verbundene einstige Annäherung an Russland denkt. Stattdessen ist ein gefährliches Vakuum entstanden, gefüllt mit Kriegsrhetorik und dem Glauben an rein militärische Lösungswege aufseiten einiger führender Politiker. Das wäre Angela Merkel nie passiert.

Neben den unterschiedlichen Formen der Macht – wobei politische Macht wie beschrieben meist eine enge Symbiose mit einem passenden, weil machtgebenden oder machterhaltenden Leitnarrativ eingeht – unterscheiden sich natürlich auch die Mächtigen. Die, die Macht haben und ausüben. Die Unterschiede sind vielfältig. So übt ein Diktator eine andere Art von Macht aus als eine demokratisch gewählte Regierungschefin oder ein Manager in einem Unternehmen – nicht zuletzt deshalb, weil sie sich ihrer Macht unterschiedlich sicher sind und, das ist klar, unterschiedliche Ziele verfolgen.

Schwaches Geschlecht, lasche Führung? Frauen an der Macht

Doch schauen wir einmal auf einen der simpelsten Faktoren, der die Mächtigen unterscheidet: das Geschlecht. Wir alle kennen die oft zitierten Stereotype, mit denen weibliche Führungskräfte beschrieben werden: Frauen an der Macht seien unter anderem kooperativer, einfühlsamer, emotionaler, heißt es. Sie gelten gemeinhin als sensiblere Führungspersönlichkeiten und punkten mehr bei den sogenannten Soft Skills. Abgesehen davon, dass die Gefahr besteht, bei einer Diskussion über weibliche und männliche Führung in Klischees zurückzufallen oder sich sogar in ihnen zu verlieren, muss meines Erachtens eine ganz andere Frage gestellt werden: Selbst wenn Frauen sensibler, kooperativer, einfühlsamer und emotionaler führen, heißt das dann im Gegenzug zwangsläufig, dass sie bei den »harten« und eher den Männern zugeschriebenen Führungsthemen wie Führungsstärke, Durchsetzungsfähigkeit, Kompromisslosigkeit und Härte gegen sich selbst und gegenüber anderen schlechter aufgestellt sind? Eine kleine Anmerkung in diesem Zusammenhang: Elke Hoff, die ehemalige verteidigungspolitische Sprecherin der FDP im Bundestag, machte jede Menge praktische Erfahrungen zum Thema Female Leadership, kannte sich in der Welt der Militärs bestens aus und bewies hier eine hohe Durchsetzungskraft als Frau.

Wenn ich weiter in die Vergangenheit zurückblicke, fallen mir spontan Elisabeth I., Katharina die Große, Golda Meir oder Margaret Thatcher ein, die – zumindest für mich – nicht zur Gruppe der vermeintlich »weichen« Frauen gehören. Katharina, die große russische Zarin, ist nicht zuletzt wegen ihrer zahlreichen Liebhaber im – männlich geprägten – kollektiven Gedächtnis verankert; vielleicht auch, weil sie gegen ihren Mann, den russischen Zaren, putschte und den charakterlosen und intriganten Ehemann beseitigen ließ. Dass sie Russland zu einer europäischen Großmacht formte, Anhängerin der Aufklärung und mit Diderot und Voltaire befreundet war und sich große Verdienste erwarb bei der Reform der Verwaltung und des Bildungssystems, tritt dabei in den Hintergrund.

Die ehemalige israelische Ministerpräsidentin Golda Meir führte ihr Land durch den Jom-Kippur-Krieg, in dem es um Sein oder Nichtsein des jüdischen Staates ging. Über weibliche Führung sagte sie einmal: »Ob Frauen besser sind als Männer, kann ich nicht sagen. Aber ich kann sagen, sie sind sicherlich nicht schlechter.«

Margaret Thatcher, die »eiserne Lady«, war die erste Frau im Amt des englischen Premiers und die am längsten amtierende Premierministerin Englands – und übrigens auch die erste weibliche Regierungschefin Europas. Sie führte ihr Land kompromisslos, hart und siegreich im Falklandkrieg. Sie stand oft in der Kritik, auch motiviert durch ihren männlich wirkenden Führungsstil. Dazu sagte sie einmal sinngemäß: »Wenn Kritik unter die Gürtellinie zielt und persönlich wird, erkennt man, dass dem Kritiker die Argumente ausgegangen sind.« Kritik wegen ihres männlich wirkenden Führungsstils – das muss man sich einmal auf der Zunge zergehen lassen! Wäre ihr Führungsstil (vermeintlich) weiblich gewesen, hätte es dafür genauso Kritik gehagelt, dessen bin ich mir sicher. Und auch die Bezeichnung als »eiserne Lady«, die aufgrund ebendieses Führungsstils und ihrer konsequenten, oft als kompromisslos bezeichneten Politik ins kollektive Gedächtnis eingegangen ist – ist das nicht in gewisser Hinsicht dasselbe, wie Angela Merkels Beraterinnenteam abschätzig als »Girls' Camp« zu bezeichnen? Pikantes Detail: Soweit ich weiß, wurde die Bezeichnung »eiserne Lady« damals von russischer Seite durch die Medien geprägt – dort wusste man einiges über eiserne Führung, und doch war der Beiname als Spott gedacht, wenngleich er später wohl mit einem gewissen Respekt gebraucht wurde, jedoch und offensichtlich zähneknirschend.

Und dann wäre da noch Elisabeth I., deren Regentschaft – wenn auch mit einer gewissen Verklärung – als goldenes Zeitalter bezeichnet wird. Sie löste Englands Kirche vom Einfluss Roms und beendete die religiösen Wirren und größten Unruhen im Land. Sie sorgte dafür, dass ein verarmtes und zerrissenes England zu neuem Selbstbewusstsein fand, wirtschaftlich aufblühte und sich zur Seemacht entwickelte. Allen Widersachern und Intrigen zum Trotz schaffte sie es, mehr als vier Jahrzehnte an der Macht zu bleiben. Sie baute einen Kult um sich, die »Virgin Queen«, auf, sprach nebenbei sechs Sprachen, musizierte, übersetzte antike Philosophen, förderte Musik, bildende Kunst und Literatur und war bekannt dafür, heftig zu fluchen. Übrigens sollen die Freiheiten, die Frauen im elisabethanischen England genossen, bemerkenswert gewesen sein, zumindest im zeitgenössischen Vergleich mit anderen europäischen Ländern.

Dass diese Frauen – Katharina die Große, Golda Meir, Margaret Thatcher und Elisabeth I. – sich nicht durchsetzen konnten oder nicht »hart« und entschlossen genug waren, kann man wahrhaftig nicht behaupten. Ich vermag natürlich nicht mit Bestimmtheit zu sagen, auf welche Art und Weise diese Frauen ihre Ziele durchgesetzt und erreicht haben, aber grundsätzlich glaube ich, dass man – beziehungsweise frau – durchaus hart und entschlossen führen kann; nur geht das eben auch, ohne den (männlichen) Vorschlag- oder Holzhammer auszupacken: Nach meinen Erfahrungen setzen Frauen in Führungsfunktionen eher auf Kooperation und Teamwork, während Männer mehr von ihrem Ego und einer Ellenbogenmentalität getrieben sind. Frauen sehen Macht eher als Mittel, ihre Ziele durchzusetzen, und nicht als Selbstzweck oder Vehikel, die eigene Machtfülle zu demonstrieren, wie es männliche Führer gern tun. Angela Merkel steht dafür in ihrem funktionalen Outfit und ihrem eher kooperativen Führungsstil, im Gegensatz zu beispielsweise Gerhard Schröder in seinen maßgeschneiderten, teuren Anzügen mit Cohiba-Zigarre und »Basta-Mentalität« und so manchen überheblichen, schlichtweg dummen Äußerungen wie Lehrer seien »faule Säcke«.

Auf den Hund gekommen

Stichwort Ego: Eine der männlich-überheblichsten und meiner Meinung nach unverschämtesten Machtdemonstrationen (unabhängig davon, ob gegenüber einem weiblichen oder männlichen Staatsoberhaupt oder überhaupt gegenüber einem anderen Menschen) hat die Kanzlerin einmal bei einem Besuch bei Wladimir Putin erleben müssen: Der russische Machthaber erlaubte seiner Labradorhündin Koni, an der Kanzlerin herumzuschnüffeln. Und das, obwohl (oder besser: weil) Putin von den Ängsten der Kanzlerin vor Hunden wusste – Ängste, die noch aus ihrer Jugendzeit stammten. Putin wollte auf eine für ehemalige Nachrichtendienstoffiziere typische, eher eindimensionale und einfache Art zeigen, dass er als ehemaliger Geheimdienstler alles wusste – und dass er bereit war, dieses Wissen zur Einschüchterung und Machtausübung auch zu nutzen. Übrigens wurde »Putins sadistische Ader« – zumindest was das Merkel-Beschnüffelnlassen anging – später als Verschwörungstheorie abgetan. Koni sei doch vor allem bekannt dafür, bei Pressekonferenzen den Journalisten die Kekse wegzufressen, und würde vor Merkel stets brav Platz machen.[8] Ich weiß nicht, wie brav Koni war oder nicht war, aber wer bei der Anwesenheit von Hunden zusammenzuckt, mögen sie noch so lieb und folgsam sein, sollte nicht wissentlich einer solchen Situation ausgesetzt werden. Wird er – oder in diesem Fall: sie – es doch, so ist es eine bewusste Machtdemonstration und Provokation und kein unschuldiger Fauxpas; erst recht nicht, wenn das Herrchen Putin heißt.

Angela Merkel hatte es nie nötig, Hunde (oder Sonstiges) auf ihr Gegenüber loszulassen, egal ob Widersacher oder nicht. Es ist ihr auch so immer gelungen, ein kraftvolles Zeichen zu setzen, eine Demonstration ihrer Macht. Nur sind Merkels wichtigste Machtinstrumente ihr messerscharfer, analytischer Verstand und ihr ständiger Informationsvorsprung: Sie weiß Bescheid, behält den Überblick über alle Argumente und kennt selbst die kleinsten inhaltlichen Details. Wohlgemerkt: die *inhaltlichen* Details, nicht die *intimen* Details, falls hier jemand zu schnell gelesen hat. Angst vor Hunden, Panik vor Höhen, Sorgen vor rationalen oder irrationalen Schreckgespenstern – auf das Niveau, solche intimen Details auszunutzen, um die eigene, vermeintliche Überlegenheit zu demonstrieren, ist Angela Merkel nie gesunken. Auf lange Sicht lässt sich Macht so auch nicht sichern. Natürlich, Putin hatte gezeigt, dass er vieles über die Kanzlerin

---

[8] https://www.faz.net/aktuell/feuilleton/hund-und-herr-was-putin-an-koni-schaetzt-11055704.html
Stand: 30. März 2023

wusste und – offensichtlich – so einiges an Informationen über sie hatte ausgraben können. Aber was sollte er ihrer Macht damit anhaben können? Nichts. Eine solche Art der Einschüchterung funktioniert nur (und selbst dann nicht immer), wenn es etwas auszugraben gibt, das besser begraben bleibt.

Klug, informiert und besonnen

Ich habe es bei Verhandlungen und internationalen Konferenzen oft erlebt, dass Angela Merkel besser und umfassender informiert war als ihre vornehmlich männlichen Kollegen. Das ist sicherlich zum Teil ihrer permanenten Echtzeitkommunikation mit ihrem Mobiltelefon zu verdanken. Sie kann kompetent mit einem reden und parallel mit einem anderen zu einem anderen Thema via Handy kommunizieren und dadurch ihren Informationsvorsprung ständig weiter ausbauen. Das kann nicht jede:r. Information ist eine starke Waffe (darauf hat ja auch Putin mit seiner Hündin gesetzt), wenn man sie intelligent einsetzt (darauf hat er eher nicht gesetzt)!

Kleine Randnotiz: Bei der Kommunikation via Handy ist Angela Merkel übrigens nie fahrlässig oder impulsiv. Nie würde ihr der Fehler eines früheren Bundespräsidenten unterlaufen, eine höchst emotionale und undifferenzierte Nachricht auf der Mailbox eines Journalisten zu hinterlassen. Auch so sichert man nämlich Macht: Indem man weniger Angriffsfläche bietet und mit der Ruhe auch die eigene Integrität bewahrt. Überhaupt: Kontroverse, von Journalisten gern überspitzte Formulierungen gab und gibt es bei Angela Merkel nicht. Deshalb konnten ihr auch die Wikileaks-Affäre oder das Abhören ihres Handys von einem befreundeten Nachrichtendienst nichts anhaben. Für Außenstehende und Menschen, die nicht gerade mit dem jeweiligen Thema befasst sind, sind ihre gesprochenen und geschriebenen Texte sowieso nur sehr schwer verständlich; sie sind inhaltlich kaum nachvollziehbar, weil zu tief und detailliert im Thema, und weder rechtlich noch sachlich angreifbar. Der Adressat selbst weiß jedoch genau, was Angela Merkel meint und sagen will.

Anders als Angela Merkel, die sämtliche Informationen sammelt und verarbeitet, bevor sie sie – sinnvoll – einsetzt, scheinen Männer in leitenden Funktionen oft schneller in ihren Entscheidungen zu sein. Sie sind oft weniger darauf fokussiert, *erst* alle Informationen zu sammeln, um *dann* auf dieser Basis eine Entscheidung zu treffen. Ob diese Entscheidungen im Nachhinein falsch sind oder nicht, ist eine andere Frage. Gerade im Militär, immer noch eine Domäne der Männlichkeit, mussten wir als junge Offiziere lernen, dass »falsche Entscheidungen besser sind als keine Entscheidungen« – ein Grundsatz, der große Probleme schaffen kann und den ich später im politischen Bereich als militärpolitischer Berater der Bundeskanzlerin unmöglich eins zu eins umsetzen konnte.

Ich habe in meiner späteren Laufbahn also den (Macht-)Wert von Informationen und informationsbasierten Entscheidungen erkannt und verstanden, auch durch den Einfluss Angela Merkels. Und doch assoziieren wir mit energischer Führung in der Regel Dominanz und Alpha-Mentalität sowie ein gewisses Maß an Direktheit oder Offensivität nebst einem Hang zum Risiko. Diese Eigenschaften werden in der Regel den Männern zugeschrieben. Natürlich: Diese Eigenschaften scheinen nicht unwichtig zu sein, um in sehr hohe politische Ämter und Posten oder in die CEO-Ebene von Unternehmen aufzusteigen. Man darf diese Eigenschaften auf keinen Fall unterschätzen. Aber sie sind eben nicht alles, wenn es darum geht, gut und zielorientiert zu führen und nicht nur das eigene Machtstreben auf der Karriereleiter zu befriedigen.

Genau hier besteht gerade für junge, ambitionierte Frauen die Gefahr, in die Falle zu tappen, indem sie versuchen, diese

Art von männlichen Verhaltensweisen und Einstellungen zu kopieren, anstatt authentisch zu bleiben und sich (auch) auf tendenziell eher weibliche Fähigkeiten und Eigenschaften zu verlassen, wenn es um den Erwerb von Machtpositionen geht. Oben habe ich von Stereotypen gesprochen, denen man nicht verfallen sollte, auch wenn ich meine, dass Frauen tatsächlich viele unerlässliche Soft Skills mitbringen. Auch auf die Gefahr hin, mich zu wiederholen: Frauen in Führungsfunktionen – so habe zumindest ich es erlebt – erscheinen mir nicht selten taktvoller, kooperativer und kommunikativer, offener für Innovationen und sicherlich auch einfühlsamer und geduldiger.

Hochgeklettert, um oben zu bleiben: Ellenbogen und Soft Skills

Gerade in einer Zeit der Globalisierung und der internationalen Zusammenarbeit sind diese – dem Klischee nach – eher weiblichen Eigenschaften sehr wichtige persönliche Qualitäten einer wirklich guten politischen Führungskraft. Das Gleiche gilt für Manager:innen, die auf hoher Ebene agieren, sowie für hochrangige politische Entscheidungsträger:innen, zumindest in nicht-autokratischen, demokratischen politischen Systemen.

Andererseits scheinen diese Qualitäten allein nicht unbedingt zu genügen (und manchmal vielleicht sogar hinderlich zu sein), wenn man sich Macht aneignen und politisch aufsteigen will – hier unterscheide ich bewusst zwischen dem anfänglichen Machtaneignen und dem späteren Machterhalt, denn die Fähigkeiten, die es dafür jeweils braucht, sind unterschiedlich. Die eher männliche Ellenbogenmentalität mit all ihrem Drum und Dran ist bei der Machtaneignung nicht zu unterschätzen. In dem Film »Der Pate« sagt Don Corleone: »Power is not given, it's taken.« Macht wird nicht gegeben, sie wird genommen. Ich würde sagen, dass dies eine sehr männliche Sichtweise, aber eben auch eine durchaus erfolgreiche Art ist, Führung zu bekommen, nicht nur im politischen Bereich. Es ist, wie gesagt, eine erfolgreiche Vorgehensweise, aber natürlich nicht die einzige. Angela Merkel hat es bekanntlich anders gemacht und keinen »direct approach« gewählt, sondern eine eher indirekte, subtilere und prozessorientierte Vorgehensweise. Zugreifen und nehmen musste sie natürlich trotzdem – sie hat nur anders darauf hingearbeitet.

Das Problem ist bloß: Wenn man es einmal an die Macht geschafft hat, braucht es verstärkt andere Eigenschaften als das männliche Alpha-Gehabe, das uns die Karriereleiter hinaufhilft. Viele männliche politische Führungspersönlichkeiten, die mit den oben genannten persönlichen Eigenschaften politisch aufgestiegen sind, behalten diese jedoch später im Amt bei. Sie handeln und verhalten sich so, wie sie es während ihres politischen Aufstiegs als erfolgreich erlebt haben. Wie wir alle wissen, ist das nicht immer optimal. Und man kann sich auch irren: Angela Merkel wurde meines Erachtens gerade zu Beginn und auch während ihres politischen Aufstiegs von ihren männlichen Konkurrenten nicht ernst genommen und immer wieder unterschätzt, weil sie eben nicht so agierte wie man(n) es gewohnt war. Ich bin sicher, dass sie sich dessen bewusst war und diese männliche Wahrnehmung während ihres Aufstiegs und für ihren Aufstieg genutzt hat.

Die Corona-Pandemie und der Umgang damit haben übrigens einige wunderbar anschauliche Beispiele hervorgebracht für die männliche »Auf den ersten Blick schnell, stark und aggressiv, aber auf den zweiten Blick vielleicht doch viel heiße Luft dahinter«-Herangehensweise. So zeigten zum Beispiel Donald Trump und Boris Johnson zu Beginn der Krise ein typisch männliches Verhalten, als sie sich zunächst so inszenierten, als hätten sie keine Angst vor einer Infektion, und sich kurze Zeit später beide im Krankenhaus auf der Intensivstation wiederfanden.

Oder ein deutscher Ministerpräsident, der mit Blick auf die Corona-Restriktionen von »Wir haben die Corona-Restriktionen satt« sprach. »Ja, prima, aber wie geht's stattdessen weiter?«, möchte man darauf gern erwidern, denn Corona verschwindet ja nicht einfach deshalb, weil man(n) bitte wieder ohne Mundschutz und ohne Einschränkungen durch die Gegend zu spazieren wünscht. Dieses testosterongesteuerte Vorgehen entspricht natürlich eher einem maskulinen Politikstil. Angela Merkel – und auch eine Mehrzahl der Bürgerinnen und Bürger, die selbst angesichts von Lockdowns, harten Einschränkungen, wütenden Impfgegnern und verharmlosenden Spaziergängern ihre Mitmenschlichkeit, die Nerven und nicht zuletzt den gesunden Menschenverstand behalten haben – würde so etwas nie sagen oder in ähnlicher Weise argumentieren.

Auf der anderen Seite haben der Nachfolger von Donald Trump, Joe Biden, sowie Boris Johnson und Benjamin Netanyahu die Durchimpfung der Bevölkerung in einem sehr maskulinen, nicht zu verachtenden »top down«-Ansatz vorangetrieben. Dafür sind sie übermäßige politische Risiken eingegangen, etwa beim Datenschutz oder bei Gesundheitsstandards. Das Gleiche gilt für Viktor Orban, der unter Missachtung der EU-Zulassungsregeln Impfstoff aus Russland und China importierte. Das aus strukturellen, rechtlichen und verfassungsrechtlichen Gründen schwierige »Durchregieren« in Deutschland und auch innerhalb der EU wurde und wird dagegen von vielen als schwach, langsam und ineffizient empfunden – unabhängig davon, ob ein Mann oder eine Frau an der Spitze steht.

Zusammenfassend würde ich sagen, dass es Frauen mit einer eher weiblichen, ausgleichenden Art schwerer haben, Machtpositionen zu erlangen, als Männer mit einer aggressiven Durchsetzungskraft und männlichen Ellenbogenmentalität. Genau diese stereotypisch eher Männern zugeordneten Eigenschaften sind in der Regel jedoch ungeeignet, um an der Macht zu bleiben: Um die erlangte Macht zu erhalten, braucht es schließlich die Führungsfähigkeit, gegenteilige Positionen auszugleichen, Interessen und Handlungsoptionen auszubalancieren und kooperative Formen der Entscheidungsfindung zu etablieren. Hier sind die indirekten Formen der Machtausübung gefragter als der männlich-fokussierte »direct approach«.

Die dunkle Seite der Macht und wie sie Frauen daran hindert, die Welt zu gestalten

Sandra Cegla

Es ist mitten in der Nacht. Wir stehen an der Rezeption eines Krankenhauses, mein Kollege von der Kriminalpolizei und ich. Er gehört zu den erfahrenen Kriminalpolizisten, die schon seit Jahrzehnten im Dienst sind, ich bin gerade erst aus dem Studium gekommen und lerne seit einigen Monaten die Feinheiten der praktischen Polizeiarbeit von ihm.

Die Rezeptionsmitarbeiterinnen sind beschäftigt, sehen aber besorgt auf, als mein Kollege sich mit seinem Namen vorstellt. »Wir sind von der Kriminalpolizei und wegen der Leichensache Seidel hier.« Die Frau hinter dem Tresen wird ganz still. »Die Angehörigen wissen noch nichts«, flüstert sie, obwohl es keinen Grund zum Flüstern gibt. »Oh«, entfährt es meinem Kollegen.

Er greift zum Telefon und ruft die Familie an. Der Verstorbene ist gerade einmal fünfzig Jahre alt geworden. Er hinterlässt eine Ehefrau und zwei minderjährige Kinder. Er hat als Nachtwache in einem Museum gearbeitet und ist mit einem Herzinfarkt zusammengebrochen. Als er schließlich gefunden wurde, kam jede Hilfe zu spät. »Frau Seidel, hier spricht Mannske von der Berliner Kriminalpolizei. Ich muss Ihnen leider mitteilen, dass Ihr Mann heute Nacht verstorben ist. Es tut mir leid.« – »Hm.« – »Nein, es ist keine Verwechslung.« Stille.

Frau Seidel am anderen Ende der Leitung beginnt plötzlich zu schreien. So laut und schmerzerfüllt, dass ich nicht nur erschrocken zusammenzucke, sondern mir auch das Blut in den Adern gefriert. Mein Kollege telefoniert mit einem Festnetztelefon – ohne Lautsprecher. Zudem stehe ich einige Meter von ihm entfernt. Und doch schreit und weint sie so laut, dass es sich beinahe so anhört, als befände sie sich mit uns im Raum. Ich fühle ihren Schmerz. Es ist eine jener Situationen in meinem Leben, der ich nichts entgegenzusetzen habe. Ich kann rein gar nichts tun, um sie zu verändern, ich kann sie einfach nur ertragen.

Wir führen die Leichenschau durch. Der Verstorbene liegt auf der Station des Krankenhauses, auf der wir uns befinden, doch er ist bereits auf dem Weg dorthin im Krankenwagen gestorben. Die kriminalpolizeiliche Leichenschau umfasst, dass wir den toten Körper ausgiebig nach offensichtlichen Verletzungen oder auffälligen Veränderungen ansehen, die Leiche drehen, Bilder anfertigen und einen Bericht schreiben. Wir tun das gemeinsam, im Team. Das, was sich hier im Beamtendeutsch »Leichensache« schimpft, ist in Wahrheit das Ende eines Menschenlebens. Vor wenigen Stunden hat dieser Mann noch gelebt. Er hat geatmet, seinen Alltag gelebt, geliebt. Gegessen, seine Kleidung ausgewählt, seiner Ehefrau einen Abschiedskuss gegeben. Seinen Kindern mehr Zeit versprochen. Sich auf den nächsten Urlaub gefreut. Jetzt liegt er hier. Kalt, leblos, atemlos. In einem sterilen Krankenhausbett, in Eile aus seiner Kleidung herausgeschnitten. Ich sehe mir alle Details seines Körpers an, einschließlich der Stellen, die sonst nur seine Ehefrau sieht, und schäme mich dabei. Seine letzten Minuten hat er allein verbracht, niemand konnte sich von ihm verabschieden, und auch umgekehrt hat er nicht Abschied nehmen können.

Ich spüre ein leises Zittern in mir aufsteigen, begleitet von Schwäche. Wie geht es bloß seiner Ehefrau jetzt? In nur einer

Sekunde hat sich ihr ganzes Leben verändert. Mein Kollege ist konzentriert bei der Arbeit, dokumentiert und spricht seine Beobachtungen vor sich hin. Ich schreibe alles mit. Ihm fällt offensichtlich auf, dass ich blass bin. Das sehe ich in seinem Blick, denn er zögert kurz, als er mich ansieht. Aber er sagt nichts. Dann sind wir fertig. Wir treten auf den Krankenhausflur. Ein Geruchs-Cocktail aus Kantinenessen, Medikamenten und Kot schlägt mir entgegen. Ein Säugling weint. Laut, verzweifelt, einsam. Das alles gibt mir den Rest. Tränen steigen in mir auf, mit einer Wucht, dass ich sie nicht mehr stoppen kann. Ich weiß, dass ich weinend zusammenbrechen werde oder dass mir der Kreislauf versagen wird – eines von beidem wird mit Sicherheit passieren. Aber ich bin außerstande, mich zu bewegen oder etwas zu sagen. Ich habe keine Kontrolle mehr über meinen Körper. Selten in meinem Berufsleben habe ich mich so machtlos, ausgeliefert und von meinem Teampartner abhängig gefühlt.

Mein Kollege reagiert sofort. Er öffnet mehrere Türen und findet in Windeseile ein leeres Zimmer. »Was in diesem Raum passiert, bleibt in diesem Raum.« Mit diesen Worten schließt er die Tür hinter mir, und es bricht aus mir heraus.

Wenn Sie eine Frau nach dem Thema Macht fragen, werden Sie mit hoher Wahrscheinlichkeit eine Geschichte über Machtlosigkeit oder schlimmstenfalls sogar Machtmissbrauch von ihr erzählt bekommen. Auch mir sind über viele Jahre meines Lebens hinweg zu diesem Themenkreis überwiegend Erfahrungen eingefallen, in denen ich mich machtlos und ausgeliefert gefühlt habe. Aus meinen Gesprächen und Coachings mit Frauen habe ich immer wieder mitgenommen, dass sie den Begriff »Macht« ausgesprochen häufig mit »Machtmissbrauch« assoziieren, einhergehend mit Dominanz, Ausbeutung oder sogar Gewalt. Mit jenem Todesfall, den ich anfangs geschildert habe, habe ich ein Beispiel gewählt, das alle Geschlechter gleichermaßen trifft: den Tod. Ich finde dieses Beispiel deshalb besonders passend, weil ich damals höchst persönlich einen starken Kontrollverlust mitten im Dienst in meiner Rolle als Kriminalbeamtin erlebt habe, und das bei einem Thema, das mir wie kein anderes den Atem nimmt – der Tod. Für mich der Inbegriff der Machtlosigkeit. Beim Thema Macht sollten wir jedoch im Hinterkopf behalten, dass es sich hier besonders für Frauen häufig um ein geschlechtsspezifisches Empfinden von Machtlosigkeit handelt, das aus dem Machtmissbrauch im Rahmen von Gewalterfahrungen durch Männer resultieren kann.

Der Begriff »Macht« bekommt damit für viele Frauen, egal ob bewusst oder unbewusst, eine negative Färbung, die für sie folglich in keiner Weise erstrebenswert ist. Weder im Privaten noch im Beruf. Wer Macht jedoch ablehnt, begibt sich damit automatisch in die Opferrolle und verharrt vermutlich so lange dort, bis es irgendwann nicht mehr auszuhalten ist und ins Gegenteil umschlägt. Oder bis die eigene Lebensenergie im Jammermodus verebbt.

Macht ist aus unserem Leben jedoch nicht wegzudenken. Macht als Form der Selbstwirksamkeit, des Gestaltens, des Sich-Ausdrückens und selbstverständlich auch der Durchsetzungsfähigkeit im Beruf. Gerade in der Führung ist Macht zum einen damit verbunden, anderen den eigenen Stil anzubieten, selbstsichere Entscheidungen zu treffen, trotz Kritik der eigenen Linie treu zu bleiben und im Auftreten offenen Anfeindungen die Stirn zu bieten. Zum anderen geht sie aber auch mit eindeutigen Macht- und Statussymbolen einher, die je nach Berufsfeld und Branche extrem variieren. Angefangen beim Firmenwagen, der direkt vorm Eingang geparkt wird, über den Lunchtermin mit dem CEO bis zur Rangordnung im Meeting oder der Größe des Büros. Position, Verhalten, Kleidung, Kommunikation, Kontakte und viele weitere Details sprechen eine deutliche Sprache in Bezug darauf, wie viel Macht jemand innerhalb einer Organisation hat und über andere ausüben kann.

Wenn Frauen also tendenziell eher eine innere Abneigung gegenüber dem Thema Macht empfinden, werden sie sich auch weniger lustvoll mit Fragen rund um die nächste Beförderung, den dicken Dienstwagen, den nächsthöheren Rang oder auch andere Symbole der Macht auseinandersetzen. Sie sprechen nicht mit anderen darüber oder wetteifern wie ihre männlichen Kollegen, sondern verbringen ihre Zeit lieber hinterm Bildschirm und arbeiten. Irgendwann werden sie dort schon entdeckt werden. Gute Arbeit setzt sich bestimmt durch. Während ihre männlichen Kollegen zum Chef laufen und die Erfolge der Frauen als ihre eigenen verkaufen.

Macht bedeutet neben Statussymbolen aber auch, in Meetings in den Vordergrund zu treten und mit anderen um das Wort zu streiten. Den eigenen Redeanteil zu erhöhen, Widerspruch zu leisten, wenn es nötig ist, und sichtbar zu werden. Für andere einzutreten. Und genau das können Frauen naturgemäß sehr gut. Es gibt also überhaupt keinen Grund für uns Frauen, das Thema Macht in einem negativen Kontext zu sehen. Denn positiv und gesund gelebt, verleiht uns Macht ungeahnte Kräfte, besonders in der Führung. Es ist also auch für uns Frauen höchste Zeit, auf gesunde und lustvolle Weise die Sprache der Macht zu lernen.

Nachdem ich das an einem Wendepunkt in meinem Leben für mich erkannt und festgestellt hatte, passierte Folgendes:

Es war genau sechs Uhr morgens an einem grauen Wintertag. Wir standen vor einem mehrgeschossigen Wohnhaus, mitten in den Häuserschluchten von Berlin-Neukölln. Die Wände waren mit Graffiti beschmiert, Müll lag auf dem Gehweg und hing in den Bäumen. Ganz offensichtlich wohnten hier Menschen, denen der Weg zur Mülltonne zu weit war. Sie warfen ihren Müll einfach aus dem Fenster. Es war dunkel und ich sah nach oben. Keines der Fenster war beleuchtet. Das war ein gutes Zeichen für uns. Die Welt schlief noch.

Die Einsatzkräfte des SEK waren schon vor uns mit zwei Wannen – so nannten wir die großen Einsatzwagen im »Polizeideutsch« – eingetroffen. Bewusst hatten wir uns zwei Häuserblocks vom Einsatzort entfernt verabredet. Groß gewachsene, durchtrainierte Männer in dunklen Kampfanzügen legten ihre Ausrüstung an. Hoch konzentriert, unter Spannung, niemand redete. Es war keinesfalls mein erster Einsatz dieser Art. Dennoch spürte ich wie jedes Mal eine tiefe Ehrfurcht in mir aufsteigen; erneut wurde mir der Ernst der Lage bewusst. Gleich würde es hart zur Sache gehen, und das nicht ohne Grund. Heute Morgen würden wir einem Gewalttäter einen Besuch abstatten, der vor einigen Wochen in einer nächtlichen Auseinandersetzung zwei Personen mit einem Messer schwer verletzt und einer weiteren eine Schusswaffe an den Kopf gehalten hatte. Genau diese Schusswaffe suchten wir jetzt. Ich hielt meine Akte in der Hand, darin befand sich der Durchsuchungsbeschluss vom Richter. Der Truppführer kam auf mich zu, ein beeindruckend stark wirkender Mann, zielstrebig, gelassen. Wenn in unseren Teambesprechungen im Kommissariat nach Unterstützung für SEK-Einsätze gefragt wurde, gingen besonders die Hände der Kolleginnen hoch. Ich gehörte normalerweise auch zu den Frauen, die sich freiwillig als Unterstützung für SEK-Einsätze anboten, was so viel bedeutete wie: eine klar umrissene, einfache Aufgabe am Einsatzort auszuführen. Heute allerdings war ich die Einsatzleiterin. Das wiederum hieß, dass ich in meinem Fall umfangreiche Ermittlungen geführt und auch den gesamten Einsatz geplant hatte. Das SEK hatte ich als Unterstützung angefordert und eingewiesen, um meinen Einsatz abzusichern. Eine solche Absicherung war immer dann notwendig, wenn ich davon ausgehen musste, dass mindestens eine scharfe Schusswaffe bei dem Täter im Spiel war, bei dem wir durchsuchten.

Wir erörterten letzte Fragen zum Sachverhalt, zu den erwarteten Personen in der Wohnung, zu deren kriminellen

Hintergründen, zu den Waffen, den Gefahren. In den letzten Wochen hatte ich alle Ermittlungen durchgeführt, die mir möglich waren, sodass ich jedes schmutzige Detail über den Täter kannte; seine Mittäter, den Grundriss der Wohnung, seine Lebensgewohnheiten und vieles mehr. Das würde mir im Umgang mit ihm, besonders in der späteren Vernehmung, zugutekommen.

Der Truppführer hielt seine Sturmhaube in der Hand. Während seine Männer bereits vermummt waren, hatte ich Gelegenheit, in sein Gesicht zu sehen. Mir gegenüber wirkte er weich, aufmerksam, wissend. Später im Einsatz würde ich ihn an seinen Augen und seiner Stimme erkennen. Jetzt stellte er gezielte Fragen und erklärte mir das Vorgehen seines Teams, sodass ich gleich, wenige Minuten später, den richtigen Moment erkennen würde, um den Einsatzort zu betreten. Dann nämlich, wenn Sicherheit hergestellt war. In seiner Gegenwart fühlte ich mich sicher. Er war einer jener Männer, die einen starken Körper und ein starkes Mindset haben. Er beeindruckte mich. Jetzt konnte nichts mehr schiefgehen. Denn das, was uns bevorstand, erforderte neben strategischem Vorgehen, viel Detailwissen und gültigen Rechtsgrundlagen auch reine Muskelkraft und wirklich harte Männer, die zu allem entschlossen waren. Falls übrigens an dieser Stelle ein:e Leser:in über die »wirklich harten Männer« stolpert: Wirklich harte Frauen wären natürlich auch eine Option gewesen – nur waren sie (und sind es wahrscheinlich noch) beim SEK rar gesät. Grundsätzlich glaube ich jedoch, dass ich mich mit der Unterstützung eines identisch trainierten, vergleichbar martialisch auftretenden und entschlossenen weiblichen SEK-Teams genauso sicher gefühlt hätte. Für Männer in meiner Position gilt das vielleicht nicht – immerhin haben die meisten von ihnen gelernt zu denken, dass Männer das harte und Frauen das weiche Geschlecht sind. Und wie soll man(n) sich von jemandem beschützen lassen, der beziehungsweise die vermeintlich schwächer ist? Hätte ein Mann die Wahl zwischen einem männlichen und einem weiblichen SEK-Team, würde er wahrscheinlich den Männertrupp wählen, da bin ich relativ sicher. Aber was würden Frauen wählen? Was würde ich wählen? Und würden wir unsere Entscheidung intuitiv oder gestützt von – falls überhaupt vorhanden – rationalen Argumenten treffen? Eine spannende Frage, wie ich finde, die hier aber zu weit vom Thema wegführt. Also zurück zu meinem Einsatz:

Das SEK-Team setzte sich in Bewegung; gemeinsam mit meinen Kollegen folgte ich dem Trupp. Wir waren zu viert, trugen zivile Kleidung und würden, gleich nachdem das SEK Sicherheit hergestellt hatte, nach Beweisen und Tatmitteln suchen. Wir waren das Ermittlungsteam. Ich trug eine Jeans, einen Rollkragenpullover und schwarze Stiefel mit hohen Absätzen. Mit ihnen fühlte ich mich größer, stärker, selbstbewusster und – weiblicher. An meinem Gürtel waren genau wie bei meinen Kollegen Pistole, Reizgas und Handschellen befestigt. Alles griffbereit und die Handhabung unzählige Male im Training geübt – Gott sei Dank hatte ich noch nichts davon jemals ernsthaft im Einsatz nutzen müssen. Die Spezialeinheiten leisteten schließlich exzellente Arbeit.

Wir hatten den Hausaufgang erreicht, in dem sich die Wohnung des Täters befand. Alles war ruhig. Einer der Männer im Kampfanzug öffnete geräuschlos und wie durch Zauberei die verschlossene Zugangstür zum Haus. Eine seiner leichtesten Übungen. Elf furchterregende, vermummte Männer mit Helmen, massiven Schutzschilden und kugelsicheren Schutzwesten, die das SEK-Team noch martialischer wirken ließen als zuvor beim Aufrüsten, verschwanden in Windeseile im dunklen Hausflur. Still und leichtfüßig, in einer Art und Weise, die ihr Anblick niemals vermuten ließe. Dies war stets ein Moment, der mir einen Schauer über den Rücken jagte. Denn ich wusste, was gleich geschehen würde. »Die sind alle wegen mir hier«, schoss es mir kurz durch den Kopf. Immerhin hatte ich das alles veranlasst.

Wenige Sekunden später rumpelte es gewaltig. Im Geist verfolgte ich anhand der Geräusche, wie die Polizisten des SEK jedes einzelne Zimmer stürmten und alles zu Boden brachten, was sich ihnen in den Weg stellte. Ich hatte den Grundriss der Wohnung im Vorfeld ausgiebig studiert und kannte auch hier jedes Detail. Einen Hund gab es nicht, da war ich mir sicher. Niemals wollte ich erleben müssen, dass ein Tier im Einsatzgeschehen erschossen wurde.

Es war so weit. Der Durchsuchungsort war gesichert und das gespannte Warten hatte ein Ende. Wir gingen die Treppen hinauf, allen voran mit dem Durchsuchungsbeschluss in der Hand: ich. Als wir die Wohnung betraten, bot sich uns ein gewohntes Bild. Alle Zimmertüren waren weit offen, leichte, kampfbedingte Unordnung, der Beschuldigte lag mit auf dem Rücken gefesselten Händen auf dem Boden. Eine große Lache im Bereich seines Beckens deutete darauf hin, dass er unter sich gemacht hatte. Wir hatten ihn offensichtlich aus dem Tiefschlaf geholt. In diesem Zustand konnte das Vorgehen des SEK von ihm nur als rohe Gewalt wahrgenommen worden sein. Einen Moment lang spürte ich Mitleid. Er war ein junger Mann mit großen, unschuldigen Augen und hatte sicher wie alle anderen Menschen auch ein Bedürfnis nach Liebe und Nähe. Dann fiel mir seine Gewalttat wieder ein. Zwei schwer verletzte Opfer und mindestens ein Mensch in Todesangst, der direkt in den Lauf einer Schusswaffe hatte blicken müssen. Zweifelsohne hatte dieser am Boden liegende junge Mann in jener Situation keine Liebe und Zuneigung gesucht und auch nicht verbreitet. Mit aufkeimender Wut im Bauch stieg ich mit meinen Absätzen über ihn hinweg und deutete dem Kollegen im Kampfanzug mit einer Geste an, den Tatverdächtigen auf das Sofa zu setzen. Ich spürte kein Mitleid mehr. Der Gefesselte fluchte in einer Sprache vor sich hin, die ich nicht verstand. »Verstehen Sie Deutsch?« Der Beschuldigte nickte. Dies schien nicht der erste Einsatz dieser Art zu sein, den er erlebte. Er kannte seine Rechte also vermutlich. Dennoch belehrte ich ihn darüber, dass er Beschuldigter in einem Ermittlungsverfahren sei, eröffnete ihm den Tatvorwurf und erklärte ihm die Rechtsgrundlagen.

»Wo haben Sie Ihre Schusswaffe gelagert?«, fragte ich ihn. »Wir durchsuchen jetzt alles, aber wenn Sie uns das verraten, können wir das Ganze etwas abkürzen«, erklärte ich in scharfem Ton. Selbstverständlich äußerte er sich dazu nicht, aber das hatte ich auch nicht erwartet. Das SEK verabschiedete sich, seine Aufgabe war erledigt. Die Kollegen meiner Dienststelle begannen mit der Durchsuchung. Schränke, Schubkästen, Kisten, alles, was uns in die Hände fiel, wurde systematisch in Augenschein genommen. Im Bett, unter der Matratze, in der Verkleidung der Badewanne oder im Spülkasten waren beliebte Verstecke für Waffen, Messer, Drogen oder die Beute aus Straftaten. Wir fanden reichlich davon und beschlagnahmten alles. Der Beschuldigte beobachtete uns dabei und konnte einen gewissen Schmerz nicht verbergen. Während ich das Durchsuchungsprotokoll ausfüllte, das der Täter mitsamt einer Ausfertigung des Durchsuchungsbeschlusses ausgehändigt bekam, ereiferte er sich mir gegenüber. Diese Dinge gehörten alle nicht ihm und er wisse auch nicht, wie sie dort hingekommen seien. Ich antwortete darauf nicht, denn ich glaubte ihm kein Wort. Natürlich nicht. Ich konnte die Lügen der Täter längst vorhersagen, so oft hatte ich sie schon gehört. Manchmal musste ich innerlich sogar lachen, wenn ich bemerkte, dass sich der Täter beim Lügen offensichtlich auch noch originell fand.

Nachdem die Durchsuchung vor Ort abgeschlossen war, nahmen wir den Täter mit, um ihn erkennungsdienstlich behandeln zu lassen.

Ich fühlte mich mächtig. Oder besser: machtvoll. Auf eine gesunde Art und Weise, im Dienste der Gesellschaft, als Mensch und als Frau. Ich handelte entsprechend meinen Überzeugungen, führte in meinem Stil, sorgte für Recht und Ordnung und spielte meine ganz eigene Rolle im Einsatzgeschehen; eine Rolle, in der ich mich stark fühlte. Besonders in meiner Rolle als Frau umgeben von so vielen Männern, getragen von gegenseitigem Respekt, war ich richtig am Platz; auf wundersame Weise wirkten hier alle Kräfte zusammen. Selbst meine hohen Absätze – zwar Stiefeln zugehörig, aber dadurch nicht weniger auffällig – spielten mit: Sie halfen mir, noch stärker in meiner Rolle aufzugehen. Eine starke, machtvolle Frau in einer von Männern dominierten Umgebung, die ihre Weiblichkeit zeigt und lebt.

Jede Branche und Organisation hat ihre eigene Sprache der Macht, genauso wie Frauen und Männer sich auf sehr unterschiedliche Art und Weise der Sprache der Macht bedienen. Zum einen ist es aus meiner Sicht essenziell, dass wir uns zunächst einmal bewusst darüber werden, wie vielschichtig und komplex dieser Themenkreis ist und wie unterschiedlich er von den Geschlechtern wahrgenommen und ausgelebt wird. Zum anderen wirft Macht im Alltag – vor allem in Hinblick auf die Sprache der Macht – die Frage auf, ob sich ausschließlich Frauen an das Machtgehabe der Männer anpassen sollten. Das Ausüben und Erleben von Macht ist in unserer Gesellschaft bislang sehr männlich geprägt. Aber warum sollte es dabei bleiben? Besonders in Bezug auf ein neues Verständnis von Führung ist es Zeit, dass Männer beginnen, sich mit der (Macht-)Sprache der Frauen auseinanderzusetzen. Wie kommunizieren Frauen? Was brauchen sie; wie verstehen sie Macht und wie wenden sie sie an; was sind ihre Erfolgsgeheimnisse in Bezug auf ein harmonisches, warmes und positives Umfeld, in dem man sich wohlfühlt und sein volles Potenzial entfalten kann?

Zudem ist es aus meiner Sicht längst überfällig, zu einem freudvollen Miteinander der Geschlechter zurückzufinden. Das Spiel zwischen Frau und Mann lebt von einem lustvollen Umgang mit Macht, Männlichkeit und Weiblichkeit von beiden Seiten, nicht zuletzt natürlich in der einvernehmlich gelebten Sexualität. Aber auch jenseits von Erotik und dem Austausch von Zärtlichkeiten geht es zwischen den Geschlechtern um einen spielerischen Umgang mit den Macht- und Kräfteverhältnissen zwischen Menschen, ohne dabei in Gewalt, Ausbeutung, Verurteilung oder vernichtende Kritik abgleiten zu müssen. Wenn beide Geschlechter gerade mit dem Thema Macht entspannter umgehen könnten – was vermutlich die Heilung tief sitzender Gewalterfahrungen voraussetzt –, könnten wir auch als Gesellschaft in unserem Miteinander zwischen den Geschlechtern aufatmen und damit aufhören, uns in der öffentlichen Debatte anzubrüllen. Das wäre mein aufrichtiger Wunsch.

Kommunikation

Es gibt Menschen, die zuhören, um zu antworten. Das sind sehr oft Männer. Und es gibt Menschen, die zuhören, um zu verstehen. Das sind sehr oft Frauen. In beiden Fällen liegt es nicht daran, dass die einen besser und die anderen schlechter im Kommunizieren sind. Es liegt vielmehr daran, dass sie unterschiedliche Sprachen sprechen: die Sprache der Männer und die Sprache der Frauen. In diesen beiden Sprachen läuft Kommunikation ganz unterschiedlich ab. Das Problem ist bloß: Die eine Art der Kommunikation schafft Bindung und Gemeinsamkeit, die andere Status, Rang und Hierarchie. Fragt sich, welche Art der Kommunikation uns weiterbringt.

Muss eine Frau die Sprache der Männer lernen, wenn sie als Führungspersönlichkeit erfolgreich sein will? Oder überhaupt eine Führungsposition erreichen möchte? Schließlich bewegt sie sich in den Managementetagen oder Regierungsvierteln ja (noch) in der Welt der Männer. Und was hätten die Männer davon, die Sprache der Frauen zu lernen? Was ist emotionales Blabla, was heiße Luft, was wichtiger Content? Und können wir es uns erlauben, das eine – Männersprache – oder das andere – Frauensprache – zu vernachlässigen? Können wir als Mann oder Frau überhaupt unsere gegenseitigen Sprachen lernen? Sind wir dazu fähig? Mit einfachem Vokabellernen ist es nämlich nicht getan.

Überhaupt geht es in der menschlichen Kommunikation – und erst recht in der Führungskommunikation – um so viel mehr als um das gesprochene und im Idealfall auch gehörte Wort. Es geht – logisch – um Gesten und Mimik, aber auch um Kaffeetische, um deutsche Tennissocken in Sommersandalen, um Kurzarmhemden und Blazer. Um alles, mit dem wir, auch unterschwellig, unbewusst und implizit, eine Botschaft senden, die verstanden werden kann.

Die Utopie von Windeln, Pistolen und fließenden Flüssen

Sandra Cegla

Ich sehe aus dem Fenster, an mir fliegen Landschaften vorbei. Ich bin auf einer meiner unzähligen Reisen mit der Deutschen Bahn durch Deutschland unterwegs; wie so viele andere hat auch mich das Reisefieber gepackt. Und das Neun-Euro-Ticket ist nicht ganz unschuldig daran.

Mir begegnen zahllose Menschen, die unterschiedlicher nicht sein könnten. Einige erzählen mir ihre Geschichte. Ich liebe das Reisen, besonders liebe ich diese ungezwungenen, begrenzten Begegnungen. Neben Eile, Hast, schwitzenden und gestressten Gemütern treffe ich hier auch Menschen, die losgelöst von ihren täglichen Zwängen und Rollen Lust auf echte Begegnung haben. Ich genieße das und nehme von jeder meiner Reisen Inspiration, neue Einsichten, Erkenntnisse und einen erweiterten Blick auf die Welt und mein eigenes Leben mit.

Heute rede ich nicht. Ich sitze, sehe aus dem Fenster und schweige. Ich denke nach. Über den Muttermythos, über das

Managen eines Haushalts, über Beziehungen und die Kinderversorgung. Gerade erst ist mir dieses Thema in einem Podcast begegnet und hat mich diese Thematik ganz neu hinterfragen lassen. Der Muttermythos, der besagt, dass uns Frauen alles in die Wiege gelegt wird … und Männern nicht. Wir Frauen können »von Natur aus« angeblich alles rund um Kinderbetreuung, Lieben, Stillen, das Versorgen einer Familie und das Führen eines Haushalts. Hm. Ich bin selbst Mutter und denke an meine ersten Jahre des Babyglücks zurück. Und wenn ich ehrlich bin, dann habe ich noch sehr lebhaft in Erinnerung – sogar so, als wäre es gestern gewesen –, wie ich als junge Frau mit all dem gekämpft habe. Mit meiner neuen Rolle in der Gesellschaft, mit all den Erwartungen, die plötzlich auf mir lasteten, mit all meinen Ängsten und Zweifeln. Neben all meinem Glück. Wie viele Fragen ich an ältere, erfahrene Frauen hatte und wie überlebensnotwendig die Unterstützung meiner Hebamme in den ersten Tagen nach der Geburt meines Sohnes für mich war. Das Stillen hat nämlich überhaupt nicht geklappt, das mussten wir beide lernen. Mein Sohn und ich. Da war nichts in die Wiege gelegt, nur mein Kind. Und zwar von mir selbst. Die neuen Aufgaben als Familie habe ich als reinstes Chaos empfunden. Wenn ich heute an diese Zeit mit meinem Baby zurückdenke, wünsche ich mir das Baby zurück … aber den Haushalt und all die neuen Aufgaben nicht. Und besonders die Beziehungsarbeit um alles herum. Mit ihren versteckten Rollenbildern. Ich ertappe mich sogar bei dem Gedanken, nicht besonders neidisch auf junge Eltern zu sein. Ich musste also lernen … und ich bin eine Frau. Das heißt doch im Umkehrschluss, dass ein Mann genauso lernen muss … und auch lernen kann? Es gibt also doch Fähigkeiten und Kompetenzen, die uns nicht in die Wiege gelegt sind, sondern schlicht erlernt werden? Ich zweifle an meinen eigenen Überzeugungen und beschließe, lieber doch kein Buch über Female Leadership zu schreiben.

Während ich meinen eigenen kritischen Gedanken nachgehe, fällt mein Blick auf zwei junge Frauen, die mir gegenübersitzen. Sie sind so in ihr Gespräch vertieft, dass sie mich gar nicht bemerken. Auch all die anderen Fahrgäste scheinen für sie nicht zu existieren. Eine zugewandter als die andere, blondes Haar, offene Körperhaltung, daneben kurzes, dunkles Haar, ausschweifende Gestik. Die junge blonde Frau erzählt davon, wie sie gerade erst mit ihren Eltern ein wirklich ernstes Thema besprochen hat. Ein wirklich ernstes Thema für sie. Unvorstellbar, schüttelt sie ungläubig den Kopf beim Erzählen, dass in besagter Situation nicht sofort der wahre Grund ersichtlich war. Schließlich habe sie das Thema schon einmal ausführlich angebracht. Ebenfalls Kopfschütteln bei der dunkelhaarigen jungen Frau, sie ist emotional voll dabei. Da ich als Zuhörerin zu spät ins Gespräch eingestiegen bin und dem Austausch der beiden jungen Frauen ja auch eher unfreiwillig folge, habe auch ich den »wahren Grund« nicht mitbekommen – aber es geht mir hier auch gar nicht um die konkreten Inhalte.

»Ich wollte dich sowieso fragen, wie es damit weitergegangen ist«, bekräftigt die Dunkelhaarige ihre nonverbale Reaktion und offenbart damit, dass sie sich auch in Abwesenheit ihrer Freundin mit deren Seelenleben und privaten Angelegenheiten beschäftigt hat. »Und wie geht es dir jetzt damit?«

Die blonde Frau atmet einmal tief durch und legt los. Während sie ohne Punkt und Komma redet, begleitet ihre Freundin sie mit Nicken, unterstützender Mimik, Fragen und Lauten wie »Ach so«, »Aha«, »Hm« oder »Oje«. Ich verstehe die Zusammenhänge nicht, denn ich kenne weder die eine noch die andere Frau. Und selbstverständlich kenne ich ihre Geschichten und Probleme nicht. Aber eines erkenne ich auf Anhieb: Die beiden kommunizieren auf eine Art und Weise miteinander, die sehr besonders ist.

Diese beiden Frauen lediglich zu beobachten, vermittelt mir als Außenstehender in diesem Moment so viel Nähe, Intimität, tiefes Verstehen und echtes, menschliches Interesse aneinander, dass es mich richtig berührt. Und auch das bringt mich zum Nachdenken.

Was macht die Kommunikation dieser beiden Frauen so besonders? Und: Ist sie typisch weiblich? Ich stelle mir zwei maskuline Alphamänner aus der Führungsetage eines männlich geprägten Wertesystems vor. Wie sie sofort den Impuls verspüren, diesen beiden »Püppis« die Welt zu erklären, in der es doch ganz anders zugeht. Der Ernst des Lebens sieht anders aus! Da wird nicht mit Wattebäuschen geworfen, da geht es nicht um Zustimmung, Miteinander und »Weiberkram«. Da geht es um »echte Sachen«. Um »Männersachen«.

Aber: Ist das so? Ist das wirklich die Wahrheit, oder hat die Männerwelt im öffentlichen Leben noch immer die Augen verschlossen und sich damit auch der Wahrnehmung der Schönheit und Tiefe der Frauen entzogen? Und: Wollen wir, dass es so ist? Ich stelle mir gerade vor, was die beiden Frauen wohl beruflich machen, und fantasiere, dass sie bestimmt Psychologiestudentinnen sind. Immerhin haben sie so einen außergewöhnlichen Tiefgang, so ein echtes Interesse am Menschsein und an den seelischen inneren Prozessen der jeweils anderen … Oder vielleicht soziale Arbeit. Das ist es! Sie studieren bestimmt beide soziale Arbeit.

Ich erschrecke. Denn ich habe mich gerade dabei ertappt, wie ich die Welt in die simpelsten Frauen-Männer-Klischees einteile, die ich kenne, und schäme mich ein bisschen vor mir selbst. Gott sei Dank weiß es ja keiner. Ich gehe also bewusst dazu über, mir stattdessen vorzustellen, wie die beiden Frauen als Direktorinnen jeweils eine Abteilung in einem internationalen Pharmaunternehmen leiten, erfolgreiche Verhandlungen führen, mit Milliarden hantieren und sich anschließend hier im

Zug oder in der Sauna zum Austausch treffen. »Der Müller … mit seinen unglaublichen Forderungen … stell dir mal vor! Völlig absurd!« Oder: »Also wenn der Meyer mit seinen blauen Augen … da muss ich mich schon zusammennehmen, um für alle fair zu bleiben …« Upps, gleite ich wieder in Klischees ab? Nein, das Menschsein sei uns allen erlaubt. Ich probiere noch eine andere Konstellation aus. Diesmal stelle ich mir vor, wie die beiden als Richterinnen Mordprozesse leiten und sich über Rechtsgrundlagen austauschen. »Mord hat ein haftanreizbietendes Strafmaß … über die Untersuchungshaft brauchen wir uns gar nicht erst zu unterhalten. Aber das psychiatrische Gutachten ist meines Erachtens streithaft … wie siehst du das?« Oder: »Das Verhalten des Angeklagten im Gerichtssaal … Hast du seine Fingernägel gesehen? Bis aufs Blut heruntergekaut.« Und: »Ohhhh, mir ging's gar nicht gut. Als er reinkam, ist die eine Frau im Zuschauerraum fast kollabiert. Aber ich hab geatmet. Keiner hat's gemerkt.« Oder auch: »Wie hast du das damals gemacht, als die eine Zeugin nicht mehr konnte?«

Durch meine Gedankenspiele wird mir wieder bewusst, dass auch Führungskompetenzen genau wie alle anderen Kompetenzen im Leben erlernbar sind. Über Trainings, Coachings, Mentorings und den Austausch mit anderen. Und genau das können Frauen ja besonders gut: sich austauschen und von anderen lernen. Weil sie sich selbst hinterfragen und sich immer auch die Frage stellen, wie sie auf andere wirken, bei anderen ankommen und wie sie sich verbessern können. Das sind die besten Voraussetzungen für lebenslanges Wachsen.

All das sind also Lernprozesse. Genauso wie ich das Muttersein gelernt habe, das Organisieren meiner Familie, die Kommunikation in meinem privaten und meinem beruflichen Umfeld. Die erste Windel, die ich meinem Sohn angelegt habe, war nicht nur gefühlt, sondern auch tatsächlich ein Desaster und hat nicht wirklich gehalten. Nachdem in den ersten Wochen einiges danebenging, habe ich die Fähigkeit des Wickelns und Windelns jedoch perfektioniert. Irrtum macht klug, Schmerz treibt an. Nach der tausendsten Windel hätte ich – zumindest der Theorie nach – nachts noch nicht einmal mehr Licht gebraucht. Praktisch schon. Gleichzeitig hatte mein kleiner Sohn gelernt, dass Widerstand zwecklos war. Alles eine Frage des Trainings und der Wiederholung. Das Gleiche im Schießtraining bei der Polizei: Dort haben wir gelernt, unsere Waffen auseinanderzubauen und wieder zusammenzusetzen. Am Anfang war ich tatsächlich überzeugt, es nie zu begreifen, und bin innerlich an der Aufgabe verzweifelt. Nach zwei Wochen täglichen Trainings beherrschte ich das Ganze gemeinsam mit meiner gesamten Studiengruppe im Dunkeln. Für mich anfangs eine absolute Utopie, die am Ende wahr geworden war.

Ebenso schien es mir eine Utopie, wenn ich mir im Studium ausmalte, jemals einen eigenen SEK-Einsatz zu leiten. Absolut unvorstellbar. All die Eigenschaften, die ich dafür benötigte, kamen mir unerreichbar weit weg vor: fachliche und taktische Kompetenzen (die da wären: Einsatztaktik, Rechtsgrundlagen, Einsatzkräfte, interne Strukturen, Ermittlungen, konkretes Vorgehen, Lage vor Ort, Wissen über den Täter, Beweismittel, richterlicher Durchsuchungsbeschluss, interne Kommunikation, Rollen der Einsatzkräfte …), Führungskompetenzen (wie zum Beispiel Durchsetzungsstärke, Entscheidungsstärke, Kommunikation, Transparenz, Selbstbewusstsein, Überblick, Struktur, Durchführung vor Ort …), Persönlichkeit, Lebenserfahrung und so vieles mehr. Nach ungezählten Dienstjahren empfand ich SEK-Einsätze zwar nach wie vor als eine sehr spannende und herausfordernde Aufgabe, jedoch durchaus zu bewältigen und überhaupt nicht mehr utopisch. Ich hatte in zahllosen Einsätzen trainiert und unendlich viel gelernt.

Im Grunde bedeutet das: Egal ob Frau oder Mann, egal ob Naturtalent oder nicht – am Ende ist das Training ein wesentlicher

Faktor für die persönliche Performance. Und hier entscheidet wiederum die innere Haltung, etwas wirklich erlernen zu wollen. Dem Können geht also eine persönliche Wahl voraus und eine offene, wohlwollende Haltung der Aufgabe gegenüber. Entscheidet sich eine Frau also, eine gute Führungskraft zu werden und dafür alles zu geben, dann wird sie es auch. Frauen haben die Fähigkeiten, die es dafür braucht (nur stimmen die gesellschaftlichen Rahmenbedingungen derzeit nicht). Egal wie sehr sie am Anfang strauchelt. Das tun Männer ja auch – straucheln –, sie geben nur nicht so schnell auf. Denn zum einen hat ihnen die Biologie mehr Aggressivität mit auf den Weg gegeben, und zum anderen ermutigt sie ihre soziale Rolle im gesellschaftlichen Leben dazu – ebenso wie die vielen männlichen Führungskräfte, Vorbilder und potenziellen Mentoren auf ihrem Weg nach oben.

Hat jedoch besagte Frau einmal ihre Entscheidung getroffen, wird auch sie Mentor:innen finden, Führungskräftetrainings absolvieren, Bücher zum Thema lesen und sich mit vielen Frauen und Männern dazu austauschen. Und wenn sich ein Mann im Gegenzug entscheidet, ein glückliches und erfülltes Familienleben zu führen (alternativ oder zusätzlich zu seinem Beruf), dann wird er Wege finden, das private Leben ebenso professionell zu gestalten wie das berufliche und die Kompetenzen des Familienlebens ebenso ernsthaft zu erlernen wie die seines bezahlten Berufes. Im Idealfall gemeinsam mit seiner Partnerin oder auch seinem Partner. Denn das Leben zahlt in unermesslicher Währung und erhöht um ein Vielfaches zurück. Als mir das klar wird, treffe ich eine höchst persönliche Entscheidung: Ich schreibe doch weiter an unserem Buch über New Female Leadership.

Vielleicht können Männer sogar mehr von Frauen lernen, als ich bisher dachte. Ich kehre gedanklich in die Gegenwart zurück. Die beiden jungen Frauen haben mich an diesem

Morgen berührt. Denn sie haben mich an die Schönheit der weiblichen Kommunikation erinnert; in diesem Moment habe ich sie wahrhaftig gefühlt. Ich habe gespürt, wie sehr die beiden auf Augenhöhe, auf einer Ebene und auf das Herstellen von Gemeinsamkeiten ausgerichtet waren. Sie haben sich aktiv ihr gegenseitiges Interesse gezeigt, Anteil am Leben der anderen genommen, sich an Details erinnert und immer wieder Fragen gestellt, sich gegenseitig wirklich zugehört. Sie haben keinen Zweifel an der wechselseitigen Zuneigung gelassen und eine wirklich tiefe Vertrauensbasis zueinander aufgebaut. All das hat mich beeindruckt und stark an das weibliche Prinzip erinnert: das weibliche Prinzip, das Gemeinschaft schafft, nährt, einschließt, das im besten Fall nicht wertet und alles miteinander verbindet. Ich habe oben erkannt und argumentiert, dass alles erlernbar ist. Und doch legen Frauen in ihrer Kommunikation anders als Männer Wert auf den Austausch vieler Informationen, auf das Wissen umeinander auf vielen Ebenen, das Miteinanderverbinden besonders auf der emotionalen Ebene und auf das Geschehenlassen. Grundsätzlich steht erst einmal weniger das Tun im Mittelpunkt, sondern stattdessen das Sein. Wenn wir den Austausch von Information als Energie verstehen, dann geht es um das Fließen von Lebensenergie. Das weibliche Prinzip lässt wachsen, es lässt Kleines groß werden und sät Samen, die zu wunderschönen Pflanzen und Blüten gedeihen. All das geschieht mit Hingabe, Geduld, viel Wasser, Dünger und Abwarten. Dies sind Eigenschaften des Femininen, die ich oft im weiblichen Kontext beobachtet und sehr genossen habe. Besonders in Frauengruppen konnte ich bisher wirklich und wahrhaftig auftanken, entspannen, einfach nur sein und meine Energien von sinnloser Aktivität abziehen, die manchmal einfach nicht zum Ziel führt.

Diese Eigenschaften weiblicher Kommunikation sind wunderschön, in einer männlich geprägten Arbeitswelt aber auch die Erklärung für den Misserfolg vieler Frauen. Zum einen disqualifiziert diese Art der Kommunikation jede Frau bei ihrem Vorgesetzten, der sie noch immer fälschlich als »Tratschtante« oder »Quasselstrippe« einordnet und damit ihren wahren Wert vollkommen verkennt. Gleichzeitig gibt eine Frau durch diese Art der Kommunikation hier und da zu viele Informationen preis, die sie besser für sich behalten und natürlich auch besser für sich »verkauft« hätte – auch, weil Informationen in unserem derzeitigen, männlich geprägten Wertesystem Macht sind.

Männliche Kommunikation im Business ist grundsätzlich erst einmal mehr auf Hierarchie und Kompetenzbereiche ausgerichtet, also weniger auf Gemeinsamkeiten, sondern auf Abgrenzung voneinander. Während Frauen in ihrer Kommunikation die Schnittmengen, die inhaltlichen Überschneidungen und auch die emotionalen Anknüpfungspunkte suchen, gehen Männer zunächst in die Abgrenzung, die nicht selten auch Ausgrenzung zur Folge hat. Sie stellen eine Rangordnung her, kämpfen gegeneinander, legen fest, welcher Hierarchie sie folgen und wer das Sagen hat. Wer welchen Kompetenzbereich bekleidet und welche Territorien von wem bespielt werden. Erst wenn diese Regeln in einer Organisation oder im Meeting ausgefochten sind, kann die inhaltliche Arbeit beginnen. Im schlimmsten Fall also nie.

Frauen brauchen all das nicht, denn sie verstehen sich als eine Gemeinschaft, in der jede die andere unterstützt; ein gut funktionierendes Netz trägt eine gute Sache viel weiter als eine einzelne Person für sich allein. Leider nehmen Männer, die in ihrem maskulinen Abgrenzungsdenken verhaftet sind, Frauen in ihrem Gemeinschaftsdenken und -kommunizieren nicht ernst. Eine Frau, die nicht mitkämpft und sich nicht männlich positioniert, findet nicht statt. Sie ist nicht sichtbar, wird nicht wahrgenommen, nicht befördert. Und somit verschließen sich ihr, trotz noch so großer inhaltlicher Anstrengung und all ihres Fleißes, die nächsthöheren Gehaltsklassen. Da haben wir sie: die wohlbekannte gläserne Decke, die im Übrigen auch feminine Männer gut kennen. Und genau hier, wo viele von einem Umdenken reden und eine Anpassung der Frauen an männliche Gepflogenheiten fordern, ist es meines Erachtens dringend notwendig, mindestens genauso laut von einem Umdenken der Männer zu sprechen. Von einer Erweiterung des Geistes, einer Erweiterung unserer Erlebniswelten und unserer Arbeitskulturen – schlicht: von einer Neugier auf das, was Frauen zu bieten haben. Von all dem, was bereichert und uns ergänzt. Denn was wäre eigentlich, wenn wir uns alle einmal auf eine neue Kreativität einließen, die unseren Meetings eine neue Struktur, ein neues Gesicht und einen komplett neuen Vibe gäbe? Wo wir uns verstehen, weil wir wirklich zuhören, statt wie so oft aneinander vorbeizureden, den anderen zu übertrumpfen oder das letzte Wort zu haben. Wo wir mit- statt gegeneinander kommunizieren.

Ein solches Umdenken auf männlicher beziehungsweise gesellschaftlicher Seite kommt nicht über Nacht und auch nicht von allein. Selbstverständlich lohnt es sich für Frauen also auch, neue Kommunikationswege im Business zu lernen, die sich an maskuline Kommunikationsweisen anlehnen. Aber ich halte rein gar nichts davon, die weibliche Sprache komplett abzulegen und nur noch die reine Sprache der Macht oder die Sprache der Männer zu sprechen. Es ist längst an der Zeit, dass umgekehrt die Männer die Sprache der Frauen lernen. Dass Männer die Schönheit entdecken, die entsteht, wenn wir unsere Gefühle und unser Seelenleben miteinander teilen. Wenn wir damit beginnen, uns auch als Menschen näherzukommen. Und das – ganz verrückt – sogar im öffentlichen Leben.

Natürlich sehe ich, dass das ein adäquates und branchenangepasstes Vorwagen sein muss; doch selbst wenn wir es vorsichtig und einfühlsam angehen, müssen wir einfach anerkennen, dass wir alle Menschen sind. Und dieses Menschsein bedeutet: Jeden Tag tragen wir – Frauen wie Männer – eine reiche und farbenfrohe Erlebniswelt mit uns herum, erfüllt von Kreativität und Schöpferkraft … Wie reich könnte unsere Arbeitswelt sein, wenn wir dieses Potenzial unseres Menschseins nutzen würden? Und wir Frauen sind nun einmal der Schlüssel dazu. Unsere weibliche Kommunikation, unsere Freude am Austausch, unser wertfreies Einfach-sein-Dürfen, unser Benennen, Gemeinsam-Erschaffen, Bewegen, Fließen, Imaginieren … All diese wunderschönen Eigenschaften unseres Geistes, die uns die Kommunikation zugänglich macht, liegen als Schätze verborgen – und zwar insbesondere in den Potenzialen der Frauen. Es ist Zeit, diese Schätze zu heben und die Flüsse zum Fließen zu bringen. Die Männer dürfen derweil aufhören, mit all ihrer Kraft Dämme zu bauen, die das Wasser stauen, um die Flüsse auszutrocknen. Auch sie dürfen sich entspannen und einfach ein bisschen der Magie lauschen, während alles zu wachsen und zu blühen beginnt. Was für eine Utopie!

Mit Blazer, Aikido und Durchschnittlichkeit: Einladung zum Dialog

Erich Vad

Die wenigsten haben wahrscheinlich schon einmal einen realen Blick in Angela Merkels Dienstzimmer im Berliner Kanzleramt geworfen. Für alle, die jetzt nicht flugs nach einem Bild googeln: Das Zimmer war riesig, mit Blick auf den Reichstag. Vor der einen Wand war ein übergroßer, repräsentativer Schreibtisch platziert, auf dem interessanterweise ein Porträt der russischen Zarin Katharina der Großen stand. Der Schreibtisch war schwarz, halbrund, eigentlich immer aufgeräumt und irgendwie sachlich. Darauf ein Computerbildschirm, ein eleganter Globus, eine moderne, schlanke Schreibtischlampe. Kein Vergleich zum deutlich pompöseren, oft zeremoniellen Auftritt etwa des Oval Office, und auch in deutlich kühleren Farben gehalten. Trotz der gewissen geradlinigen Strenge und aufgeräumten Sachlichkeit ging es immer sehr häuslich, entspannt und auch gemütlich zu bei den Gesprächen in Angela Merkels Dienstzimmer.

In ihrem Büro empfing Angela Merkel natürlich auch offizielle Gäste. Die wichtigsten Arbeitsthemen wurden jedoch beim Kaffee an einem länglichen Tisch am Fenster besprochen. Nicht selten schenkte die Kanzlerin den Kaffee selbst ein, wie früher zu Hause bei Muttern. Beim Kaffee ging es immer um regelrechte »Hard-Core-Themen« der internationalen Sicherheitspolitik, Themen also, die es in sich hatten. Aber die entspannte Atmosphäre half dabei, vernünftige, abgewogene Lösungen zu finden; niemand scheute sich, seine Meinung zu äußern oder (auch unbeliebte) Fakten und Informationen zu teilen. Schließlich gibt es im Bereich der Exekutive oberhalb des Bundeskanzleramtes keine Behörde, die mögliche Fehlentscheidungen reguliert oder korrigierend eingreift.

Respektvoll, anständig, durchschnittlich

Zwischendurch konnte es sein, dass die Bundeskanzlerin mit den Mächtigen dieser Welt telefonierte. Was nicht bedeutete, dass sich die Atmosphäre im Raum entscheidend veränderte. Angela Merkel zeigte keinen Unterschied in ihrem Verhalten oder in ihrer Sprache, egal ob sie mit dem amerikanischen oder russischen Präsidenten oder mit ihrem Fahrer, der Sekretärin oder ihrem Bodyguard sprach. Angela Merkel nahm und nimmt ihr Gegenüber vornehmlich als Mensch wahr, ohne Unterschiede zum Beispiel aufgrund des sozialen Ranges zu machen. Sie begegnete anderen beziehungsweise ihren Gesprächspartner:innen immer mit sehr viel Respekt. Diese angenehme Normalität und – im besten Sinne des Wortes – Durchschnittlichkeit im Verhalten sowie der für sie typische Respekt gegenüber anderen standen in starkem Kontrast zu den vielen, teils ziemlich aufgeblasenen Machtmenschen der männlichen Spezies, die mir während meiner Jahre in Politik und Militär über den Weg gelaufen sind. Alle gleich zu behandeln ist sicherlich ein natürlicher Wesenszug bei Angela Merkel; vielleicht tat sie es aber auch ganz bewusst, setzte dieses Verhalten, das ja auch Werte widerspiegelt beziehungsweise widerspiegeln soll, also gezielt ein. So oder so war ihre Art der Kommunikation, ihre Art zu reden und sich auszudrücken, stets ihrem Gegenüber angepasst, aber auch allgemein zugänglich und für jedermann verständlich.

Angela Merkel brauchte andere nicht respektlos zu behandeln oder kleinzuhalten. Sie brauchte sich nicht künstlich aufzublasen; sie hatte eine natürliche Machtaura. Sie benötigte keine anderen Accessoires der Macht. Man spürte ihre »Macht«, und das sogar dann, wenn sie ganz alltäglich unterwegs war, nachts einkaufen ging oder in ihrem Wahlkreisbüro neben einem ehemaligen Konsum mit alten Frauen Bürgersprechstunde hielt. Auch ihre unaufgeregten Bilder aus dem Urlaub bringen das schon fast überdeutlich zum Ausdruck – gern in Verbindung mit einem Outfit, das eher an den bundesdeutschen Durchschnittstouristen und die damit verbundenen Vorurteile erinnert als an den Urlaub einer Staatsfrau und Regierungschefin. Ganz in Gala und äußerlich einmal völlig »anders« trat sie eigentlich nur in Bayreuth auf. Es war diese natürliche Durchschnittlichkeit der Angela Merkel, die überall und trotz Kritik an manchen politischen Entscheidungen ein unverwüstliches Vertrauen schaffte.

Genau diese scheinbare Durchschnittlichkeit lud auch dazu ein, sie zu unterschätzen. Viele frühere politische Konkurrenten haben diesen Kardinalfehler gemacht. Angela Merkel hat sie alle aus dem Weg geräumt oder besser: Sie hat ihnen beim Scheitern durch ihre eigenen Fehler zugeschaut, vielleicht auch ein wenig, aber unbemerkt, nachgeholfen. Auf der internationalen Bühne hielt sie es genauso: Auch den mächtigen Männern dieser Welt begegnete die Kanzlerin auf den ersten Blick als eine vermeintlich durchschnittliche Frau; sie verzichtete auf äußere Demonstrationen ihrer Macht, die hätten beeindrucken sollen. In der Folge und insbesondere in ihren ersten Amtsjahren schätzte auch hier so mancher sie falsch, nämlich als »harmlos« ein. Hinzu kam für nicht wenige männliche Potentaten sicherlich auch, dass die Bundeskanzlerin eine Frau war, was augenscheinlich ebenfalls dazu beitrug, dass man(n) dazu neigte, sich ein eher von den üblichen Vorurteilen geprägtes Bild von ihr zu machen. Zumindest hatte ich bei Gesprächen immer das Gefühl, dass das Frausein irgendwie unausgesprochen im Raum stand.

Viele mussten ihr Urteil jedoch revidieren – ein Großteil davon sicher widerwillig –, sobald Angela Merkel ihre schärfsten Waffen zückte: ihren messerscharfen Verstand und ihre Kenntnis jedes einzelnen Details auch komplexer politischer Zusammenhänge. Damit sicherte sie sich immer schnell die intellektuelle Lufthoheit bei internationalen Begegnungen, Gesprächen und Konferenzen. In ihrer Sprache blieb sie dennoch immer einfach, was im Prinzip ein Vorteil ist – immerhin kann dann jede und jeder dem Gesagten folgen. Bisweilen wirkte ihre Art, sich auszudrücken, jedoch auch unbeholfen. Rhetorisch war sie sicherlich kein Ass, das muss man zugeben; aber sie hat es auch nie darauf angelegt. Mit ihrer gelebten, nicht aufgesetzten Durchschnittlichkeit, der fehlenden Eitelkeit und der – bewusst oder unbewusst – dazu passenden Ausdrucksweise wurde deutlich, dass es ihr nie um ihr Ego ging, sondern einzig und allein um die Sache und ihre Aufgabe als Regierungschefin; und diesen »Job« machte sie mit hundertzehnprozentigem Einsatz bis zu ihrem letzten Tag als Kanzlerin.

Angela Merkels komplexes, analytisches Denken und ihr Verstand waren also ganz und gar nicht durchschnittlich, sondern überragend und zudem pausenlos und unermüdlich im Einsatz, manchmal eine durchgearbeitete Nacht lang, während die mächtigen Männer am Tisch immer müder und lustloser wurden und am Ende jedes Mal glücklich aufatmeten, wenn die Kanzlerin in den frühen Morgenstunden einen gesunden Kompromiss vorschlug und – wieder einmal – eine Lösung gefunden hatte. Die große Sachorientiertheit ihres Führungsstils und ihre umfassende Detailkenntnis in allen politischen Fragen zeichneten sie definitiv aus und hoben sie von ihrer Umgebung ab, egal auf welchem politischen Niveau.

Ballhöhe statt Basta: Eine Botschaft der Macht

Es ist auch für eine Kanzlerin nicht selbstverständlich, angesichts von insgesamt fünfzehn verschiedenen Ministerien nebst Bundeskanzleramt in jeder Einzelfrage inhaltlich auf Ballhöhe und zuweilen sogar besser informiert zu sein als der jeweilige Minister. Das gilt auch für die vielen strittigen Fragen in den internationalen Beziehungen: Auf internationalen Konferenzen und bei Gesprächen mit anderen Regierungschefs waren es im Wesentlichen Angela Merkels Sachkompetenz und ihr pragmatischer, verbindender Umgang mit gegensätzlichen Positionen sowie ihre stets respektvolle, menschliche Interaktion mit anderen, die ihr Macht und Autorität verliehen. Eine eher männlich geprägte Basta-Mentalität wäre hier sicherlich weniger zielführend gewesen.

Parallel zum persönlichen Gespräch kommunizierte sie oft auf ihrem Handy, was nicht heißt, dass sie sich mental aus dem Gespräch ausklinkte. Sie konnte ohne Probleme beides, war in beiden Unterhaltungen – persönlichem Gespräch und parallelem SMS-Austausch – sehr präsent. Parallel denken, arbeiten und kommunizieren war für sie kein Problem. Sie konnte simsen, reden, zuhören – alles gleichzeitig. Und schaffte es dennoch, erst dann zu reden und Entscheidungen zu treffen, wenn alle offenen Fragen beantwortet waren und sie alles bis ins letzte Detail verstanden hatte und nachvollziehen konnte.

Überhaupt ihr Handy: Sie hat mit dem Mobiltelefon regiert und unser Land gesteuert. Und doch wird – wie schon im Kapitel Macht erwähnt – das Abhören ihres Handys durch einen ausländischen Nachrichtendienst wahrscheinlich wenig dabei geholfen haben, »Geheimnisse« aufzudecken. Dafür waren die meisten ihrer (Sprach-)Nachrichten für Außenstehende einfach zu uneindeutig und offen – sie konnten alles bedeuten, wenn man nicht ähnlich tief wie die Kanzlerin und ihr engeres Umfeld im Thema beziehungsweise im Chat steckte. Ihre Reden waren das übrigens auch: offen. Man musste zuweilen zwischen den Zeilen hören und lesen, um ihre Kernbotschaften herauszuhören.

All das – ihre Kleidung, ihr Auftritt, ihre Sprache, ihr Fokus auf Sachlichkeit und Inhalte, ihre Art, das Handy zu nutzen, um ihr Wissen zu mehren, Informationen einzuholen und Details zu analysieren und zu diskutieren, der Respekt, den sie anderen entgegenbrachte, das Kaffeeeinschenken, die Schaffung einer »gemütlichen« Arbeitsatmosphäre – ist Kommunikation. Denn natürlich kommuniziert man nicht nur durch das, was man sagt oder wie man es sagt. Stattdessen sendet man auf vielen Ebenen Botschaften, und im politischen Bereich sind das oft Botschaften der Macht. Natürlich sandte Angela Merkel sehr viele sachliche Botschaften, eben indem sie die Dinge inhaltlich anging, Kompromisse fand und Lösungen vorschlug, auf die andere nicht unbedingt selbst stießen. Aber auch das – ihre Sachlichkeit – war, ebenso wie ihr bescheidenes, bodenständiges, durchschnittliches Auftreten eine Botschaft der Macht: Wer einmal dem Irrglauben erlegen ist, Angela Merkel zu unterschätzen, und anschließend eines Besseren belehrt wurde – und das wahrscheinlich auf eine recht beeindruckende Art und Weise –, der wird diesen Fehler nicht zweimal machen.

Sicher war das wenigste eine bewusste Inszenierung: Angela Merkel *ist* bodenständig, sie fühlt sich in genau dieser Kleidung wohl, sie ist nicht der Typ für große, pompöse Gesten und auch keine begnadete Rhetorikerin. Und den Kaffee wird sie nicht mit Hintergedanken eingeschenkt haben, höchstens mit der Idee, dadurch von Anfang an jedwede Angespanntheit aus der Situation zu nehmen; denn wenn alle Anwesenden es wagen, auch bei schwierigen Themen den Mund aufzumachen und die eigene Meinung zu sagen, liegen am Schluss reichlich Fakten und Argumente auf dem Tisch, und die wiederum helfen, zu einer wirklich informierten, sachkundigen Entscheidung zu finden.

Gleichzeitig war Angela Merkel sich mit Sicherheit bewusst, dass ihre »angeborene«, natürliche Bodenhaftung, Sachlichkeit und Durchschnittlichkeit sie absetzten – und sich abzusetzen ist in der Führung ein zentraler Pluspunkt, wenn man versteht, diese »Eigenartigkeit« positiv einzusetzen, zu pflegen und zu einem Image auszubauen. »Eigenartigkeit« meine ich hier im besseren Sinne des Wortes: Jede und jeder von uns ist so, wie nur sie oder er ist – also eigen und individuell, und das ist meiner Meinung nach etwas Erstrebenswertes. Wobei ich gleichzeitig eine Einschränkung machen muss: Innerhalb des politischen Betriebes ist es zwar wichtig herauszustechen, aber das wird generell nicht über ein bescheidenes, durchschnittliches Auftreten erreicht, sondern durch das Gegenteil. Ausnahmen wie die Bundeskanzlerin? Bestätigen die Regel. In der Öffentlichkeit kam es meines Erachtens jedoch gut an, dass die Kanzlerin so gekleidet war, so sprach, so auftrat und sich mehr oder weniger so gab wie »du und ich«. Sie war kein unerreichbarer Star, sondern authentisch und nahbar – das kommunizierte sie mit jeder Faser ihres Seins.

Ein Blazer sagt [fast] alles

Dass etwas nicht bewusst als Mittel zum Zweck eingesetzt oder inszeniert wird, heißt nicht, dass es keinen Effekt entfaltet. Im Gegenteil: Bei Angela Merkel, die oft genug für ihre Blazer oder ihre unverkennbare Handhaltung verspottet oder geradezu herausgefordert wurde, in ihrer Rhetorik oder ihrem Auftritt endlich einmal »emotional« zu sein, wurde all das zum Markenzeichen. Und mehr noch: Es wurde zu einem akzeptierten und damit wertvollen Markenzeichen. Irgendwann verstummten die Rufe, »mehr« zu sein oder zumindest den Wunsch nach dem »schönen Schein« zu bedienen: Angela Merkel hatte ihre Position gefestigt und ihre Macht bewiesen, ganz ohne die vermeintlich unerlässlichen Statussymbole, wie man sie ansonsten aus der politischen Inszenierung kennt. Ich finde, sie hat von Anfang an ihr »Ding« durchgezogen und sich nicht aus der Bahn werfen lassen, was in einer Führungsposition nicht einfach ist. Der Druck von außen, die Angriffe und Erwartungen, die an die Führenden herangetragen werden, sind nämlich enorm. Dass Angela Merkel hier nicht eingeknickt ist, lag sicherlich auch an ihrer natürlichen Disposition: Sie war und ist wie gesagt von Natur aus kein Mensch, der blendet oder inszeniert.

Apropos Blazer: Alice Schwarzer hat die Kanzlerin einmal irgendwo zwischen einem Mädchen und einem Kameraden verortet. Ich weiß nicht, ob das so stimmt. Angela Merkel ist eher eine starke Frau, die in ihrem Auftreten als Frau und in ihrer Bekleidung – von besagten Ausnahmen in Bayreuth einmal abgesehen – eher funktional und praktisch dachte. Ein Stück weit ist sie in diese bewusst *nicht* mode- beziehungsweise trendbewusste, eher neutral wirkende Funktionalität gedrängt worden. Bei der eher männlich geprägten Wahrnehmung von Frauen in der Öffentlichkeit kommt es viel mehr auf das perfekte Aussehen an als bei der Wahrnehmung von Männern. Wenn Merkels Amtsvorgänger eine Nacht mit wenig Schlaf hinter sich hatte, am nächsten Morgen dezent neben der Rolle war und nicht unbedingt optimal aussah, nahmen seine männlichen Kollegen ihn als einen wahr, der es draufhatte. Einem Mann schadet schlechtes Aussehen in der Öffentlichkeit nicht so sehr wie Frauen. Auch das Outfit, das zu einem männlichen Leader gehört, ist klar definiert und allen bekannt.

Bei Frauen fehlen diese Outfit-Codes mehr oder weniger. Es fehlen selbstredende Konventionen und Traditionen. Was nicht etwa bedeutet, dass die Frauen dadurch mehr Freiheiten haben. Im Gegenteil: Bei Angela Merkel mokierte man sich, wie gesagt, insbesondere anfangs über ein suboptimal wirkendes Auftreten und Aussehen. Wenn die Sachebene nicht ausreicht, dann bleibt immer noch das Aussehen einer Frau, über das man(n) sie so oder so beurteilen kann. Das nimmt man(n) sich bei Männern in diesem Maße nicht heraus, egal wie unvorteilhaft sie sich kleiden oder wie »gut« oder »nicht gut« sie aussehen. Wäre Angela Merkel stets mit der neuesten Mode gegangen, es wäre zum Dauerthema geworden – ein Thema, mit dem sich Männer in Brioni-Anzügen grundsätzlich nicht auseinandersetzen müssen. (Kleiner Exkurs am Rande: Als Olaf Scholz es wagte, die Zugfahrt ins kriegsgebeutelte Kiew in bequemer Hose und Kurzarmhemd anzutreten – für die offiziellen Termine zog er später natürlich einen Anzug an –, kochten die sozialen Medien über, als ginge die Welt nicht gerade aufgrund ganz anderer, schwerwiegenderer Probleme unter. Sind die männlichen Outfit-Codes also *doch* beziehungsweise *noch* starrer, als ich dachte? Oder sind die Erwartungen gegenüber Männern gestiegen, was ihr Aussehen und Auftreten angeht? Vielleicht ist es auch unsere neue Gesellschaft, die eigentlich Freiheit und Individualität postuliert, zugleich aber bereit ist, sie dem Einzelnen genauso gnadenlos abzusprechen? Muss ein Kanzler oder eine Kanzlerin wirklich im Anzug im Zug sitzen, während dieser durch das Kriegsgebiet rollt, weil der legere Auftritt ansonsten dem deutschen Ansehen schadet? Und wie respektlos kann ein Kurzarmhemd wirklich sein? Wäre der Aufschrei ungleich größer gewesen, wenn Angela Merkel den gleichen Trip in Baumwollhose und T-Shirt gemacht hätte? Viele spannende Fragen, wie ich finde, die ein anderes Mal unter anderen Umständen erörtert werden müssen.)

Die eigene Weiblichkeit zu zeigen, wird gern als politische Botschaft missverstanden – und zwar als Botschaft des Nichtzupacken-Könnens. In der Politik ist das daher selten der richtige Weg; die männlich geprägte Wahrnehmung von Frauen in öffentlichen Ämtern ist einfach (noch) anders: Frauen, die modisch oder allzu feminin auftreten, laufen Gefahr, als inkompetent wahrgenommen zu werden. Paradoxerweise wird ihnen genauso schnell ihre Fraulichkeit abgesprochen und pseudomännliches Gehabe vorgeworfen, wenn sie sich funktional kleiden und zielstrebig auftreten. Was also tun? Angela Merkel hat mit ihren farbigen Blazeranzügen mit den großen Knöpfen und einer Halskette einen Mittelweg gewählt. Ihr Outfit verkörperte nüchternen Pragmatismus. Der passte zu ihr. Eigentlich trug die Kanzlerin damit eine kaum bemerkte Uniform.

Die Farbwahl bei ihren Blazern war dabei nicht Ausdruck einer möglichen persönlichen Stimmungslage. Die Farbe diente eher dazu, eine politische Botschaft oder den Ernst einer Situation implizit zu kommunizieren. Ein glanzvoller goldener

Blazer geht, wenn man eine festliche Neujahrsansprache hält, aber nicht, wenn man einen als »Osterruhe« beschönigten Mini-Lockdown verkündet – in letzterem Falle trägt man dann lieber hoffnungsvolles Grün. Grundsätzlich sollte Merkels Arbeitsuniform aus farbigem Blazer und dunkler Hose Beständigkeit und Qualität ausdrücken nach dem Motto: »Sie kennen mich.« Ihr Outfit sollte übermitteln: »Äußerliche Kriterien in der Beurteilung von Menschen interessieren mich nicht.« Ein betont feminines, modebewusstes Styling wäre sicherlich weniger machtbewusst in der Außenwirkung – und das sage ich nicht, weil ich es für richtig halte, sondern weil es (noch) so ist.

Cool, subtil, intuitiv und erfolgreich

Auch in einem ganz anderen Bereich hatte die Kanzlerin eine ganz eigene Art, zu kommunizieren: wenn sie angegriffen wurde. Sie blieb stets souverän und verdeutlichte dadurch ihre Überlegenheit. Dieses Prinzip lässt sich auf jede Art von Führung übertragen, wahrscheinlich sogar auf jede zwischenmenschliche Ebene, und funktioniert nicht nur in der Politik. Persönliche Angriffe, besonders solche, die unter die Gürtellinie zielten, überging sie, und das in einer so gelungenen Mischung aus Deutlichkeit und Subtilität, dass ihre Nichtreaktion den Angreifenden als den Aggressor entblößte, der er war. Auch durch inhaltlich-sachliche Attacken, eventuell vermischt mit einer persönlich gefärbten Note, ließ sie sich nie aus der Reserve locken. Sie tat den auf diese Weise agierenden Akteuren nie den Gefallen, auf die Ebene der Unsachlichkeit und Polemik zu wechseln. Zu diesem eher weiblich geprägten Führungsstil gehört sehr viel persönliche Stärke, die nicht jede:r hat. Was die sachliche Auseinandersetzung betraf, ging Angela Merkel stattdessen wie eine Aikido-Kämpferin vor: Sie ließ die bisweilen geballte Kraft des inhaltlichen Angriffs ins Leere laufen, an sich abperlen und konterte im geeigneten Moment und in der Sache hart gegen den schwächsten Punkt der gegnerischen Argumentation. Damit brachte sie den Kontrahenten ins Straucheln und überließ es anschließend den anderen, dem Strauchelnden den Garaus zu machen – wohlgemerkt inhaltlich, wobei auch das sehr schmerzhaft sein kann!

Für eine erfolgreiche Führung ist also nicht nur von Bedeutung, was wir kommunizieren, sondern auch wie wir kommunizieren und dabei die vielen Fallstricke umgehen, die es augenscheinlich vor allem Frauen schwer machen sollen – wie die Frage nach der »richtigen« Kleidung, dem »passenden« Auftreten, der »angemessenen« Ausdrucksweise, denn auch das gehört wie gesagt zur Kommunikation. Noch sind wir als Gesellschaft an das kommunikative Diktat gewöhnt, das uns männliche Führungspersönlichkeiten lange Zeit vorgegeben haben: Wie Mann es macht, ist es richtig. Männer brauchen also – theoretisch – nur dem Schema F zu folgen, um erfolgreich zu sein oder zumindest keinen großen Anstoß zu erregen. Dabei hat Angela Merkel gezeigt, wie es auch gehen kann, und das auf vielen verschiedenen, teilweise sehr subtilen und intuitiven Kommunikationsebenen. Das soll nicht heißen, dass jede Frau, die erfolgreich führen will, eine Palette Blazer im Schrank haben oder – im besten Sinne – durchschnittlich sein muss. Es soll nur zeigen, dass uns allen – Frauen wie Männern – eine reiche Bandbreite an Kommunikations- und Ausdrucksmöglichkeiten zur Verfügung steht, die durchaus von unserer Persönlichkeit geprägt sein dürfen und sollen. Angela Merkel hat diese Bandbreite besser genutzt als viele ihrer männlichen Counterparts. Vielleicht, weil Männer gelernt haben, besagtem Schema F zu folgen? Vielleicht aber auch, weil Frauen – wie in diesem Fall Angela Merkel – sich der Bedeutung von Kommunikation auf allen Ebenen bewusster sind als Männer. Vielleicht auch, weil weibliche Kommunikation, ob in Form von Sprache,

Auftreten, Kleidung, Kenntnis von Inhalten oder Umgang mit anderen, meist – so meine Erfahrung – zum Dialog einlädt, während die Kommunikation von männlichen Führungspersönlichkeiten eher dem Ich gewidmet ist. Erfolgreiche Führung und Kommunikation stehen in einem engen Zusammenhang und in einer starken Wechselwirkung. Gerade die – tendenziell eher weibliche – Offenheit der Kommunikation gewährleistet, dass Mitarbeiter im Sinne des Ganzen agieren und nicht in eine »Dienst-nach-Vorschrift-Haltung« und Absicherungsmentalität verfallen. Eine solche risikofreie Haltung wäre das Ende jeder Kreativität und Eigenverantwortlichkeit. Gerade bei autoritären Führungspersonen – und das sind erfahrungsgemäß meist Männer – entsteht schnell ein Umfeld der Angst und des Misstrauens. Die Gefahr falscher Entscheidungen nimmt dadurch massiv zu. Ein offenes Kommunizieren dagegen ist eine Grundvoraussetzung erfolgreicher Führung.

Aggressivität und Grenzen

Kennen Sie kuriose Geschichten von skurrilen Grenzverläufen? Ein Beispiel für ein solches Kuriosum ist ein Örtchen, in dem die Landesgrenzen – in diesem Fall zwischen Belgien und den Niederlanden – durch Wohnhäuser, Geschäfte und sogar Dienstzimmer laufen. Deshalb gehört ein Haus dort der Einfachheit halber zu jeweils dem Land, in dem die Haustür liegt. Das eröffnet – und erfordert manchmal auch – Kreativität aufseiten der Bürger:innen. Grenzziehung als Spiel und Variable.

Mit unseren eigenen Grenzen ist es anders: Mit denen soll bitte kein Spiel getrieben werden, zumindest nicht, solange es uns persönlich betrifft. Sie sind eine Art unsichtbares, aber unumstößliches Regelwerk, auf dem das Miteinander unserer Gesellschaft fußt.

Wir halten zum Beispiel sehr genaue physische Abstände zu anderen ein, abhängig davon, wie vertraut uns diese Menschen sind. Auch fragen wir in Deutschland andere nicht einfach danach, was sie verdienen, in den USA hingegen schon. In Norwegen erkundigt sich jeder Fremde ungeniert, was dein Haus gekostet hat, in Deutschland wird darüber eher geschwiegen. In Deutschland geben wir uns die Hand, in Frankreich einen Kuss auf die Wange.

So gibt es unzählige Grenzen in allen Lebensbereichen mit einer langen Liste an Gos und No-Gos: zwischen den Geschlechtern, in Beziehungen, im Beruf, in der Öffentlichkeit, in den Medien, unter Freunden, unter Fremden und in vielen weiteren Bereichen.

Meist gehen wir davon aus, dass nicht nur wir selbst, sondern auch andere diese allgemeingültigen Grenzen selbstverständlich einhalten. Umso schockierender – aber aus Sicht des Grenzüberschreitenden bisweilen auch effektiver – ist es, wenn jemand genau das nicht tut. Dabei sind es jedoch meist die Grenzen der Frauen, die überschritten werden. Liegt das an den Männern – oder an den Frauen? Warum lächeln Frauen öfter, statt auf den Tisch zu hauen? Und wie sollen sie überhaupt ihre Grenzen ziehen? Müssten sie dafür nicht erst einmal lernen, Nein zu sagen? Aber Wut ist doch nicht gesund, oder? Ist man eigentlich automatisch ein Aggressor, wenn man Grenzen überschreitet? Und wie kann Grenzüberschreitung grundsätzlich schlecht sein, wenn jedes Coaching- und Managementseminar doch genau diese von uns fordert nach dem Motto: »Geh über deine Grenzen – nur dann bist du erfolgreich«? Braucht Führung die Grenzüberschreitung und ein damit verbundenes Maß an Aggressivität, um zu funktionieren? Und wie viele Muskeln muss ich haben, um effektiv aggressiv sein zu können? Solange wir unseren Gedanken keine Grenzen auferlegen, können wir Antworten auf diese Fragen finden.

Tut Wut gut?

Sandra Cegla

Kalte, graue Wände. Die Hallen der Gefangenensammelstelle – selbst im Sommer ist hier nicht einmal ein Hauch von Wärme zu spüren. Wenn ich spreche, hallen meine Worte wider. Alle Räume sind minimalistisch und unter Aspekten der

Eigensicherung lediglich auf das Abarbeiten von Festnahmen und Haftbefehlen ausgerichtet.

Es donnert, rumpelt und eine tiefe Männerstimme brüllt, schimpft; da ist jemand außer sich vor Wut. Immer wieder höre ich meinen Namen und bin erleichtert, dass uns mehrere schwere, massive Metalltüren voneinander trennen, die verschlossen und verriegelt sind. Diese Türen sind so schwer, dass ich meine ganze Kraft aufwenden muss, um sie zu bewegen. Verriegelt sind sie bombensicher. Meine Fantasie reicht aus, um die Geräusche einer männlichen Person zuzuordnen, die gerade offen randaliert. Gefühlt weiß ich alles über diesen Mann, was ich nur wissen kann, denn ich habe mich sechs Monate lang an seine Fersen geheftet, um ihn zu finden. Besonders weiß ich aber eines: Er ist groß, kräftig, schwer. Und wütend. Genau jetzt. Meine armen Kollegen, denke ich und bemerke, wie mein Puls nach oben schnellt, obwohl ich selbst nichts zu befürchten habe. Doch alleine die Vorstellung, wie er sich mit all seiner Manneskraft und vollkommen außer Kontrolle einer polizeilichen Maßnahme widersetzt, die ich angeordnet habe, verunsichert mich insgeheim doch. Natürlich lasse ich mir das nicht anmerken.

Was war geschehen? Während ich unfreiwillig Gebrüll und Kampfgeräuschen lausche, driften meine Gedanken ab. Dieser Fall hat mir einen wirklich langen Atem abverlangt. Hintergrund war ein Fall in Berlin-Kreuzberg, bei dem auf einer bekannten Partymeile nachts ein Täter mit einem Messer die Straße entlanglief und mehrere arglose Passanten durch Stiche verletzte. Bereits in Tatortnähe konnte der Messerstecher festgenommen werden; da er jedoch nicht auf frischer Tat ertappt wurde, galt es nun für mich als Kommissarin, mit meinen Ermittlungen zu beweisen, dass er auch tatsächlich der Täter war. Rein hypothetisch konnte es sich auch um eine Verwechslung handeln.

Mir lag nach der Festnahme des Täters dessen Tatkleidung vor, die er zum Zeitpunkt seiner Festnahme getragen hatte. Darauf befanden sich Blutspuren. Um den Nachweis zu führen, dass diese Blutspuren, die gleichzeitig auch DNA-Material enthielten, wirklich von den Verletzten stammten, mussten von ihnen DNA-Proben entnommen und ausgewertet werden. Das war ganz einfach: Man hielt ein Wattestäbchen an die Innenseite der Wange, rieb ein paar Mal hin und her – fertig. Wenn die Auswertung ergab, dass es sich bei der DNA auf der Kleidung des Täters um die der Geschädigten handelte, dann hatte ich den Beweis. Dann konnte ich dem Täter die einzelnen Taten nachweisen, ich konnte mein polizeiliches Ermittlungsverfahren abschließen und der Richter konnte in die gerichtliche Hauptverhandlung gehen. Alles lief wie am Schnürchen, denn alle Beteiligten verhielten sich kooperativ – bis auf einen. Der randalierte jetzt.

Dieser eine Verletzte aus jener Tat in Kreuzberg, dessen DNA-Probe ich für mein Verfahren und die Beweisführung benötigte, verweigerte mir eine freiwillige Abgabe seiner Probe. Ich blickte in leere Augen, als er das Protokoll seiner Aussage las und unter jede einzelne Seite eine Unterschrift setzte. »Wir müssen jetzt noch einmal über die eine freiwillige DNA-Probe sprechen.« Ich erklärte ihm mehrmals den Zusammenhang, in dem ich die Probe entnehmen und auswerten wollte, ebenso wie die Tatsache, dass sie nicht gespeichert werden würde. Denn ich benötigte sie wirklich nur für dieses eine Ermittlungsverfahren. Seine Körperhaltung veränderte sich und ließ zunehmend Fluchttendenzen erkennen. »Nein«, wiederholte er immer wieder. Er glaubte mir nicht. Er hatte das Gesetz bisher nur von der anderen Seite erlebt. Es hatte ihn nicht geschützt, sondern das Gesetz hatte bisher andere vor ihm schützen müssen. Also hatte er aufgrund seiner bisherigen Erfahrungen natürlich keinen Anlass, mir zu glauben. Vielleicht vermutete er hinter meinen Erläuterungen sogar eine spezielle Taktik von mir, um auf hinterlistige Weise an sein DNA-Material heranzukommen. Das wäre in Deutschland rechtswidrig und juristisch anfechtbar, niemals hätte ich mit solchen Methoden gearbeitet. Aber auf diesem Niveau bewegte sich unsere Kommunikation nicht. Kurzum: Er vertraute mir nicht und tauchte nach unserer Zeugenvernehmung, in der er den Tathergang geschildert und seine DNA-Probe verweigert hatte, unter.

Als Nächstes übersandte ich meine Akte der Staatsanwaltschaft Berlin – kurz: StA Bln – und erhielt sie mit einem Gesuch der StA Bln zurück, die DNA-Probe des besagten Verletzten einzuholen. Da dieser untergetaucht war, begann nun das Versteckspiel. Ich verfolgte die letzten Spuren, die er hinterlassen hatte, recherchierte in Systemen, telefonierte mit Heimen und Unterkünften und fand ihn nach Monaten des Katz- und Maus-Spielens schließlich in einem Obdachlosenheim. Ich war nicht überrascht, als er auch dieses Mal die Abgabe der DNA-Probe ablehnte. All meine Rhetorik versagte. Ich hatte längst verstanden, was die Hintergründe seiner Ablehnung waren, und versicherte ihm, dass ich an seinen kriminellen Aktivitäten nicht interessiert sei. Dass er gleichzeitig nichts zu befürchten habe – ich aber mit einem richterlichen Beschluss wiederkommen und dann die Entnahme einer DNA-Probe mit Zwang durchsetzen müsse. Ich hatte ein echtes Interesse, die ganze Angelegenheit ohne Zwang und großes Aufsehen hinter mich zu bringen. Aber er ließ mir keine Wahl. Vermutlich setzte er darauf, dass ich ihn kein zweites Mal finden würde … und lehnte ab.

Es kam, wie es kommen musste. Ich erwirkte einen richterlichen Beschluss zur Entnahme der DNA-Probe und machte mich erneut auf die Suche. Auch dieses Mal brauchte ich mehrere Monate. Er machte seine Hausaufgaben wirklich gut. Ich meine aber auch. Als ich schließlich herausfand, dass er sich in einem Wohnheim aufhielt, suchte ich ihn mit meiner Kollegin

Claudia auf. Ich klopfte an seine Zimmertür und er öffnete. Als er in mein Gesicht sah, verdrehte er sofort die Augen. »Die schon wieder«, konnte ich förmlich in seinem Blick lesen, gepaart mit ein bisschen Resignation. Ich ging freundlich mit ihm ins Gespräch, zeigte ihm den richterlichen Beschluss und hielt ihm ein letztes Mal den Weg offen, freiwillig eine Speichelprobe abzugeben. Die funktionierte ganz einfach. Ich hatte das Set dabei und erklärte ihm erneut, wie schnell und unkompliziert das ginge. Er müsse nur das Wattestäbchen an die Innenseite seiner Wange halten und es ein paar Mal hin und her bewegen. Das war's. Dann könnte ich wieder gehen. Alles andere, was ansonsten folgen würde, wäre weit weniger schön und weniger einfach. Er ließ mir wieder keine Wahl. Er sagte ein weiteres Mal Nein.

Was er nicht wusste: Ich war nicht allein gekommen. Draußen warteten Einsatzkräfte einer Hundertschaft, bereit, ihn notfalls auch gegen seinen Willen mitzunehmen. Und da wir mit Widerstand rechneten, waren gleich sechs Kollegen mitgekommen – stark, durchtrainiert, im Kampfanzug und fest entschlossen.

Als ich erkannte, dass ich mit meinen Worten wirklich nicht weiterkommen würde, trat ich auf den Flur und gab den Kollegen das Zeichen, dass sie nun am Ball waren. Ich ging zur Seite, und sie übernahmen das Einsatzgeschehen.

Es dauerte nicht lange, da gingen die Gespräche in Gebrüll, Kampfhandlungen und pure Aggressivität über. Unsere Zielperson wehrte sich aus Leibeskräften – bei einem Mann seiner Größe und Statur war das wirklich Furcht einflößend. Natürlich setzten sich die Kollegen durch, fesselten ihn und brachten ihn zum Polizeiauto. Aber das war alles nicht schön anzusehen. Claudia und ich brachen in unserem zivilen Polizeiauto ebenfalls in Richtung Gefangenensammelstelle auf. Ich atmete einmal tief durch. Unser Job war erledigt. Für mich blieb nur noch der Papierkram im Hintergrund übrig, die wirklich schwierige Aufgabe wartete jetzt auf die Kollegen. Sie mussten ihn zum einen transportieren und am Zielort sicher abliefern, zum anderen musste er dort zur Blutprobenentnahme dem Amtsarzt vorgestellt werden. Das erschien mir unmöglich nach allem, was ich gerade erlebt hatte.

Widerstandshandlungen dieser Art, die mir das Blut in den Adern gefrieren lassen, habe ich überwiegend mit Männern erlebt. Offen ausgelebte Wut, pure Aggressivität und ungezügelte Rage sind mir in meinem Polizeileben noch nie bei Frauen begegnet. Und die wenigen Male, wenn sich einmal eine Frau als Täterin in eines meiner Ermittlungsverfahren im Bereich schwerer Gewalt verirrt hatte, konnte ich es kaum glauben. Das kam fast nie vor. Offen ausgelebte Aggression, die in ihrer übertriebenen, toxischen Form zu Gewalttaten führen kann, ist meiner Erfahrung nach ein eher männliches Phänomen. Und sicherlich bin ich nicht die Erste und Einzige, die beobachtet hat, dass Frauen und Männer mit ihren Aggressionen unterschiedlich umgehen.

Warum ist das so? Zum einen spielen hier wieder biologische und hormonelle Zusammenhänge eine Rolle, zum anderen auch die gesellschaftlichen Rollen, die Frauen eher die sozialen und weichen Aufgaben übertragen, den Männern hingegen die harten, beschützenden, gefährlichen und nach außen hin absichernden. In jedem Fall können wir davon ausgehen, dass, wenn wir uns im öffentlichen Leben in einem männlich geprägten System bewegen, in dem männliche Werte zählen, Aggressionen dann eher offen ausgelebt, toleriert und sogar gelobt werden. Das weibliche Prinzip, das eher aufnimmt, zuhört und zum Wohle der Gemeinschaft ausgerichtet ist, tritt in den Hintergrund, geht bestenfalls unter oder wird niedergemacht.

Zum einen können wir uns fragen, wer denn eigentlich in Führungspositionen aufsteigt – meist doch Männer oder maskuline Frauen, die genau diese Fähigkeiten besitzen, mit denen sie sich erfolgreich gegen Konkurrenten in einem männlichen System durchsetzen. Mit Ellenbogenmentalität und Lautstärke. In der Führung angekommen, prägen sie hier eine Gemeinschaft, die nun ebenfalls von dieser Mentalität geprägt ist, entsprechende Entscheidungen trifft und Ziele vorgibt. Obwohl doch gute Führung und ein gesunder Machterhalt zum Wohle aller eigentlich das weibliche Prinzip brauchen: Integration, Zusammenführen der Gegensätze, Miteinander, Zugehörigkeit. Stattdessen bleiben das männliche System und auch die Männer an der Spitze erhalten, und die weiblichen Stärken im System werden gefühlt zu Schwächen.

Zum anderen können wir die Frage stellen, wo die Unterschiede der Geschlechter im Umgang mit Aggressionen liegen und was besonders Männer von Frauen lernen können. Frauen gehen nicht so offen und natürlich mit Aggressionen um wie viele Männer und leiden oft sehr stark unter ihren unterdrückten Aggressionen. Denn das männliche, toxische Prinzip hat sich leider allzu oft in Form von Gewalt oder Dominanz an ihnen entladen. Viele Frauen haben Gewalt oder Unterdrückung erfahren und dadurch tief in ihrem Unterbewusstsein verankert, dass Wut und Aggressionen – besonders die eigenen – schlecht sind. Sie lehnen sie daher ab und verknüpfen sie mit durch und durch negativen, beklemmenden Gefühlen. Oft steht auch der Umkehrschluss dahinter, dass sich andere ebenso schlecht mit der von den Frauen geäußerten Wut fühlen könnten, wie sie sich selbst mit ihrer eigenen Gewalterfahrung fühlen, zum Beispiel aus der Kindheit. Wenn ein Mann wie der Festgenommene in meinem Beispiel ein kleines Kind oder eine Frau wie mich in höchster Rage und vollkommen außer sich anbrüllt, schüchtert das nicht nur ein, sondern das ist schon wirkliche Gewalt. Dafür muss er noch nicht einmal die Hand erheben. Ohne die Metalltüren der Gefangenensammelstelle zwischen mir und dem Randalierer hätte ich Todesangst bekommen.

Das, was viele Frauen in Bezug auf Wut und Aggressionen empfinden, können bewusste oder unbewusste Prozesse sein. Besonders unbewusste Prozesse ergeben auf der kognitiven Ebene oft keinen Sinn und lassen sich gar nicht erst auf entsprechend konkrete Ereignisse aus der Kindheit zurückführen. Es sind einfach starke Gefühle und Impulse, die uns lenken und leiten. Und doch zieht sich besonders in Bezug auf aggressive Regungen ein Muster durch meine Beobachtungen, das auffällig ist: Ich habe in den letzten beiden Jahrzehnten mit kaum einer Frau gesprochen, die nicht einen inneren Konflikt mit dem Thema Wut und Aggression gehabt hätte, der sich negativ auf ihr Leben auswirkte. Und selbstverständlich bin ich selbst eine Frau und kenne die Innenschau zum Thema.

Deshalb weiß ich, dass wir Frauen im Grundsatz erst einmal gute Gründe haben, unsere Aggressionen nicht immer offen auszuleben. Denn zum einen sind Frauen Männern körperlich häufig unterlegen. Alleine daher neigen wir dazu, eher zu beschwichtigen, als Aggressionen zu schüren. Wir lächeln mehr, sind freundlich und zuvorkommend – manchmal, weil wir jemanden wirklich mögen, und manchmal, weil wir Angst haben. Die meisten Männer können es sich eher als Frauen erlauben, es auf einen Kampf ankommen zu lassen. Das sind natürlich tief liegende, unbewusste oder instinkthafte Regungen, denn in unserer modernen Welt tragen wir unsere Konflikte überwiegend mit Worten und Gott sei Dank nur in kriminellen Ausnahmefällen mit den Fäusten aus. Während wir Frauen also mehr lächeln und eher gefallen wollen, können Männer offener ihre Meinung sagen, Grenzen setzen oder auch ihrer Wut Luft machen.

Aber auch aufgrund all der Erfahrungen der Ohnmacht, die wir Frauen meist im Lauf unseres Lebens gesammelt haben, zeigen wir unsere Aggressionen nicht gern offen. Lieber schlucken wir ein böses Wort herunter, lieber tragen wir selbst eine Konsequenz oder stecken zugunsten eines stärkeren

Konkurrenten zurück. Die soziale Rolle, die uns zugewiesen ist, verbietet es außerdem, »die Zicke« zu sein, die am Ende »die Spielverderberin« macht. Gesellschaftlich gesehen werden Aggressionen bei Frauen und Männern, Mädchen und Jungen ganz unterschiedlich bewertet. Während wütende Jungen als durchsetzungsstark und aggressive Männer als karriereorientiert gelten, »hat sie ihre Tage« oder ist wohl doch nicht so kompetent für den Posten wie anfangs gedacht.

Frauen haben also viele gute Gründe, nicht offen mit ihren Aggressionen umzugehen. Dass das nicht gesund sein kann, liegt auf der Hand. Sie fressen sie stattdessen in sich hinein (Essstörungen), richten sie gegen sich selbst (Borderline, Suizidgedanken, Depressionen ...) oder verdrängen sie komplett (psychosomatische Erkrankungen). Gleichzeitig fehlt ihnen das wichtigste Instrument, um für sich selbst und für andere zu kämpfen: ihre Wut.

Wenn wir uns Wut und Aggressionen ansehen, dann liegt es nämlich sofort auf der Hand, dass sie absolut überlebenswichtig sind. Wut schenkt uns die Energie, für unsere eigenen Interessen und Bedürfnisse einzutreten; sie macht uns selbst sehr deutlich, dass jemand anderes unsere Grenzen überschritten hat. Wenn wir wütend sind, blenden wir aus, wie sich unser Gegenüber fühlt, welche Interessen er oder sie verfolgt, denn jetzt geht es um uns. Und das ist auch richtig so. Keine ausgewogene Persönlichkeit, keine gesunde Psyche kann sich ausschließlich mit den Bedürfnissen anderer Menschen befassen. Am Ende geht es auch darum, für uns selbst einzustehen. Wut hat also ihre Berechtigung und ist besonders für die Person, die wütend ist, wichtig. Wut kann befreien und Wut kann uns Worte finden lassen, die wir in einem anderen Zustand niemals ausgesprochen hätten, weil wir uns nicht getraut hätten.

Natürlich ist Wut – selbst wenn es sich noch nicht um Rage handelt – für die andere Person, die sie aushalten muss, nicht angenehm. Diese andere Person muss sich mit Inhalten konfrontieren lassen, die vielleicht verletzend sind, oder sie bekommt Angst vor einer Kurzschlussreaktion. Besonders im Kontext der Geschlechterfrage und der historischen Entwicklung des Patriarchats könnte man fast zu dem Schluss kommen, dass die Männer im Grundsatz die Leidtragenden der weiblichen Wut sind und vermutlich wenig Interesse daran haben dürften, dass Frauen ihre Wut – insbesondere auch im öffentlichen Leben – ausleben. Wahrscheinlich ist es tatsächlich so. Insofern dient das männlich geprägte System, in dem wir leben, den Männern als Puffer und schützender Airbag vor der weiblichen Wut – einfach, weil es eine gesunde Wut aufseiten der Frauen noch immer verhindert.

Und genau hier liegt das Problem: Aggressionen und Wut sind in jedem gesunden Menschen vorhanden und gehören zu einem ausgewogenen menschlichen Miteinander. Wenn wir aber lernen, Wut zu unterdrücken, dann kann sie an Stellen zum Ausbruch kommen, an denen sie vollkommen deplatziert ist. Und das in einer Intensität, die zerstört. Auch der Umgang mit Wut in unterschiedlichen Kontexten – in Familie, Partnerschaft, Freundschaft und Beruf – will regelmäßig gelernt und trainiert werden. Alle unsere Gefühle sollten wir achtsam begleiten und ernst nehmen, besonders aber unsere Wut. Denn sie kann zerstören.

Was also tun, wenn die eigene Wut nicht sein darf? Leider nutzen manche Frauen das Instrument der Intrige, weil sie sich nicht trauen, offen ihre Meinung zu sagen. Oder sie agieren passiv-aggressiv und vergiften so eine Atmosphäre. Das ist auch ein Teil der Wahrheit.

Und doch habe ich in meiner Zusammenarbeit mit Frauen überwiegend etwas anderes festgestellt. Denn wenn es um das Behüten unserer Kinder oder Schützlinge geht, sind wir Meisterinnen im Verteidigen. Sowohl im privaten als auch im professionellen Umfeld. Hier können wir Kräfte mobilisieren, unsere Ängste verlieren und manches Mal sogar den Anstand vergessen. Das Potenzial zum Kampf steckt also durchaus in uns. Im richtigen Kontext und gezielt für die richtige Sache »darf« es aktiviert werden. Viele Frauen sind sich dieser unschlagbaren Kraft, die in ihnen schlummert, gar nicht bewusst. Aber sie ist da und wartet in vielen Fällen bestimmt nur darauf, entfesselt zu werden. Offene Aggression können also auch wir Frauen.

Gleichzeitig haben wir Frauen jedoch noch eine weitere Fähigkeit, die uns im Zusammenhang mit New Female Leadership zu wirklich guten Führungskräften macht: Unser Umgang mit Emotionen und unsere Bereitschaft, uns selbst zu hinterfragen (siehe Kapitel Emotion), sind nicht nur der Nährboden, auf dem ein rasantes Persönlichkeitswachstum möglich ist, sondern wir Frauen können durch unsere Gabe zur Selbstreflexion – und weil wir gelernt haben, unseren Aggressionen nicht immer unmittelbar Ausdruck zu verleihen – viel besonnener und methodischer vorgehen.

Eine gute Führungskraft besitzt in meinen Augen die Fähigkeit, viele Informationen in sich aufzunehmen und dadurch einen guten Überblick zu bekommen. Gleichzeitig nimmt sie auch viele unterschiedliche Interessen, Bedürfnisse und Emotionen wahr. Es ist nun ihre Aufgabe, diese Spannungen zunächst aus dem Team herauszunehmen und in sich zu verarbeiten. Nur mit dieser Fähigkeit wird sie in der Lage sein, mit kreativen Methoden und einer transparenten Kommunikation gute Lösungen im Team zu erarbeiten. Eine schlechte Führungskraft, die alle Spannungen an ihr Team weitergibt, ist nicht nur eine Belastung für alle Beteiligten, sondern mindert auch die Arbeitsleistung erheblich.

Die Stärken und Potenziale, die Frauen in Bezug auf Aggressionen mitbringen, sind aus meiner Sicht unerlässliche Eigenschaften – um nicht zu sagen, echte Perlen – für gute Führung. Besonders auch im Kontext von New Female Leadership, denn sie vereinen das männliche und das weibliche Prinzip gleichermaßen in sich. Das männliche, offen aggressive, grenzüberschreitende und von heißer Wut begleitete Prinzip, das genau dann aktiviert wird, wenn es um das Verteidigen der eigenen Schützlinge geht, ebenso wie das weibliche Prinzip, das abwartend, besonnen, sanft und überlegt vorgeht, dabei aber äußerst zielgerichtet. Diese beiden Prinzipien können kombiniert in der Führung ein absolutes Erfolgsrezept sein, das meiner Erfahrung nach besonders Frauen beherrschen.

Was können sich also Männer von uns Frauen abschauen? Viele Männer, besonders die der älteren Generationen, können lernen, ihre Wut und Aggressionen in einer Art und Weise innerlich zu verarbeiten, dass sie weder ungefiltert nach außen abgegeben noch in destruktiver und unüberlegter Weise im Kampf verwendet werden. Wut kann zielgerichtet als Energie für eine gute Sache und zum Wohle aller eingesetzt werden, sie kann aber auch zerstören. Und auch wenn mir bewusst ist, dass der Umgang mit Aggressivität auch eine sehr individuelle und höchst persönliche Angelegenheit ist, so habe ich doch immer wieder erlebt, dass es die Frauen sind, die trotz wirklich ärgerlicher Zusammenhänge und Situationen immer wieder Gespräche suchen, Lösungen anbieten und neue Methoden wählen, um gemeinsame Ziele zu erreichen. In der Zusammenarbeit mit Männern sind mir sehr viel häufiger Kampfmodus, blinde Wut und Zerstörung begegnet, wo sie nicht nötig gewesen wären.

New Female Leadership ist für mich ein Führungsstil, der – unter anderem – das männliche und das weibliche Prinzip der Aggression in sich vereint. Diese »Kunst des Vereinens« liegt ganz besonders den Frauen – wenn sie nicht zulassen, dass der gesellschaftliche Erwartungsdruck sie ihnen abtrainiert. Das können Männer von uns lernen.

Wer lässt wann die Muskeln spielen?

Erich Vad

Ich habe es schon an anderer Stelle gesagt: Politik geht nicht ohne Streit, Kontroverse und Kampf um den richtigen Kurs. Nicht ohne Unterstellungen, persönliche Anfeindungen und leidenschaftliche Angriffe. Angela Merkel schaffte es dabei stets, den lauten Krawall zu ignorieren und, falls vorhanden, den sachlich begründeten Inhalt herauszufiltern und aufzugreifen. Auf emotionaler Ebene blieb sie dabei völlig cool – ganz im Gegensatz zu mir. Ich erinnere mich unter anderem an eine schwierige Runde mit europäischen Regierungschefs. Einer der Herren, seines Zeichens ein Vertreter einer sehr konservativen Regierung, ließ zu später Stunde regelrecht »die Sau raus« mit emotionalen Angriffen auf Deutschland, die deutsche Politik und auf die Person der Kanzlerin. Merkel ließ ihn einfach reden. Mir schwoll hingegen der Kamm. Ich habe mich jedoch zusammengerissen und die Kanzlerin machen lassen. Die ließ ihn nämlich einfach weiterreden, schaute ihn dabei scheinbar mitleidig an und überließ es den anderen, ihn sehr unsanft auszubremsen und in die Schranken zu weisen – was eine viel durchschlagendere Wirkung hatte, als wenn sie ihn sich selbst zur Brust genommen hätte. Immerhin stand er dadurch vor geballtem Widerstand und einer in diesem Fall vereinten Front.

Cool bleiben und stehen lassen

Es war ein Merkelscher Klassiker, persönliche Angriffe sichtbar im Raum stehen zu lassen – bis es für den meist männlichen Aggressor einfach nur peinlich wurde. Einmal war der türkische Regierungschef Erdoğan auf Deutschlandbesuch und kam nicht – wie diplomatisch üblich – zunächst in die Hauptstadt

Berlin, sondern ließ sich erst einmal von Tausenden türkischstämmigen Bürgern in Köln feiern, bevor er sich anschließend nach Berlin aufmachte. Es ging ihm darum, seine Macht auch in Deutschland zu demonstrieren. Beim Gegenbesuch flog die Kanzlerin folglich auch nicht direkt nach Ankara, sondern ließ sich – ebenfalls entgegen den diplomatischen Gepflogenheiten und sicherlich nicht zur Freude der türkischen Regierung – zunächst in Kappadokien ausführlich über das Leben der frühen Christen in der Türkei unterrichten. Anschließend informierte sie sich vor dem hochoffiziellen Staatsbankett über religiöse Minderheiten in der Türkei, überzog den Termin überdies leicht und ließ den stolzen Regierungschef dadurch auf sich warten, um ihm dann begeistert zu berichten – während er mit versteinerter Miene zuhörte –, wie toll das Gespräch gewesen und wie wichtig es sei, sich auch um dieses Thema zu kümmern. Ihre politische Message war kaum zu überhören, und die Grenze, die sie ihm aufgezeigt hatte, schwerlich zu übersehen. Und das, ohne dass sie es auf einen Eklat hätte ankommen lassen, weder bei Erdoğans Besuch in Deutschland noch bei ihrem Gegenbesuch in der Türkei. Dafür ging sie trotz allem zu subtil vor. Wirkliche Angriffsfläche bot sie durch ihr Verhalten nicht.

Abwarten und kontern

Überhaupt ging Angela Merkel wenig aggressiv vor, und selbst das nur in den allerseltensten Fällen. Wenn sie mit einer gewissen Aggressivität agierte oder reagierte, dann immer auf eine sehr subtile, indirekte und hintergründige Art. Nicht über jedes politische Stöckchen springen und zu jedem Punkt etwas sagen: Eine wichtige Eigenschaft politischer Protagonisten ist unaufgeregtes Abwarten, das Aussitzenkönnen, bekannt seit den Zeiten Helmut Kohls. Das funktioniert, weil selbst die öffentlichkeitswirksamsten Breaking News nur eine begrenzte Zeit interessant erscheinen und schnell von neuen Themen abgelöst werden nach dem Motto: Die Karawane zieht weiter. Das gilt natürlich nicht für alle Themen; Klimawandel und Flüchtlingskrise sind aktuelle Beispiele dafür, dass manche Themen gekommen sind, um zu bleiben. Oder besser: um gelöst zu werden. Aber grundsätzlich ist das stunden- und oft nächtelange Sitzenkönnen eine wichtige physische Voraussetzung für diejenige oder denjenigen, die oder der politische Macht innehat. Nicht jeder und jedem ist es gegeben, ewig dauernde Verhandlungen interessenorientiert zu führen, um in den frühen Morgenstunden schließlich zu zielführenden Ergebnissen zu kommen – da hilft es durchaus, wenn die anderen Teilnehmer zu diesem Zeitpunkt ermattet und ermüdet sind. Es waren diese Momente, in denen Angela Merkel ihre Lösungsvorschläge, die sie längst in petto hatte, auspackte und durchsetzte. Das wirkte keinesfalls aggressiv, sondern vor allem erlösend: Endlich war man fertig, hatte eine Lösung gefunden. Einen clever geplanten Eroberungsfeldzug würde ich das nennen – ohne dass es jemand bemerkte oder ihr gar übel nahm. Mit dem Ergebnis, dass die deutsche Interessenlage in einem legitimen äußerlichen Gewand erschien und Angela Merkel politischen Krawall sowie die offene Konfrontation vermied.

Auch tat sie Opponenten nie den Gefallen, sich auf die aggressive Ebene zu begeben, denn das wäre für ihre Gegner bereits ein Erfolg gewesen. Es ist für politische Kontrahenten viel peinlicher, nicht auf Augenhöhe und damit satisfaktionsfähig wahrgenommen zu werden, sondern als jemand, der seine eigenen Emotionen nicht im Griff hat. Angriffe wie an Teflon an sich ablaufen zu lassen, kann wirkungsmächtiger sein als der Angriff selbst! Ich habe es zigmal mit Angela Merkel erlebt: Unsachliche und auch persönliche Attacken ließ sie einfach im Raum stehen – so hat sie es selbst einmal ausgedrückt: Man muss politische Dummheit, Unausgegorenheit oder Frechheit nicht immer sofort kommentieren, sondern kann sie einfach für sich sprechen lassen. Manchmal hatte ich die geballte Faust in der Tasche und stellte mir vor, wie ich den anderen inhaltlich zerlegt hätte, hätte er etwas Ähnliches zu mir gesagt. Aber die Kanzlerin schwieg einfach, reagierte später und in einem anderen Kontext darauf und überließ es anderen, Unsachlichkeiten umgehend aufzugreifen. Ich lernte dabei, dass dazu mehr innere Stärke gehört, als sofort und unmittelbar – meines Erachtens die eher »männliche« Reaktion – zum Gegenangriff überzugehen. Wie gesagt: Auch von Angela Merkel kam eine Reaktion, aber später, in anderer Konstellation und dafür umso wirkungsvoller. Es ist so wie bei den großen Meistern der asiatischen Kampfkünste: Der ruhige, auf eigener Meisterschaft beruhende, gefasste und durchdringende Blick bringt den Angreifer innerlich aus dem Gleichgewicht und führt ihn ins Verderben, noch bevor aktives Gegenhandeln ihn besiegt.

Grenzüberschreitungen sind keine Gewöhnungssache

Lassen sich aus dem Führungsverhalten Angela Merkels Muster oder gar Best Practices für New Female Leadership ableiten? Genügt es, wenn Frauen in Führungspositionen lediglich subtil aggressiv gegenüber aggressivem Verhalten bleiben?

Im Gegensatz zu Männern erleben Frauen Grenzüberschreitungen beinahe täglich. Sie werden damit sozusagen groß. Besonders kritisch ist es, wenn der körperliche Nahbereich ungewünscht betreten oder die übliche, konventionelle Distanz unterschritten wird. »Aggressor« heißt nichts anderes, als dass da jemand diese konventionell vereinbarte körperliche und auch verbale Distanz vorsätzlich nicht einhält. Aggression ist also ein Kontinuum, das bei leichten, eher harmlosen Verletzungen körperlicher und verbaler Distanz beginnt und bis in den Bereich des Stalking und der Tötung geht, wie es meine Mitautorin in ihrem Berufsleben täglich erlebt. Dabei spielt natürlich auch die im Allgemeinen vorhandene körperliche Überlegenheit des Mannes eine Rolle, manchmal bewusst eingesetzt, manchmal auch unbewusst.

Diese körperliche Dominanz und eine damit verbundene Distanzlosigkeit sind auch unter Männern von nicht zu unterschätzender Bedeutung: Wie oft baut sich ein Muskelpaket so nah wie möglich vor einem anderen, gern kleineren oder einfach durchschnittlichen Mann auf, dessen Körpersprache bereits aussagt, dass er keine körperliche Auseinandersetzung gewöhnt ist. Dabei muss der Aggressor noch nicht einmal ein Muskelpaket sein; es genügt ein aggressives, drohendes Auftreten. Oder das vermeintlich harmlose, manchmal aber bewusst brutale »Schulterklopfen« zur Begrüßung untereinander, sodass derjenige, der begrüßt wird, unwillkürlich in die Knie geht oder durch den Schlag auf die Schulter zumindest Schmerzen verspürt. In meinen Augen ist das kein freundschaftliches Hallo, sondern eine körperlich aggressive Statusmanifestation. Ein Hahnenkampf, an dem zugegebenermaßen manchmal nur einer – der Schlagende – aktiv teilnimmt, während der andere hineingezogen wird. Auch untereinander lassen Männer ihrer Aggressivität also oft genug freien Lauf.

Rein körperlich können Frauen in der Regel nicht mithalten, wenn Männer ihre körperliche und gern auch in Kombination ihre verbale Distanz verletzen. Und dennoch müssen Frauen lernen, damit umzugehen, weil sie solchen Erlebnissen viel zu oft ausgesetzt sind. Unter »zivilisierten« Bedingungen können Frauen solche Grenzüberschreitungen – natürlich abhängig vom Eskalationsgrad und der Situation – einfach stehen lassen, gerade dann, wenn andere dabei sind. Zum einen dient die Anwesenheit der anderen als ein gewisser Schutz. Zum anderen sind sie Zuschauer, vor denen sich der Aggressor im besten Fall blamiert, weil sein Verhalten eben für sich spricht und sämtlichen

Anwesenden deutlich macht, wes Geistes Kind er ist. Er hatte sozusagen Gelegenheit, seine »Visitenkarte« abzugeben – im positiven Sinne – oder eben sein wahres Gesicht zu zeigen.

Nicht springen, sondern kämpfen – wann und wie es Sinn macht

Würde frau hier über jedes Stöckchen springen, sich also auf jede Aggression einlassen und unmittelbar reagieren, dann müsste sie leider oft springen, und das muss man sich nicht unbedingt antun. Wie heißt es noch? Seine Kämpfe sucht man sich aus. Wobei die Kämpfe, die heute nicht ausgetragen werden, ja nicht in Vergessenheit geraten müssen – frau kann sich aussuchen, wann der richtige Zeitpunkt und die richtige Situation gekommen sind, um sich auf die eine oder andere Art zu revanchieren. Aufgeschoben ist nicht aufgehoben.

Wenn allerdings die personale Autorität einer Frau in einer Führungsposition infrage gestellt wird, ist es keine Option, den Aggressor stehen zu lassen und nicht zu beachten. Nun bin ich keine Frau und erlebe solche Situationen sehr wahrscheinlich anders. Aber von den Beobachtungen her, die ich gemacht habe – mit der Bundeskanzlerin, aber auch mit anderen Frauen –, scheint es mir hier eher Erfolg versprechend, sich nicht emotional zu entrüsten, sondern cool und souverän zu bleiben, nonverbal Kälte auszustrahlen und zugleich verbal das Stoppschild zu zeigen. Das ist natürlich leichter gesagt als getan und funktioniert nur, wenn die vorhandenen und im Spiel befindlichen Emotionen unter Kontrolle sind. Wer in emotionalisierter und aggressiver Weise daherkommt, sollte nicht ebenso aggressiv und emotional gestoppt werden. Das funktioniert auch unter Männern selten. Wenn unsere Distanz ignoriert wird, führt nur eine unemotionale und kontrollierte Reaktion gegen die Schwachstellen des Aggressors zum Erfolg. Dafür muss man auch Kontrolle über seine instinktiven Verhaltensweisen haben. Ein simples Beispiel: Dringt ein Aggressor – oder auch jemand ohne aggressive Hintergedanken, sondern einfach aus einem Kulturkreis, in dem eine geringere Distanz als bei uns als angemessen gilt – in unsere Distanzzone ein, indem er gefühlt zu nah an uns herantritt, so weichen wir mehr oder weniger automatisch zurück. Bewusst stehen zu bleiben, vielleicht sogar einen Schritt nach vorn, auf den Aggressor zu zu machen ist schwierig, aber oft effektiv. Unerwünschte Werbeanrufe sind eine ganz andere Form der Grenzüberschreitung und treffen Männer wie Frauen. Aber unsere Automatismen lassen sich daran ganz wunderbar aufzeigen, etwa wie konditioniert wir darauf sind, zu antworten, wenn uns eine Frage gestellt wird: »Wie, Sie möchten nicht an dem Gewinnspiel teilnehmen? Brauchen Sie denn kein Geld?« – »Doch, aber …« Und dann suchen wir nach legitimen, höflichen Gründen, warum wir nicht an dem Gewinnspiel teilnehmen und nie wieder was von dem Anrufenden hören möchten. Dabei könnten wir auch ganz anders reagieren – und auflegen ist sowieso immer eine Option. Jede und jeder von uns hat wahrscheinlich längst Strategien entwickelt, um mit solchen Situationen umzugehen. Worauf ich mit diesen Beispielen jedoch hinaus will, ist: Emotionen zu kontrollieren kann Hand in Hand damit gehen, uns gewisse Automatismen und »Triggerpunkte« in unserem Verhalten bewusst zu machen und sie gezielt zu unterlaufen.

Ein anderes »schönes«, weil eindringliches Beispiel aus der Praxis, das mir einmal eine junge Frau in einer Führungsfunktion geschildert hat: Ein männlicher Kollege näherte sich ihr morgens sehr freundlich, aber körperlich zu nah mit den Worten: »Sie sehen heute nicht so gut aus wie sonst. Haben Sie Stress zu Hause?« Die Frau fragte mich, ob sich das Verhalten des Mannes, das sie in dem Moment sehr verunsichert hatte, gehört. Wie ich es bewerten würde, denn sie selbst empfand es als subtil aggressiv. Ich musste ihr recht geben. Es gehört sich einfach nicht. Ein solches Verhalten ist distanzlos und trotz verbaler Freundlichkeit ein aggressiver Akt. Wie soll man darauf reagieren? Das Problem ist oft, dass wir die Aggression oder Distanzlosigkeit spüren, aber zunächst nur schwer verorten beziehungsweise nicht konkret an Inhalten festmachen können. Das Auftreten war freundlich, die Wortwahl an sich wirkte auf den ersten Blick harmlos, die Frage hätte Besorgnis oder Mitgefühl ausdrücken können. Bis wir realisiert haben, was wirklich in und hinter dieser Begrüßung steckt und dass wir hier reagieren – und auch noch die richtige Reaktion finden – müssten, ist die Situation vielleicht schon vorbei. Im Idealfall sollten wir in solchen Momenten auf unser Bauchgefühl hören, das uns – wenn auch noch nicht rational erfasst – unterschwellig merken lässt, dass hier etwas nicht stimmt. Lieber einmal zu viel reagieren als nicht reagieren, wäre hier meine Devise. Angela Merkels Patentrezept »An sich abperlen lassen, nur auf sachliche Inhalte eingehen und zuschauen, wie sich der andere vor Zeugen selbst demontiert« funktioniert hier nicht. Zum einen, weil die Autorität besagter Frau hier in ihrer Führungsrolle von einem Untergebenen unterminiert wurde; zum anderen, weil weder sachliche Inhalte noch Zuschauer vorhanden waren. Man sollte hier also weder den Kollegen noch das Verhalten oder die Aussage einfach stehen lassen, sondern es als ungehörig benennen – wenn man die Schlagfertigkeit hat. Das Verhalten hat – überspitzt formuliert – in etwa die gleiche Qualität, als wenn die verunsicherte Frau ihren Kollegen folgendermaßen begrüßt hätte: »Sie sehen heute aber schlecht aus. Hat es gestern im Bett nicht geklappt?« So etwas geht natürlich auch nicht. Aber diese für jeden Mann – wie ich glaube – schlimme und völlig unmotivierte, zusammenhanglose Anspielung hat in etwa dieselbe Qualität wie die Begrüßung durch den Kollegen.

Ein anderes Mal hat mir eine Frau berichtet, wie ihr erster Tag in einer neuen Führungsrolle aussah: Ein älterer Abteilungsleiter, der sich jahrelang selbst Hoffnung auf den Chefsessel gemacht hatte, aber zugunsten der Frau übergangen worden war, setzte sich morgens bei der neuen, wesentlich jüngeren Chefin einfach auf den Rand ihres Schreibtischs. Sie müsse noch viel lernen, um ein guter Chef zu werden, sagte er ihr. Womit er nur bewiesen hatte, dass er tatsächlich nicht auf den Chefsessel gehörte – was sie ihm bei dieser Gelegenheit schlagfertig mitteilte.

Es gab aber auch die frischgebackene Chefin – im Übrigen eine erfahrene Frau –, bei der diese Art von Schlagfertigkeit nicht gegen einen penetranten Schreibtischrandsitzer ausreichte. Weil ich einige Termine mit ihr hatte, setzte ich mich einige Mal demonstrativ mit in ihr Büro, wenn Besprechungen mit dem Schreibtischrandsitzer anstanden. Das hat gewirkt – nicht unbedingt, weil ich ein Mann bin, sondern vor allem, weil ich Zeuge seines unangebrachten und durchaus sanktionsfähigen Verhaltens geworden wäre.

Bloß nicht durch die Blume

Ich habe anfangs gefragt, ob sich aus Angela Merkels Führungsverhalten eine Art Bedienungsanleitung im Umgang mit aggressivem Verhalten ableiten lässt. Ehrlicherweise muss ich sagen: Ich habe keine allgemeingültige Empfehlung, ob und, wenn ja, wann frau am besten wie reagiert. Angela Merkels Abperlmanöver funktioniert gut, aber wie erwähnt nur in bestimmten Situationen, zum Beispiel vor Zeugen; oder wenn es auch sachliche Inhalte gibt; wenn frau die Macht hat, bei anderer, passender Gelegenheit auf den Aggressor zurückzukommen und sich zu revanchieren; und natürlich sollte frau nur dann abwarten und abperlen lassen, wenn sie nicht in ihrer Autorität infrage gestellt wird. Ansonsten müssen auch Frauen Aggressivität zeigen, denke ich, um ihre Position zu festigen, Grenzen zu setzen und ihre Widersacher in die Schranken zu weisen – schließlich geht es hier auch um Machterhalt und darum, dass andere versuchen, »am Stuhl der Chefin zu sägen«. Welche Form der Aggressivität Frauen wählen, ist oft situationsabhängig – kühl, überlegen, subtil wäre eine (Merkelsche) Alternative. Oder deutlich und konkret, aber schlagfertig »verpackt« eine andere (weil Schlagfertigkeit meines Erachtens Intelligenz, Souveränität, emotionale Distanz und Kontrolle signalisiert). »Durch die Blume« zu reagieren oder ebenfalls eine körperliche Dominanz aufbauen zu wollen (mit Ausnahme solcher Maßnahmen wie des Näherherantretens statt des Zurückweichens, wenn ein Aggressor die persönliche Distanzzone verletzt), dürfte für Frauen beides nicht funktionieren – zumindest nicht gegenüber männlichen Aggressoren.

Womit wir bei zwei weiteren spannenden Bereichen gelandet sind: dem Umgang mit weiblichen Aggressoren zum einen und zum anderen der Notwendigkeit, auch als Frau aggressiv in die Offensive zu gehen.

Weibliche Aggressivität

Weibliche Aggressoren dürften deutlich seltener sein und ihre Aggressivität dürfte völlig anders aussehen als bei Männern. Wenn ich davon ausgehe, dass weibliche Aggressivität grundsätzlich deutlich subtiler vonstattengeht, dann ist es unter Umständen noch schwieriger, darauf zu reagieren – einfach, weil die Aggressivität noch weniger zu fassen ist und sich die Aggressorin kaum auf ihr unangebrachtes Verhalten festnageln lässt. Was tut zum Beispiel frau, wenn eine Kollegin – oder Untergebene – dreist zu ihrem eigenen Vorteil lügt und die andere dadurch bewusst in ein schlechtes Licht rückt. Auch davon hat mir eine Frau berichtet. Diese Frau kam kaum damit hinterher, die vielen verbreiteten Lügengeschichten wieder geradezurücken. Dies war noch einmal besonders herausfordernd, weil vor den anderen in der Abteilung nie offen zur Sprache kam, dass die Kollegin gelogen hatte. Die Beweislage war dünn, eine Aussprache vor dem Abteilungsleiter daher keine Option. Das Thema direkt mit der Kollegin anzusprechen, hatte zuvor auch nicht zum Erfolg geführt – in diesem Fall ließ die Aggressorin leider jegliche Kritik teflonmäßig an sich abperlen. Es gab kein Einsehen. Die Frau, die mir dieses Erlebnis geschildert hat, war zudem aufrichtig erschüttert, erkennen zu müssen, dass es Menschen gibt, die gezielt und bewusst Lügen verbreiten. In besagtem Fall verließ die lügende Kollegin die Abteilung nach relativ kurzer Zeit – mit unbeschadetem Ruf. Aber zumindest war sie weg. Was hätte die andere Frau tun können? Beweise sammeln? Gegenlügen erfinden? Mit »fairen« Mitteln war es ihr nicht gelungen, sich zu wehren. Leider mangelte es ihr zudem an Macht, die Kollegin anderweitig in die Schranken zu weisen. Hier zeigt sich noch eine ganz andere Dimension aggressiven Verhaltens, dem nicht so leicht beizukommen ist. Aggression ist immer die Verletzung von Spielregeln, aber Lügen, Intrigen, Diffamierungen und Ähnliches erfordern eine andere Art des Kampfes, um sich zu wehren – hier braucht es idealerweise Macht, alternativ eine intelligente Strategie, den Aufbau von Bündnissen, einen langen Atem, im besten Falle konkrete Beweise und im schlechtesten Falle den Willen und die Fähigkeit, sich auf das Niveau der Aggressorin zu begeben.

Darüber hinaus kann es sich auch für Frauen lohnen, selbst in die Offensive zu gehen und als Erste aggressiv aufzutreten. Die Gründe können vielfältig sein: die eigene Macht auszubauen, zu sichern oder unter Beweis zu stellen; andere in ihre Schranken zu weisen; Exempel zu statuieren; Grabenkämpfe bereits im Keim zu ersticken; Widersacher frühzeitig kaltzustellen; eigene Ideen durchzusetzen. Frauen sind meines Erachtens jedoch keine natürlichen Aggressoren – solange sie nicht ihre »Jungen« schützen –, sie lösen Konflikte auf andere Art. Diese andere Art – zum Beispiel durch Kompromisse, durch Empathie, durch zielgerichtete Kommunikation, durch einen grundsätzlich harmonisierenden

Ansatz, der es gar nicht erst zur Eskalation kommen lässt, und vieles mehr – könnte uns allen guttun, würde aber nur funktionieren, wenn es weniger bis keine klassisch männliche Aggressivität gäbe. Solange es den Muskelprotz gibt, der sich drohend vor uns aufbaut, bringt uns Kommunikation (wahrscheinlich) nicht weiter. Ich habe übrigens einmal den Tipp gelesen – basierend auf einem Erfahrungsbericht –, dass man in einer körperlich wirklich bedrohlichen Situation etwas völlig Unerwartetes, leicht Unheimliches und schwer Einzuordnendes tun soll. In diesem Fall war es eine Gruppe extrem aggressiver, schlagbereiter junger Männer, die sich einen verhältnismäßig harmlosen und körperlich völlig unterlegenen Mann vorknöpfen wollten. Der Mann begann daraufhin – ernsthaft und deutlich erkennbar nicht, um sich über die Gruppe lustig zu machen –, wie ein Huhn zu gackern und über Tische und Stühle zu hüpfen. Ob diese Strategie immer wirkt, kann ich nicht beurteilen. Hier ließ die Gruppe auf jeden Fall verdutzt von ihm ab und zog von dannen. Aber das nur am Rande!

In einer Führungsrolle wird man sich – insbesondere als Frau – mit verschiedenen Formen der Aggressivität, einschließlich der Grenzüberschreitung, auseinandersetzen müssen, denn diese stehen für Frauen in Führungspositionen bewusst oder unbewusst immer im Raum. Wie frau das tut, ist – wie geschildert – situationsabhängig. Wichtig ist dabei, überhaupt zu reagieren: Um eine gewisse Art eigener Aggressivität kommt frau nicht herum, zumindest nicht in unserer aktuellen gesellschaftlichen Struktur. Gerade für Frauen ist es meines Erachtens daher zentral, durch ein mehr oder weniger aggressives Agieren beziehungsweise Reagieren Grenzen zu setzen – schließlich werden ihre Grenzen besonders häufig von anderen überschritten. Schön wäre es, wenn es ausreichen würde, sich auf Regeln im Umgang miteinander zu verständigen. Um zu funktionieren, muss ein solches Regelwerk jedem klar sein und es muss eingehalten werden – von Männern wie von Frauen (nicht nur) in Führungspositionen. In jedem Fall müssen Männer jedoch verstehen lernen, dass Grenzüberschreitungen kein Ausdruck erfolgreichen Verhaltens sind und ganz generell im sozialen Miteinander ein »No-Go« darstellen, sei es nun Frauen oder Männern gegenüber.

Wenn Männer das Stoppschild übersehen: Frauen an die Grenzen!

Sandra Cegla

»Hallo, hallo? Können Sie mich hören?«
»Ja, ich höre Sie. Sie haben den Feuerwehr-Notruf gewählt. Wie kann ich Ihnen helfen?«
»Meine Frau hat sich aus dem Fenster gestürzt! Sie ist bewusstlos, ich glaube, sie ist tot! Sie hatte schon immer Selbstmordgedanken! Sie müssen schnell kommen!«
»Okay, noch einmal ganz von vorn. Beruhigen Sie sich erst einmal.«
(…)

Mit diesem Notruf beginnt einer der Fälle, die mein ganzes Leben veränderten. Eine zierliche Frau in ihren Vierzigern wird in einer Hinterhofwohnung eines Berliner Brennpunkt-Kiezes von den Einsatzkräften gefunden. Sie ist bewusstlos, ihre Beine sind vom Sturz aus dem Fenster zertrümmert, und sie hat eine so schwere Kopfverletzung am Hinterkopf, dass zunächst wenig Hoffnung besteht, dass sie überleben könnte. Doch die Einsatzkräfte leisten ganze Arbeit. In Windeseile ist die Frau erstversorgt, und schon wenige Minuten später liegt sie auf der Intensivstation des nächstgelegenen Krankenhauses. Im Koma. Wie es mit ihr weitergeht, ist schwer zu sagen, aber mit einem Erwachen ist nicht zu rechnen.

Der Fall landet als Suizidversuch in unserem Kommissariat. Die zuständige Kollegin führt in Fällen wie diesen einige Hintergrundrecherchen durch, dokumentiert die Details im Polizeisystem und leitet wichtige behördliche Meldungen ein. Beispielsweise die ans zuständige Jugendamt, wenn minderjährige Kinder in der Familie leben. Hier ist das nicht der Fall.

Der Anrufer und Ehemann, um die sechzig Jahre alt, berichtet währenddessen davon, dass seine Frau schon länger emotional labil gewesen sei. Die Nachbarn und alle seine Freunde hätten es längst mitbekommen, es sei leider nur eine Frage der Zeit gewesen, bis sie ihr Vorhaben in die Tat umsetzen würde. Er sei untröstlich und habe in der Vergangenheit alles getan, um sie davon abzuhalten und ihr Hilfestellungen zu geben. Aber alles umsonst. Nun habe sie es wahr gemacht. Er sei verzweifelt. Vollkommen verzweifelt.

Die Kollegin ist gerade dabei, den Routinefall zu schließen, da geschieht das Wunder. Die Frau wacht aus dem Koma auf. Und nicht nur das: Kurz nachdem sie die Augen geöffnet hat, erzählt sie der Schwester im Krankenhaus, was wirklich passiert ist: Ihr Mann hat sie aus dem Fenster gestoßen. Er ist der Grund dafür, dass sie beinahe gestorben wäre. Nicht – wie wir alle bisher angenommen haben – sie selbst.

Lebhaft kann ich mir vorstellen, wie ein Anflug von Panik die Schwester durchzuckt haben muss, als ihr klar wurde, dass sie in den letzten Tagen Blumen von einem Mörder oder Totschläger entgegengenommen hatte, der am Krankenbett einer wehrlosen Frau saß und jederzeit die Möglichkeit gehabt hätte, die Geräte zu manipulieren. Aber was noch viel schlimmer war: Er konnte auch jetzt jederzeit wieder im Krankenhaus auftauchen. Jede Sekunde. Die Entscheidung war deshalb schnell gefasst: Die Schwester rief die Polizei.

Die Information landete umgehend über die Polizeizentrale in unserem Kommissariat – wir waren die weiterverarbeitende

Fachdienststelle – und nun ging alles ziemlich schnell. Wir veranlassten, dass der Täter im Krankenhaus festgenommen wurde, nachdem er dort in seiner Rolle als treu sorgender Ehemann aufgekreuzt war. Sein nächster Aufenthalt war die polizeiliche Gefangenensammelstelle. Nachdem ein Richter anschließend einen Haftbefehl erlassen hatte, zog er ziemlich lange in Untersuchungshaft ein. Denn bei einem versuchten Tötungsdelikt, das hier im Raum stand, war das durchaus angemessen. Wir konnten zu jenem Zeitpunkt davon ausgehen, dass hier eine fluchtanreizbietende Haftstrafe im Raum stand.

Das war der Zeitpunkt, zu dem ich in die kriminalpolizeilichen Ermittlungen einstieg. Und meine ersten Schritte führten mich auf die Intensivstation zu genau dieser Frau, die aus dem Fenster gestürzt war. Gemeinsam mit meiner Kollegin Frauke betrat ich das Zimmer, in dem Geräte piepten und Schläuche röchelten. Ein Mix aus Krankenhausgerüchen schlug uns entgegen. Früher hatte mir das alles noch Übelkeit bereitet, nach all den Jahren hatte ich mich aber längst daran gewöhnt.

Die zierliche Frau – unsere Geschädigte, wie wir das im Polizeideutsch nannten – lag im Bett, angeschlossen an zahlreiche Geräte, bewegte nur ganz langsam ihren Kopf und wirkte sichtlich betäubt. Ich war sofort ergriffen. Sie war so zerbrechlich, krank und verletzt, hatte gerade einen Tötungsversuch überlebt – und wusste davon. Was musste nur in ihr vorgehen? Vermutlich hatte sie es noch nicht realisiert, alles an ihr deutete noch auf einen Schock hin, besonders auf der emotionalen Ebene.

Ich ging behutsam mit ihr ins Gespräch, stellte mich vor und erläuterte ihr den Hintergrund unseres Besuches. Wir würden nun eine Zeugenvernehmung mit ihr durchführen und ein Protokoll führen. »Fühlen Sie sich gesundheitlich in der Lage, unserem Gespräch und einer polizeilichen Vernehmung zu folgen?« Sie nickte. »Ja.« Nach einer rechtlichen Belehrung legten wir los. Sie erzählte uns davon, dass sie rund zwanzig

Jahre mit ihrem Mann zusammengelebt hatte, ihre minderjährigen Kinder großgezogen hatte, aber die gesamten beiden Jahrzehnte über Gewalt durch ihren Mann ausgesetzt gewesen war.

– TRIGGERWARNUNG –

Er habe sie im Lebensalltag immer wieder erniedrigt, kleingehalten und von Freundinnen, Nachbarn und anderen isoliert. Über die Jahre hinweg habe er sie unzählige Male in Anfällen von kalter Wut und Vernichtungswahn über Stunden hinweg in Räumen eingesperrt. Nachdem er sie zu Boden geschlagen und gewürgt habe, habe er sich auf ihren Brustkorb gesetzt, sodass sie kaum atmen konnte, und ihr angekündigt, dass heute der Tag sei, den sie nicht überleben werde. Da sie durch sein Würgen bereits mehrmals das Bewusstsein verloren und zudem die kalte, vernichtende Wut in seinen Augen gesehen hatte, zweifelte sie nicht daran, dass er das, was er sagte, auch wahr machen würde. Er schien entschlossen. »Sieh auf die Uhr. Um zwei Uhr stirbst du.« Das waren noch zwei Stunden. Diese Stunden verbrachte sie in Todesangst. Bis er plötzlich entschied: »Ich habe es mir anders überlegt.« Dann stand er von ihr auf, griff nach ihr und warf sie aufs Bett, um sie zu vergewaltigen. Nach ihren eigenen Angaben hatte sie das kaum noch wahrgenommen. Durch die Stunden, die sie in Todesangst verbracht hatte, war sie wie betäubt und empfand die Vergewaltigung als so viel geringeres Übel als den bevorstehenden, angenommenen Tod – und deshalb kaum erwähnenswert.

Dies war eine beispielhafte Situation, wie sie sie in den letzten Jahren unzählige Male durchlebt hatte. Jeder einzelne Zwischenfall enthielt eine Steigerung in Intensität und Grausamkeit; die

Intervalle zwischen den Gewaltexzessen verkürzten sich über die Jahre. Ich konnte kaum glauben, was ich da hörte. Denn die Frau, die mir gegenüberlag, wirkte trotz allem von ihrem Wesen her fröhlich, aufgeschlossen und herzlich – ihre Lebensfreude blitzte immer wieder durch. Wie hatte sie sich das nur über all die Jahre der Tyrannei und Todesangst erhalten können? Ich war sprachlos. Gleichzeitig bekam ich eine erste Ahnung davon, dass genau diese Lebensfreude für Außenstehende im Widerspruch zu der erlebten Grausamkeit stand. Deshalb fiel es anderen vermutlich schwer zu glauben, was sie erlebt hatte.

Sie fügte an, dass sie in den letzten beiden Jahrzehnten einige Trennungsversuche unternommen habe, teilweise unter dramatischen Bedingungen – nachts leicht bekleidet in Todesangst vor ihrem Ehemann flüchtend. Selbst dann, wenn sie es zur Polizei geschafft hatte, war es ihm immer wieder gelungen, dort aufzutauchen und allen Beteiligten glaubhaft zu machen, dass sie psychisch krank, suizidal und nicht zurechnungsfähig sei. Er sorge sich um sie. Scheinbar ergab seine Version der Geschichte in diesen Momentaufnahmen jedes Mal mehr Sinn als ihre. Denn sie war aufgelöst vor Sorge und Angst, leicht bekleidet, konnte kaum zusammenhängende Sätze sprechen und verstrickte sich in Widersprüche. Höchstwahrscheinlich war sie traumatisiert, natürlich nicht klar bei Verstand. Er schon. Sie *war* also in einem psychischen Ausnahmezustand, er hingegen war überzeugend, wirkte rational, mitfühlend, schien die Dinge erklären und nachvollziehbar darstellen zu können. Was jedoch niemand ahnte und was in diesen Momenten auch schwer vorstellbar war: Er war der Grund für ihre emotionale Notlage.

Jetzt war der Moment gekommen, mit der schwer verletzten Frau in die aktuelle Tathandlung einzusteigen – jene Tat, die sie beinahe nicht überlebt hätte. Ich versicherte mich ein weiteres Mal, ob sie sich gesundheitlich und emotional in der Lage fühlte, unserer Vernehmung zu folgen. Sie bestätigte es und stimmte der Vernehmung zu.

Sie hatte es tatsächlich geschafft, sich zu trennen, und lebte bereits seit mehreren Wochen in einem Frauenhaus. Es dauerte nicht lange, da hatte er herausgefunden, wo genau sie sich aufhielt, und schrieb ellenlange E-Mails an das Frauenhaus. Die Inhalte dieser E-Mails landeten nach dem Tötungsversuch, als ich begonnen hatte, zu ermitteln, auf meinem Schreibtisch: Ausführungen über eine Partnerschaft, in der eine angeblich psychisch Erkrankte lebte, die ihr Leben nicht auf die Reihe bekam. Mit unverlangten, wirren und intimen Details über seine Frau muteten die E-Mails fragwürdig an und hinterließen neben vielen, vielen Fragezeichen ein ganz mulmiges Gefühl bei allen Beteiligten. Warum hatte er dieses starke Bedürfnis gehabt, all diese Informationen über seine Frau mit Fremden – in diesem Fall dem Frauenhaus – zu teilen? Neben der Tatsache, dass die Inhalte – das war für mich offensichtlich – so, wie sie da auf dem Papier standen, nicht stimmen konnten?

Er hatte also im Vorfeld des Tötungsversuchs bereits viel Energie aufgewendet, um ihr Umfeld zu manipulieren. Jedoch gehörte er zu den Tätern, die von Kriminalisten leicht zu durchschauen sind. Zumindest von uns, sobald wir nach dem Tötungsversuch anfingen zu ermitteln. Bereits seine E-Mails sprachen Bände. Anstatt also ein Zerrbild der Wahrheit zu zeichnen und uns in die Irre zu führen, gewährte er uns tiefe Einblicke in seine Denkmuster, seine Beweggründe, seine Persönlichkeitsstruktur und seine Absichten. Er gehörte zu den hoch manipulativen Tätern und er hatte sich emotional wirklich festgebissen.

Was den Tätern ja nie klar ist: Während sie Inhalte über eine dritte Person verbreiten, sagen sie im Grundsatz viel weniger über diese Person aus als über sich selbst. Zumindest für mich als Ermittlerin. Denn ich kann aus ihren Worten viel über ihre Denkweisen, ihre Erlebniswelt und die Art, wie sie die Welt wahrnehmen und einordnen, herauslesen. Sie geben mir gegenüber preis, was die Beweggründe ihres Handelns sind – also ihre Motivlage – und wie ihr Vorgehen sein wird – also ihr Modus Operandi oder: ihre Tatbegehung. All dies sind für mich Goldnuggets, die mir wichtige Hinweise und Anhaltspunkte für meine weiteren Ermittlungen liefern.

Das war bei diesem Täter nicht anders. Gleichzeitig eröffneten sich mir beim Lesen seiner Ausführungen Welten, denn ich bekam erste Ideen vom Zusammenleben mit einem Menschen, dessen Handeln von so viel Manipulation geprägt war. Was passiert mit einer Ehepartnerin, die jeden Tag Lügen über sich selbst hört, ausgesprochen von dem Menschen, den sie tief im Herzen liebt und von dem sie zugleich wirtschaftlich und emotional abhängig ist? Wenn sie zwei Jahrzehnte mit ihm zusammenlebt, ist das dann eine sogenannte Gehirnwäsche? Vermutlich ja.

Er fand also heraus, wo sie sich befand, und stellte den Kontakt mit ihr wieder her. Gute Anknüpfungspunkte gab es, denn er kannte seine Frau gut: Geld, da sie in wirtschaftlich prekären Umständen lebte, die durch ihn herbeigeführt und unterhalten wurden; und ihre Kinder, die zwar zwischenzeitlich erwachsen waren, aber für die sie sich eine bessere Zukunft wünschte. Darüber bekam er einen Zugang zu ihr. Es dauerte nicht lange und er hatte es geschafft, sie unter dem Vorwand, ihr Geld geben zu wollen, zu einer letzten Aussprache in seine Wohnung zu locken.

Es war ein fataler Fehler, seinem Ansinnen zu folgen, wie sich später herausstellen sollte. Eine letzte Aussprache in Gewaltbeziehungen ist nie eine gute Idee, denn zum einen gibt es selten etwas, was nicht längst besprochen ist, und zum anderen ist das der Zeitpunkt, an dem es statistisch gesehen am häufigsten zu Tötungsdelikten kommt. So auch hier.

Es war Winter, ein kalter Tag. Sie betrat seine Wohnung und legte ihre Kleidung ab. Winterjacke, Mütze, Schal. Beide gingen ins Wohnzimmer, denn es sollte ein nettes Gespräch werden, er war erwartungsfroh. Er hatte nun die Chance, seine geliebte Frau endlich wieder zurückzuerobern. Da er selbst eine gute Partie war, konnte es für sie keinen Grund geben, dieses Angebot auszuschlagen, zumal ja eigentlich *er* es war, der allen Grund hatte, auf sie böse zu sein. Immerhin hatte sie gegenüber Dritten diffamierende Lügen über ihn verbreitet. Aber das alles wollte er ihr verzeihen, wenn sie nur zurückkäme, wieder für ihn kochte und endlich wieder Normalität einkehrte. Denn ohne sie fehlte einfach etwas.

Dann der Schock. Sie sagte: »Nein. Ich komme nicht zurück. Wir sind kein Paar mehr. Bitte lass mich in Ruhe.« Mit diesen Worten stand sie auf, ging in den Flur und legte ihren Schal um. Zorniges Entsetzen, heiße und kalte Wut zugleich, in jedem Fall unverzeihliche Kränkung: Der Täter muss in einen emotionalen Ausnahmezustand verfallen sein. »Hier kommst du nicht mehr lebend raus«, entfuhr es ihm, während er zur Wohnungstür schnellte, abschloss und den Schlüssel abzog. In Windeseile stürmte er auf sie zu und zog ihren Schal zu. Ruckartig und so fest, dass sie das Bewusstsein verlor und zu Boden stürzte.

– TRIGGERWARNUNG –

Die zierliche Frau ging zu Boden und schlug hart und ungeschützt auf, denn sie war bereits im Fall bewusstlos. Während sie dort lag, lösten sich ihre Schließmuskeln und sie hatte Kot- und Urinabgang. Ein Gerichtsmediziner würde an dieser Stelle erklären, dass ihr Gehirn für einen Moment so sehr mit Sauerstoff unterversorgt war, dass sie kurz vor dem Ableben stand. Aber ein Wunder geschah: Sie erwachte.

Das reizte ihn. Er hatte es noch nicht geschafft. »Mach das sauber!«, herrschte er sie an und deutete auf das, was sie unter sich gemacht hatte. Während sie Todesängste ausstand, begab sie sich ins Bad, wusch sich und putzte seine Wohnung.

Während ich ihrer Erzählung folgte, dieser zierlichen Frau, angeschlossen an Schläuche und Geräte auf der Intensivstation, bekam ich eine Gänsehaut. Ich konnte es kaum glauben. Von so einer Art der Erniedrigung hatte ich bisher in noch keinem meiner Fälle gehört. Ich war sprachlos.

Nachdem sie alles sauber gemacht hatte, entbrannte seine Wut erneut. »Aus dieser Wohnung kommst du nicht lebend raus«, versicherte er ihr ein weiteres Mal, und sie berichtete uns, dass sie ihm geglaubt habe. Das sagte ihr zum einen die Erfahrung, die sie über all die Jahre mit ihm gesammelt hatte; Jahre, in denen er Spaß daran gefunden hatte, sie zu quälen und in Todesangst zu versetzen, während er gleichzeitig seine Gewalttätigkeit gesteigert und »verfeinert« hatte. Zum anderen war es sein Auftreten in jener Situation: Er war so entschlossen, dass sie wusste, dass heute ihr letzter Tag, ihre letzte Stunde auf dieser Welt sein würde. Sie hatte Todesangst. Panik breitete sich in ihr aus.

Es gab keinen Ausweg. Er hatte die Wohnung abgeschlossen. Sie befanden sich im zweiten Obergeschoss eines Altbaus, das war zu hoch. Oder … Moment! Zumindest konnte sie es versuchen. In tiefster Verzweiflung lief sie ins Wohnzimmer und öffnete das Fenster zum Hinterhof. Vielleicht hörte sie jemand.

»Hilfe!«, schrie sie. Und noch einmal: »Hilfe!!!« Obwohl es mitten am Tag war und im Hinterhof eigentlich geschäftiges Treiben herrschen musste, hörte sie niemand. In ihrer Panik kletterte sie aus dem Fenster und hielt sich am Fensterbrett fest.

Hier hing sie nun, mit dem ganzen Körper an der Hausfront in halsbrecherischer Höhe … Es dauerte natürlich nicht lange, da erschien sein Kopf am Fenster. Das Letzte, was sie sah, war seine Faust, die auf sie zuflog. Nach einem dumpfen Schlag mitten ins Gesicht wurde alles schwarz.

Als sie die Augen wieder öffnete, war sie hier, auf der Intensivstation. Angeschlossen an Schläuche und Intensivgeräte. Und sie realisierte: Er wollte mich töten. Als die Schwester kam, erzählte sie ihr sofort davon.

Was sie aufgrund ihrer Bewusstlosigkeit nicht mehr wusste, was aber meine Ermittlungen ergeben hatten: Nachdem sie ungebremst aufgeschlagen war – zuerst mit den Beinen, dann mit der Rückseite ihres Körpers und dem Hinterkopf –, eilte er nach unten. Sollte er es wirklich geschafft haben? Er packte sie am Arm und am Haar und zog sie über die Treppen zwei Stockwerke nach oben. Er ging schließlich davon aus, mit einer Leiche zu hantieren. Hier legte er sie auf dem Boden des Wohnzimmers ab. Noch bevor er den Notruf wählte, nahm er ihr die Ringe von den Fingern ab: echtes Gold mit echten Diamanten. Das wusste er. Später sollte ich sie im Rahmen meiner Durchsuchungsmaßnahme bei ihm finden.

Nun war es Zeit für den Notruf. »Hallo, hallo? Können Sie mich hören?«

Dieser eine Fall hat mich tief bewegt. Die inneren Bilder des Würgens mit dem Schal, des Kot- und Urinabgangs dieser arglosen Frau, mit der ich im Rahmen meiner Ermittlungen viel Zeit verbrachte, der Erniedrigung, der Todesängste und des Quälens über so viele Jahre hinweg blieben in meinem Gedächtnis präsent. Lange habe ich diese Eindrücke lebendig in meinem Inneren mit mir herumgetragen und bin sie kaum losgeworden. Durch meine Ermittlungen bin ich tief in dieses eine Schicksal eingestiegen, habe mit vielen Zeuginnen gesprochen, genauso mit Zeugen aus dem Umfeld des Tyrannen, die allesamt Gewalttäter oder Mörder waren; ich habe die Tatwohnung durchsucht und allerhand Hintergrundrecherchen angestellt. Ich stand mittendrin. Ich konnte sehen, riechen, fühlen, in welchem Umfeld ich mich hier bewegte.

Wie konnte eine Frau sich über so viele Jahre so quälen lassen? Wie konnte es passieren, dass ihre Grenzen in einem solchen Ausmaß überschritten wurden, ohne dass sie sich wirklich gegen die Übergriffe schützen konnte?

Am Ende kam es sogar, wie es kommen musste: Das Gerichtsverfahren lief über Monate. Der Täter wurde nicht wegen versuchten Totschlags, sondern wegen gefährlicher Körperverletzung angeklagt. Zwar erhielt er eine Haftstrafe über drei oder vier Jahre, *aber:* Noch während des Verfahrens wurden die beiden wieder ein Paar.

Dies ist einer der drastischsten Fälle, die mir zu den Themen Grenzen und besonders Grenzverletzungen einfallen. In all meinen Fällen von Intimpartnergewalt – bei der Polizei nennen wir sie häusliche Gewalt – stellte sich mir eine Vielzahl von Fragen. Ist jede Frau und jeder Mann grundsätzlich zu einer solchen Beziehung »in der Lage«? Kann es wirklich jede treffen, auch Frauen, die stark, selbstsicher und gefestigt wirken oder in ein gutes soziales Netz eingebunden sind? Was kann einen Menschen veranlassen, so zu agieren – und einen anderen, das zu akzeptieren? Welche Rolle spielen reine Muskelkraft und physische Dominanz?

Gerade dort, wo es um Bindungen geht und um das Wechselspiel zwischen zwei Menschen, die sich aufeinander beziehen, wird es komplex. Und erst recht dann, wenn dieses ganze System dysfunktional und sogar gefährlich ist – dann sprechen wir auch von einer Täter-Opfer-Dynamik. In meinen Fällen, in denen ich bei der Kriminalpolizei ermittelt habe, waren überwiegend die Männer die Täter und die Frauen die Opfer. Genau wie im Beispielfall des Fenstersturzes hat meist der Mann über Jahre hinweg die Grenzen des Respekts, des Anstands und eines fairen Miteinanders auf Augenhöhe weit überschritten und ist immer stärker dazu übergegangen, nicht nur die psychischen Grenzen der Frau in toxischer Art und Weise zu überschreiten, sondern auch ihre physischen und sexuellen.

Hier stellte sich mir jedes Mal die Frage, wie die Frauen das auf der einen Seite über so lange Zeiträume zulassen konnten, zum anderen aber auch, wie die Männer überhaupt auf die Idee kamen, in dieser Weise Grenzen zu überschreiten. Denn aus meiner Sicht gibt es im zwischenmenschlichen Miteinander rote Linien, die einfach grundsätzlich nie angetastet werden dürfen, und zwar von beiden Seiten nicht. Die zierliche und gleichzeitig vom Wesen her so fröhliche und zugewandte Frau hatte über zwei Jahrzehnte ein Martyrium durchgemacht, das ich mir kaum vorstellen konnte. Ganz offensichtlich war sie über Jahre hinweg an seiner Macht gescheitert: an seiner körperlichen, seelischen und geistigen Überlegenheit. Um sich mit all ihrem Mut und mit letzter Kraft am Ende doch aus der Beziehung zu lösen. Und dann einen Tötungsversuch zu überleben. Um am Ende wieder zum Täter zurückzukehren. Der Vollständigkeit halber sei an dieser Stelle angemerkt, dass dies mein letzter Kenntnisstand ist, den ich kurz nach dem Urteilsspruch vom Staatsanwalt erfahren habe. Ich kann natürlich nicht wissen, ob die beiden schon längst wieder getrennt sind und dieses Mal vielleicht für immer. Vielleicht sind sie es aber auch nicht.

Während hier im Einzelfall viele Fragen offenbleiben müssen, weil wir sie niemals abschließend beantworten können, gibt es aus meiner Sicht dennoch allgemeine Grundsätze, die sich daraus ableiten lassen.

Zum einen sind Stalking, Mobbing und jede andere Form der physischen und psychischen Gewalt absolut inakzeptable Arten der Grenzüberschreitung. Das liegt ganz offensichtlich auf der Hand. Wie es zu Gewalt innerhalb von Beziehungen kommen kann, lässt sich beispielsweise anhand des bereits im Kapitel »Gelernt und geprägt« genannten Modells »Kreislauf der Gewalt« von der US-amerikanischen Psychologin Lenore E. A. Walker erklären. Darauf möchte ich an dieser Stelle nicht näher eingehen, da es hier zu weit vom Thema wegführt.

Zum anderen können Grenzüberschreitungen genau dann, wenn sie nicht so drastisch wie im gerade geschilderten Fall in Form von schwerer Gewalt auftreten, sondern sich im alltäglichen Leben stattdessen vielleicht sogar unter dem Deckmantel der Hilfestellung, des Humors oder der Erklärung der Welt – des »mansplaining« – verbergen, sehr leicht übersehen werden. Besonders für Frauen, die im Lauf ihres Lebens in aller Regel schon häufig mit psychischer, physischer oder sexueller Gewalt konfrontiert wurden, ist es leider oft Teil ihres Alltags, dass ihre Grenzen in unterschiedlichster Weise überschritten werden – mit dem Ergebnis, dass die Frauen diese Grenzüberschreitungen teils nicht mehr als solche wahrnehmen. Aber auch ohne Gewalterfahrung sind Frauen in ihrer offenen und wohlwollenden inneren Haltung oft anfällig dafür, Grenzüberschreitungen lange nicht als solche zu erkennen und sie gleichzeitig (zu) lange zu tolerieren. Und genau da kommt wieder das patriarchale System ins Spiel, das die Ausbeutung von Frauen begünstigt. Ein System, das wir zugleich kollektiv nicht bemerken, denn es umgibt uns meist seit der Geburt – ebenso wie die Luft zum Atmen.

Frauen und Männer gehen grundsätzlich sehr unterschiedlich mit ihren eigenen Grenzen um. Während das weibliche Prinzip – als das Weiche, Verbindende, Fließende, Aufnehmende und sich Öffnende – im Gegensatz zum männlichen Prinzip – als das Aktive, Extrovertierte, nach außen hin Expandierende und nach innen hin Absichernde – verletzlicher und passiver erscheint als das männliche, trägt es doch gleichzeitig eine besondere Stärke und Flexibilität in sich. Denn gerade im Sich-Öffnen für Neues, im Sich-durchdringen-Lassen und in einer flexiblen inneren Haltung gegenüber dem starren Verteidigen alter Denkmuster und Ideen liegen Kraft, Anpassungsfähigkeit und der Mut zur (Neu-)Gestaltung im eigenen Inneren. Auch wenn wir hinsichtlich der Geschlechterprinzipien hier wieder schwarz-weiß malen, um sie zu verdeutlichen, und dabei natürlich wissen, dass die Welt da draußen in viel bunteren Facetten gezeichnet ist, so ist das weibliche Prinzip dennoch von Natur aus prädestiniert dafür, sich tendenziell für Grenzüberschreitung von außen nach innen zu öffnen – während das männliche Prinzip gern im Außen expandiert, Grenzen bereitwillig überschreitet und verrückt, sich jedoch ungern auf Grenzüberschreitung nach innen einlässt. Auch wenn diese Prinzipien in Erotik und Sexualität besonders sichtbar werden, so gehen sie doch weit darüber hinaus und zeigen sich in jeder Form der Bindung.

In intimen Bindungen, also Partnerschaften, werden sie besonders deutlich, aber auch in Freundschaften, am Arbeitsplatz und in allen anderen Lebensbereichen, in denen wir verbindliche Beziehungen eingehen. Frauen haben explizit in der Bindungsarbeit, die uns quasi den ganzen Tag überall dort begleitet, wo wir auf Menschen treffen, viel größere Schwierigkeiten, ihre eigenen Grenzen wahrzunehmen und sie dann auf adäquate Weise zu äußern und gegen Angriffe zu verteidigen. Die Hintergründe können auch hier in den gesellschaftlichen Erwartungen begründet liegen ebenso wie in den sozialen Rollenzuschreibungen, die ich ausführlich im Kapitel Aggressivität beschrieben habe. Diese Archetypen des Weiblich-Aufnehmenden und des Männlich-Grenzüberschreitenden sind tief in uns angelegt und dürfen in einer modernen Gesellschaft zum einen bewusst wahrgenommen und zum anderen hinterfragt und transformiert werden.

Ich bin davon überzeugt, dass es zu den Stärken von Frauen gehört, sich selbst zu reflektieren und sowohl die Ideen als auch die Energien anderer Menschen in sich aufzunehmen und in sich arbeiten zu lassen – kurzum: sich für andere, deren Sichtweisen, Perspektiven und Bedürfnisse zu öffnen, auch unabhängig von den eigenen. Diese Eigenschaften bieten unendlich viel Raum für Wachstum, Kreativität und Schöpfung. Dazu neigen wir Frauen mehr als Männer. Hinsichtlich der eigenen Grenzen kann dies aber auch entscheidende Nachteile haben. Denn besonders dann, wenn es darum geht, im richtigen Moment auch einmal Nein zu sagen und sich selbst und das eigene Umfeld von anderen abzugrenzen und die eigenen Interessen in den Vordergrund zu stellen, fällt es Frauen deutlich schwerer als Männern, klare Grenzen zu setzen. Denn allein aufgrund ihrer biologischen Prägung und ihrer gesellschaftlich zugesprochenen Geschlechterrolle sind Frauen diejenigen, die aufnehmen, integrieren, vereinen und verbinden. Die Abgrenzung nach außen, die Verteidigung – sogar mit Aggression und Kampf – sowie die Expansion und Eroberung neuer Gebiete obliegt eher den Männern. So verwundert es nicht, dass es besonders zwischen den Geschlechtern und im beruflichen Kontext immer wieder zu Missverständnissen kommt, die Macht, Einfluss und Ansehen in der Führung betreffen. Dieser ganze Themenkreis schließt die Sprache der Macht – ausführlich im Kapitel Kommunikation besprochen – ein. Insbesondere Frauen werden hier überwiegend unterschätzt und in ihrem Grenzsetzungsverhalten nicht ernst genommen. Während eine Frau mit einem zaghaften »Nein« bereits das Gefühl haben kann, sich unverschämt aus dem Fenster gelehnt zu haben, und auch bei einer Anfrage nach einer Gehaltserhöhung das erste Nein vermutlich sofort einsehen und stehen lassen wird, ist es für Männer selbstverständlich, hier in die Verhandlung – den Kampf – und auch in die Grenzverteidigung – ein mehrmaliges und nachdrückliches

Nein – zu gehen. Männer lassen sich von ihren Vorhaben nicht so leicht abbringen, sondern sie kalkulieren den Kampf ein; Frauen geben beim ersten Nein oft auf. Das liegt in ihrer Natur und in ihrer gesellschaftlichen Prägung.

Was für Folgen hat das in der Führung? Hinsichtlich Führungskompetenzen bedeutet das häufig, dass Frauen in aller Regel Meisterinnen sind im Aufstellen und Einhalten von Regeln. Gerade Frauen habe ich meist so erlebt, dass sie Grenzen oder Regeln selten von sich aus überschreiten, und wenn doch, dann fühlen sie sich oft schlecht damit und suchen Wege, dies wiedergutzumachen. Mit einer mental starken Frau in der Führung kann man sich also relativ sicher sein, dass man sich in einem System bewegt, in dem es ein festes Regelwerk gibt, das für alle gleichermaßen gilt, und dass das Einhalten und Aufstellen von verlässlichen Regeln, Aufgabenbereichen, Kompetenzen, Meetingstrukturen und Ähnlichem fixe Bestandteile des Führungsstils der Frau sind, die den Wesenskern ebendieses Stils beschreiben. Frauen bedienen sich gern eines umfangreichen und kreativen Methodenkoffers, der das Miteinander planbar und vorhersehbar macht. Ein Segen für jedes Teammitglied; gleichzeitig eröffnet dies intuitive Lösungen für Machtkämpfe, die auf territoriale, meist männliche Grenzüberschreitungen ausgelegt sind.

Frauen in der Führung sind ihrem Bestreben nach auf Fairness und Ausgleich ausgerichtet, sie werden von sich aus selten den Kampf suchen. In einem toxischen und von Übermacht und Machtmissbrauch geprägten System greifen sie oft zum Instrument der Intrige, um ihre eigenen Interessen durchzusetzen, was aber eigentlich nicht ihrer wahren mentalen Natur entspricht. Die meisten Frauen, die ich kennengelernt habe, haben unter toxischen und intriganten Systemen gelitten und alles darangesetzt, diese Systeme zu verbessern. Sie haben Gespräche gesucht, Angebote gemacht, sich selbst reflektiert und das sogar manchmal über Jahre bis zur Selbstaufgabe. Das ist mir bei Männern noch nie begegnet.

Dabei sollten wir Frauen uns zum einen klarmachen, dass wir unsere Grenzen am besten mit starken Allianzen und strategischem Machtvorgehen sichern können, zum anderen mit planbaren und verlässlichen Regeln sowie mit einer Hausmacht innerhalb des Teams, das auf Loyalität und Zusammenhalt aufgebaut ist. Auch im Bereich der Grenzen gilt zudem wie schon so oft: Es obliegt nicht allein den Frauen, die Sprache der Männer zu lernen und mit deren Gebaren eine männliche Welt zu erobern. Stattdessen dürfte die Männerwelt längst so weit sein, auch die leiseren Töne der Frauen wahr- und anzunehmen. Die Zeiten, in denen wir uns sprichwörtlich anbrüllen mussten, um uns zu verstehen, sind hoffentlich vorbei. Um die Grenzen anderer Menschen zu wahren, gilt es, aufmerksam zuzuhören und uns auf die Sichtweisen und Erlebniswelten der anderen einzulassen. Und hier reicht es meiner Meinung nach vollkommen aus, wenn alle damit beginnen, die dies wollen und auch können. Denn sicher sind wir uns einig, dass der Täter aus meinem Beispiel das nicht konnte und auch viele andere pathologisch auffällige Persönlichkeiten dazu nicht in der Lage sind. Um aber einen wirklich nachhaltigen gesellschaftlichen Wandel einzuleiten, reichen alle fähigen Menschen längst aus.

Auch in der Führung und im öffentlichen Leben sollten Zuhören und Stillwerden schon lange salonfähig und kein Zeichen von Schwäche mehr sein. Männer dürfen auch im Business der Frau mal den Vortritt lassen, ihre eigenen Grenzen hin und wieder zugunsten der Frau freiwillig öffnen – ohne sie damit sexuell zu belästigen – und sie auf eine stilvolle Weise dafür ehren, wer oder was sie ist. Wenn wir da hinkommen, dass ein solches Miteinander zwischen den Geschlechtern auch im öffentlichen Leben einfach so machbar und gegeben ist, wäre so viel mehr möglich – weitaus mehr, als wir heute auch nur erahnen können.

Kompetenz

Besonders als Frau kennen Sie vielleicht folgende Situation: Sie arbeiten eng mit einem Kollegen oder einer Kollegin zusammen. Sie müssen die zündende Idee für eine Marketingkampagne finden. Ein Slogan muss her, der dann durch ein passendes Bild ergänzt wird. Sie brainstormen, entwerfen, verwerfen und inspirieren sich gegenseitig. Auf diese Weise kommen Sie der zündenden Idee immer näher. Schließlich sind Sie es, der der perfekte, konkret ausformulierte Wortlaut für den Slogan einfällt. Das passende Bild dazu haben Sie im Kopf und skizzieren es grob mit. Ihr Kollege oder Ihre Kollegin ist für die Grafik zuständig, daher setzt er oder sie das Ganze visuell um, damit Sie damit gemeinsam in die Präsentation gehen können. Im anschließenden Meeting mit Ihrem Chef oder Ihren Auftraggebern präsentieren Sie den Entwurf mit den Worten: »Das hier wäre unser favorisierter Vorschlag.« Ihr Kollege beziehungsweise Ihre Kollegin ergänzt: »Also man soll sich ja nicht selbst loben, aber da hatte ich echt eine Eingebung.«

Echt jetzt? Das ist frech. Aber was tun Sie in einer solchen Situation? »Nee, das war meine Idee« zu kontern, wäre peinlich. Zumal Ihr Kollege oder Ihre Kollegin dann vielleicht noch einen draufsetzt: »Nein, meine!« Sollen Sie dann etwa ein zweites Mal widersprechen? Man kann sich doch nicht so vor dem Chef oder den Auftraggebern streiten. Wie unprofessionell! Setzen Sie also – vor allem, wenn Sie wie gesagt eine Frau sind – darauf, dass der Chef oder die Auftraggeber nach vielen Jahren enger Zusammenarbeit wissen, wie kompetent Sie sind – auch wenn andere versuchen, die Lorbeeren für sich einzuheimsen?

Abgesehen davon, dass Sie mit einem schlechten Gefühl aus dem Meeting gehen, können wir Ihnen versichern: Das ist nicht die Lösung. Kompetenz allein und die Hoffnung, dass ebendiese erkannt und gesehen wird, bringen Sie nicht weiter und erst recht nicht in eine Führungsposition. Natürlich müssen und sollen Sie kompetent sein und bei Bedarf auch Grenzen setzen; Angela Merkel hat uns vorgemacht, wie man Kompetenz auch taktisch klug einsetzt. Sie sollen sich Ihrer Kompetenz bewusst sein und dieses Bewusstsein nach außen spiegeln: »Ich weiß, was ich kann« – das dürfen und sollen Sie ausstrahlen. Aber Sie sollen sich nicht ausschließlich auf Ihre Kompetenz verlassen, um voranzukommen. Und ja, als Führungspersönlichkeit kennen Sie sich im Idealfall in den Themengebieten aus, die Sie verantworten. Aber die Schule oder zumindest Google und Wikipedia haben Sie sicher noch etwas anderes gelehrt: »Man muss nicht alles wissen. Man muss nur wissen, wo man es in Erfahrung bringen kann.« Dann können Sie sich als Führungspersönlichkeit nämlich mit Menschen (oder anderen Wissensquellen) umgeben, die ganz unterschiedliche Expertisen mitbringen und Ihre Kompetenz vervielfachen.

Natürlich ist Wissen Macht, aber vergessen Sie dabei nicht: Im Gegensatz zur Macht ist Kompetenz etwas, das wächst, wenn man es teilt – so können Sie umso kompetentere Entscheidungen treffen, an denen Sie als Führungspersönlichkeit schlussendlich gemessen werden.

Weibliche Mangelware: Der Glaube ans Können

Sandra Cegla

Es ist sechs Uhr morgens. Eine Tür fliegt aus ihren Angeln. Ein weiteres Mal waltet das SEK seines Amtes, es rumpelt, und in Windeseile ist eine Wohnung auf den Kopf gestellt. Niemand, der sich darin aufhält, kann hier noch schlafen. Ich folge meiner Kollegin Miriam, die heute den Einsatz leitet. Sonja und ich – wir arbeiten nun schon seit Jahren als gutes Team zusammen – begleiten und unterstützen Miriam bei ihrem ersten großen Einsatz. Sie geht zielsicher durch die Räume, sucht den Beschuldigten und erklärt ihm seine Rechte. Wir durchsuchen seine Räume nach Beweisen und Tatwaffen. Wir wissen genau, was zu tun ist, denn im Vorfeld hatten wir eine umfangreiche Einsatzbesprechung mit Miriam. Auch die operativen Einsatzkräfte wissen bestens Bescheid, denn alle haben einen Einsatzplan erhalten mit allen wichtigen Details wie dem Grundriss der Wohnung, erwarteten Mittätern, aggressiven Hunden und vielem mehr. Miriam hat einfach an alles gedacht. Ich bin beeindruckt. Das Besondere daran: Miriam ist im letzten Semester ihres Studiums für den gehobenen Dienst der Kriminalpolizei und führt hier einen hoch komplexen Einsatz durch. Ich muss neidlos anerkennen, dass ich mir das damals, als ich noch im Studium war, nicht zugetraut hätte.

Der Einsatz verläuft ohne besondere Vorkommnisse, stattdessen finden wir umfangreiches Beweismaterial für Miriams Ermittlungsverfahren. Sie hat also nicht nur alle Hände voll zu tun, sondern ist auch stolz auf ihre ersten wirklich umwerfenden Erfolge als angehende Kriminalbeamtin. Sonja und ich freuen uns mit ihr, denn wir verstehen uns alle als ein Team.

Zurück auf unserer Dienststelle, verschwindet Miriam im Büro unseres stellvertretenden Kommissariatsleiters und berichtet ihm von unserem Einsatz. Als sie anschließend an ihren Schreibtisch in unserem Dreierbüro zurückkehrt, wirkt sie enttäuscht und beginnt sofort, schweigend und kopflos zu arbeiten. Sonja und ich sehen uns über unsere Monitore hinweg an. Was ist los, sagen unsere Blicke, bevor wir die Frage laut aussprechen. »Und?«, bricht Sonja das Schweigen. »Was hat er gesagt?« »Na ja«, zögert Miriam. »Ich habe das Datum auf meiner Einsatzplanung aus Versehen falsch geschrieben. Und ein paar andere Fehler sind ihm auch aufgefallen. Vor meiner Bewertung müssen wir noch ein Zwischengespräch führen.« »Was?«, entfährt es Sonja und mir gleichzeitig. Wir sind beide entrüstet. Miriam hat eine außergewöhnliche Leistung abgeliefert, die im Vergleich mit anderen Praktikant:innen im letzten Semester herausragend war. Da sind wir uns beide einig. Ein weiteres Zwischengespräch, das der Chef da anspricht, ist nicht üblich. Er suggeriert Miriam damit eine außergewöhnlich schlechte beziehungsweise mangelhafte Leistung. Ganz offensichtlich ist das auch so bei ihr angekommen. Wir können es nicht glauben. Sonja springt sofort auf und greift nach der Akte auf Miriams Schreibtisch. »Das kann doch nicht wahr sein!«, faucht sie vor sich hin und stürmt aus dem Raum. Sie ist die Streitlustigere von uns beiden, und ich weiß, dass der Chef jetzt nichts zu lachen haben wird. Und mein Gerechtigkeitssinn findet das richtig.

Als Sonja wenige Minuten später zurückkehrt, ist sie immer noch aufgebracht, aber nicht mehr wütend. Sie hat ihm alles gesagt, was er wissen muss, und ihn unmissverständlich auf sein fehlendes Urteilsvermögen hingewiesen. Ich bin beeindruckt von ihr. Die wenigen, unwesentlichen Details, bei denen Miriam Flüchtigkeitsfehler unterlaufen sind, waren für die Gesamtbewertung ihres Einsatzes vollkommen nebensächlich. Denn sie hat mit absoluter Bravour bewiesen, dass sie bereits die wichtigsten Basisfähigkeiten zur Vorbereitung und Durchführung eines Einsatzes dieser Größenordnung beherrscht – und das übertrifft die Erwartungen an ihren Ausbildungsstand bei Weitem. Das hat der Chef offensichtlich vollkommen verkannt, als er ihre Leistung bewertete. Wir finden das mehr als realitätsfern.

Dieses Beispiel zeigt ein drastisches Missverhältnis auf zwischen der Kompetenz unserer damaligen Führungskraft und unserer weiblichen Kollegin – und auch zwischen den jeweiligen Einschätzungen der beiden von sich selbst. So sehr, wie sich unser Chef in seiner Kompetenz überschätzte und meinte, er müsse die gute Leistung einer jungen Kollegin durch das Hinweisen auf irrelevante Details schmälern und die Kollegin so gleichzeitig dominieren, so sehr hat Miriam sich genau das aber auch gefallen lassen und einen wenig realistischen Blick für ihre außergewöhnlich gute Leistung gehabt. Kurzum – für ihre eigene Kompetenz.

Interessanterweise ist dies kein Einzelfall, denn in den vergangenen zwanzig Jahren sind mir zahlreiche Situationen und Fallbeispiele begegnet, in denen männliche Führungskräfte eine eher durchschnittliche oder sogar mangelhafte Kompetenz mit einem überdurchschnittlichen Selbstbewusstsein und rhetorischem Verkaufstalent kombinierten. Frauen mit einer überdurchschnittlich hohen Kompetenz brachten hingegen oft ein geringes Selbstbewusstsein und ein unterentwickeltes Bewusstsein für die eigenen herausragenden Leistungen mit – also ein mangelhaftes Talent, sich selbst angemessen zu verkaufen.

Das liefert zum einen eine mögliche Erklärung, warum Frauen in ihrer Karriere oft an einem bestimmten Punkt nicht weiterkommen. Zum anderen kommt es in Teams und Projekten dadurch immer wieder zu Missverhältnissen, die die Produktivität extrem negativ beeinflussen. Denn natürlich gehört fachliche Kompetenz als wichtiger Erfolgsfaktor zum Führen dazu, genauso wie die Fähigkeit, sich wichtige Kompetenzen über eine gute Beratung und die Auswahl und Einstellung von kompetenten Mitarbeiter:innen zu erschließen. Gleichzeitig fällt es extrem ins Gewicht, wenn diese Kompetenz fehlt. Andererseits macht Kompetenz allein noch keine gute Führung aus, denn dazu gehören viele weitere wichtige Eigenschaften wie beispielsweise Durchsetzungsfähigkeit, Managementskills, Empathie, Sozialkompetenz und allgemein eine starke Persönlichkeit. Frauen tappen häufig in die Falle, zu glauben, allein ihre fachliche Kompetenz würde sie in ihrer Karriere voranbringen, und absolvieren oft eine Fortbildung nach der anderen, ohne dadurch wesentlich weiterzukommen. Denn das, was sie eigentlich brauchen, ist ein Bewusstsein für ihre eigenen Fähigkeiten im Vergleich zu denen ihrer männlichen Kollegen. Sie brauchen also ein gesundes Urteilsvermögen.

Was sowohl vielen Frauen als auch vielen Führungskräften nicht bewusst ist, ist die Tatsache, dass besonders Mütter erhebliche Führungs- und Managementkompetenzen erwerben. Allein der Umgang mit Kleinkindern erfordert ein so hohes Maß an Stressresistenz sowie Krisen- und Konfliktmanagement, wie es in dieser Form in kaum einem Führungskräfteseminar, Workshop oder durch ein Buch erworben werden kann. So werden Sozialkompetenz und Führungsstärke der Frauen im eigenen Zuhause geprägt und ausgebildet. Besonders den Frauen ist das oft nicht bewusst. Im Gegenteil: Sie versuchen häufig, sich in Rahmenbedingungen zu pressen, die ihrem Lebensrhythmus nicht mehr entsprechen; sie versuchen, es Vorgesetzten und Kolleg:innen recht zu machen, und schämen sich am Ende dafür, dass ihnen nicht alles perfekt gelingt. Sie zerreißen sich zwischen Erwartungen und verlieren sich dabei selbst. Dabei tun sie das Wichtigste, was es im Leben überhaupt gibt: Sie haben Leben erschaffen, ziehen vollwertige Mitglieder unserer Gesellschaft groß und geben Werte weiter. In einer

Form, wie es niemand intensiver und eindringlicher tun könnte als sie in ihrer Rolle als Mutter. Und das alles, ohne dass die Gesellschaft diese außerordentliche Leistung anerkennt, schätzt oder gar honoriert. Selbst Frauen sehen den Wert ihrer Arbeit nicht in vollem Umfang, weil genau diese weibliche Selbstlosigkeit zu den ungeschriebenen Gesetzen unseres Systems gehört.

Das in seiner ganzen Tragweite und seinem unermesslichen Wert zu erkennen, ist Aufgabe von uns allen: den Frauen, den Männern, den Führungskräften und Entscheidungsträger:innen. Das Wunder des Lebens und das Schaffen aktiver, vertrauensvoller Bindungen ist der Kern dessen, worum es im Leben überhaupt geht. Und gleichzeitig ist es das Erfolgsgeheimnis für gute Führung – für New Female Leadership.

Wenn ich mich an die Zeiten mit meinem oben beschriebenen Chef zurückerinnere, dann muss ich auch heute noch sagen, dass ich ihn als sehr inkompetent erlebt habe. Sowohl inhaltlich-fachlich als auch in seiner Führungsfähigkeit (oder eben -unfähigkeit). Oft habe ich mich gefragt, wie er in seine Position gekommen sein konnte. Er war viele Male der Grund für Konflikte im Team, für schlechte Kommunikation, für Missverständnisse, Neid, Missgunst und Konkurrenz an Stellen, an denen sie nicht hätte sein müssen. Ich fand mich irgendwann in einer toxischen Atmosphäre wieder, in der ich mich hochgradig frustriert, demotiviert und mental weit unter meinen Fähigkeiten fühlte. In jenen Zeiten empfand ich das als eine wirklich unangenehme Erfahrung, doch heute weiß ich, dass es weit darüber hinausging. Denn diese Erfahrung schlechter Führung hat mich nachhaltig für die Folgen eines unausgewogenen und mangelhaften Führungsstils sensibilisiert. Ich habe am eigenen Leib erfahren müssen – also nicht nur in der bloßen Theorie –, wie es sich anfühlt, chronisch falsch eingeschätzt, nicht gesehen und nicht ausreichend mit Informationen versorgt zu werden. Das Gefühl von Misstrauen im eigenen Team sowie dauerhaft unangemessenem Leistungs-, Zeit- und Arbeitsdruck ausgesetzt zu sein, hat mich innerlich so zermürbt, dass es mir tatsächlich an die Substanz ging. Hätte ich diese Erfahrung nicht selbst gemacht, sondern nur versucht, sie mir vorzustellen, dann hätte meine Vorstellungskraft niemals ausgereicht, um nachzuempfinden, wie sich so etwas im echten Leben anfühlt. Der Vorteil, den ich trotz allem daraus gezogen habe: Die Rückschlüsse, die mir diese Erfahrung in Bezug auf meinen eigenen Führungsstil ermöglichte, sind bis heute richtungsweisend für mich. Immer wieder erinnere ich mich daran zurück, welche Auswirkungen es haben kann, wenn ich in meiner Führung bestimmte Dinge unterlasse. Ich habe also tatsächlich auch durch schlechte Führung wirklich viel lernen können.

Das war mein stellvertretender Kommissariatsleiter. Im Gegensatz dazu habe ich durch meinen Kommissariatsleiter, mit dem ich viele Jahre zusammengearbeitet habe, auch gute Führung erfahren. Denn neben Empathie und der Fähigkeit, Harmonie herzustellen, hatte er eine gute Menschenkenntnis und ein gutes Urteilsvermögen. Er hat darauf gesetzt, Stärken zu stärken und alle Teammitglieder – soweit möglich – entsprechend ihren Interessen und Fähigkeiten einzusetzen. Gleichzeitig setzte er auf Spezialisierungen. Obwohl diese Herangehensweise den Vorgaben unserer Behörde widersprach (dort sah man lieber, dass jede:r alles konnte), entschied er sich für die Spezialisierung und kämpfte für sein Konzept. Mit dem stetigen Satz auf den Lippen »Ich habe meinen Enddienstgrad erreicht, mir kann nichts passieren« setzte er sich mürrisch über Konflikte mit den Führungskräften aus dem höheren Dienst hinweg und war dort sicher nicht immer gern gesehen. Im Kommissariat schon. Kurzum: Er war ein Paradebeispiel für New Female Leadership.

Mir hat er mit seinem Führungsstil meinen gesamten Karriereweg ermöglicht. Denn entgegen der offiziellen Behördenkultur in unserem speziellen örtlichen Bereich – eine Kultur, die

Polizeibeamte förderte, die jederzeit überall einsetzbar waren, also ausdrücklich ohne Expertenstatus – konnte ich mich im Rahmen der Gewaltdelikte, in denen wir ermittelten, auf meine Fälle von Stalking und häuslicher Gewalt spezialisieren. Das ist und bleibt der Grundstein für meinen heutigen Expertinnen-Status sowie für alles, was sich im Lauf meiner Karriere noch entwickeln durfte. Dafür bin ich meinem Kommissariatsleiter bis heute sehr dankbar.

Interessant ist jedoch auch, dass bei der Polizei – wie auch in vielen anderen Bereichen des öffentlichen Lebens – die kompetenten Frauen nicht in der Führung landen; schließlich sind diese Frauen mit ihrer Arbeit beschäftigt. Und eine gute Führungskraft wird ungern freiwillig auf eine gute Mitarbeiterin verzichten – also wird es diese gute Mitarbeiterin *gerade* wegen ihrer Kompetenz *nicht* in eine Führungsposition schaffen. Bemerkenswert finde ich auch, dass immer dann, wenn wir von Quotenregelungen sprechen, um Frauen überhaupt in die Führung zu bekommen, sofort der Ruf laut wird, dies solle dann aber bitte eine kompetente Frau sein. Zum einen bildet dieser Ruf nach mehr kompetenten Frauen meiner persönlichen Erfahrung nach die Realität nicht ab – Frauen sind im Allgemeinen kompetent, weil die Gesellschaft an sie viel höhere Erwartungen stellt. Zum anderen frage ich mich, wer über all die inkompetenten Männer spricht, die nicht nur in den Führungsriegen, sondern überall im öffentlichen Leben vertreten sind. Sie dürfen aus meiner Sicht sehr gern von Frauen abgelöst werden. Da dürften dann viele Menschen erleichtert aufatmen.

Kompetenz spielt also für gute Führung eine wesentliche Rolle, allerdings nicht nur die fachliche und inhaltliche. Vielmehr kommt es darauf an, sich gutes Detailwissen verlässlich zu erschließen und sozialkompetent in der Führung aufzutreten. Dieses Zusammenspiel aus inhaltlicher und sozialer Kompetenz dürften im Grundsatz Frauen besonders gut beherrschen, denn beide Kompetenzen bringen sie mit. Auch hier gilt, dass sie sich zunächst bewusst werden müssen, mit welchen Fähigkeiten sie gesegnet sind, um diese dann selbstbewusst in die Welt zu tragen.

Wissen ist Macht und Möglichkeit

Erich Vad

Angela Merkel war eine Chefin, die immer mehr wusste als ihre Berater. Das lag sicherlich an dem außergewöhnlichen Aufnahmevermögen der Bundeskanzlerin und im gleichen Zusammenhang auch daran, dass alle Informationsflüsse im Bundeskanzleramt auf die Regierungschefin hin ausgerichtet waren. Grundsätzlich gilt: Eine Chefin, die mehr weiß als ihre Berater, ohne dass sie es raushängen lässt, um dadurch anzugeben oder zu dominieren, wirkt sicher anspornend. Während man im Gegensatz dazu bei einem Chef, der nichts weiß, meist das Gefühl hat, ihm auf der Nase herumtanzen zu können. Gerade in ministeriellen, hierarchisch geprägten Organisationen überwiegt noch ein anderer Cheftyp, nämlich der, der mehr weiß, aber nichts von seinem Wissen teilt oder abgibt und sich dadurch eine gewisse, künstliche Autorität verschafft. Mit dieser »Autorität« hält er seine Mitarbeitenden dumm und stellt sein »Chefsein« unter Beweis – also seine vermeintliche Überlegenheit, die ihn als Chef legitimiert. Wissen ist Macht! Anders im Bundeskanzleramt mit seiner flachen Hierarchie: Dort wissen viele viel mehr und sind damit viel schneller in der Entscheidungsfindung als in anderen, strenger hierarchisch aufgestellten Organisationen, wo Wissen als Herrschaftsinstrument genutzt wird. Dieses alternative Führungsklima im Bundeskanzleramt war in der Regierungszeit von Angela Merkel die Regel, jedenfalls in der Zeit, die ich dort erlebte.

Vom Ende her denken

In meinen vielen Jahren als Berater der Bundeskanzlerin habe ich Angela Merkel immer als sehr besonnen und rational wahrgenommen, gerade im Bereich der Sicherheitspolitik, die politisch schwierig zu vermitteln ist. Auf internationalen Konferenzen hatte sie, wie bereits erwähnt, immer sehr schnell die intellektuelle Überlegenheit – wenn ich das so sagen darf. Das lag sicher auch daran, dass Angela Merkel stets bis ins Detail vorbereitet und oft besser und umfassender informiert war als die anwesenden männlichen Regierungschefs. Was zu Hause in Berlin galt, galt auch auf internationalem Parkett. Zudem versuchte sie immer, Emotionen aus schwierigen Verhandlungen herauszuhalten. Das war zwar manchmal kein leichtes Unterfangen, aber es schützte sie auch; schließlich ist es konstruktiver, wenn alle Beteiligten faktenorientiert bleiben. Hier war ihre Ausstrahlung hilfreich: Angela Merkel hatte Macht – das war immer deutlich zu spüren, sobald sie einen Raum betrat. Es war eine natürliche Art der Autorität, nicht künstlich oder aufgesetzt, und diese half ihr, bei Verhandlungen, Konferenzen oder einfachen Arbeitstreffen die Zügel in die Hand zu nehmen und die Voraussetzungen für eine sachliche Diskussionsebene zu schaffen. Sie selbst ging stets mit gutem Beispiel voran, lenkte den Fokus auf die Fakten, lieferte messerscharfe Analysen, argumentierte konsequent und logisch. Dabei hatte sie übrigens eine gehörige Portion Humor – auch wenn das nicht immer jede:r merkte.

Angela Merkel traf Entscheidungen nur, wenn ihr alle relevanten Faktoren klar waren. Von außen betrachtet und mit Blick auf die drängenden Medien sah das nach politischer Langsamkeit aus. Aber jede getroffene politische Entscheidung ist nur die zum jeweiligen Zeitpunkt bestmögliche; es ist ein Punkt, ein weiterer Schritt in einem Prozess, der auch anders verlaufen kann als ursprünglich gedacht – als umso schwächer erweisen sich Entscheidungen, die zu früh getroffen werden. Franz Müntefering hat das einmal anschaulich auf den Punkt gebracht: Man kann mit Angela Merkel immer sicher landen, man weiß nur nicht, wo. Das hat rein gar nichts mit fehlender Überzeugung oder Prinzipientreue, mit mangelnder Entscheidungsfreude oder Beschlusskraft zu tun, im Gegenteil: Wohldurchdachte und wohlinformierte Entscheidungen, denen die Abwägung unglaublich vieler Details vorausgegangen ist, sind ein Muss, wenn man nicht einsame, sondern in einer Demokratie unumgängliche Mehrheitsentscheidungen herbeiführen will.

Als ihr Berater musste ich selbstverständlich immer sehr gut vorbereitet sein, das war nicht nur Angela Merkels Anspruch, sondern auch mein eigener. Ich denke – hoffe –, ich war es auch. Trotzdem war sie in den meisten Fällen besser informiert als ich. Zusätzlich zu ihrem ungeheuren Know-how vermied sie Schnellschüsse jeder Art, sie traf also keine Entscheidungen, nur um eine Entscheidung zu treffen. Und sie dachte immer vom Ende her: Angela Merkel hatte immer einen rationalen und realistischen Blick auf das Machbare.

In Gesprächen und Verhandlungen mit vielen männlichen Spitzenpolitikern wurde mir sehr deutlich, dass sie aufgrund ihrer persönlichen Integrität und – ich würde sagen – politischen Weisheit, die man nur nach langen Jahren im Amt erreichen kann, in hohem Maße ernst genommen und respektiert wurde. Was sicher auch daran lag, dass sie immer außergewöhnlich viel Empathie und Verständnis zeigte – auch für Positionen, die sie nicht teilte. Sie versuchte stets, eine ihr zunächst unbekannte Sachlage bis ins letzte Detail zu verstehen, erst einmal unabhängig davon, wie sie inhaltlich dazu stand. Sie hatte die Gabe, sich regelrecht in ihr Gegenüber hineinversetzen und ihn oder sie verstehen zu können. Bei Meinungsverschiedenheiten versuchte sie immer, andere ausgehend von deren Position von ihrer eigenen Auffassung zu überzeugen – auf rein argumentativer, sachlicher Ebene. Dabei war sie nie konfrontativ, sondern verständnisvoll. Sie versuchte, einen dritten Weg aus zwei unterschiedlichen Positionen zu finden. Dieses Vorgehen konnte sie sich leisten, weil sie es nicht nötig hatte, den »starken Mann« beziehungsweise in diesem Fall die »starke Frau« zu markieren. Dass sie Macht hatte, war klar und wurde nicht hinterfragt, also musste sie diese auch nicht ständig durch Aggressivität, Auf-den-Tisch-Hauen oder Konfrontation demonstrieren. Das wirklich Beeindruckende ist ja, dass sie diese Macht so auch nicht erreicht und ergriffen hat, sondern eben durch Fähigkeiten wie Strategie und Empathie. Kleiner Reminder: Empathie darf hier nicht im Sinne von naiver Dauerfreundlichkeit missverstanden werden, sondern als außerordentliche Fähigkeit, sich in die Motive, das Denken und Handeln anderer (also auch von Widersachern) hineinversetzen zu können.

Ohne Stolz und Eitelkeit

Trotz ihrer – ich sage es mal, wie es war – meist überlegenen Kompetenz zeigte Angela Merkel nie Stolz oder Eitelkeit. Sie war meilenweit entfernt von jener oft erlebten, Testosteron-induzierten Egobetrunkenheit männlicher Machtmenschen. Statt entrückter Staatsgetragenheit ließen sich bei ihr immer sehr viel Bescheidenheit und Demut beobachten, das habe ich schon in anderem Zusammenhang erwähnt. Beides sind Eigenschaften, die vielen Menschen – insbesondere in hohen politischen Ämtern – schnell abhandenkommen, sobald es um den täglichen Kampf um Macht und Einfluss geht. Und beides sorgt dafür, dass wir den Respekt vor anderen Menschen, unabhängig von ihrer sozialen Stellung, nicht verlieren. Es bewahrt uns davor, abzuheben, wenn wir erfolgreich sind, und dann aus Selbstüberschätzung grobe Fehler zu machen.

Man darf Bescheidenheit und Demut allerdings nicht mit Scheu oder Zurückhaltung verwechseln – die Bundeskanzlerin ließ lediglich weder ihre Kompetenz noch ihre Macht raushängen, wie es ihre männlichen Counterparts gern taten. Erst recht in den eher autokratisch geprägten Ländern, in denen ich mit der Kanzlerin unterwegs war, sind ein eher männlich geprägter Führungsstil und eine entsprechende Selbstinszenierung an der Tagesordnung. Angela Merkel war hier oft pädagogisch unterwegs, insbesondere wenn sie durch unsere Dienste genau wusste, wes Geistes Kind ihr Gesprächspartner *wirklich* war. Die Unterschiede zwischen Selbstinszenierung und Realität sind hier nämlich teilweise riesig. Bei einem Staatsbesuch ließ sich Angela Merkel vor dem offiziellen Staatsbankett einmal eingehend über die desaströse Lage von Frauen und religiösen Minderheiten im Lande unterrichten; sie überzog den vorgesehenen Zeitrahmen, belehrte den sichtlich angesäuerten Staatschef anschließend über diese Situation und ermunterte ihn, es ihr nachzutun. Im Rahmen ihrer Möglichkeiten – schließlich will man keine Feindschaften schaffen, auch wenn man heikle Themen anspricht – ließ Angela Merkel ihren Worten immer Taten folgen; ihre biografisch geprägte und internalisierte Freiheitsagenda war jederzeit deutlich sichtbar.

Es gibt übrigens etliche Regierungschefs, die mächtiger als die Bundeskanzlerin waren und sie trotzdem bewunderten: Weil die unprätentiöse Angela Merkel – eine Frau, aufgewachsen in der ehemaligen DDR – es geschafft hatte, deutsche Regierungschefin zu werden. Kleine Randnotiz: Einer dieser Regierungschefs wollte das genauer wissen und sehen. Er flog mit ihr an den Ort – mit einem Namen, den man kaum aussprechen kann – ihrer ersten politischen Aktivitäten. Das Staunen über dieses »Kaff« war groß. Es blieb jedoch bei einer kurzen Exkursion: Aus Sicherheitsgründen und wegen fehlender passender Übernachtungsmöglichkeit blieb man nur kurze Zeit.

Es ist sicherlich auch ihrer Bescheidenheit und Demut zu verdanken, dass – egal wie viel Macht sie hatte und wie sehr sie dafür bewundert, vielleicht sogar darum beneidet wurde – in Angela Merkels langer Zeit als Regierungschefin keine »déformation professionelle« stattgefunden hat, die sonst so oft zu beobachten ist. Nein, Angela Merkel ging so aus dem Kanzleramt heraus, wie sie vor Jahren dort hineingegangen war, zumindest, was ihre Charaktereigenschaften angeht. Daher ist sie nach dem Abgang aus dem wichtigsten Amt Deutschlands auch nicht innerlich abgestürzt, wie es unzähligen männlichen Alphatieren am Ende ihres Berufslebens passiert. Deren Suizidrate ist bekanntlich signifikant hoch. Angela Merkel hat dieses Problem nicht. Ihre persönliche, sicherlich auch weibliche Bodenhaftung lässt das nicht zu.

Was ein fester Stand mit einem Straßenrand in der Toskana zu tun hat

Ein typisches Beispiel für ebendiese Bodenhaftung: In ihrem Wahlkreis führte sie ein Gespräch mit einfachen, älteren Frauen. Jede einzelne Gesprächspartnerin nahm sie so ernst und wichtig wie den mächtigsten Staatschef der Welt. Da gab es keinen merkbaren Unterschied. Dabei wirkte Angela Merkel nie künstlich, als wolle sie demonstrativ Volksnähe zeigen. Ganz im Gegenteil: Angela Merkel nahm auch den Koch im Kanzleramt oder die Botengängerin nicht als Teil ihrer Equipage, sondern als *Menschen* wahr. Vollwertig und wertvoll. Und sie kümmerte sich, wenn einen persönlich oder familiär einmal der Schuh gewaltig drückte; sie fragte nach, zeigte Empathie und Einsatz hinter den Kulissen, wovon nur die Betroffenen selbst erfuhren. Sie ging damit nie nach dem Motto »Tue Gutes und rede darüber« hausieren. Das habe ich in dieser uneitlen, nicht auf gute Presse und PR abzielenden Form bei anderen

»Großkopferten« – wie man bei uns in Bayern sagt – so noch nicht erlebt.

Ein kleiner Einschub am Rande: Weil Angela Merkel ist, wie sie ist, blieb sie auch völlig gelassen, als sie – von einer Auslandsreise kommend – wegen einer über Europa hängenden Aschewolke nach einem Vulkanausbruch in Rom strandete; sie lehnte luxuriöse Übernachtungsangebote des Staatspräsidenten ab, wollte niemanden aus der Delegation zurücklassen und brach am Ende per Bus nach Berlin auf. Sie blieb auch entspannt, als sie wegen eines geplatzten Reifens zwischendurch irgendwo in der Toskana am Straßenrand stehen und schließlich in einem schnell organisierten Tiroler Gasthof zwischenübernachten musste. Auch bei unseren zahlreichen Reisen in das krisengeschüttelte Afghanistan, von denen Sicherheitskreise stets abrieten, übernachtete die deutsche Kanzlerin im Camp, in einer containerähnlichen Baracke – genauso wie die deutschen Soldaten auch. Es gab keine Vorzugsbehandlung für Angela Merkel, das habe ich an anderer Stelle schon berichtet. Und selbst das spärlich bekleidete Pin-up-Girl des einfachen Soldaten, der sein Quartier für eine Nacht für die Bundeskanzlerin räumte, durfte im Spind hängen bleiben. Angela Merkel fand es nicht anstößig, sondern ganz nett und irgendwie dazugehörig. Dazu passt, dass sie uns mit bodenständigen Lebensweisheiten wie »Der frühe Vogel fängt den Wurm« oft zu schnellem Handeln motivierte. Da nützte es übrigens nichts, darüber zu räsonieren, inwieweit der Gegensatz »Den frühen Vogel fängt die Katz« vielleicht auch seine Berechtigung hat, gerade in der Politik.

Hand in Hand: Fach- und Führungskompetenz

Wenn ich das Ganze etwas vereinfacht zusammenfassen darf: Angela Merkel war intelligent und informiert, besaß von denen, die mit am Tisch saßen oder sich mit im Raum befanden, oft die größte Kompetenz. Gleichzeitig blieb sie bodenständig, bescheiden, respektvoll, während andere ihre intellektuelle Überlegenheit gemeinhin zur Selbstverherrlichung nutzen, um ihren Machtanspruch zu festigen oder sich die Deutungshoheit über alles und jeden zu sichern. Sie war nicht mächtig, weil sie kompetent war; das würde ich nicht behaupten. Aber sie blieb – auch – wegen ihrer Kompetenz mächtig. Nicht, weil sie ihre Kompetenz demonstrierte, sondern weil sie sie nutzte und zielführend einsetzte – oft übrigens mit Subtilität und hohem strategischem Geschick –, zum Beispiel um bei internationalen Verhandlungen Kompromisse und Lösungswege aufzuzeigen. Sprich: Trotz der prinzipiell richtigen, bereits im Kapitel Macht zitierten Aussage »Macht muss genommen werden« kann man sich Macht und Führungsanspruch bis zu einem gewissen Grad erarbeiten beziehungsweise Macht durch Kompetenz sichern und ausbauen. Bis ins kleinste Detail informiert zu sein, kann also ein Instrument des Machterwerbs, der Machtsicherung und des Ausbaus von Macht sein. Dazu sind Fleiß und Disziplin erforderlich, was nicht jeder Führungspersönlichkeit gegeben ist, sowie die Auswahl guter, informierter und loyaler Berater:innen.

Ein Unterschied, der in diesem Zusammenhang vielleicht wichtig ist: Bei all dem dreht es sich immer um *inhaltliche, fachliche* Kompetenz, mit der Angela Merkel überzeugte. Sie kannte, wie gesagt, meist auch die letzten Einzelheiten aus ihren verschiedenen Ministerien. Oft wusste sie detaillierter und in diffizilen Einzelfragen besser Bescheid als die Fachminister selbst. Ihr messerscharfer Verstand war während ihrer Kanzlerschaft sicherlich eine ihrer überzeugendsten Waffen. Aber sie hielt auch kein Wissen zurück, arbeitete nicht mit Herrschaftswissen, sondern teilte es mit ihren Berater:innen – deren sorgfältige Auswahl übrigens auch ein zentrales Zeichen von Führungskompetenz war. Angela Merkel traf *alle* ihre Entscheidungen bewusst und auf der Basis von Fakten und Informationen – auch ihre Entscheidung für ihre Mitarbeiter:innen und Berater:innen.

Fachliche Kompetenz, wie Angela Merkel sie vorgelebt hat, ist meines Erachtens gerade mit Blick auf New Female Leadership von zentraler Bedeutung. Fachlich gut aufgestellt zu sein, ist für Frauen der Schlüssel zum beruflichen Erfolg – mit der Einschränkung, dass noch vieles andere hinzukommen muss, um auf der Karriereleiter weiterzukommen; das habe ich bereits an anderer Stelle thematisiert. Zumindest muss man sich jedoch mit dem entsprechenden Know-how von niemandem reinreden lassen, man kann Gegenargumente entkräften, durchdachte und damit Erfolg versprechende Entscheidungen treffen, man sichert sich das letzte, gehaltvolle Wort. Ich befürchte allerdings auch, dass Frauen immer noch ein Stück weit besser sein müssen als Männer, um sich beruflich durchzusetzen.

Doch wenn es um Führungsaufgaben geht, kommt natürlich die Führungskompetenz hinzu: Fachliche Kompetenz allein reicht nicht aus. Weiß ich als Chef oder Chefin, was ich da eigentlich mache? Was meine Mitarbeitenden erwarten oder brauchen? Eine schlechte Führung ist schnell definiert: schlechte Kommunikation, schlechtes Urteilsvermögen, zu viel dulden und durchgehen lassen, zu viel Laisser-faire, zu wenig Anleitung und wirkliches Führen, zu wenig Kümmern, zu wenig Empathie, zu wenig Motivation und Inspiration. Aufgrund schlechter Führung haben Mitarbeiter weniger Möglichkeiten, sich zu entfalten und ihre Stärken dort einzusetzen, wo es für die Zielerreichung Sinn hat. Aber was ist mit guter Führung, mit Führungskompetenz? Sie ist natürlich zwingend erforderlich – weil ich mich dadurch mit den richtigen Berater:innen oder Mitarbeitenden umgebe, weil ich mein Team stark mache, indem ich es gut führe, und uns (mir) Erfolg sichere, weil ich die richtigen Ziele definiere und die besten Strategien entwickeln kann, um diese Ziele zu erreichen. Insofern kann

Führungskompetenz mangelnde Fachkompetenz sogar ausgleichen. Wenn es jedoch gelingt, Fachwissen mit Führungskompetenz zu verbinden, die integriert statt spaltet, Mitarbeiter zur kritischen Loyalität motiviert, anstatt sie zu gehorsamen Gefolgsleuten zu machen, und sie vertrauensvoll einbindet in Entscheidungsprozesse, dann ist das erfolgreiche Führung und gelebtes New Female Leadership.

Ruhe

Vielleicht haben Sie die Werbekampagne eines recht bekannten schwedischen Möbelhauses zu Angela Merkels Abschied als Kanzlerin noch in Erinnerung. Auf dem Bild sitzt Angela Merkel entspannt in einem gemütlichen Ohrensessel, genießt die Ruhe und blickt aus dem Fenster in die Ferne. (Tatsächlich ist es natürlich ein Double, denn die Bundeskanzlerin hatte nichts mit der Kampagne zu tun.) Daneben die Headline: Endlich zu Hause. Das Motiv war als Hommage an die Kanzlerin gedacht, die nach sechzehn Jahren aufreibender Regierungsarbeit als Mehr-oder-weniger-Rentnerin nun endlich entspannen konnte, so die Macher der Kampagne.[9]

Tatsächlich ist es jedoch nicht nur ein Sinnbild für die »Zeit danach«, sondern spiegelt ganz grundsätzlich die innere Haltung der Bundeskanzlerin wider, wie sie sie sechzehn Jahre lang tagtäglich ausgestrahlt hat: Ruhe und Besonnenheit. Nicht, dass Angela Merkel wirklich Zeit gehabt hätte, zu entspannen. Aber sie hat sich – und dafür steht der Sessel im übertragenen

---

[9] https://www.absatzwirtschaft.de/so-entstand-die-ikea-kampagne-zum-abschied-von-angela-merkel-229345/
Stand: 30. März 2023

Sinne – Zeit genommen, durchdachte Entscheidungen zu treffen, statt im Angesicht des Sturms hektisch zu handeln.

Ist diese innere Ruhe typisch Merkel oder typisch Frau? Was tragen Männer stattdessen in sich? Denn Ruhe und Besonnenheit sind es bei ihnen in den meisten Fällen nicht. Oft haben sie stattdessen etwas von einem Duracell-Hasen an sich, der »läuft und läuft und läuft«. Power pur! Schnelles Eingreifen pur! Führungsstärke in Aktion! Gern gewürzt mit etwas Polemik und einer Prise cholerischen Temperaments, aber auf jeden Fall (fast) immer mit demonstrativer Tatkraft.

»Tiefe Stimme, müde Augen, monotone Redeart […], maximale Sachlichkeit«, durch deren Zusammenspiel die »ruhig[e], besonnen[e] und selbstbewusst[e] Art« entsteht, von der sich Merkels Zuschauer »einlullen« lassen, hat die taz einmal kommentiert.[10] Es war halb Kritik, halb Kompliment. Wenn man aber einmal genau darüber nachdenkt, ist es ein riesengroßes Kompliment und nichts anderes. Denn: Könnten wir bei jeder Führungspersönlichkeit entspannt einschlummern? Oder nur bei denen, denen wir voll und ganz vertrauen – eben *weil* sie Ruhe und Besonnenheit ausstrahlen?

Cool bleiben: Von verschwiegenen Ossis, übernächtigten Wikingerchefs und deutschem Durchschnitt

Erich Vad

In kritischen Situationen blieb Angela Merkel immer ruhig und gefasst, ohne kalt oder gleichgültig zu wirken. Wie sehr

[10] https://taz.de/Abschied-von-Angela-Merkel/!5788937/ Stand: 30. März 2023

die Bundeskanzlerin in sich selbst ruhte, ist mir erst richtig klar geworden, als wir in Krisengebieten, wie zum Beispiel in Afghanistan, in nicht ungefährlichen und riskanten Missionen unterwegs waren. Sie saß wahlweise in einem Hubschrauber oder Wagen neben mir, als es so gefährlich wurde, dass wir die geheim geplanten Besuche aus Sicherheitsgründen eigentlich hätten abbrechen müssen. Aber das wollte sie nie. Bei unseren Reisen in Länder, in denen man normalerweise keinen Urlaub macht, spürte ich bei ihr zwar leichte Besorgnis, aber keine Angst, keine innere Unruhe.

Innere Ruhe ist eine feine Sache, solange sie echt und nicht aufgesetzt ist. Sie ermöglicht es uns nämlich, rational zu bleiben, die Lage emotionsfrei zu beurteilen, Handlungsoptionen abzuwägen und zu vernünftigen Entscheidungen zu kommen. Ich glaube, diese Ruhe – oder besser: diese Fähigkeit zu innerer Ruhe – kann gelernt werden. Entweder mit dem Ziel, in schwierigen Situationen wirklich cool bleiben zu können, oder aus einem ganz anderen Grund, nämlich um nach außen wenig preiszugeben. Wer ruhig bleibt, dem sieht man Wut, Aufregung, Freude und Stress weniger an – und das kann durchaus hilfreich sein. Ich denke nicht, dass Letzteres der Grund für die innere Ruhe der Kanzlerin war. Sie war *wirklich* ruhig und mit Blick auf die riskantesten Situationen auch stets überraschend entspannt. Aber ursprünglich angeeignet hat sie sich diese Ruhe vielleicht aus einem anderen Grund. Dieser Grund ist nur eine Idee, die aus meiner persönlichen Biografie entspringt; ein riesengroßes Vielleicht, das keineswegs tatsächlich für Angela Merkel gelten muss. Immerhin passt ihr Ruhigbleiben eindeutig zu den sonstigen, eher besonnenen Charaktereigenschaften der Kanzlerin, ganz unabhängig von meiner Theorie. Aber einen interessanten Gedankengang finde ich es trotzdem.

Loyalität und Verschwiegenheit

In der DDR kam es auf Zurückhaltung und Verschwiegenheit an. Zu Hause redete man offen über Politik, draußen nicht. Da war man verschlossen und verschwiegen, vermied den Klartext, tarnte und verstellte sich, um nicht als Systemgegner aufzufallen. Was zu Hause besprochen wurde, das blieb zu Hause. Es ging keinen da draußen etwas an. Das war keine freiwillige Entscheidung, keine persönliche Attitüde. Nein, Verschwiegenheit war geboten – und sie war weitaus wichtiger und war mehr verlangt als die heutigen Imperative der Anpassung aufgrund von Political Correctness oder Cancel Culture, wobei Letztere freilich an die alte DDR-Zeit erinnert. Vielleicht ist es dieser biografische Hintergrund, der Angela Merkel die innere Ruhe lehrte und es bisweilen schwierig machte zu erkennen, wofür sie stand und was sie wirklich wollte. Das beste Beispiel ist die bereits erwähnte – für Außenstehende – kryptische Kommunikation über ihr Mobiltelefon: Da gab es keine tumben Bescheide, Befehle oder strategischen Spielchen, keine ausgeplauderten Geheimnisse oder riskanten Stolperfallen. Das Abhören ihres Mobiltelefons hätte jeden Nachrichtendienst an seine Grenzen gebracht. Nur Insider wussten, was gemeint war oder hätte gemeint sein können. Und auch ganz unabhängig davon galt immer: Die Kanzlerin sagte nie etwas, was sie nicht auch nach außen mit Fug und Recht vertreten konnte und wollte.

Aus eigener Erfahrung weiß ich, dass Ostdeutsche sich in der westdeutsch geprägten BRD wie Migranten fühlen mussten, die sich anzupassen hatten und doch nicht so richtig dazugehören konnten, wollten oder durften. Das Gefühl wird man nie los. Aber man ist dadurch vielleicht auch freier, offener für neue Entwicklungen und das Erkennen neuer Lösungswege. Das Abwartende, Abschätzende, die Fähigkeit, sich nicht vorschnell in den Vordergrund drängen zu müssen, ist eher weiblich – aber durchaus auch ostdeutsch; von »Wessis« wird diese Zurückhaltung seltener praktiziert und vor allem oft als Unterlegenheit interpretiert. So habe zumindest ich es erlebt. So unterschätzt, überraschen Ostdeutsche oft auf den zweiten oder späteren Blick. Es ist kein Geheimnis mehr, dass Angela Merkel in ihrer Karriere und auf ihrem politischen Weg nach ganz oben oft unterschätzt wurde.

Zurückhaltung, Verschwiegenheit und Loyalität galten bei Angela Merkel sehr viel. Diese drei Eigenschaften sind ja auch nicht gerade weit verbreitet. Umso mehr hoffe ich, dass sie mir verzeiht, dass ich über sie schreibe. Zumindest habe ich mich während ihrer Amtszeit damit zurückgehalten. Daran merkt man, dass ich in ihre »Schule« gegangen bin. Ich bin – wie einige in ihrem engeren Umfeld – bei ihr sicherlich ein anderer geworden: Ich habe mich von meinem alten, früher heiß geliebten, männlich geprägten Beruf in einem gewissen Grad entfernt, vielleicht sogar ein Stück weit emanzipiert, auch innerlich, in meinem Denken – mit dem Vorteil, dass ich aus dieser Distanz eine andere Perspektive einnehmen kann, die es mir wiederum ermöglicht hat, dazuzulernen und Altes und Neues bestmöglich zu verbinden.

Ein emanzipierter General sieht klarer

Heute sehe ich vieles kritischer, was ich früher nie kritisiert habe oder kritisiert hätte. Ich habe verstehen gelernt, warum in Deutschland vor 1945 so viel schiefgelaufen ist – dabei wurde dem Militär eine nicht unerhebliche, eher schlechte Rolle für unser Land zugewiesen. Ganz falsch war vor allem dieses Fixieren der früheren deutschen Politik im 19. und 20. Jahrhundert auf rein militärische Erwägungen zur Lösung politischer Probleme sowie sogenannte »ultimative militärische Lösungen«

anstelle einer realpolitisch ausgerichteten politischen Vernunft. Als Schüler eines altsprachlichen Gymnasiums, das mir die Augen für die Welt öffnete, fiel mir in einem Antiquariat das Buch von Jehuda Wallach in die Hände. Sein Titel »Das Dogma der Vernichtungsschlacht« zog mich an. Der israelische Historiker Wallach, der in seinen früheren Jahren auch in den Reihen der Haganah kämpfte, beschreibt in dem Buch diesen Prozess im preußisch-deutschen Generalstab, der in die Katastrophen der Weltkriege des 20. Jahrhunderts führte und 1945 in einer totalen Niederlage endete.

Nur ein paar Jahre später trafen wir uns persönlich mehrfach in Tel Aviv. Jehuda Wallach ermutigte mich – neben dem Dienst in der Truppe –, meine Doktorarbeit über die Führungslehre von Clausewitz zu schreiben. Dieser Zufallsfund in einem Antiquariat und die Begegnungen und Gespräche mit Jehuda Wallach, später auch mit seinem Kollegen an der Hebräischen Universität in Jerusalem, Martin van Creveld, haben mein Leben und Denken sehr stark geprägt. Ich verdanke beiden sehr viel.

All das hat mich beeinflusst und jüngst zu meinem inneren, auch nach außen getragenen Protest geführt, als nach dem Überfall Russlands auf die Ukraine wieder einige deutsche Politiker unreflektiert nach mehr Waffen und »ultimativen militärischen Lösungen« riefen und unbewusst Gefahr liefen, die fatalen Fehler unserer Vorfahren zu wiederholen.

Ich habe bei der Kanzlerin auch gelernt, dass das Militär stärker im politischen und gesellschaftlichen Kontext zu sehen ist. Früher hatte ich nur die strategischen Hard-Core-Themen und -Lösungswege im Blick. Die sind zwar nicht zu verachten. Aber Angela Merkel hat mir gezeigt, wie wichtig auch die eher weichen Themen in der Sicherheitspolitik sind – jedes Mal, wenn sie bei Besuchen in den Krisenländern dieser Welt nach Rechtsstaatlichkeit, nach Freiheits- und Bürgerrechten fragte, nach der

Beteiligung von Frauen, nach der Anzahl der Mädchenschulen, den Maßnahmen gegen Korruption, für Gendergerechtigkeit und zur Demokratisierung. Durch ihre Fragen zeigte sie, dass diese Themen wichtig waren, und sorgte dafür, dass sie nicht unter den Tisch fallen gelassen werden konnten – zumindest nicht so einfach, wie es ohne ihr wiederholtes Mahnen möglich gewesen wäre. Steter Tropfen höhlt den Stein – das war Angela Merkels Intention.

Zivilgesellschaft und Wehrhaftigkeit: mehr Soft Skills, weniger Säbelrasseln

Wenn ich ganz ehrlich bin, habe ich die Themen der »Zivilgesellschaft« früher im schlimmsten Fall verachtet, mindestens aber als zu vernachlässigen angesehen. Heute weiß ich um ihren zentralen, oft unterschätzten Wert. Ich mache mir tatsächlich große Sorgen über die fehlende Wehrhaftigkeit solcher Gesellschaften wie der deutschen in einer brandgefährlichen Welt. Unsere Liebe für den Frieden (eine Liebe, die man eigentlich von jedem Menschen auf der Welt erwarten würde, aber leider nicht erwarten darf) und unser Wunsch nach einer gerechten Welt dürfen uns nicht blind machen gegenüber dem wölfischen, männlichen, archaischen Charakter internationaler Beziehungen, der so an keiner deutschen Schule oder Universität mehr gelehrt wird. Man kann sich nur wünschen, dass mehr kompetente Frauen in dieser Welt eine entscheidende, verantwortungsvolle Rolle spielen.

Weil das Muskelnspielenlassen gesellschaftlich – nicht nur in Deutschland, sondern fast überall auf der Welt – (noch) eine Männerdomäne ist, könnte eine Rollenbesetzung mit Frauen jedoch so wirken, als würden wir Sicherheit und Verteidigung nicht länger ernst nehmen. Welche Ironie! Wenn ich daran denke, dass ich – als Militär (!) – für Frauen in Machtpositionen plädiere, gerade *weil* uns das mehr Sicherheit bieten könnte – jedoch nicht durch Auf- und Wettrüsten, durch rhetorisches oder tatsächliches Säbelrasseln, sondern durch Diplomatie, Besonnenheit und eine Wandlung des internationalen Miteinanders ... Natürlich ist mir bewusst, dass das Frausein nicht per se unbedingte Besonnenheit garantiert. Zudem müsste die Entwicklung hin zu mehr Frauen in Führungspositionen weltweit in Gang kommen; derzeit sind jedoch in allen machtpolitisch relevanten und aus unserer Sicht »gefährlichen« Staaten ausschließlich Männer an der Macht, und es sieht nicht so aus, als würde sich das demnächst ändern. Umso wichtiger ist es, genau das schrittweise anzugehen.

Doch selbst wenn wir Frauen an der Spitze haben, die unsere Probleme anders als mit Gewalt, Machtgehabe und Konflikten lösen, werden wir weiterhin »männliche Krieger« brauchen, die uns schützen; jene rauen Gesellen, die es mögen – bildlich gesprochen –, nachts um die Häuser zu ziehen, und die die Gefahren und den Kampf lieben – selbst den auf Leben und Tod.

Mir imponiert die Kampfmoral der ukrainischen Soldat:innen und generell der Menschen, die für die Freiheit und Unabhängigkeit ihres Landes kämpfen. Im gleichen Zuge stelle ich mir die Frage, wo diese Wehrmotivation in Deutschland geblieben ist, und ob auch wir in der Stunde der Not solche Frauen und Männer hätten, die – wie zum Beispiel auch in Israel – für ihr Land kämpfen würden. Diese Fragen und Gedanken lassen mir – ganz im Gegensatz zur Überschrift dieses Kapitels – keine Ruhe.

Das weitgehende Aussparen von Themen wie Geopolitik und Strategie sowie »War Studies« an unseren Universitäten, genauso wie das gesellschaftliche Desinteresse am Militär insbesondere in Deutschland, wo Armee und Soldat:innen eher weniger Wertschätzung erfahren, darf nicht zu dem Fehlschluss verleiten, dass diese Themen mit der politischen Realität der

Welt nichts mehr zu tun haben. Leider machen sie einen beträchtlichen Teil dieser Welt aus, wenn man die Komfortzone des deutschen Muster-Biotops verlässt und die reale Welt erfährt.

Wenn ein Blick alles sagt

Zurück zur inneren Ruhe: Ja, Angela Merkel war ruhig, besonnen, cool. Aber genauso gab es bei ihr Ablehnung, ein unterkühltes Verhalten und entsprechende Blicke: Auch das gehörte zu Angela Merkel. Nicht, wenn man sich bemühte und trotzdem Fehler machte. Sehr wohl aber, wenn man uneinsichtig war, zweifelhafte Charakterzüge an den Tag legte; wenn sie erkannte, dass zwischen dem, was man sagte, tat und wirklich dachte, Welten lagen; wenn man anfing, über Internes zu plaudern; dann war Angela Merkel ganz anders, als man sie kannte oder glaubte zu kennen. Dann waren es nicht Worte, sondern Blicke, die alles sagten; die einem unmissverständlich klarmachten, was sie über das jeweilige Verhalten dachte und was sie empfand. Ich habe das einmal erlebt, ihren durchdringenden, scharfen, warnenden Blick, und werde diesen Moment und die damit verbundene »Message« nicht vergessen.

Es ging bei so etwas nie um Kleinigkeiten, sondern um Fundamentales: um Loyalität, Verschwiegenheit und Einsicht. Dann war man raus, zumindest aus dem Vertrauensverhältnis. Aber das ist eigentlich ehrlich und aufrichtig, man wusste, woran man war – und das ist in der Politik ansonsten eher selten. Andererseits habe ich in den langen Jahren in der Politik auch gelernt, dass man im politischen Raum ruhig ehrlich und aufrichtig sein kann, denn das nimmt einem sowieso kaum einer so richtig ab. Immer wird einem eine bestimmte Agenda unterstellt und damit automatisch angenommen, dass man sich verstellt.

Volle Kontrolle

Ich habe beschrieben, wie die Bundeskanzlerin in riskanten Situationen die Ruhe bewahrte. Sie war aber auch in anderen Situationen so: frei von Emotionsausbrüchen, Stimmungsschwankungen oder anderen Arten der inneren Unkontrolliertheit, wie man sie so häufig an politischen Alphamännchen beobachten kann. Allerdings verrieten die Mimik und Gestik der Kanzlerin manchmal mehr darüber, was sie wirklich dachte und fühlte, als das, was sie sagte. Da war sie für Näherstehende gut lesbar. Etwas vorspielen beziehungsweise schauspielern kann sie nicht wirklich, und das klassische Pokerface habe ich bei ihr auch noch nie erlebt. Sie wollte das auch gar nicht, wollte sich nicht verstellen oder irgendeine einstudierte Miene aufsetzen. In dieser Hinsicht war sie so bodenständig und normal wie jede Durchschnittsbürgerin. Vielleicht machte auch das ihre Popularität aus: Sie war tatsächlich so, wie sie erschien. Es gab nicht auf der einen Seite die offizielle Angela Merkel und auf der anderen Seite die private Angela Merkel, die ganz anders auftrat. Was an ihr jedoch überdurchschnittlich war, war sicherlich, wie sehr sie sich im Griff hatte, wie konsequent sie sich selbst führen konnte und damit eben auch andere!

Das galt insbesondere für emotionsgeladene Kontroversen. Und die Politik ist voll davon, sozusagen das tägliche Brot einer Bundeskanzlerin. Ständig wurde übereinander und gegeneinander geredet, oft mit verletzendem Unterton. Für Angela Merkel waren Meinungsunterschiede nie das Ende des Bemühens, vielleicht doch noch tragfähige Lösungen zu finden. Das galt besonders für schwierige politische Partner, die – wie Putin, Erdoğan oder andere von ähnlichem Kaliber – tendenziell eher »männlich«, dominant und autokratisch politisch agierten. Sie hat sich gerade in diesen Fällen immer von dem Prinzip leiten lassen, lieber miteinander als übereinander zu reden. Dieses empathische Eingehen auf die Positionen des anderen und ihre bescheidene Zurückhaltung haben viel dazu beigetragen, Kontroversen zu entspannen und für beide Seiten zu tragfähigen Lösungen zu gelangen. Das hat ihr und unserem Land sehr viel Anerkennung und internationalen Einfluss eingebracht.

In sich – oder nirgendwo

Es heißt, wenn man Ruhe nicht in sich selbst findet, ist es zwecklos, sie woanders zu suchen. Probleme, die uns nachts nicht schlafen lassen; ungelöste Fragen, die uns den Appetit nehmen; Krisen, die den Puls in die Höhe treiben: Es ist was dran an der Ruhe, die in uns selbst liegen muss – und die wir auch angesichts äußerer Umstände so gut wie möglich bewahren müssen, um besagte Probleme, Fragen und Krisen zu lösen. Ein übernächtigter, kopf- und mutloser Wikingerchef, der sein »Team« in den Kampf führen soll und den ich zuvor schon einmal als beispielhafte Führungspersönlichkeit herangezogen habe, ist kein Führer mehr, sondern ein Risiko.

Nun habe ich keinem Wikingerchef gedient, sondern der Bundeskanzlerin. Doch auch die bewegten und sehr oft leidenschaftlich und emotional ausgetragenen »Kämpfe« in der und um die Berliner Regierungszentrale haben mir oft genug gezeigt, dass das Ruhen in sich selbst eine zentrale Eigenschaft erfolgreicher Führung ist. Man kann sogar sagen, je chaotischer die Situation und das Handlungsumfeld sich darstellen, umso geordneter, strukturierter und in sich ruhender muss eine Führungspersönlichkeit sein. Das gilt gleichermaßen für die militärische wie für die politische Führung. Eine wahre Chefin beziehungsweise ein wahrer Chef darf – auch innerlich – nie Amok laufen, sondern muss Ruhe ausstrahlen, Angriffe an sich abperlen lassen, klar im Kopf und voll des Mutes sein für vernünftige Entscheidungen, auch wenn diese heftig hinterfragt und attackiert werden. Das engere Team, im Idealfall sogar die gesamte Bevölkerung oder – in einem Unternehmen – die ganze Belegschaft muss diese Gelassenheit spüren und Vertrauen haben. Dann ist erfolgreiche Führung, nämlich New Female Leadership, möglich.

Interessanterweise sind meines Erachtens Frauen diejenigen, die die Ruhe im Angesicht des Sturms besser bewahren, als es Männern gelingt – vielleicht auch deshalb, weil Frauen nicht nur im Jetzt handeln, sondern vorausschauend denken. Was nicht heißt, dass Männer nicht planen können; sie können oft nur nicht abwarten, bevor sie handeln. Schnell, drauf und schlagkräftig muss es gehen, während die Frau noch Alternativen abwägt und andere Lösungswege sucht und sieht. Und doch werden ausgerechnet sie, die Frauen, mit Attributen wie »hysterisch« oder »kopfloses Huhn« versehen. Natürlich: Frauen engagieren sich meines Erachtens stärker emotional; das hat unsere Gesellschaft den Männern erfolgreich abtrainiert. Emotionen zu haben, zu verstehen und zuzulassen, bedeutet aber nicht, sich von ihnen abhängig zu machen. Im Gegenteil: Der ständige weibliche Umgang mit Emotionen verhindert vielleicht sogar, dass man von den eigenen starken Gefühlen eines Tages überrannt wird – und sorgt dafür, dass man stattdessen die Ruhe bewahrt.

Kühler Kopf, innere Ruhe, wohlschmeckende Früchte: Die Kraft des Festgehaltenwerdens

Sandra Cegla

Ich sitze auf einer weichen Matte, im Raum ist es still. Vor mir ein gelber Zettel mit der Aufschrift: »Ich werde in diesem neuen Leben ankommen.« Eigentlich möchte ich sprechen, aber plötzlich verschlägt es mir die Sprache. Ich bin eben noch nicht in diesem neuen Leben angekommen.

Vor mir haben Frauen gesprochen. Sie haben ihre Babys verloren. Die Trauer war so überwältigend, dass ich um Fassung ringe. Tränen steigen in mir auf. »Warum eigentlich?«, frage ich mich. Genau hier ist doch der Raum für all meine Gefühle, die manchmal im Alltag nicht sein dürfen.

Fünf Jahre zuvor habe ich meinen Bruder verloren. Er war erst 33 Jahre alt. Eineinhalb Jahre hat er gegen seinen Nierenkrebs gekämpft, und diesen Kampf hat er verloren. Es hat ihm nichts genützt, dass er tapfer war. Und all der Beistand, all die schlaflosen Nächte, die Stunden an seinem Krankenbett, auf der Palliativstation, in der Tristesse der Krankenhausflure. Es hat alles nichts genützt. Sein Herz hat aufgehört zu schlagen. Für immer. Seither ist in meinem Leben nichts mehr, wie es einmal war.

Während ich hier sitze und mir einen Raum mit still trauernden Menschen teile, wird mir klar, dass ich heute zum ersten Mal in einer Gruppe über meinen Verlust sprechen möchte. Und so, wie es aussieht, wird mir das nicht gelingen. Ich sehe zu Nadija hinüber. Sie hält heute hier den Raum, es ist ihre Trauergruppe, die sie ins Leben gerufen hat. Eine Trauergruppe für Sterneneltern. Also für Mütter und Väter, die ihre Kinder ab der frühen Schwangerschaft bis kurz nach der Geburt verloren haben. Mit ihrer fröhlichen und lebenslustigen Natur bringt Nadija Leichtigkeit in ein Thema, das mit Leichtigkeit eigentlich überhaupt nichts zu tun hat. Sie wirft mir einen aufmunternden Blick zu und nickt, so als wollte sie mir sagen: »Hier kannst du dich ruhig trauen.« Das gibt mir Kraft. Ich gebe mir einen Ruck.

Ich hole einmal tief Luft und beginne zu sprechen. Zunächst drücke ich aus, wie berührt ich von den Schicksalen der anderen bin und wie dankbar, an ihren Geschichten teilhaben zu dürfen.

Und das stimmt. Ich bin wahrhaft berührt. Diese verletzlichen Momente mit anderen, unbekannten Menschen zu teilen, ist wirklich keine Selbstverständlichkeit für mich. Und dann wage ich, auszusprechen, dass ich einen Menschen verloren habe, der in meinem Leben eine wichtige Rolle gespielt hat. Er hinterlässt in meinem Herzen eine Leere, die sich durch nichts wieder auffüllen lässt, und Einsamkeitsgefühle, die ich bis zu seinem Tod nicht kannte. 33 Jahre meines Lebens war ich die große Schwester eines kleinen Bruders. Das bin ich heute nicht mehr. Irgendwie fühlt sich das so an, als hätte ich einen Teil meiner Identität verloren. Nein, ich bin noch nicht in diesem neuen Leben angekommen. Heute, fünf Jahre später, genau hier und jetzt, mit diesen trauernden Menschen, eingebettet in ein liebevolles Umfeld, spüre ich das mit all seiner Wucht. Und gleichzeitig bin ich warm aufgefangen von der leisen Präsenz aller Anwesenden und von Nadija.

Als ich fertig bin, fühle ich mich erleichtert. Ich habe nicht alles sagen können, was mir auf dem Herzen lag, aber das war auch nicht nötig. Das Eis ist gebrochen und ein Anfang für eine neue Art der Trauerbewältigung ist gemacht. Ich blicke in die Runde und sehe mitfühlende Blicke und verständnisvolle Augen. Ohne dass sie auch nur ein Wort sagen, bin ich sicher, dass sie alle genau wissen, wie es mir geht. Auch ich muss nichts weiter erklären. Ich fühle mich gesehen. Und gleichzeitig spüre ich auch, dass sich unsere Verluste voneinander unterscheiden. Mein Bruder Richard war ein erwachsener Mann. Er hat Fußabdrücke auf dieser Welt hinterlassen, die jede:r sehen kann. Auf seiner Beerdigung versammelten sich Freund:innen, Arbeitskolleg:innen, Bandmitglieder, Angehörige – darunter einige Menschen, die ich gar nicht kannte. Er hat gelebt und einen eigenen Lebensraum gehabt. Ein Baby, das noch im Mutterleib stirbt, hat nie das Licht der Welt erblickt. Eine Frau, die das Gesicht ihres eigenen Kindes nie sehen konnte – fühlt sie sich trotzdem als Mutter? Wird sie von ihrer Umgebung in ihrer Trauer ernst genommen? Selbst dann, wenn ein Baby erst nach der Geburt stirbt, hinterlässt es noch wenig Greifbares im eigenen Umfeld.

Ich sehe mich um. Alle tragen an ihrem Handgelenk ein kleines schwarzes Armband mit einem silbernen Stern und einer farbigen Perle. Ein Sternenband. Dieses Band macht ihr Sternenkind sichtbar. Nun tragen sie es nicht mehr nur im Herzen, sondern auch in der sichtbaren Welt. Und Nadija hilft ihnen dabei, sich untereinander zu erkennen. Sie möchte, dass sich Sterneneltern mit ihrer Trauer nicht mehr allein fühlen. Und heute hier in der Elternschule Nauen gibt sie uns Raum für unseren vertrauensvollen Austausch.

Ich bin beeindruckt und tief bewegt von allem, was ich heute erlebt habe. Innerlich erschöpft und noch neugieriger geworden auf meine Freundin Nadija, die ich heute in dieser Facette ihrer Arbeit erlebt habe.

Wir brechen auf und laufen zu Fuß zurück zu ihrem Zuhause. Zwei Kinder und ein Ehemann erwarten uns. Geschäftiges Treiben, Kinderlachen, Spielzeug, ein trautes Heim in Erdtönen, mit vielen Kerzen und indirektem Licht.

Nadija ist eine warmherzige Frau mit lockiger Mähne, dunklen, strahlenden Augen und auffallend natürlicher Schönheit. Mutter zweier Kinder, Ehefrau und Initiatorin eines Projektes – Sternenband –, das Menschen zusammenführt. Sie spricht von ihrem »Herzensprojekt« und ich kaufe ihr jedes Wort ab. Sie möchte der Trauer und den Babys vieler Menschen ein Gesicht geben. Ihre Ausstrahlung ist lebensbejahend, positiv und aufgeschlossen. Sie sieht in vielem das Gute, selbst dort, wo es mir schwerfällt. Wir sind Freundinnen und ich genieße das Zusammensein mit ihrer lebendigen Familie.

Die beiden kleinen Kinder mischen mit all ihrer Lebensenergie den Alltag auf, wo sie nur können. Mit Lebensfreude,

Neugier, Mut, Trauer, Wut und all den ungefilterten Facetten des Menschseins, wie Kinder sie eben mitbringen. Markus, ihr Ehemann, ist ein aufmerksamer Mann, der seine Versorgerrolle ernst nimmt und erstaunlich offen über seine inneren Prozesse spricht. Die beiden sind ein gutes Team und haben tiefes Vertrauen zueinander. Das spüre ich in vielen kleinen Gesten des Alltags, die die beiden schon lange nicht mehr wahrnehmen. Während ich im Bad bin, höre ich sie oft zusammen lachen.

Besonders beeindruckt mich jedoch das Urvertrauen der Kinder. Als wir zur Premiere eines Kinofilms fahren, bei dem Markus als Supervisor die visuellen Effekte verantwortet hat, läuft der kleine dreijährige Tom zwischen uns. Er hat Markus und mich jeweils an die Hand genommen – und ohne sich auch nur umzuschauen, ist er auch schon die Stufen der Treppe hinuntergesprungen. Selbstverständlich halten wir ihn fest und er fliegt mit angezogenen Beinen und einem Kinderpropeller-Laut auf den Lippen mit uns weiter die Treppe hinunter. Was für ein Spaß für den Kleinen, der bisher offensichtlich nur Erwachsene kennengelernt hat, die ihn festhalten. Als Kriminalbeamtin habe ich leider auch andere Kinder erlebt.

All diese wunderschönen Früchte menschlichen Miteinanders haben ihren Ursprung in einer intakten Familie, dem Zusammenspiel zwischen Nadija und Markus, aber auch in einer ganz besonderen Fähigkeit von Nadija: ihrer inneren Ruhe. Denn ihr Alltag ist längst nicht so einfach, wie es ihr fröhliches Wesen und ihre Ruhe vermuten lassen. Mit den zwei kleinen Kindern herrscht manchmal mehr Chaos als Struktur; Konflikte und ungezügelte Emotionen der beiden sind an der Tagesordnung, und eine Existenzgründung mit all ihren Herausforderungen und To-dos ist eine Challenge für sich, die selbst ohne Kinder ihre Tücken hat. Allein in den letzten Monaten hat Nadija 10 000 Sternenbänder verschickt, und während ich bei ihr bin, arbeitet sie über 400 Bestellungen ab – und täglich kommen neue dazu.

Damit nicht genug. Bei all dem sieht sie auch noch umwerfend aus; sie hat sich mit ihrer inneren und äußeren Schönheit für die diesjährige Miss-Germany-Wahl beworben. Als ich bei ihr zu Besuch bin, hat sie es aus 15 000 Bewerberinnen bereits unter die Top 40 geschafft. Wow, was für ein Erfolg! Das Besondere an diesem Wettbewerb: Nicht allein die äußere Schönheit, sondern auch das eigene Herzensprojekt, das eine wirkliche Mission beinhaltet, die vielen Menschen eine echte Hilfe ist, geht in die Bewertung ein.

Und während sie E-Mails, Mittagessen für die Kinder, Sternenbänder, Trauergruppen und Voicemails jongliert, klopft der kleine Tom voller Freude in einer Lautstärke auf seinen Teller, dass selbst das geduldigste Gemüt einen Nervenzusammenbruch erleiden würde – nicht aber Nadija. Sie nimmt ihm geduldig den Löffel aus der Hand und überhört seinen Protest. Stattdessen geht sie zur Tochter hinüber und erklärt ihr englische Vokabeln.

Ich kann kaum glauben, mit welch einer inneren Ruhe sie ihre täglichen Aufgaben bewältigt, die gleichzeitig so viele Menschen inspiriert, ihnen Halt, Stärke sowie Kraft schenkt, und bin allein vom Zusehen von der Fülle an Aufgaben erschöpft. Doch das Ganze funktioniert und alles, was Nadija anfasst, wächst und trägt über kurz oder lang Früchte. Wunderschöne, wohlschmeckende Früchte.

Die innere Ruhe, die Nadija ausstrahlt, ist wirklich besonders und zeichnet nicht nur sie, sondern viele Frauen aus, die ich bisher treffen durfte. Weisheiten wie »In der Ruhe liegt die Kraft« oder »Wer es eilig hat, muss langsam gehen« wirken abgedroschen, tragen dennoch eine tiefe Wahrheit in sich. Denn besonders dann, wenn das Leben unübersichtlich wird, ist es über alle Maßen wichtig, in der Ruhe zu bleiben und die Dinge strukturiert anzugehen. Genauso wie Frauen in der eigenen Familie wichtige Schlüsselrollen innehaben, die sie über Jahrhunderte mit Bravour gemeistert haben, ist es längst an der Zeit, dass sie nun mit all diesen Managementfähigkeiten, die sie mitbringen, auch die Führungsriegen des öffentlichen Lebens erobern. Denn so wie Nadija haben wir Frauen viel zu geben, was die Welt wirklich schöner macht.

Für gute Führung ist es eine der wichtigsten Voraussetzungen, besonders in Stresssituationen einen kühlen Kopf zu bewahren, um sinnvolle Entscheidungen zu treffen. Und das gilt nicht nur für den Sicherheitsbereich, aus dem ich komme, sondern für alle Bereiche des Führens. Es geht in dieser wichtigen und verantwortungsvollen Funktion zum einen darum, den Stress aus dem Team herauszunehmen und in gute Lösungen umzusetzen, zum anderen darum, immer wieder in turbulenten Zeiten zu sich selbst und dem eigenen Stil zurückzufinden. Eine gesunde Innenschau, Seelenhygiene, der Austausch mit anderen und das Wachstum der eigenen Persönlichkeit haben im Wesentlichen ihren Ursprung in der Fähigkeit, Ruhe zu bewahren – in der Ruhe zu bleiben oder immer wieder in sie zurückzufinden. Diese Fähigkeit habe ich überwiegend bei Frauen beobachtet, während ich an Männern eher die Tendenz festgestellt habe, schneller in den Kampfmodus überzugehen und so besonders in Führungspositionen weniger günstige Entscheidungen zu treffen und suboptimal zu kommunizieren. Ruhe ist also auch ein wichtiger Faktor von New Female Leadership, der eine Führungskraft dazu befähigt, besonnene Entscheidungen zu treffen und als eine verlässliche Konstante alle wichtigen Interessen zu verfolgen. Vertrauen und Zuverlässigkeit sind die Eigenschaften, die zwangsläufig daraus folgen. Und gerade Frauen bringen diese Eigenschaften in besonderem Maß mit.

Als ich Nadijas Trauergruppe verlasse, spüre ich Frieden im Herzen. Zugehörigkeit und Ruhe. Ich sehe nach unten. An meinem Handgelenk ist ein kleines schwarzes Band mit einem silbernen Stern und einer blauen Perle. Ein Sternenband für meinen Bruder. Bei mir ist zwar alles anders – aber ich gehöre trotzdem dazu.

Neu

1983 sang Ina Deter »Neue Männer braucht das Land«. Wenn Sie den Text nicht präsent haben, googeln Sie ihn bitte und entscheiden Sie dann selbst, ob etwas an der Kritik an diesem Lied dran ist. Manchen Menschen (Männern?) machte der Song als vermeintlich militant-gesellschaftskritische Botschaft nämlich so viel Angst, dass Rundfunksender ihn boykottierten, auf den Index setzten oder sogar Strafanzeige erstatteten – die Songzeile »Ich sprüh's auf jede Häuserwand« sei Anstiftung zum Vandalismus.

Inzwischen sind wir als Land und Gesellschaft weiter. Nicht, was die neuen Männer angeht. Aber zumindest, was die Aufregung angeht; da sind wir bei einem ganz anderen Kaliber angekommen. Wir sind daher zuversichtlich, dass unser Buch nicht auf dem Index landen wird, zumal wir nicht bloß neue Männer fordern. Wir wollen neue Frauen. Wir wollen neue Männer. Wir wollen ein neues Wir!

Ina Deter hatte schon recht, als sie ihre Botschaft auf »jede Häuserwand« sprühen, »in Birkenrinde kratzen«, »auf Altäre schreiben«, »auf jede U-Bahn malen«, »in die BILD-Zeitung setzen« und im »Werbefernsehen laufen« lassen wollte. Auch wir wünschen uns, dass unsere Botschaft – die eigentlich unser aller Botschaft sein sollte – gehört und als Impuls angenommen wird.

Unsere Gesellschaft muss sich dafür noch nicht einmal neu erfinden. So anmaßend sind wir nicht. Sie muss nur das Weibliche zulassen, stärken und Vertrauen hineinsetzen – auch vonseiten der Männer, denn natürlich stecken auch in ihnen zentrale weibliche Eigenschaften und Fähigkeiten.

Raus aus den Stereotypen, rein ins Vergnügen

Erich Vad

Bei New Female Leadership geht es im Kern darum, von der Genderkonkurrenz zur Gender-Synthese zu kommen, also die unterschiedlichen Kompetenzfelder von Männern und Frauen für erfolgreiche Führung nutzbar zu machen, sie zu kombinieren und zu integrieren. Sozusagen ein All-Star-Team aus den jeweils besten männlichen wie weiblichen Stärken zusammenzustellen. Das lässt sich natürlich nicht wie eine Teamauswahl einfach per Namensliste erzielen und auch nicht unter Laborbedingungen als Wundermittel im Reagenzglas anmischen. Eine gesamtgesellschaftliche Gehirnwäsche mit besonderem Fokus auf die patriarchalen Strukturen ist auch keine (echte) Option. Nein, es muss sich entwickeln. Das neue Denken und Führen muss sich ausbreiten, in die kleinsten Winkel der Chefetagen kriechen und dort – ich möchte fast sagen: heimlich, still und leise – die Macht übernehmen. Natürlich hat das Thema eigentlich ein lautes »Wir machen das jetzt einfach« verdient, schließlich bedarf es einer Revolution im Denken. Doch dieses neue Denken lässt sich derzeit nicht so einfach in den Köpfen derer, die (noch) die gesellschaftliche Macht haben, verankern. Stattdessen also Learning by Doing. Verwirklichung durch Tatsachenschaffung.

Dazu bedarf es einer ausgewogenen Mischung von Männern und Frauen in Führungsetagen. Sind Frauen erst einmal dort angekommen, wo sie genauso selbstverständlich wie Männer hingehören, können sie die nächste Generation von Frauen fördern und so Selbstverständlichkeit schaffen; sie können den Erfolg dieses neuen Denkens unter Beweis stellen, sie können inspirieren, lehren und lernen. Im Idealfall lernen dabei nicht Männer von Frauen, Frauen von Männern, Männer von Männern (das hatten wir eh schon) oder Frauen von Frauen. Sondern es lernen kompetente Führungspersönlichkeiten von anderen kompetenten Führungspersönlichkeiten.

Dazu gehören gegenseitige Wertschätzung und Respekt sowie ein wertebewusster Dialog zwischen beiden Geschlechtern. Wir brauchen zudem mehr Sensibilität für die vielen Formen zum Teil unbewusster, alltäglicher Abwertung des anderen Geschlechts. Unterschiedliche Kompetenzen, Perzeptionen, Perspektiven und Herangehensweisen sollten im Dialog der Geschlechter offener thematisiert, diskutiert und vor allen Dingen akzeptiert werden. Es geht darum, das Beste beider Welten, der männlichen und der weiblichen, zusammenzuführen und in der Führungswirklichkeit zu realisieren. Dazwischen sollten wir uns immer wieder die Frage stellen: Müssen es überhaupt *zwei* Welten sein? Gibt es nicht die *eine*, die *gemeinsame*, die *bessere* Welt?

Die eine Welt

Es geht darum, nicht länger in Gegensatzpaaren von »männlich« und »weiblich« zu denken, sondern in der Synthese. Führung, die beide Welten integriert, ist besser. Zu hohe Erwartungen an die Männer und die mögliche Bevorzugung von Frauen sind dabei kontraproduktiv. Stichwort Frauenquote oder – in der abgemilderten Form – eben die Bevorzugung von Frauen:

Hierzu ließen sich viele Pro- und Kontraargumente aufführen, natürlich auch das, dass in den vergangenen Jahrzehnten Männer andere Männer bevorzugt haben und Frauen oft keine Chance gegeben wird, wenn Männer entscheiden – auch deshalb, weil sich Männer der spezifischen weiblichen Stärken nicht bewusst waren beziehungsweise weiterhin nicht bewusst sind. In der Realität kann die Quote aber auch zu einem Zerrbild führen, weil sie junge Männer eventuell davon abhält, in Unternehmen zu gehen, und dazu bewegt, stattdessen die Selbstständigkeit zu suchen. Ich finde die Frauenquote und Co. schon länger »schwierig«. Es ist meines Erachtens der falsche Weg und problematisch für die gesunde Entwicklung von New Female Leadership. Denn schafft man dadurch nicht mehr Konkurrenz, mehr Ablehnung des jeweils anderen Geschlechts, mehr Gegeneinander – obwohl wir doch ein Miteinander erreichen wollen? Natürlich ist mir das Gegenargument bewusst: Wie sonst sollen Frauen jemals in die Chefetagen kommen, damit dort Veränderung von ihnen ausgehen kann? Und ja, diese Frage hat ihre Berechtigung. Doch wann hat Zwang Sinn? Zugegeben, in Deutschland wurden wir zu unserem Glück gezwungen, als gegen den Willen vieler Autofahrer:innen die Anschnallpflicht eingeführt wurde. Oder die Todesstrafe abgeschafft wurde – um zwei völlig willkürliche, themenfremde Beispiele zu nennen. Ich denke, die meisten von uns sehen diese beiden Beispiele heute als Errungenschaften, zumindest als positive Entwicklungen, sogar als Selbstverständlichkeit an, auch wenn die Entscheidung damals über unsere Köpfe hinweg getroffen wurde. Und ja, wir können die Chefetagen durch Vorgaben und Regeln mit Frauen besetzen; aber erreichen wir dadurch ein echtes Umdenken aufseiten der – heute jungen – Männer? Klappt es auch hier mit der Verwirklichung durch Tatsachenschaffung? Ich weiß es nicht und wage auch keine Prognose abzugeben. Was ich jedoch weiß: Wir müssen die Trommel rühren, dürfen den Mund nicht halten – Männer und Frauen müssen *beide* mit ihren Stärken und Schwächen gesehen werden.

Und dann wäre da noch das »Praktische«. Zum Beispiel kommt es gerade mit Blick auf die Vereinbarkeit von Familie und Beruf darauf an, sich von alten, überkommenen Gewohnheiten zu verabschieden. Die Dauer, die jemand im Büro verbringt, darf nicht mehr Gradmesser der Effektivität oder Effizienz einer Führungskraft (oder überhaupt einer oder eines Mitarbeitenden) sein. Ich möchte fast sagen: Basta!

Eine Frau hat ein ganzes Land geführt!

Angela Merkel hat als Kanzlerin keine explizite Frauenpolitik betrieben. Aber sie ist durch die Tatsache, dass sie die erste weibliche deutsche Regierungschefin war und dieses Amt mehr als sechzehn Jahre lang innehatte, für viele Frauen in Deutschland und in der Welt zum Vorbild geworden. Sie hat es vorgelebt und bewiesen: Frauen können Kanzler. Frauen können Machtpolitik. Frauen können Führung. Für Angela Merkel war das aufgrund ihrer Biografie im Grunde selbstverständlich: Die promovierte Physikerin musste sich bereits früh als Frau in der Männerdomäne Wissenschaft durchsetzen.

Ihre späteren, eher anders geprägten politischen Konkurrenten waren beinahe ausschließlich Männer, die es in beruflicher Hinsicht kaum gelernt hatten, Frauen als ebenbürtig anzusehen, auch nicht (oder eher: erst recht nicht) im Wettbewerb um die Macht. Viele waren noch in einem eher klassischen Frauenbild verhaftet. Sie haben nie aufgehört, Angela Merkel zu unterschätzen, waren und sind immer noch von ihrer eigenen, männlichen Überlegenheit überzeugt. Einige von ihnen können es wahrscheinlich immer noch nicht verstehen, wie es »passieren« konnte, dass Angela Merkel stärker war als sie und sich durchsetzte. Angela Merkel hat allen Frauen auf dieser Welt gezeigt, dass sie viel erreichen können – nicht *obwohl*, sondern gerade *weil* sie Frauen sind und Eigenschaften mitbringen, die vielen Männern zu mangeln scheinen.

Angela Merkel zeigte oft Defizite auf, wenn es um Frauenrechte ging, die in vielen Ländern häufig unterentwickelt oder faktisch nicht vorhanden waren und sind. Aber sie ist in meinen Augen keine klassische Feministin. Es ging ihr dabei eher um Gerechtigkeit und Fairness in der Genderthematik – das war für sie selbstverständlich. Bei politischen Gesprächen in Krisengebieten fragte sie immer nach der Lage der Frauen und Mädchen im Land, nach der Repräsentanz von Frauen in politischen Ämtern. Und sie vergaß nie, Jahre später bei ihren Gesprächspartnern nachzufragen, inwieweit sich an der Repräsentanz von Frauen in Führungspositionen etwas verändert hatte. Nicht wenige Regierungschefs wussten das, waren proaktiv und hatten für Angela Merkels Besuch die Anzahl von Frauen in Führungspositionen parat. Diese Regierungschefs begannen politische Gespräche mit Angela Merkel dann auch oft mit diesen Themen, die der Kanzlerin am Herzen lagen. Auch in eher autoritär regierten Ländern erkundigte sich die Kanzlerin beharrlich nach Anti-Korruptionsmaßnahmen, nach der Zivilgesellschaft, nach der Situation der Mädchen und Frauen und der Lage der religiösen Minderheiten. Sie bestand darauf, dass diese Themen auf der politischen Agenda ihrer Gespräche standen, ob die Staats- und Regierungschefs, die sie besuchte, das mochten oder nicht.

Germany's Role Model

Als ich anfing, als Berater für Angela Merkel zu arbeiten, empfand ich das eher als störend, weil es auf den ersten Blick nichts mit dem Thema Sicherheit zu tun zu haben schien. Ich habe an Merkels Seite dazugelernt – nicht nur in dieser Frage – und ich sehe heute, dass diese eher »weichen« Themen gar nicht so weich sind, wie sie auf den ersten Blick erscheinen.

In einem krisengeschüttelten Land haben wir mit dem Präsidenten einmal eine Schule besucht, die mit deutscher Unterstützung wiederaufgebaut worden war. Wir wurden mit dem deutschen Lied »Kommt ein Vogel geflogen« empfangen, was ziemlich unter die Haut ging. Bei der Diskussion mit den Schülerinnen sagte Angela Merkel später, dass sie es gut fände, wenn irgendwann ein Frau Präsidentin des Landes werden würde. Wir wissen heute, dass das wohl noch lange dauern wird.

Man muss auch sehen, dass Angela Merkel der Machtfrage gegenüber der Frauenfrage stets den Vorrang eingeräumt hat. Ich kenne keine Frau, die sie als Regierungschefin wirklich ernsthaft als politische Nachfolgerin aufgebaut und protegiert hätte. Aber ein solch dynastisches Denken widerspricht im Grunde auch ihrem Demokratieverständnis. Der systematische Aufbau eines potenziellen Nachfolgers funktioniert in Unternehmen oder in der Ministerialbürokratie, aber nicht in der Politik. Der Anteil an Frauen ist auch in der Regierungszeit Merkels nicht signifikant gestiegen. Da ist weiterhin viel Luft nach oben. Angela Merkel ließ bekanntlich auch keine Frau neben sich hochkommen, genauso wenig wie Männer. Machterhalt hatte bei ihr stets Vorrang. In Machtfragen unterschied sich die Kanzlerin insofern sicherlich nicht von anderen ambitionierten Männern und Frauen. Dennoch ist Angela Merkel zu einem Rollenmodell für ambitionierte Frauen geworden. Daran kann man(n) rückwirkend nicht mehr rütteln, zum Glück!

Daneben ist Angela Merkel für mich auch ein Rollenmodell für *Männer* in Führungspositionen geworden. Es ist, wie gesagt, längst überfällig, nicht länger in Gegensatzpaaren von »weiblich« und »männlich« zu denken, sondern eine Symbiose zu finden, quasi eine Synthese und Balance aus weiblichen und männlichen Eigenschaften. Ein Teamwork des Weiblichen und Männlichen.

Neue Männer, neue Frauen

»Neue« Männer können (und dürfen) versuchen, mehr zu sein als nur und ausschließlich »starke Jungs«. Ich bügele beispielsweise meine Hemden selbst, weil ich es eh besser kann als meine Frau. Sie hasst Bügeln zudem und schafft es einfach nicht, meine Hemden auf militärisches A4-Format zu bringen. Für diese Aussage wird mich der eine oder die andere wahrscheinlich an den Pranger stellen wollen, schließlich steht die Frage, wer in einer Beziehung oder in einem Haushalt das Bügeln übernimmt, erstens nicht ganz oben auf der Liste, wenn es um Gendergerechtigkeit geht. Da gibt es beileibe gravierendere Ungleichheiten. Zweitens klingt es herablassend, wenn ich großzügig erkläre, ich bügele selbst, weil ich es (typisch Mann) eh besser kann als (m)eine Frau. Aber so ist es nicht gemeint. In der Generation, in der ich aufgewachsen bin, war es eine Selbstverständlichkeit, dass die Frau den Haushalt schmiss. Dass sie auch bügelte, gehörte natürlich dazu. Das machte man(n) einfach nicht. Sich großer, zentraler Ungerechtigkeiten anzunehmen und sein diesbezügliches Denken zu hinterfragen, ist manchmal einfacher, als die vielen kleinen Alltagshandlungen wahrzunehmen, die wir gelernt haben automatisch der Frau oder dem Mann zuzuschreiben. Auch in Beziehungen, in denen sich eigentlich beide Partner im Haushalt relativ gleichberechtigt engagieren und sich der Genderproblematik bewusst sind, ist es trotzdem oft die Frau, die beispielsweise die Anziehsachen der Kinder kauft, die Geburtstagsplanung übernimmt oder weiß, wann der nächste Arzttermin fällig ist. Der Mann bringt währenddessen das Auto in die Werkstatt, übernimmt das Koffer-in-den-Kofferraum-kriegen-Tetris, wenn es in den Urlaub geht, oder hat beim

Grillabend das Grillgut unter Kontrolle. Ich sage nicht, dass das richtig ist. Ich sage nur, dass es ein Teil unseres automatisierten, irgendwie und irgendwann verinnerlichten Verhaltens ist – ein Verhalten, das viele von uns sicher nicht (mehr) richtig finden, wenn wir darüber nachdenken. Und trotzdem haben wir uns lange so verhalten und tun es zum Teil immer noch. Kleiner Test: Obwohl wir als Einzelpersonen (sicherlich noch nicht als Gesellschaft) darüber hinaus sind (oder zumindest dabei sind, darüber hinauszukommen), die Einteilung in vermeintliche Jungen- und Mädchenfarben fraglos zu akzeptieren, heißt das noch lange nicht, dass wir auch nach dieser Erkenntnis handeln. Wie viele von uns sind theoretisch für Farbgerechtigkeit – oder besser: für die Genderunabhängigkeit von Farben – und kaufen trotzdem keine Babyausstattung in Rosa, wenn es ein Junge wird? Da kann Rosa durchaus unsere Lieblingsfarbe sein; aber unseren Sohn stecken wir vielleicht doch lieber nicht hinein. Diese Entscheidung dürfte wenig damit zu tun haben, dass *wir* unseren Sohn nicht in Rosa sehen möchten. Umso mehr hat sie damit zu tun, wie *andere* unseren Sohn in Rosa womöglich wahrnehmen könnten.

Keine neuen Rollenbilder und was sie mit dem Bügeln zu tun haben

Ich verteidige mich also für meine Bügelaussage, weil es für mich persönlich, mit meiner gesellschaftlichen Prägung, durchaus ein Gedankensprung war, das Bügeln als potenzielle »Männeraufgabe« zu erkennen. Es auch in die Tat umzusetzen, fiel mir hingegen leicht – ich hatte nie das Gefühl, eine Frauenaufgabe zu übernehmen, die an meiner Männlichkeit kratzt. Und ich korrigiere mich beziehungsweise ich spezifiziere: Ich habe nicht großkotzig das Bügeln übernommen, weil ich es besser kann als meine Frau – nach dem Motto »Lass mal den Könner ran«. Sondern weil es sinnvoll ist, dass jede:r die Aufgaben übernimmt, die ihr oder ihm Spaß machen. Soweit man hier von Spaß reden kann. Die ihr oder ihm aber zumindest liegen. Dem einen geht das Putzen leicht von der Hand, der anderen das Kochen. Und dem Erich Vad das Bügeln.

Für mich ist Bügeln tatsächlich eine Art Meditation; die für mich einzige Art der Meditation mit wenig Bewegung. Still sitzen und meditieren geht bei mir nicht. Wenn es beim Karate heiß hergeht, meditiere ich in der Bewegung und Aktion. Kämpfen ist für mich immer auch eine Form der Meditation, auch wenn indische Yogis das verneinen würden. Und gerade das klassische Okinawa-Karate vereinigt die weichen und harten Techniken. Härte gegen Härte führt auch hier nicht weiter, genauso wenig wie in der Führung. Oft ist das weiche Ausweichen in Kombination mit dem harten Konter zielführender, um den Gegner zu besiegen. Und das alles geht nicht ohne innere Ruhe, inneren Fokus und innere Balance. Die Kraft kommt aus der Ruhe.

Zurück zum Bügeln: Mein Bügeln verändert sicher nicht die Welt und trägt auch nur minimal zur Gendergerechtigkeit bei. Dafür bräuchte es mehr selbstverständliches männliches Bügeln in allen gesellschaftlichen Schichten und Konstellationen – wobei »Bügeln« hier stellvertretend für das Aufbrechen anderer, tiefer gehender und weitreichenderer Denkmuster geht. Wir sind aufgebrochen, aber es liegt noch ein langer Weg vor uns – nicht zu *einem* neuen Rollenverständnis, sondern zu *keinem* Rollenverständnis. Doch bis wir uns wirklich von einem Rollendenken jeder Art befreien können, wird ganz sicher noch viel Zeit vergehen – wenn wir dieses Ziel überhaupt erreichen. Ein erster Schritt ist meines Erachtens gemacht. Das zeigt sich an den vielen »neuen« Männern und Frauen. Neu meint hier nicht zwingend jung, sondern vielmehr bereit, vermeintlich (Vor-)Gegebenes zu hinterfragen. Neue Männer erziehen, übernehmen die Hälfte der Haus- und Carearbeit, tragen einen

Teil der Mental Load – und all das nicht, weil (ihre) Frauen es fordern, sondern weil es eine Selbstverständlichkeit ist. Neue Frauen machen das Gleiche – nur eben nicht wie bisher zu 100 Prozent, sondern (mit Glück) zu 50 Prozent. Abgesehen von der dann plötzlich vorhandenen Zeit, Karriere zu machen, werden endlich auch ihr Können und ihr Potenzial erkannt.

In Wirklichkeit sind wir von einer solchen selbstverständlichen, »neuen« Wirklichkeit noch weit entfernt; aber es gibt sie, die neuen Männer und Frauen. Und das macht Hoffnung. Wichtig ist für neue Männer (gern natürlich für alle Männer, aber ich bin und bleibe trotz allem Realist), dass sie Frauen nicht nur in der Theorie, sondern auch in der gelebten Praxis als gleichwertig ansehen und sich auch so verhalten. Das klingt banal, aber jede:r, die oder der sich mit diesem Thema beschäftigt hat, weiß, dass diese im Grunde simple und selbstverständliche Grundvoraussetzung eine enorme gesellschaftliche Errungenschaft für uns sein wird – echte, allgemein akzeptierte und gelebte (Geschlechter-) Gleichheit. Wem weder das rein menschliche Argument genügt, noch ein (volks-)wirtschaftliches (dass wir uns durch die Benachteiligung von Frauen und die Nichtnutzung von weiblichem Potenzial als Gesellschaft selbst ins Knie schießen, dürfte bekannt sein), der lässt sich wahrscheinlich auch nicht von Folgendem überzeugen, aber ich versuche es trotzdem – schließlich wird das Digitale von vielen als Maß aller Dinge akzeptiert: Auch mit Blick auf die Digitalisierung und soziale Fragmentierung unserer Gesellschaften ist autoritäre, testosterongesteuerte Führung heute nicht mehr angebracht. Der pure männliche Approach funktioniert hier nicht mehr. Die Gesellschaft verändert sich fundamental. Also braucht sie auch neue Eigenschaften in der Führung und einen ganz anders gearteten, neuen Anspruch an Führungspersönlichkeiten.

Für alle, die eben über das »(volks-)wirtschaftliche Argument« gestolpert sind: Mir ist bewusst, dass auch das ein Punkt ist, an dem die Meinungen auseinandergehen. Immerhin ist Deutschland (noch) eine der reichsten Volkswirtschaften mit nahezu dem höchsten Lebensstandard der Welt, und das, obwohl gerade in Deutschland sehr lange die klassische Familie das vorherrschende Modell war – mit dem Mann als Alleinverdiener, während die Frau größtenteils zu Hause bei den Kindern blieb. In anderen Ländern ist die Erwerbsquote unter den Frauen schon lange höher, da die Kinderbetreuung anders (besser?) ist und somit die Vereinbarkeit von Familie und Beruf eher gegeben ist; dennoch stehen diese Länder volkswirtschaftlich nicht unbedingt besser da. Was die (Volks-)Wirtschaft angeht, brauchen wir also keine Chancengleichheit und Gendergerechtigkeit, scheinen diese Fakten zu sagen. Zudem lässt sich das (volks-)wirtschaftliche Argument so lesen, als wären Care- und Familienarbeit nichts wert, weil sie »volkswirtschaftlich« nichts bringen. Gerade über Letzteres ließe sich viel sagen, aber es würde wie so viele spannende weiterführende Themen, auf die wir in diesem Buch gestoßen sind, an dieser Stelle den Rahmen sprengen. Worauf wir uns aber – die Gültigkeit eines (volks-)wirtschaftlichen Arguments hin oder her – sicher einigen können: Als Gesellschaft tun wir uns keinen Gefallen damit, das enorme weibliche Potenzial in vielerlei Hinsicht zu verschenken. Deshalb sollten wir genau das ändern!

Lesen Sie die folgenden Abschnitte nur, wenn Sie nicht meiner Meinung sind

Ich hätte nicht erwartet, dass der Krieg, den Russland gegen die Ukraine begonnen hat und – zur Zeit der Entstehung dieses Buches – immer noch führt, mir neue Einsichten zum Thema New Female Leadership eröffnen würde. Und doch tut er genau das – er macht mich schlauer, was alte Rollenbilder, neue Männer und neue Frauen angeht. Ich lerne aus ihm, und zwar anhand der unterschiedlichen Meinungen darüber, wie wir in Deutschland mit dem Angriff durch Russland umgehen können, wollen und sollen, sowie aus vielen Talkrunden im TV, an denen ich teilnehme.

Meine schnellste Skiabfahrt und ihre Folgen

Am 24. Februar 2022 überfällt Russland die Ukraine. Ich bin an diesem Tag beim Skifahren in Österreich. Mittags ruft mich Maybrit Illner an und fragt, ob ich am Abend in ihrer Talkrunde in Berlin sein kann. Ich sage zu und bewältige die 1 500 Höhenmeter lange Abfahrt so schnell wie nie zuvor, um rechtzeitig den Flieger zu bekommen. Mein Leben ändert sich. In den folgenden Tagen, Wochen und Monaten vergeht kein einziger Tag, an dem ich nicht zu Statements aufgefordert werde. Ich plädiere – abstrakt gesprochen – für Stärkezeigen, für dosierte Waffenlieferungen, für Unterstützung des angegriffenen Landes, aber auch für Mäßigung, für politische Vernunft, für gegenseitigen Respekt, für Waffenstillstandsverhandlungen, für Realpolitik und gegen Kriegsrhetorik. Ich vermeide eine eskalatorische Sprache, einseitige Parteinahme, Verurteilung, Hass und Propaganda auf allen Seiten des Konfliktes. Oft sitze ich in Talkrunden als Vertreter einer Minderheitenmeinung. Ich erfahre Beleidigungen und persönliche Unterstellungen unter anderem als »Angsthase«, »Feigling«, »Schwächling« und vieles mehr. Der (damalige) Botschafter des angegriffenen Landes macht da einfach ohne jeden Widerspruch mit. Er merkt in seinem männlichen Approach gar nicht, dass er seinem Land und sich selbst dabei mehr schadet als mir. Man versucht mich in rechte und linke Ecken zu stellen. Shitstorm-Mails jeden Tag. Aber es gibt auch immer schöne Momente, wenn Menschen mich auf der Straße ansprechen und mir Mut machen, den Kurs zu halten. Nach einem anstrengenden, kontroversen Tag in Berlin – wieder mit vielen elektronischen und analogen Beleidigungen – lädt mich eine Flugbegleiterin der Lufthansa zu Kaffee und Kuchen ein, obwohl ich in der Economyklasse sitze. Und ein Polizist am Flughafen begrüßt mich mit den Worten: »Herr General, wir Polizisten sehen es genauso wie Sie.« Das tut gut. Trotzdem frage ich mich hin und wieder, warum ich mir diesen Stress for free überhaupt antue. Doch wenn ich an die vielen Menschen denke, auf die ich im Alltag treffe und die meine Statements zu befürworten scheinen und eher gut als schlecht finden, dann beschleicht mich das Gefühl, dass die veröffentlichte Minderheitsmeinung eher die Mehrheitsmeinung in Deutschland ist, ganz im Sinne von Noelle-Neumanns »Schweigespirale«.

Aber mein öffentliches Engagement hat eben seine Schattenseiten, wenn Reaktionen – gerne anonym im Internet – unter die Gürtellinie gehen und regelrechte Bedrohungen ausgesprochen werden. Dann muss ich an die Zeit mit Angela Merkel zurückdenken, die mich zum Glück beeinflusst und verändert hat. An ihr Prinzip, Beleidigungen einfach »stehen zu lassen«, weil diese für sich und gegen den Beleidigenden sprechen; weil sie zeigen, wes Geistes Kind der Aggressor ist. Ich denke an ihre Führungsprinzipien damals im Kanzleramt zurück, gerade bei persönlichen Angriffen, Beleidigungen und Unterstellungen sachlich zu bleiben. Das musste ich erst lernen. Angela Merkel war und ist da ein gutes Vorbild, obwohl das Ganze bei mir wohl eher unbewusst abläuft.

Streitende Männer

Aber auch inhaltlich hat Angela Merkel ihre Spuren bei mir hinterlassen. Bei ihrer Festansprache zum elfhundertjährigen Stadtjubiläum in Goslar am 30.09.2022 bezeichnete sie den Überfall Russlands auf ein Nachbarland als tiefgreifende Zäsur, als die größte Verletzung der völkerrechtlichen Prinzipien in

Europa seit dem Zweiten Weltkrieg.[11] Aber sie blickt auch weit nach vorn in die Zukunft, beinahe visionär, mit ihrer Aussage, dass es irgendwann wieder nötig sein werde, Russland in die europäische Sicherheitsarchitektur zurückzuholen.

Zum Dialog fähig zu bleiben, auch gegenüber einem Widersacher oder gar einem Feind, ist eine Grundbedingung dafür, Krieg, Kampf und Streit zu überwinden. Das ist nicht Schwäche. Dazu gehört mehr Stärke als bloß Stärke zu demonstrieren und die Muskeln spielen zu lassen, ohne dass man damit die konfrontative Situation verändert, beeinflusst und inhaltlich weiterkommt. Entsprechend hat Angela Merkel gefordert – so etwa in ihrer Rede bei der Eröffnungsveranstaltung der Bundeskanzler-Helmut-Kohl-Stiftung –, »Worte ernst zu nehmen, sie nicht von vornherein damit abzutun, sie seien nur ein Bluff, sondern sich ernsthaft mit ihnen auseinanderzusetzen.«[12]

Sich ernsthaft mit Kontrahenten auseinanderzusetzen kann deshalb auch bedeuten, deren Sicherheitsbedürfnisse mindestens zu kennen und zu versuchen, diese idealerweise in Lösungswege zu integrieren, die aus dem Konflikt hinausführen können. Ihre Worte kommen mir beinahe selbstverständlich vor. Aber sie treffen den Kern der sehr männlich geprägten Debatte um den Krieg in der Ukraine, die sich scheinbar alleinig auf die Frage nach Waffenlieferungen konzentriert – inzwischen noch viel mehr als zuvor.

Es geht den streitenden »Männern« überwiegend nicht um Lösungswege, sondern darum, recht zu behalten und sich durchzusetzen – koste es, was es wolle. »Mann« setzt ausschließlich

---

[11] Die Rede im Überblick: https://www.buero-bundeskanzlerin-ad.de/reden/rede-anlaesslich-der-festveranstaltung-zum-1-100-jaehrigen-stadtjubila/ Stand: 30. März 2023

[12] Die Rede im Überblick: https://www.buero-bundeskanzlerin-ad.de/reden/rede-anlaesslich-der-eroeffnungsveranstaltung-der-bundeskanzler-helmut/ Stand: 30. März 2023

auf Stärke und Waffenlieferungen. Helmut Schmidt plädierte früher aus diesem Grund oft für politische Vernunft und Realpolitik. Davon war und ist in der Debatte um den Krieg in der Ukraine viel zu wenig zu spüren. Bedenken hinsichtlich der militärischen Risiken und Folgen sowie die negativen wirtschaftlichen, sozialen und politischen Auswirkungen auf das eigene Land wurden und werden weitgehend ausgeklammert. Das ist eine ziemlich männliche Gangart der Konfliktlösung, die wenig zielführend ist und eher das Potenzial hat, uns alle ins Verderben zu stürzen.

Was mich irritiert, ist diese Politik aus vermeintlich reiner – im Sinne von richtiger – Gesinnung unter Ausklammerung der Folgen, ohne jede Strategie, die vom Ende her denkt, und unter Hintanstellung der Verantwortung für das eigene Land. Dass diese vermeintlich fundamentalistische Klarheit das Ende jeder Realpolitik ist und unweigerlich früher oder später in die Kriegsbeteiligung führt, die man nicht will, ist Ausdruck politischer Unvernunft. Entsprechend erinnern Reisen westlicher Politiker nach Kiew eher an Haltungsbezeugungen als an ernsthafte politische Missionen. Natürlich ist gleichzeitig nicht von der Hand zu weisen, dass Putin sich in den Augen vieler als ernsthafter politischer Gesprächspartner quasi selbst disqualifiziert, etwa durch seine Fantasien von »russischen Grenzen gemäß denen des früheren Zarenreichs«. Und ja, natürlich gab und gibt es Momente, in denen man sich fragen muss, ob der Mann nicht wahnsinnig geworden ist. Ebenfalls kann ich das Argument nachvollziehen, dass das Respektieren von Putins Sicherheitsbedürfnissen letztendlich bedeutet hätte, dass die Länder Osteuropas nicht mehr frei hätten entscheiden können, welchen Bündnissen sie beitreten wollen (in diesem Fall: NATO), weil ein anderes Land (in diesem Fall: Russland) das »nicht gut« gefunden hätte. Wer also für eine diplomatische Lösung plädiert, anstatt in die aktuelle beängstigende

Kriegsrhetorik mit all ihren unabsehbaren Folgen einzufallen, wird immer wieder mit diesen Einwänden konfrontiert. Einwände, bei denen einigen vielleicht die Argumente ausgehen, weil es ihnen angesichts dessen vielleicht doch plötzlich unrealistisch scheint, einen nachhaltigen Kompromiss und Lösungsweg zu finden.

Es gibt keine einfache Lösung; niemand von uns hat ein Patentrezept. Was mich jedoch weiterhin für eine diplomatische Lösung eintreten lässt, sind Beispiele wie der israelische General Mosche Dajan, den ich noch persönlich kennenlernen durfte. Er hat sein Leben lang gegen die Araber gekämpft. Trotzdem hat er als Außenminister Israels gegen erheblichen Widerstand Friedensgespräche in Gang gesetzt. Dajan hat seinen Gesinnungswandel später erklärt mit den Worten: »Wenn du Frieden willst, redest du nicht mit deinen Freunden. Du redest mit deinen Feinden.« Darum geht es auch heute.

Weiblich verpackte Männlichkeit vs. männlich verpackte Weiblichkeit

Das radikale Umschlagen von jahrzehntelanger pazifistischer Taubenmentalität zu kampf- und kriegsbereitem Falkenauftreten ohne jede Kenntnis von Krieg – so etwas stimmt sehr bedenklich. Ich bin für fast jede Unterstützung der Ukraine, politisch wie militärisch, aber sie darf nicht zur Selbstzerstörung führen. Manche politischen Protagonisten blenden diesen Gedanken einfach aus.

Ich kann mir diese Wandlung nur als eine Art Übersprunghandlung erklären. Viele Deutsche scheinen das Thema Gewalt und Krieg verdrängt zu haben und fallen – unter Druck gesetzt von dem Überfall Russlands auf die Ukraine – von einem gesinnungsethischen Extrem ins andere. Insofern geht es im emotional stark aufgeladenen politischen Diskurs oft nur um einseitige Parteinahme, um klare Haltung und Positionierung. Wer versuchte, über den Parteien des Krieges zu stehen und aus dieser Perspektive zu diskutieren, um hoffentlich ein möglichst weites Bild zu sehen, wurde und wird der Parteinahme für den Aggressor bezichtigt. Ich habe es selbst mehrfach erlebt, dass Talkrunden Gefahr liefen, zu Tribunalen zu werden. Es ging oft nur wenig um ausgewogenes Abwägen und um das Suchen nach gangbaren politisch-diplomatischen Lösungen und Wegen aus dem Krieg.

Auch unsere Außenministerin schien anfangs stark auf diesen eher männlichen Approach zu setzen, auf Kriegsrhetorik, auf Waffenlieferungen als vornehmlichen Weg zum Ziel und somit auf männliche, militärische Stärke. Visuell suchte sie mit Helm und Schutzweste Weiblichkeit zu zeigen und mit männlicher Stärke zu verbinden. Aber das ist meiner Meinung nach nur das nach außen getragene, aus PR-Gründen gewünschte Bild. Es hat inhaltlich, mental und emotional nicht furchtbar viel mit New Female Leadership zu tun. Es erscheint eher als eine weiblich verpackte kompromisslose, polarisierende Männlichkeit.

Der Bundeskanzler dagegen folgt während des Kriegs in der Ukraine eher dem integrativen Weg von Stärke und Dialogbereitschaft. Er scheint in seinem Handeln den Prinzipien von New Female Leadership näher als die Frau und Außenministerin. »Folgerichtig« – dieses Wort steht in ironisierenden Anführungszeichen, weil es eben nur aus Sicht des männlichen Prinzips folgerichtig ist – werden ihm daher vonseiten der meisten männlichen Kritiker Schwäche und Zögerlichkeit vorgeworfen. Aber es ist kein Zeichen von Schwäche, wenn man Krisenmanagement vom Ende her denkt; wenn man die Folgen des eigenen Handelns für das eigene Land und dessen Interessen im Blick behält und immer wieder abwägt; wenn man immer wieder Dialog und eine ausgleichende Moderation zwischen den Konfliktparteien anmahnt.

Merkelsche Maximen und ihre Bedeutung für die neuen Männer

Angela Merkel ging wie erwähnt beim elfhundertjährigen Stadtjubiläum in Goslar indirekt auf den Krieg in der Ukraine ein. Sie sprach von der Notwendigkeit »eines sehr langen Atems« und davon, dass man weiter »an einer gesamteuropäischen Sicherheitsarchitektur unter Einbeziehung Russlands« arbeiten müsse.

Ein paar Tage vorher, bei der Eröffnung der neuen Bundeskanzler-Helmut-Kohl-Stiftung, berichtete sie von ihrem Kennenlernen Helmut Kohls im Herbst 1990. Sie erzählte, dass sie ganz aufgeregt war, sich inhaltlich gut und akribisch auf alle seine möglichen politischen Fragestellungen vorbereitet hatte. Doch Kohl hatte dann nur eine Frage an sie, nämlich wie sie sich mit den anderen Frauen im künftigen Kabinett verstehe. In ihrer weiteren Rede zur Eröffnung der Stiftung arbeitete sie dann einige Leitprinzipien heraus, an denen er sich wie sie auch orientiert habe: Bodenständigkeit und Nähe zu den Menschen; dass man, um Ziele zu erreichen, auch Umwege gehen müsse, dabei aber nie seine Ziele vergessen sollte; dass man auf den richtigen Zeitpunkt warten müsse; dass man sich in andere hineinversetzen, sie verstehen müsse, um kluge Politik zu machen. Damit ging sie indirekt und kritisch auch auf das politische Handling des Kriegs in der Ukraine ein, dass man in Fragen von Krieg und Frieden den »Tag danach« mitdenken müsse, dass man auch das im Augenblick »Unvorstellbare« mitdenken müsse, »nämlich wie so etwas wie Beziehungen zu und mit Russland wieder entwickelt werden können«.

Diese Maximen sind genau das, was New Female Leadership ausmacht und von einer toxisch geprägten männlichen Führungskultur unterscheidet. Das gilt auch für den Umgang miteinander in einer kontroversen Debatte. Auch hier dominieren derzeit in der Debatte über den Krieg in der Ukraine Polemik, Unterstellungen und ständige Versuche der moralisierenden

Erniedrigung derjenigen, die für einen gemäßigten Gang im Zusammenhang mit diesem Krieg eintreten.

Ein ansonsten sehr guter Experte beleidigte jüngst diejenigen, die die Einseitigkeit der überwiegenden Berichterstattung kritisiert hatten, sprich: die sich gegen die mediale Darstellung ausgesprochen hatten, dass aggressive Kriegsrhetorik und Waffeneinsatz der moralisch richtige, einzig gangbare Weg sei. Besagter Experte bezeichnete diejenigen, die diese Art der Berichterstattung hinterfragten, als »Typen mit fragiler Männlichkeit«. Unbeabsichtigt legte er damit genau das an den Tag, worum es geht, nämlich um das Überwinden genau dieser toxischen Form von Männlichkeit. Genau diese ist das Haupthindernis zu besseren, ausgewogeneren und fairen Lösungen. Der Vorwurf »fragiler Männlichkeit« zielt natürlich auf den Unterleib. Er zeigt, dass die Region auch für den Vorwerfenden offensichtlich eine Problem- oder Risikozone ist. Er zeigt außerdem, welches Frauenbild dahintersteckt. Genau diese Typen, diese »Art« von Männlichkeit, diese – ich muss sagen: vermeintlichen – Vertreter des männlichen Geschlechts sind ganz weit weg von wirklich starken Männern. Letztere wissen nämlich um den Wert von weiblichen Eigenschaften, und dieses Wissen auch zu nutzen, hat rein gar nichts mit Fragilität zu tun, im Gegenteil. Männertypen wie jener Experte haben mit den neuen Männern, die wir für New Female Leadership brauchen, nichts gemein. Sie lösen nicht, sondern verstärken die Probleme in den zwischenmenschlichen wie internationalen Beziehungen. Ihnen fehlen Achtung und rein menschlicher Respekt vor dem Gegenüber und meist auch vor dem anderen Geschlecht. Die Welt wird durch diese Art Männer – oder durch Frauen, die diesen Typus Männlichkeit kopieren – alles andere als sicherer.

Gerade im Zusammenhang mit dem Krieg und wie darüber bei uns debattiert wird, sehe ich deutlich, wie dringend wir New Female Leadership brauchen. Wir brauchen mehr weibliche

Eigenschaften, auch bei den Männern. Ich weiß nicht, ob die Angst vor dem, was der Krieg auch für uns bedeutet, uns stärker in den bisherigen Rollenbildern verhaftet: Wenn einer die Muskeln zeigt, zeigen wir noch mehr Muskeln. Wenn einer nicht der gleichen Meinung ist, machen wir ihn nieder. Wenn einer nicht reden will, reden wir erst recht nicht. Wenn der andere der Böse ist, sind wir automatisch die Guten. Oder kann uns diese Angst stattdessen vielleicht auch dazu beflügeln, die Vor- und Nachteile männlicher und weiblicher Prinzipien neu zu denken, die Konkurrenz zwischen den Prinzipien aufzuheben und uns für eine Symbiose aus beidem zu entscheiden? Kann unsere Angst uns stärken – weil uns eine extreme Ausnahmesituation wie diese vor Augen führt, dass es ohne Veränderung in unserem (Führungs-)Verhalten so nicht weitergeht? Und dass es weitergeht, wollen wir doch alle – in eine friedliche, respektvolle, menschliche Zukunft.

Unsere Welt als Zuhause mit Zukunft: Kein Hotel, sondern ein Heim für uns alle

Sandra Cegla

Ich drehe den Schlüssel im Schloss um und schleiche in den Wohnungsflur. Gedämpftes Licht, Kerzenduft, ein Hauch wohlriechender Wäsche und das Aroma von etwas, das gerade erst frisch gebacken wurde, schlagen mir entgegen. Oh wow, so fühlt sich zu Hause an! Am anderen Ende der Wohnung leises Gemurmel, Harmonie am Ende eines geschäftigen Tages. Ich lege meine Jacke ab und mache dabei offensichtlich Geräusche – ich wurde entdeckt. »Tante Sandra, Tante Sandra!« Zwei Kinder stürmen mir entgegen, zwei Paar Augen funkeln mich an, ich werde leidenschaftlich in Beschlag genommen. »Siehst du mit uns den Film an?« Ich komme noch gar nicht richtig zu Wort, da hat meine Schwester schon interveniert: »Tante Sandra muss erst mal ankommen und was essen.« Und zu mir: »Dein Essen steht im Ofen.«

Nach einer herzlichen Begrüßung gehe ich in die Küche. Ein liebevoll zurechtgemachtes Gericht mit allem, was ich mag und liebe, vollkommen abgestimmt auf meine ganz besondere Ernährungsweise, steht vor mir. Nie im Leben würde ich selbst so für mich kochen. Das alles hat meine Schwester extra für mich gezaubert, neben ihrem Vollzeitberuf und dem Familienleben mit Partner und zwei Kindern. Ich nehme mir eine größere Portion, als ich schaffen kann, und bin gerührt vor Dankbarkeit. Den Abend verbringen wir gemeinsam auf dem Sofa, besprechen unseren Tag und nehmen uns Zeit für die Kinder.

Als ich am nächsten Morgen aufwache, fühle ich eine tiefe Wärme im Herzen. Dies ist ein Zuhause, das von einer Frau mit viel Liebe gestaltet wird, und diese Liebe kommt auch wirklich bei mir an. Ich bin dankbar, fühle mich stark und erfahre ein Lebensgefühl, das ich noch nicht kannte. »Na ja, das ist bestimmt eine Eintagsfliege, eine Ausnahme am heutigen Tag«, denke ich und schenke dieser Erfahrung in meiner eigenen Geschäftigkeit zunächst keine weitere Aufmerksamkeit.

Ich habe mich gerade erst aus meiner langjährigen Partnerschaft getrennt, und auch wenn diese Trennung nicht besonders konfliktreich ablief, hielt ich es dennoch für die bessere Idee, sie auch im Alltag sofort konsequent umzusetzen. Ich zog also vorübergehend zu meiner Schwester und verbrachte so ganze vier Monate in ihrer Familie.

Was ich zu diesem Zeitpunkt nicht ahne: Diese vier Monate werden mir die Augen öffnen, und das auf eine Weise, die ich mir über theoretisches Denken nicht hätte erschließen können. Sondern ausschließlich über Erfahrung – also durch echtes Leben.

Denn das, was ich vom ersten Tag an bei meiner Schwester erlebe – ein Zuhause, das immer schön ist, aufgeräumt, sauber, duftend; wo liebevoll gekocht wird, der Kühlschrank immer voll ist, die Wäsche sauber, wo ich zu jeder Zeit ein offenes Ohr finde und jeden Morgen meinen Kaffee genau so vorgesetzt bekomme, wie ich ihn liebe, natürlich zu genau der Zeit, zu der ich aufstehe – all das habe ich so noch nie erfahren. Ich fühle mich so wohl, so zu Hause und umsorgt, dass ich es kaum annehmen kann. Natürlich überlege ich, wie ich mich mehr einbringen kann. Gleichzeitig fällt mir auf: Seit ich erwachsen bin, habe ich dieses Gefühl nicht mehr erfahren. Dieses Gefühl, so umsorgt zu sein, im eigenen Zuhause, auf Dauer und mit so viel Liebe zum Detail. Ich fühle mich wie in einem Fünfsternehotel, in dem mir jeder Wunsch von den Augen abgelesen wird, nur ohne dass ich dafür bezahlen muss. Und mehr noch: Ich werde geliebt.

Mit diesem familiären Rückhalt gelingt es mir, meine Trennung emotional und mental so gut zu verarbeiten, dass weder mein Beruf noch etwas anderes darunter leidet. Ich kann all meinen Projekten nachgehen, meine Freundinnen treffen und meine Persönlichkeit weiterentwickeln. Ich genieße meine Freiheit und weiß dennoch ganz genau, wo ich hingehöre. Das Zuhause meiner Schwester gibt mir Halt, Stärke, Zugehörigkeit und ein Gefühl von Geborgenheit. Alles, was ich brauche, um mich in der Welt da draußen zu entfalten, um Herausforderungen zu meistern und Konflikten erfolgreich zu begegnen, bekomme ich jeden Tag im Überfluss. Ich habe das Gefühl, dass mich nichts mehr aus der Bahn werfen kann.

Diese Erfahrung macht mich dankbar. Ich kann kaum glauben, wie gut es sich anfühlt, von einer Frau umsorgt zu werden, die ein so schönes Zuhause erschafft, Kindern Geborgenheit schenkt und all das mit ganz viel Liebe jeden Tag am Leben erhält. Die Kraft, die ich für mein gesamtes Leben daraus schöpfen kann, lässt sich für mich kaum in Worte fassen. Und gleichzeitig werde ich traurig. Sehr traurig. Denn zum ersten Mal verstehe ich, wie sich viele Männer in ihren Partnerschaften fühlen müssen (oder besser gesagt: dürfen), und das alleine aufgrund ihres Geschlechts.

Bisher kenne ich ja nur die andere Seite. Ich kenne bisher nur das Gefühl, im eigenen Zuhause Kraft zu verlieren. Weil ich über meine eigenen Grenzen gehe. Weil ich mit Beruf, Kindererziehung, Haushalt und dann noch Politik oder Ehrenamt obendrauf Doppel-, Dreifach- oder Vielfachbelastungen habe. Weil ich Konflikte verursache, wenn ich meine eigenen Bedürfnisse anspreche, die in meinem Alltag nicht abgebildet sind. Weil ich in meiner Liebesbeziehung Unruhe stifte, wenn ich die Aufgaben und Rollen neu verhandeln möchte. Zum ersten Mal fühle ich ganz tief in meinem Herzen, wie schön ein Zuhause ist, das von einer liebenden Frau gestaltet wird. Natürlich ist es für den anderen Part – zumeist den Mann – nicht erstrebenswert, dieses Privileg freiwillig aufzugeben. Das verstehe ich jetzt.

Überhaupt habe ich plötzlich so viel verstanden, weil ich es am eigenen Leib erfahren habe, dass es mich nicht nur traurig, sondern auch wütend macht. Viele Wochen nach dieser Erkenntnis laufe ich mit Wut im Bauch auf alle Männer dieser Welt durch mein Leben. Was für eine Ungerechtigkeit, und vor allem: wie traurig für mich selbst. Für mich als Frau, die das Privileg hat, in einem Land geboren zu sein, in dem sie alle Berufe ergreifen darf, die sie ergreifen möchte, und in dem sie sogar in relativer Sicherheit lebt im internationalen Vergleich. Moment! Als Mensch, der das Privileg hat, in einem Land geboren zu sein, in dem er alle Berufe ergreifen darf, die er ergreifen möchte, und in dem er sogar in relativer Sicherheit lebt im internationalen Vergleich? Wie klingt das?

Diese Sätze, an die ich bis vor dem Moment meiner Erkenntnis noch geglaubt habe, erscheinen mir jetzt zynisch. Innerlich kann ich es plötzlich nicht mehr als Privileg feiern, dass ich arbeiten »darf« und das »Glück« habe, nicht als Säugling getötet worden zu sein, weil ich als Mädchen geboren wurde, wie beispielsweise in Indien. Oder dass ich einem Beruf nachgehen und ein Konto eröffnen darf, ohne vorher meinen Ehemann zu fragen, wie es noch bis in die 1970er-Jahre in Deutschland der Fall war. Das alles sind meine Menschenrechte, das möchte ich nicht mehr als Errungenschaften feiern.

Darüber hinaus: Habe nicht ich als Frau, als Mensch, auch ein Recht auf ein schönes Zuhause, das mir Kraft schenkt, statt sie mir zu rauben? Wenn ich recht darüber nachdenke, dann fällt mir sogar ein, dass es Statistiken darüber gibt, dass Menschen in einer Ehe gesünder sind und länger leben. Das gilt allerdings nur für Männer. Heterosexuelle Frauen sollen unterm Strich als Single glücklicher sein. Das wundert mich nicht. Denn neben der Tatsache, dass meine Schwester ihre Familie liebt, geht auch sie täglich in einem chronischen Dauerzustand über ihre eigenen Grenzen.

Ich begreife plötzlich, dass in unserer modernen Zeit die alten Rollenverteilungen, wie sie aktuell immer noch oft gelebt werden, einfach nicht mehr funktionieren. Eine Frau, die voll arbeiten geht, gleichzeitig aber überwiegend in der Verantwortung für den Haushalt bleibt, verliert im eigenen Heim Kraft. Enorm viel Kraft. Ihre Grundbedürfnisse nach Stabilität und Sicherheit, wie sie in der berühmten Bedürfnispyramide nach Maslow beschrieben werden, werden damit nicht ausreichend erfüllt. Nach Maslow bedeutet das sogar, dass ein wesentliches Grundbedürfnis nicht befriedigt ist, das zu den wichtigsten Pfeilern der Persönlichkeitsentwicklung und der Stabilität im Leben eines Menschen gehört, um sich entwickeln, frei entfalten und ausleben zu können. Das hat zur Folge, dass viele Frauen mit einem Gefühl der Unsicherheit durch ihren Alltag gehen, weil ihnen chronisch etwas fehlt. Da dieses chronische Fehlen aufgrund ihrer Geschlechterrolle nicht nur die einzelne

Frau, sondern auch alle Frauen in ihrem Umfeld betrifft und weil die Frau es in ihrem Erwachsenenleben ja – so wie ich – noch nie anders erlebt hat, bemerkt sie dieses Fehlen noch nicht einmal und bezieht das Gefühl des Mangels auf sich: Ja, mit *ihr* muss etwas nicht stimmen. *Sie* ist eben schwach und unvollkommen. Gleichzeitig ist der Frust auf den eigenen Partner real, aber die Fantasie reicht für sein so anderes Lebensgefühl nicht aus. Zu erschöpfend ist die eigene Lebenswirklichkeit.

Die Gefühle, gehetzt zu sein, nicht genug zu sein, noch mehr leisten zu müssen und vielen Dingen im Leben nicht gewachsen zu sein, können also neben höchst persönlichen und individuellen Themen ganz schlicht und einfach auch daraus resultieren, dass Frauen in ihrem eigenen Zuhause nicht alles bekommen, was sie brauchen. Und das allein aufgrund ihrer Geschlechterrolle. Bei Männern ist das anders: Sie bekommen meist, was sie brauchen. Und daraus resultiert dann wieder, dass sich Frauen noch mehr anstrengen, um es noch schöner zu machen und sich ihre Bedürfnisse doch irgendwie erfüllen zu können – aber genau das Gegenteil ist oft der Fall. Noch mehr Erschöpfung und Überforderung. Denn der Müll kehrt wieder, Staub und Dreck auch. Egal wie viel und oft die Frau putzt und sich bemüht – das wird ihr Problem nicht lösen und ihr Bedürfnis nach Sicherheit und Unterstützung im eigenen Zuhause nicht befriedigen. Ein Teufelskreis, in dem viele Frauen stecken bleiben.

Männer hingegen nehmen oft ein warmes und genährtes Lebensgefühl mit in die Welt, das sie im eigenen Zuhause schöpfen können. Sie können sich entspannen, auftanken, auf ihre eigenen Bedürfnisse achten. Sie bringen schließlich das Geld nach Hause, dafür müssen sie ausgeruht sein. Während die Ehefrau nachts übermüdet das Kind stillt oder die Fieberschübe begleitet, hat er das Recht auf Ausschlafen. Seine Grundbedürfnisse werden weitgehend erfüllt, zulasten der Grundbedürfnisse seiner Frau.

Ich verstehe das alles und bin für einen Moment richtig sauer, als Frau geboren zu sein. Für mehrere Wochen bin ich sauer, um genau zu sein. Mein Leben scheint doch ungleich schwerer gelaufen zu sein als das eines Mannes mit meinen Qualifikationen, Ideen und Zielen. So viel Schmerz, so viele Tränen, so viel Verzweiflung und Überlastung, die ich vielleicht nicht gehabt hätte, wäre ich ein Mann gewesen? Ich bin wirklich wütend auf alle Männer und meide Diskussionen mit ihnen, denn ich spüre, dass ich zurzeit nicht fair sein kann.

Dann stelle ich mir die Frage, wie sich die Männer eigentlich in ihrer Rolle fühlen. »Na, wie Könige«, denke ich bitter und bin gleich wieder wütend. »Weil sie Männer sind, sind sie schließlich was Besseres.« Ich erinnere mich zurück, wie ich mich bei meiner Schwester gefühlt habe. Wohl, umsorgt, warm im Herzen und kraftvoll. Die Welt lag mir zu Füßen. Das alles war das Verdienst meiner Schwester, und sie wusste es noch nicht einmal. Dankbar, ich war zutiefst dankbar. Aber da war auch eine leise Stimme von Schuldbewusstsein. Ich habe gesehen und gespürt, dass sich meine Schwester verausgabte. Ich hatte den Impuls, ihr mehr zu helfen, aber das hat sie nicht zugelassen. Sie wollte lieber alles selbst machen, denn es war ihr Haushalt und sie wollte eben alles so haben, wie es für sie perfekt war. Und dafür musste sie es selbst machen. Und wenn ich noch tiefer in mich hineinsehe, dann fällt mir auf, dass ich bis zum Schluss Gast geblieben bin. Denn wirklich echte Zugehörigkeit innerhalb einer Gruppe stellt sich aus meiner Sicht erst dann ein, wenn jedes Mitglied seine feste Aufgabe hat und weiß, wie es sich in die Gemeinschaft einbringen kann. Etwas im Haushalt zu erledigen, hat ja nicht nur mit bloßer Pflichterfüllung zu tun, sondern es bietet auch viele schöne Gestaltungsmöglichkeiten, um der eigenen Persönlichkeit Ausdruck zu verleihen, Freude im Alltag zu erleben und die Bindungen in der Familie aktiv zu gestalten. Das eigene Zuhause ist schließlich der gemeinsame Ort, an dem sich die liebsten Menschen treffen, die wir im Leben haben und mit denen wir das Leben feiern könnten – wenn wir uns dafür öffneten.

Hm. Ich atme einmal tief und merke, wie meine Wut verfliegt. Könnte es sein, dass auch die Männer einen großen Verlust spüren? Dass sie unbeholfen neben ihren Frauen stehen und eigentlich viel mehr am Familienleben teilnehmen wollen, aber nicht wissen, wie? Werden sie der Bindungen zu ihren Kindern und der echten Zugehörigkeit in ihrem eigenen Zuhause beraubt – nicht von der Frau, sondern von den festgefahrenen Rollenbildern? Sind auch für sie Bedürfnisse nicht erfüllt, die zwar nicht existenzielle Grundbedürfnisse betreffen, aber dennoch eine wichtige Rolle spielen? Und sind diese Entfaltungsmöglichkeiten vielleicht im eigenen Heim nicht gegeben durch die aktuell gelebten Geschlechterrollen? Und damit meine ich nicht das reine Wissen um Aufgaben, sondern die tiefere emotionale Bedeutung, die mit diesen Aufgaben verknüpft sein kann.

Ich verstehe, dass das, was viele Paare im Moment leben, nicht der Weisheit letzter Schluss sein kann. Wir leben in einer Zeit, in der wir uns kollektiv darüber einig sind, dass die alten Geschlechterrollen ausgedient haben, und haben vieles davon bereits aufgelöst. In der Folge erlebe ich sowohl Frauen als auch Männer hinsichtlich ihrer eigenen Geschlechterrollen teilweise als orientierungslos und fragend. In einer Zeit von Me Too, Unisex, gendergerechter Sprache und vielen, vielen öffentlichen Debatten um Geschlechter und Sexualität wissen beide Geschlechter kaum noch, was denn nun eigentlich »richtig« ist. Denn wir wissen noch nicht genau, was das Neue eigentlich ist, was nach der Auflösung der alten Geschlechterrollen kommen kann oder soll. Aber wenn wir Altes auflösen, müssen wir auch über das Neue nachdenken. Am besten gemeinsam.

Wie kann also das Neue aussehen? Wir brauchen jetzt neue Frauen und neue Männer. Immerhin verändert sich gerade ein gesamtes System, das eine so wesentliche Durchschlagskraft hat, wie es kaum jemandem in seiner vollen Tragweite bewusst ist. Denn hier geht es genau genommen um unser aller existenzielle Lebensenergie. Um unsere Lebenszufriedenheit und die Gesellschaft der Zukunft.

Zum einen sollten wir uns von den Stereotypen »weiblich« und »männlich« wegentwickeln. Das, was wir heute noch als polar und trennend beziehungsweise spaltend empfinden und bewerten, sollten wir durch eine gesunde Integration beider Pole innerhalb unserer Persönlichkeiten und auch innerhalb unserer Systeme – der Führung und im öffentlichen Leben – in die Ganzheitlichkeit hineinentwickeln. Wir sollten langfristig weniger in »männlich« und »weiblich« denken, sondern in persönlichen Eigenschaften und Merkmalen, die Menschen zugeordnet werden können. Denn natürlich können auch Frauen überwiegend maskulin und Männer überwiegend feminin sein. Allein dies zeigt, wie eindimensional und unpassend dieses Konzept – die strikte Unterteilung in weiblich und männlich – in einer so komplexen Zeit wie der heutigen ist. Wie viel einfacher können wir es uns machen, wenn wir in allem zunächst den Menschen mit seinen besonderen Fähigkeiten betrachten! Das heißt natürlich nicht, dass wir die Geschlechter aufgeben sollen, denn das können und wollen wir gar nicht. Unsere Geschlechter sind uns unter anderem biologisch gegeben und können, richtig gelebt, einen freudvollen und spielerischen Umgang miteinander möglich machen.

Ein ganzheitlicher Ansatz zwischen den Geschlechtern kann uns aber wegführen von der Polarität, die unterteilt und trennt, hin zur Dualität; eine Dualität, die scheinbare Gegensätze in einem übergreifenden System miteinander vereint. Wie bei Yin und Yang benötigen wir alles innerhalb *eines* Systems, *einer* Organisation, *eines* Teams oder *einer* Persönlichkeit, um ein ausgewogenes Ganzes zu erhalten. Diesen Ansatz halte ich langfristig für aussichtsreich. Und so, wie wir nun Jahrhunderte im Yang gelebt haben, ist es nun Zeit, das Yin zu stärken. Um schlussendlich in der Ausgewogenheit anzukommen, ist es jetzt Zeit, das weibliche Prinzip verstärkt zu leben und es in alle Lebensbereiche einzuladen.

Ich habe im Folgenden einmal den Versuch gemacht, die neuen Frauen und Männer und das daraus resultierende neue Wir zu beschreiben, wie ich es mir vorstellen könnte und wünschen würde.

Die neue Frau

Die neue Frau gestaltet selbstbewusst und freudvoll mit ihrem Herzensmenschen ein gemeinsames Zuhause, die Partnerschaft und ihre Sexualität. Ihr ist bewusst, dass sie ein Recht darauf hat, sich in ihrem eigenen Zuhause überwiegend auszuruhen und Kraft zu schöpfen, ihren Körper und ihre Seele zu pflegen und sich für den Kampf des Alltags zu rüsten. Wenn Kinder die Familie bereichern, weiß sie, dass es einer Gemeinschaft bedarf und dass sie niemals alles allein schaffen kann. Sie richtet sich und ihren Partner auf Gemeinschaft aus, lädt alle liebevollen und warmherzigen Menschen dazu ein, an ihrer Familie teilzuhaben, und denkt sogar über neue Wohn- und Lebensweisen nach, die über den eigenen Haushalt allein mit Partner und Kindern hinausgehen.

Im Beruf ist sie bereit, in ihr volles Potenzial zu kommen, als ganzer Mensch. Da sie zu Hause Kraft schöpfen kann, stehen ihr Lebensenergie, Rückhalt und ausreichend Liebe zur Verfügung, sodass sie all das schaffen kann. Sie weiß, dass sie genug ist und dass die Fähigkeiten, die sie mitbringt, ihre Stärken sind. Der Mann oder die Frau an ihrer Seite hat das erkannt und ist stolz darauf. Er oder sie hat auch erkannt, dass ihr Erfolg auch sein beziehungsweise ihr Erfolg ist. Das Konzept der Co-Kreation, in dem beide miteinander wachsen, sobald einer von beiden wächst, haben beide verinnerlicht. Beide staunen über ihre Erfolge und können sich den schönen Dingen des Lebens zuwenden, die wirklich Leben bedeuten: Erfahrungen und Momente sammeln, neue Orte und Kulturen sehen, sich mit anderen Menschen freudvoll verbinden, Gemeinschaft leben.

Die neue Frau hat verstanden, dass das Familienleben ein Ort der Freude statt der Pflichterfüllung ist und dass es oberste Priorität in ihrem Leben haben muss, das Leben mit allen Sinnen zu erfahren. Jeden Tag. In ihrer Partnerschaft, in ihrer Sexualität, mit ihren Kindern, in ihren Freundschaften, in ihrem Beruf. Das Leben ist zum Fühlen da, erst dann wird es lebens- und liebenswert, erst das gibt unserem Tun einen Sinn und verleiht unseren Bindungen Magie.

Sie hat verstanden, dass eine Gesellschaft nicht auf sie verzichten kann, besonders nicht in einer hohen Führungsposition. Es ist nicht ihr persönliches Ego, das sie damit streicheln will, und es geht auch nicht um ihre Konkurrenten, denen sie die Position wegnimmt. Nein, sie hat verstanden, dass die Welt nicht länger darauf warten kann, dass sie endlich das Zepter in die Hand nimmt und die Welt nach ihren Wünschen mitregiert. Solange niemand ihre Wünsche kennt und sie die Welt nicht mitgestaltet, kann es niemals ihre Welt sein. So lange wird sie im öffentlichen Leben immer nur Gast sein und nie richtig dazugehören. Sie hat verstanden, dass es nicht nur ihr Recht ist, sich voll und ganz mit all ihren Fähigkeiten einzubringen, sondern auch ihre Pflicht. Es ist ihre Pflicht, sich mit all ihrer Weiblichkeit für eine Welt starkzumachen, in der es gerecht zugeht, fair, nachhaltig und friedvoll. Egal, in welchem Beruf sie arbeitet, egal in welcher Position: Auf genau sie kommt es an, denn ihr Beitrag ist einer von so vielen Frauen, mit denen sie sich zusammenschließen kann. Sie weiß, dass sie ein Vorbild für ihre Kinder ist, für ihren Partner und für viele andere Frauen, die neben ihr nur wenig andere Role Models haben. Sie weiß, dass sie Teil einer Bewegung ist, die die Welt zu einem schöneren Ort macht – für Frauen, für Männer, für uns alle.

Der neue Mann

Der neue Mann hat verstanden, dass auch er sich entspannen darf. Der Kampf ist vorbei. Er darf die Waffen niederlegen und sich der Schönheit in der Welt widmen. Den Schlüssel dazu hält er längst in den Händen: den Schlüssel zum Herzen seiner Frau. Natürlich denke ich auch alle Lebensgemeinschaften mit, die nicht der heterosexuellen Norm entsprechen. Trotzdem spreche ich hier von Mann und Frau, weil es uns in diesem Buch darum geht, die Geschlechter auszusöhnen und einen Ausweg aus dem Kampf zwischen dem Männlichen und dem Weiblichen aufzuzeigen.

Die Liebe seiner Frau und die Bereitschaft des neuen Mannes, sich voll und ganz in die Bindung hineinzubegeben, können ihn für immer verändern und für die Schönheit des Lebens öffnen. Auch er versteht, dass es neben seinem Geist und der aktiven Strukturierung der Welt so viel mehr gibt. Er nimmt die Einladung an, mehr Gemeinschaft im eigenen Zuhause zu leben, Verantwortung zu übernehmen und sich als ganzer Mensch zu zeigen – auch in seiner Verletzlichkeit. Denn er hat verstanden, dass gerade diese ihn schön und zum Vorbild macht. Auch er hat verstanden, dass sein Zuhause ein Ort ist, an dem Freude gelebt werden kann, an dem er sich kreativ einbringen und an dem seine Persönlichkeit wachsen kann. Er ist bereit, zuzuhören und Wünsche zu erfüllen, Komplimente zu machen und all die schönen Dinge, die ihm begegnen, wertzuschätzen. Er lebt seine Sexualität vertrauensvoll und auf echte Bindung ausgerichtet mit der Frau seines Herzens und fühlt, dass sich sein echtes Engagement trotz Krisen und Verletzungen, die sich in intimer Nähe niemals vermeiden lassen, mehr als nur lohnt. Er wird belohnt mit wirklicher Hingabe, tiefer Verbundenheit und Momenten der echten Erfüllung.

Er entdeckt die Freude daran, aktiv die Gemeinschaft mit seiner Frau zu gestalten, die sich ihm in seinem Zuhause bietet, und erschließt sich selbst ganz neue innere Welten. Er findet neue Wege, seine Aggressionen und seine Wut auf gesunde Weise in seine Vorhaben umzuleiten, um sie noch besser umsetzen zu können und gleichzeitig seine Familie nach außen zu schützen. Denn sie ist ihm heilig.

Auch im öffentlichen Leben sieht er Frauen nun mit anderen Augen. Er weiß, dass sie viel zu geben haben, er aber erst ihre Sprache lernen muss, um sie zu verstehen. Dafür muss er vor allem zuhören und still werden. Im eigenen Inneren Frieden finden. Er versteht langsam, dass Frauen oft wütend sind, weil sie über Jahrhunderte Verletzungen erlitten haben, für die er sich stellvertretend schämt. Er erkennt an, dass ihre Wut berechtigt ist, und entwickelt einen milden, großmütigen Blick auf diese Wut. Er hat den Entschluss gefasst, diesen Schaden wiedergutzumachen, und wählt mindestens eine Frau, in der er Potenzial sieht, und begleitet sie verlässlich auf ihrem Karriereweg. Er öffnet ihr Türen, aktiviert sein Netzwerk, bündelt sein Knowhow und bestärkt die Frau, ohne dafür eine Gegenleistung zu erwarten. Er versteht und schätzt sie und findet Wege, das so auszudrücken, dass sie es erkennt, ohne sich bedrängt zu fühlen. Er weiß, dass es jetzt auf ihn ankommt und dass auch er Teil einer Bewegung ist, die für uns alle die Welt zu einem lebenswerteren Ort macht. Zu einem Ort der Freude, der Kreativität, der Gemeinschaft und der Zugehörigkeit. Er ist bereit, seinen Anspruch, recht zu haben, abzulegen und Frauen den Vortritt zu lassen. Denn dafür wird er mit Dankbarkeit, Treue und Loyalität belohnt, wenn er es nicht erwartet. Genauso wie in der Arbeitswelt spielt er in seiner Familie eine aktive Rolle, denn für ihn sind die Bindungen zu seinen Kindern erfüllend, kraftspendend und eine wunderschöne Bereicherung zu seinem Beruf. Er weiß, dass alle Fäden seines Lebens zusammenlaufen und dass er im Tanz mit seiner Frau die Magie des Lebens spüren kann.

Das neue Wir

Das neue Wir setzt sich sowohl aus dem weiblichen als auch aus dem männlichen Prinzip zusammen und geht gleichzeitig weit darüber hinaus. Denn wir sind endlich in einem ganzheitlichen System angekommen, in dem sich Menschen mit Eigenschaften, Wünschen, Interessen und Leidenschaften begegnen. Allein »weiblich« und »männlich«, »schwarz« und »weiß« haben ausgedient. Wir sind von gegensätzlichen Polen, die sich ausschließen und abstoßen, hin zur Dualität gekommen, die vermeintliche Gegensätze in einem vollständigen, großen Ganzen miteinander vereint. Und genau so leben wir die Gemeinschaften, Projekte und Beziehungen der Zukunft.

In unseren Lebensgemeinschaften im Privaten gehen wir weg von der Isolation und Überlastung des Singledaseins sowie der Paargemeinschaft, die ebenfalls überwiegend aufeinander ausgerichtet ist, und erweitern unseren Horizont um schöne, neue Konzepte, die echte Zugehörigkeit schaffen. Gleichzeitig verstehen wir uns als ganze Menschen, und genau deshalb lösen wir auch die Trennung zwischen privat und Beruf in einer Weise auf, die diese beiden Bereiche in kraftspendender Art und Weise ineinanderfließen lässt. Endlich können wir atmen und leben.

Wir öffnen unser Zusammensein für ein größeres Wir-Gefüge, das in neuen Wohn-, Lebens- oder Arbeitsgemeinschaften organisiert ist. So ist es beispielsweise keine Seltenheit mehr, mit Gleichgesinnten im »Co-Housing« zu leben – einer geplanten Gemeinschaft und Wohnform aus privaten Wohnungen, die durch Community-Räume und ein aktiv gelebtes Miteinander bereichert wird. Oder in »Clusterwohnungen« – einer Mischung zwischen einer herkömmlichen Wohngemeinschaft und einer kleinen Wohnung, in der alle ihre eigenen Zimmer mit Bad haben; die Küche und weitere Gemeinschaftsräume gehören jedoch allen. Dieses neue Wohnkonzept bietet gleichzeitig neue Möglichkeiten für Individualität und Gemeinschaft, in denen ein neues Miteinander gelebt werden kann. In »Co-Living-Gemeinschaften« kann wiederum gemeinsames Leben und Arbeiten miteinander kombiniert werden – auch hier gibt es viel Raum für Gemeinschaft und Inspiration beim Arbeiten, Leben und Wachsen. Dies sind nur wenige Beispiele der kreativen neuen Möglichkeiten, die derzeit weltweit neu entstehen und einen Ausblick auf eine wunderschöne, pulsierende Zukunft geben, in der wir uns alle miteinander verbinden und in echten Austausch gehen können. Wir haben alle längst verstanden, dass wir der Einsamkeit und Überlastung, der Müdigkeit und der inneren Leere nur entkommen können, wenn wir wieder echte Gemeinschaft leben, in der viele Menschen Verantwortung für einen gemeinsamen Lebensraum, Kinder und gemeinsame Aktivitäten übernehmen.

In unseren Familien ist es längst Zeit, uns neu zu organisieren und in den aufrichtigen Dialog miteinander zu gehen. Weg von der Pflichterfüllung, hin zur Freude. Die Freude können wir im Übrigen besonders gut von den Kindern lernen. Die Aufgaben, die im Alltag anfallen, bringen wir alle einmal auf den Tisch und teilen sie untereinander nach Vorlieben, Zeit, Ideen und Leidenschaften auf. Besonders gut eignet es sich, sie in sinnvollen Kompetenzpaketen zusammenzufassen. Das Kompetenzpaket »Kochen« beispielsweise würde somit alles von der Einkaufsliste über das Rezept bis hin zum Kochen und anschließenden Abwaschen umfassen. Dies kann nun in die Verantwortung einer Person oder eines Teams gegeben werden, beispielsweise das

Team »Papa–Sohn«. Neben Verantwortungsbewusstsein sowie sinnvoller und effektiver Ausführung verspricht dieses Modell auch jede Menge Spaß, wenn wir uns dafür öffnen.

Die Kommunikation ist natürlich ein wesentlicher Faktor, dem wir viel Zeit einräumen, denn wir haben längst verstanden, dass sich Kommunikation nur dann entfalten kann. Neben der Tatsache, dass sich alle im täglichen Tun selbst und gegenseitig gut kennenlernen und entdecken können, können durch regelmäßige gemeinsame Sitzungen bei Tee, Kaffee und Snacks alle Absprachen, Pläne und Modelle besprochen und überprüft werden. Funktionieren sie noch und fühlen sich alle wohl damit?

Auch im professionellen Umfeld haben wir die Erfolg versprechenden Ansätze von heute längst weiterentwickelt, denn noch immer können wir uns die Frage stellen, ob wir eigentlich leben, um zu arbeiten, oder arbeiten, um zu leben. In unserer deutschen Gesellschaft bekommt man derzeit den Eindruck, dass Ersteres der Fall ist: Die meisten Deutschen verbringen mehr Zeit mit ihren Arbeitskolleg:innen als mit ihren eigenen Familien oder im Privaten. Bewusst gewählt, darf das so bleiben, aber es muss auch andere Möglichkeiten geben. Und so werden nun endlich die Viertagewoche bei gleicher Bezahlung, Jobsharing, dauerhaftes Homeoffice und diverse Hybridlösungen nicht nur weiter diskutiert, sondern auch erfolgreich praktiziert. Der eine oder andere dieser progressiv anmutenden Ansätze, der müde über Jahre in der Schublade geschlummert hat, durfte ja durch die Pandemie seinen Durchbruch erleben – und darf in Zukunft in neuen Varianten weitere Früchte tragen. Allein die Pandemie hat uns gezeigt, dass wir mehr können als denken und diskutieren. Wir können handeln und ausprobieren. Zum anderen sind genau diese neuen Ansätze Möglichkeiten, um unser festgefahrenes, patriarchalisches System zu transformieren. Hin zur Familienfreundlichkeit, Ganzheitlichkeit und zur Aufhebung der gesellschaftlich bedingten Geschlechterungerechtigkeit.

So sind all diese Ansätze, wie wir uns auf allen Ebenen unseres Seins neu miteinander verbinden können, nicht nur Konzepte, die uns alle als Menschen in unserer Ganzheit begreifen und uns dadurch ein viel gesünderes und erfüllteres Leben ermöglichen. Sondern diese Konzepte ermöglichen auch die Auflösung der alten Geschlechterrollen. Dadurch bleiben weder Frauen noch Männer in ihren alten Rollen und Aufgaben verhaftet, die ausschließlich in ihrem Geschlecht begründet sind; stattdessen dürfen wir uns endlich die Fragen stellen: Wer bin ich als Mensch? Was kann und liebe ich wirklich? Wie möchte ich meinen Alltag leben und mit wem möchte ich mich umgeben?

Neue Denk- und Lebensweisen entlasten Männer von dem Druck, allein und ausschließlich ernähren und beruflich leisten zu müssen. Auch sie haben ein Recht auf ein erfülltes Privatleben. Es entlastet Frauen von der Vielfachbelastung, Familie und Beruf unter einen Hut bekommen zu müssen, denn auch die Frauen haben ein Recht darauf, sich zurückzulehnen und sich auf eine tragende Gemeinschaft zu verlassen.

Erst dann, wenn wir neben unseren Geschlechterrollen im Menschsein ankommen, können wir alle in unser volles Potenzial kommen. Viele Frauen werden so ihre Lust am Führen entdecken und sich leidenschaftlich auf den Weg zur nächsten Führungsrolle machen. Der eine oder andere Mann wird sich Zeit für seine Kinder oder zum Reisen nehmen wollen und froh darüber sein, dass er es kann. Vieles darf sich von allein fügen und selbst wenn nicht: Das bleibt das Leben.

Und dann, wenn Frauen wie Männer in einem erfüllenden, nährenden und friedvollen Alltag ankommen, können sie sich auf freudvolle Weise miteinander verbinden. Das ist der Moment, in dem alles beginnt. Das ist der Zauber des Lebens.

Ein Gespräch zum Abschluss

Nach der Lektüre des Buchs muss man feststellen: Sie sind sich überraschend oft einig. Haben Sie das im Vorfeld gewusst oder haben Sie eher erwartet, gegensätzliche Standpunkte zu vertreten?

Erich Vad: Als wir am Filmset von »Celebrity Hunted« zusammengearbeitet haben, haben wir festgestellt, dass wir uns bei allem, was das Thema New Female Leadership anbelangt, sehr gut ergänzen. Da gab es kaum eine andere Sichtweise oder konträre Punkte. Es gab nur zwei unterschiedliche Perspektiven – Sandras weibliche, meine männliche – und das hat uns überhaupt erst auf die Idee gebracht, gemeinsam darüber zu schreiben. Wenn es weniger Übereinstimmung zwischen uns gegeben hätte, hätten wir das vielleicht gar nicht gemacht. Hätte ich mich am Set mit einer Feministin unterhalten, die ihre Haltung zugleich mit einem gewissen Männerhass verbindet, hätte am Ende eher jeder sein eigenes Buch geschrieben. Aber das war nicht der Fall. Stattdessen haben wir uns ergänzt, und genau das hat mir viel mehr Klarheit in Bezug auf das

Thema Leadership verschafft. Bei Sandra war das eigentlich ähnlich, denke ich.

Sandra Cegla: Ja, mit Blick auf unser Buch bin ich auch gar nicht so überrascht, dass wir doch sehr ähnliche Positionen vertreten. Aber als wir begonnen haben, über das Thema zu sprechen – noch ganz ohne ein Buch im Kopf –, war ich erst mal jedoch ziemlich überrascht. Ich konnte nicht so richtig glauben, dass wir mit so unterschiedlichem Hintergrund so ähnliche Positionen haben. Ich weiß noch, dass ich dachte: Das muss ich noch mal überprüfen, ob *das* ernst gemeint ist von Erich. Im Lauf des Buches habe ich festgestellt: Er meint es wirklich ernst.

Waren Sie sich trotzdem bei irgendeiner Sache mal wirklich uneinig, inhaltlich?

Erich Vad: Nein, so richtig nicht. Oder?

Sandra Cegla: Nein, eigentlich nicht. Und wenn doch, dann ging es eher um Minidetails. Und meistens war es dann sogar so, dass wir uns darüber ausgetauscht und uns dadurch gegenseitig zum Denken gebracht haben im Sinne von: »Ach ja, stimmt, er hat irgendwie recht. Doch, da kann ich mitgehen.« Es war nie so, dass Erich die eine Meinung hatte und ich eine vollkommen andere, gegensätzliche, die wir niemals zusammengekriegt hätten. Es war eher so, dass ich – und Erich sicher auch – gedacht habe: »Über das Thema habe ich so noch gar nicht richtig nachgedacht, aber jetzt, wo du es sagst … stimmt, da ist was dran!«

Erich Vad: Es war immer eine Ergänzung, und ich habe auch mit Blick auf meinen Job vieles klarer gesehen, wenn Sandra zum Beispiel erzählte, dass Frauen mit Dingen anders umgehen, dass sie methodisch anders rangehen und eher das weibliche

Prinzip verfolgen. Da habe ich oft an meine beruflichen Erfahrungen denken müssen, wenn wir Strategieentwürfe gemacht oder versucht haben, Soft Power mit Hard Power zu verbinden. Nur hatte ich es vorher nicht in diesem Maß als weibliches Prinzip benannt.

Herr Vad, Sie haben zwar die ehemalige Bundeskanzlerin Angela Merkel und damit eine Frau sicherheits- und militärpolitisch beraten. Aber als General kommen Sie eigentlich aus einer Männerschmiede. Trotzdem brechen Sie sehr engagiert eine Lanze für die Frauen. Warum?

Erich Vad: Na ja, wenn man lange Jahre in einer Männerdomäne unterwegs war – und das war das Militär schon immer und ist es faktisch immer noch – und dann in der Politik, was ebenfalls eine Männerdomäne ist, dann hat man viele, viele Beispiele dafür erlebt, dass Führung nach puren Männervorgaben und männlichen Prinzipien hin und wieder toxisch sein kann. Die Verbindung männlicher und weiblicher Elemente ist einfach oft zielführender, immer effizienter, bietet mehr Optionen, ist flexibler, schneller, ausgewogener. Warum sollte ich das verleugnen, nur weil ich zufällig ein Mann bin? Ich bin doch im Gegenteil an bestmöglicher Führung interessiert.

Dieses fruchtbare Zusammenspiel aus Weiblichem und Männlichem zeigen wir im Buch an vielen Beispielen auf, etwa, dass Frauen eher netzwerken, Männer eher Seilschaften bilden, dass zum Wesen der Seilschaft aber auch die Anerkennung eines hierarchischen Prinzips gehört. Da ist oben einer an der Spitze, dem laufen die anderen mehr oder weniger nach. Aber was macht das aus Männern, wenn sie ständig Höhergestellten hinterherlaufen, nach oben buckeln und nach unten treten müssen? Wird dabei nicht auch jede echte Männlichkeit deformiert?

Das ist bei Frauen anders, die sind stärker auf gleicher Ebene unterwegs. Ich habe es auch im Kanzleramt erlebt: Da gab es wenig Hierarchie und wenn, dann eine sehr flache. Es gab einen direkten Gedankenaustausch, auch mit der Kanzlerin, über die vielfältigen Themen. Zum Beispiel hat Angela Merkel dieses Runder-Tisch-Prinzip praktiziert, das ich für viel, viel effizienter halte als hierarchisch geprägte Besprechungen, bei denen es vorwiegend um die Etablierung der Hackordnung oder das eigene Image geht. Das Runder-Tisch-Prinzip ist viel zielführender, um zu guten Entscheidungen zu kommen – und zwar immer da, wo alle Punkte auf ebendiesen Tisch kommen müssen, wo nichts unterschlagen werden darf aus irgendwelchen Rücksichtnahmen oder persönlichen Erwägungen. In der Männerdomäne des Militärs dominieren hingegen die Seilschaften mit ihren negativen Impulsen. Zudem schwächt das die militärische Beratungsfähigkeit, weil bei Seilschaften immer Partikularinteressen dahinterstehen, die für sich genommen nicht das gesamte Bild umfassen.

Das männliche Prinzip allein funktioniert nicht optimal. Das haben Sie erkannt, obwohl Sie selbst ein Teil der Männerwelt waren und sind. Sind Sie durch Ihre Arbeit für Angela Merkel zu dieser Erkenntnis gekommen? Oder sind Sie einfach ein anderer Typ Mann?

Erich Vad: Ich glaube, das lag auch an meiner Prägung. Die, die mich am besten kennen, die halten mich immer noch für einen 150-prozentigen Soldaten. Ich weiß nicht, ob das so ist. Ich habe einfach unterschiedliche berufliche Lebenswelten erlebt: jahrzehntelang das Militär. Mit seinen Prägungen. Dann sicherlich sehr stark die über ein Dutzend Jahre in der Politik, davon rund acht Jahre in der Regierungszentrale, im Bundeskanzleramt.

Und nun bin ich seit zehn Jahren als Unternehmensberater in Wirtschaft und Industrie unterwegs. Das sind Lebenswelten, die sehr unterschiedlich sind und mit denen man erst mal klarkommen muss. Da gibt es natürlich Schnittmengen, wo es ähnlich läuft, aber es gibt auch ganz, ganz große Unterschiede, und das spielt durchaus in unser Genderthema herein.

Beim Militär gilt zum Beispiel für Zugführer, für den Kompaniechef, im Einsatz, bei Operationen: Lieber eine falsche Entscheidung treffen als gar keine. In Krisensituationen, wenn es zur Sache geht, darf nicht lange gefackelt werden. Dann ist es besser, etwas potenziell Falsches zu beschließen, als alles offenzuhalten. In der Politik ist die schnelle Entscheidung hingegen tödlich, das geht gar nicht. Da ist es manchmal sogar besser, *nicht* zu entscheiden, weil eine Entscheidung noch größere Probleme schafft. Da ist es besser, ein Problem einfach stehen zu lassen und es nicht anzugehen, weil das Aufdröseln des Problems aus dem einen Problem hundert weitere Probleme macht. Oder man muss Geduld haben, bis Entscheidungen reif sind, das heißt, bis alle Faktoren bekannt und benannt sind, damit man *dann* auf dieser Erkenntnisbasis entscheidet. Das wurde Angela Merkel oft vorgeworfen: »Mensch, die hat überhaupt keine Basta-Mentalität wie Gerhard Schröder. Die wartet und wartet …« Nein, sie hat nicht gewartet! Sie hat erst entschieden, wenn alles klar war, wenn alle Faktoren und Nebenfolgen analysiert waren, wenn sämtliche Risiken auf dem Tisch lagen. *Dann* wird entschieden. Das ist in der Politik vernünftig und zielführend. In der Gefechtssituation oder im Krieg geht das so nicht.

Wieder anders ist es in der Unternehmensberatung. In der strategischen Beratung von Unternehmen, die eigentlich selbst große Strategieabteilungen haben, stelle ich oft fest, dass sie teilweise betriebsblind sind, bestimmte Dinge nicht wahrnehmen. Als Externer kann ich diese Stellen sehen und aufzeigen – und erst dann kann ein Unternehmen eine sinnvolle Entscheidung treffen. Diese drei unterschiedlichen Lebenswelten, wo unterschiedliche Eigenschaften und Herangehensweisen gefragt sind, haben mich geprägt und machen wahrscheinlich auch die Einzigartigkeit meiner Person aus, wenn ich das so sagen darf. Normalerweise hat ein General nur eine Lebenswelt erlebt, nämlich die des Militärs. Der Politiker kennt ebenfalls nur eine: die der Politik. Und der Wirtschaftsmann auch nur eine, nämlich die der Wirtschaft. Ich bin durch alle drei durchgegangen und bin da immer noch unterwegs, sozusagen als Grenzgänger zwischen und in diesen Welten. Da gibt es keine Eindimensionalität, keine Patentrezepte, keine klaren Vorgaben. Da muss man schnell lernen, »ohne Geländer zu denken« – um an Hannah Arendt zu erinnern. Und gleichzeitig seinem inneren Kompass vertrauen.

Zusätzlich bin ich sicherlich auch biografisch geprägt. Durch meine alleinerziehende Mutter, durch meine Frau, mit der ich seit beinahe vierzig Jahren mein Leben teile, durch meine drei Kinder, die beiden Töchter und den jüngsten Sohn. Dann die Tatsache, dass ich eben lange Jahre Berater einer *Frau* war – und nicht eines Mannes. Wahrscheinlich hätte es mit einem männlichen, vor allem mich weniger überzeugenden Kanzler auch gar nicht funktioniert. Wer weiß? Angela Merkel hatte, das haben wir in diesem Buch aufgezeigt, einen anderen Approach, einen anderen Zugang zur Lösung von Problemen als Männer per se. Davon kann man viel lernen. Das heißt nicht, dass der weibliche Zugang das Nonplusultra ist. Aber ich plädiere dafür, die männlichen Zugänge mit den weiblichen zu verbinden. Ich glaube, das bringt uns weiter, als sie gegeneinander aufzustellen.

Das hat Sie zwar nicht zum militanten Frauenrechtler gemacht. Aber Sie sind auch nicht mehr der, der voller Überzeugung in einer sehr

männlichen Welt zu Hause ist. Wird Ihnen Verrat am eigenen Geschlecht vorgeworfen?

Erich Vad: Vielleicht. Das ist möglich, und dann hat mein Freund Martin van Creveld recht gehabt mit seiner Empfehlung, dass ich besser kein Buch über ein solch kontrovers diskutiertes, emotionsgeladenes Thema schreiben sollte. Aber Risiken einzugehen, gehörte auch immer zu meinem Leben. Da, wo man relativ eigenständig unterwegs ist – das ist ja immer so –, da wird einem immer von irgendeiner Seite etwas vorgeworfen. Ich habe das auch bei meinen zahlreichen Auftritten in TV-Talkrunden zum Krieg in der Ukraine so erlebt: Die persönlichen Beleidigungen und Unterstellungen waren zahllos, vor allem die, die aus der Anonymität des Netzes heraus kamen. Manchmal hatte man die Gelegenheit, in schreckliche Innenleben zu schauen. Aber ich habe gelernt, damit umzugehen.

Ob es jemand als Verrat sieht, dass ich als Mann für gute Führung und damit für die Verbindung des Besten aus zwei Welten – der männlichen und der weiblichen – plädiere, ist mir egal. New Female Leadership ist ein Schritt nach vorn, den wir als Gesellschaft machen können, und das ist mein Anliegen. Mir war es auch wichtig, meine persönlichen Erfahrungen mit Angela Merkel aufzuschreiben, aber ich wollte nicht allein als Mann meine Erlebnisse schildern und ich wollte das Ganze auch nicht *meine* Erlebnisse mit Angela Merkel nennen. Ich wollte es stattdessen einer Fragestellung unterordnen, die uns weiterbringt und die auch Angela Merkel immer ein inneres Anliegen war. Ich wollte aus meinen persönlichen Erfahrungen schildern, wie New Female Leadership funktioniert, wie ich es erlebt habe. Und ich wollte das auch zusammen mit einer Frau schreiben, weil man das als Mann schlecht allein tun kann. Das passt einfach nicht. Wer mich deswegen jetzt als Verräter am männlichen Geschlecht sieht – bitte schön.

Sie haben gelernt, damit umzugehen, sagen Sie. Weil Ihnen immer wieder mal Eigensinnigkeit und Verrat vorgeworfen wurden? Inwiefern?

Erich Vad: Na ja, ich war den hohen Militärs zuweilen suspekt, weil ich in der hohen Politik unterwegs war. Und manchen hohen Politikern war ich suspekt, weil ich aus dem hohen Militär komme. Oder aktuell die Debatte um den Angriffskrieg in der Ukraine. Da werfen mir auch viele Verrat vor: Putin-Versteher, Russland-Freund und weiß der Teufel was. Das bin ich alles nicht. Ich reihe mich nur nicht in jene öffentliche Meinung ein, die derzeit – zumindest zum Zeitpunkt der Entstehung dieses Buches – die allgemein akzeptierte ist. Dann muss man zu sich stehen, muss bereit sein, sich nicht in eine Schublade stecken zu lassen, oder wenn doch, dann muss man lernen, damit zu leben, von anderen in die falsche Schublade gesteckt worden zu sein. Man wird es sowieso – also in eine Schublade gesteckt –, weil die Menschen das irgendwie brauchen. Die Menschen brauchen Schubladen. Sie packen ihre Mitmenschen da hinein, und das wird uns mit unserem Buch auch passieren: Wir werden sicherlich in eine Schublade gepackt, zumindest wird man es versuchen. Aber Sandra und ich sind keine Schubladendenker, und ich finde, unser Buch ist nicht einseitig, es ist keine Ohrfeige für die Männer. Zu verschiedenen – für Männer wie für Frauen geltenden – Begriffen wie Kompetenz, Empathie, Strategie zeigen wir unterschiedliche Zugänge auf, die aber ein gemeinsames Thema haben. Es sind unterschiedliche Perspektiven, Sandras und meine, und wenn man sie im Zusammenhang liest, wird auf eine schöne Weise klar, dass es bei New Female Leadership um ein neues Miteinander geht, nicht um ein Gegeneinander.

Sandra Cegla: Natürlich kommt Erich von Berufs wegen aus dieser Männerdomäne. Aber ich bin davon überzeugt, dass er zu den Männern gehört, die im Lauf ihres Lebens aktiv ganz viele Frauen unterstützen, und zwar überall, wo sie ihm begegnen. Entweder als Mentor oder als jemand, der – im übertragenen Sinne – Türen geöffnet hat für Frauen. Das habe ich aus seinen Geschichten immer wieder herausgehört. Selbst wenn er das von sich nicht behauptet und vielleicht sogar unter den Tisch fallen lässt, möchte ich das an dieser Stelle hinzufügen. Denn es ist total wichtig! Gerade vor dem Hintergrund, dass es nicht viele Frauen in wirklich hohen Führungsämtern gibt, wo die wirklich wichtigen Entscheidungen getroffen werden. Frauen haben dadurch viel zu wenige weibliche Vorbilder oder gar Mentorinnen. Es ist für Frauen einfach so viel schwerer, jemanden zu finden, der Türen öffnet und sagt: Komm, ich zeig dir, wie es geht. Ich stelle für dich Kontakte her, ich hab für dich Ideen, ich unterstütze dich in deiner Karriere. Denn so funktioniert es nun mal im Leben: In der Karriere braucht man Menschen, die einem ein wenig voraus sind und die einem unter die Arme greifen.

Hatten Sie selbst so jemanden?

Sandra Cegla: In meinem Leben haben mich sowohl Männer unterstützt als auch Frauen. Als ich mich selbstständig gemacht habe, waren meine ersten Auftraggeberinnen und die größten Unterstützerinnen Frauen. Aber als ich bei der Polizei war, und auch in anderen männerdominierten Bereichen, waren es natürlich Männer. Denn übermäßig viele Frauen in Führungsfunktionen gab es ja nicht. Mein damaliger Kommissariatsleiter hat mich zum Beispiel immer sehr unterstützt. Ich bin ihm heute total dankbar. Tatsächlich haben wir immer noch Kontakt, was richtig schön ist. Er ruft mich ab und zu an, wenn er mich zum Beispiel im Fernsehen gesehen hat, und ich weiß ganz genau: Ihm habe ich alles zu verdanken, was ich heute mache. Weil er dafür gesorgt hat, dass ich mich damals überhaupt darauf spezialisieren durfte. Das war eigentlich überhaupt nicht erlaubt, aber er hat immer gesagt: »Das machen wir jetzt einfach, ich habe nichts zu verlieren. Ich habe meinen Enddienst gerade erreicht und ich bin froh, dass irgendjemand hier diese Fälle (häusliche Gewalt, Stalking) übernimmt. Die anderen wollen die nicht, und du kriegst sie jetzt alle.« Ich habe mich total gefreut, denn genau diese Fälle interessierten mich. Die höhere Führungsebene hat sich hingegen immer beschwert: »Warum kriegt denn jetzt immer die Cegla diese Fälle? Wir wollen doch keine Experten, wir wollen das nicht in unserer Behörde.« Behörde heißt nämlich: Jeder macht alles.

Wie hat Ihr Kommissariatsleiter das trotzdem durchgesetzt?

Sandra Cegla: Er hat sich immer mit den höheren Führungsriegen rumgekloppt und gesagt: »Die Cegla macht das.« Er hat sich für mich eingesetzt und ermöglicht, dass ich mich, obwohl das nicht Usus bei uns war, spezialisieren konnte. Er hat außerdem dafür gesorgt, dass ich mich für Opferschutz-Sachen engagieren konnte. Und er hat mich manchmal freigestellt, obwohl das offiziell nicht wirklich gewünscht war. Er hat mir einfach viele Freiheiten gegeben, sodass ich mich auch in diesem Korsett der Behörde beruflich entwickeln konnte. Hätte ich einen Chef gehabt, der das nicht geduldet hätte, könnte ich auch heute tatsächlich nicht machen, was ich mache. Es liegt also an Führungskräften, an Mentoren. Zugleich hat mein Chef dadurch auch nichts verloren. Er hat sogar gewonnen, weil er eine zufriedene Mitarbeiterin hatte. Ich habe mich voll eingesetzt, weil ich etwas machen konnte, was zum einen meinen Fähigkeiten entsprochen hat, und zum anderen meinen Interessen. Das war voll mein Ding, ist es bis heute noch. Ich habe das sehr genossen, seinen Rückhalt zu haben. Und ich war in meinem vollen Potenzial. Das hätte ich mir natürlich auch von weiblichen Führungskräften gewünscht, aber die hatten wir bei der Polizei nicht beziehungsweise kaum. Es waren einfach fast alles Männer.

Erich Vad: Man hört ja immer wieder: Hinter einem erfolgreichen Mann steht eine starke, clevere Frau. Das gilt für meine Frau sicherlich auch. Ich wäre sonst nicht der, der ich heute bin. Sandra zeigt hier auf, dass es auch andersherum sein kann, zum Beispiel mit einem Mann in einer mentorhaften Rolle. Und das wiederum beweist einmal mehr, dass wir aus der Einseitigkeit der Betrachtung rauskommen müssen. Es gibt nicht nur das eine. Es gibt das Viele. Das Vielfältige.

Was ich aber auch unbedingt noch sagen möchte, weil Sandra mich so über den Klee gelobt hat: Mich hat im Gegenzug Sandras Engagement für Frauen sehr berührt, früher bei der Polizei, heute in ihrer Sicherheitsagentur, in ihrer Beratungstätigkeit für Frauen, in ihrem Frauenverband, in ihrem Engagement für die Frauenhäuser in Deutschland und in ihren öffentlichen und politischen Initiativen. Umso großartiger finde ich es, dass wir dieses Buch zusammen auf die Beine gestellt haben!

Frau Cegla: Herr Vad zeigt am Beispiel Angela Merkel auf, wie zentral viele aus seiner Sicht typisch weibliche Eigenschaften für erfolgreiche Führung sind. Hat Angela Merkel aus Ihrer Sicht mit typisch weiblichen Eigenschaften regiert?

Sandra Cegla: Teils, teils. Ich kenne sie natürlich nicht so gut wie Erich, deswegen kann ich sie nur so beurteilen, wie ich sie in der Presse wahrgenommen habe. Und da würde ich sagen, dass sie das Weibliche sehr stark und sehr gelungen mit dem

Männlichen verbunden hat. Für mich verkörpert sie deshalb genau das, wo wir hinwollen. Insofern ja: Ich erkenne bei ihr ganz viele weibliche Eigenschaften, etwa dieses Ruhige, Besonnene, ganz offensichtlich Empathische. Wenn ich sie auf Wahlkampfveranstaltungen habe sprechen sehen, fand ich, dass sie wahnsinnig humorvoll war, sehr authentisch, sehr gelassen, in sich ruhend. Ganz, ganz viele weibliche Eigenschaften hat sie sehr natürlich ausgelebt, und das hat sie in meinen Augen sehr echt und stark gemacht. Gleichzeitig war sie hart in der Sache. Sie hat ein sehr klares Wertesystem gehabt und sich davon nicht abbringen lassen. Ich weiß nicht, wie es hinter den Kulissen zuging, aber die Realität, die sich nach außen gezeigt hat, war, dass es selten Widersacher gab, die ihr wirklich Schaden zufügen konnten. Sie hat auch selten Konflikte nach außen getragen, obwohl es davon sicherlich genügend gab, wie überall. Das heißt, sie hat die Dinge geregelt. Da hat sie, wie ich glaube, auch mit männlichen Eigenschaften agiert. Zusammengefasst würde ich sagen: Sie hat ihre weibliche Seite keinesfalls verleugnet, sondern sehr stark und authentisch ausgelebt und ganz natürlich mit ihren männlichen Eigenschaften kombiniert. Mit einer Art … Erich, wie sagst du es immer?

Erich Vad: Ja, ich zitiere immer ein altes Prinzip: Hart in der Sache und moderat in der Art. Fortiter in re, suaviter in modo. Für mich ist das ein Schlüssel für das Verständnis von weiblicher und männlicher Führung: Man kann auch mit einem moderaten, ausbalancierten Ansatz sehr, sehr hart in der Wirkung sein. Das habe ich oft an Angela Merkel bewundert und das habe ich in unserem Buch aufzuzeigen versucht. New Female Leadership bedeutet keinesfalls Schwäche und weiche Masche. Bei Verhandlungen freundlich und ausgewogen, aber in der Sache knallhart zu bleiben – das hat nichts mit männlich-menschlicher Härte zu tun, sondern ist ein Mix, den man braucht. Und das können Frauen auch sehr gut. Angela Merkel hat auf diese Art auch immer etwas für Frauen getan, das ist ein Kontinuum bei ihr. Bei unzähligen Gesprächen hat sie sich für Frauenrechte eingesetzt, ohne zu einer expliziten Frauenrechtlerin zu werden. Für mich ist sie auch sehr christlich geprägt, ohne dass sie je gesagt hätte: »Ich gehöre der Kirche an, und deswegen mache ich das.« Oder: »Ich bin Christin und deswegen mache ich das.« Oder noch schlimmer: »Meine Kirche und ich.« Sie hat es einfach gemacht und praktiziert, und das finde ich weitaus eindrucksvoller als diese … na ja, als diese Gockel, die überall rumerzählen, was für tolle Menschen sie sind oder was für tolle Feministinnen und was weiß ich noch. In Wirklichkeit sind sie es oft gar nicht.

Das passt zu dem Understatement, das Sie Angela Merkel in Ihrem Buch immer wieder bescheinigen.

Erich Vad: Auf jeden Fall. Diese Bescheidenheit, diese Demut, diese Bodenständigkeit, dieses völlige Fehlen von Großkotzigkeit und Überheblichkeit bei Angela Merkel waren sehr, sehr angenehm. Und trotzdem war sie hammerhart in der Sache. Sie hatte früher auch zu Putin eine Beziehung, die sie mit ihrer Fähigkeit zur Kommunikation, zur Ruhe, zur Empathie aufgebaut hat. Trotzdem hat sie nie das gemacht, was er wollte. Sie hat ihm die Dinge stattdessen um die Ohren gehauen. Sie hat weiter mit ihm geredet und verhandelt, auch in schwierigen Situationen, und ihm trotzdem den Marsch geblasen bis zum Gehtnichtmehr. Sie hat beides gemacht, und das fehlt meines Erachtens heute. Diesen Mix, den Angela Merkel hatte und beherrschte, braucht es einfach, das kann man an vielen Themen festmachen. Es braucht fast immer Verständnis und Empathie für den anderen. Und vor allem menschlichen Respekt. Das Hineinversetzen in den anderen, das Respektieren vor allem – das hat Angela Merkel jeden Tag gemacht. Sie hat den anderen nicht fertiggemacht, weil er eine autoritäre Regierung hatte oder dies und jenes tat. Sie hat das durchaus adressiert, aber ohne dadurch Wege zu verbauen. Überhaupt hat sie ihr Gegenüber auf menschlicher Ebene und als Person respektiert, unabhängig von der sozialen hierarchischen Position. Sie hat keine Unterschiede gemacht, wie sie die Menschen um sich herum behandelte. Das ist in meinen Augen einzigartig, das habe ich bei einem männlichen Politiker so eher selten erlebt. Vor allem war es bei ihr nicht gespielt, es war nicht aufgesetzt, weil es sich medial prima verkaufen lässt, sondern es war echt und authentisch. Es kam von innen. Es gab bei ihr keinen Unterschied in der menschlichen Begegnung, ob mit einem hohen Regierungschef oder Potentaten oder mit ihrem Fahrer und den Bodyguards. Deswegen bin ich ein Fan von ihr. Immer noch. Auch wenn sie dieses Buch, von dem sie nichts weiß, am Ende vielleicht gar nicht mag.

Sie machen zu einem großen Teil das patriarchalische System und die oft als toxisch beschriebene Männlichkeit dafür verantwortlich, dass Eigenschaften, die eher typisch weiblich sind, als unwichtig oder gar hinderlich bewertet werden, wenn es um Führungspositionen geht. Und Sie haben festgehalten, dass auch Frauen selbst ihren eigenen Wert oft nicht erkennen. Was steckt dahinter? Stichwort gesellschaftliche Gehirnwäsche, Rollendenken und Erwartungshaltungen.

Sandra Cegla: Ich hatte eingangs schon gesagt, dass Frauen grundsätzlich an sich zweifeln. Dass sie von sich denken, Dinge nicht zu können oder für bestimmte Dinge nicht so richtig geeignet zu sein – zum Beispiel zum Führen.

Sie haben auch das weibliche Mindset angesprochen …

Sandra Cegla: Genau. Frauen wachsen mehr als Männer mit dem Mindset auf, dass sie nicht genug und nicht ausreichend sind. Eine Freundin, die in einer Personalabteilung sehr viele Vorstellungsgespräche führt, hat mir erzählt – und das schon vor Jahren! –, dass Frauen, die sich bewerben, meistens sehr überqualifiziert für die Stelle sind. Sie wählen also schon mal eine Stelle aus, wo sie wirklich mindestens alle oder mehr Qualifikationen mitbringen. Selbst dann machen sie sich in den Vorstellungsgesprächen noch ein wenig klein nach dem Motto: »Ich spreche zwar fließend Englisch, aber ob ich jetzt wirklich alle Fachwörter kenne …« Die Männer bringen hingegen oft *nicht* alle Qualifikationen mit, sagen trotzdem, was sie alles können, und haben außerdem noch mal ganz andere Gehaltsvorstellungen. Es ist schon auffällig, dass sich Männer grundsätzlich anders einschätzen, sich ganz andere Dinge zutrauen und mit einem ganz anderen Mindset an ihre Karrieren herangehen als Frauen. Frauen unterschätzen sich und ihre Kompetenz hingegen regelmäßig. Vor allem gehen sie mit dem Gedanken an neue berufliche Aufgaben heran, sie müssten alles schon können. Während Männer die Basis mitbringen und von sich erwarten, über die Zeit in den Rest schon hineinzuwachsen. Warum eigentlich nicht? Da können Frauen wirklich etwas von den Männern lernen.

Also wissen Frauen oft nicht, was sie können und was sie wert sind.

Sandra Cegla: Genau. Frauen wissen es nicht. Aus fast allen meinen Gesprächen mit Frauen und aus dem Feedback von sozusagen allen Menschen, mit denen ich jemals gesprochen habe, ziehe ich die Schlussfolgerung: Die meisten Frauen wissen es nicht. Es gibt einen Grund, warum die Coachingbranche so boomt! Die meisten Frauen wissen es nicht, und deswegen brauchen wir auch unser Buch. Nämlich als einen Beitrag, die Frauen wachzurütteln. *Vor allem* die Frauen wachzurütteln.

Erich Vad: Das stimmt. Und auch, dass die Schuld daran zu einem großen Teil am Patriarchat liegt, stimmt. Aber man darf, nebenbei bemerkt, auch das Matriarchat nicht unterschätzen, egal ob offen oder »versteckt« gelebt. Ich habe in anderen Ländern – besonders in Russland – oft erlebt, dass nach außen hin alles sehr patriarchalisch abläuft, aber in Wirklichkeit die Frauen die Macht haben – also auf eine eher indirekte Weise. Da hat der Mann nur scheinbar die Hosen an, während in Wirklichkeit zu Hause nur eine das Sagen hat, und das ist die Frau.

Sandra Cegla: Aber wir sprechen ja von Deutschland, und hier kann man das nicht behaupten. Ich würde nicht sagen, dass in Deutschland die Frauen die Hosen anhaben. Natürlich haben die Frauen in den Familien viel zu sagen, aber sie sind tendenziell mehr überlastet als Männer, und sie fehlen im öffentlichen Leben. Von einem Matriarchat sind wir in Deutschland meilenweit entfernt.

Erich Vad: Stimmt auch wieder. Und dann mit der Überqualifizierung, ja, das stimmt ebenfalls, da hast du absolut recht. Auch, dass es meist die Männer sind, die sich mehr zutrauen und dazu tendieren, sich besser zu verkaufen. Allerdings habe ich das Sich-größer-als-man-vielleicht-ist-Machen auch schon bei Frauen erlebt, einmal sogar ganz krass …

Sandra Cegla: Ausnahmen gibt es sicher bei beiden. Natürlich gibt es auch Männer, die total untertreiben und unter ihren

Möglichkeiten bleiben. Und Frauen, die sich überhöhen. Aber ich würde sagen, die Tendenz ist eindeutig, oder? Männer neigen mehr dazu, sich größer zu machen, während Frauen ihre eigenen Qualifikationen eher nicht erkennen.

Erich Vad: Doch, das würde ich auch sagen. Diese Tendenzen sind auf jeden Fall da.

Glauben Sie, dass auch Männer das Buch lesen und daraus lernen? Und wenn nicht: Reicht es, nur das Bewusstsein der Frauen zu verändern? Wie veranlassen wir als Gesellschaft die Männer, um- oder neu zu denken?

Sandra Cegla: Die Männer sollten es unbedingt lesen! Sie sollten sich unbedingt mit den Inhalten beschäftigen, weil da viele Aspekte drin sind, die auch sie wirklich mal neu denken dürfen. Außerdem haben die Männer auch was davon, das Spiel zwischen den Geschlechtern neu und freudvoll zu erleben und zu entdecken. *Beide* Geschlechter profitieren davon und natürlich sollten sich daher auch beide Geschlechter damit beschäftigen. Außerdem sind Frauen tendenziell eher diejenigen, die tatsächlich weniger Rechte und Möglichkeiten haben und – erst recht, wenn man sich die letzten Jahrhunderte anschaut – sehr viel mehr Schmerz und Unterdrückung erlitten haben als die Männer. Sie haben sich zwangsläufig mit sehr viel mehr auseinandersetzen *müssen*; jetzt ist es deshalb an der Zeit, dass sich auch die Männer näher damit beschäftigen und sich mehr auf die Erlebniswelten der Frauen einlassen. Auch als Zeichen der Wertschätzung Frauen gegenüber.

Erich Vad: Absolut! Sandra hat da vollkommen recht. Ich sehe das zugegebenermaßen auch bei mir selbst. Meine Töchter haben mir das neulich gesagt: »Papa, wenn du fragst, wie es uns geht, und wir sagen ›Gut‹, dann sagst du ›Okay‹, und das Thema ist durch.« Meine Frau fragt hingegen immer: »Wie fühlst du dich gerade?« Und dann erzählen die … Mir reicht im Grunde die Kurzversion, zu hören, dass es ihnen gut geht. Als Mann muss ich aber auch lernen, mal zu fragen, wie sich der andere gerade fühlt, vielleicht auch, weil ich ja oft weiß, dass gerade dieses und jenes anstand oder geschehen ist. Das ist nicht nur bei mir zu Hause, sondern auch in der Führung wichtig. Wenn man einen Mitarbeiter vor sich hat, bei dem man nonverbal mitbekommt, dass er sich nicht gut fühlt, dann kann man fragen, warum das so ist, auch als Mann. Wieso eigentlich nicht? Im männlichen System ist das nur eben nicht verbreitet, weil es vermeintlich als unmännlich oder als schwache Führung rüberkommt. Ist es aber gar nicht. Also ja, auch Männer sollten das Buch lesen!

Sie kommen immer wieder zu dem Schluss, dass optimale Führung aus einer Kombination von weiblichen und männlichen Eigenschaften entsteht. Dass man sozusagen aus beiden Bereichen das Beste und Wichtigste zusammenführt. Können wir das überhaupt oder sind wir dafür zu männlich beziehungsweise zu weiblich geprägt?

Erich Vad: Man muss gesellschaftliche Rahmenbedingungen schaffen, die das ermöglichen, die das fördern und zulassen. Und man muss vor allen Dingen den Mut haben, es zuzulassen. Da gehört wirklich ein bisschen Mut dazu, bei den Männern wie bei den Frauen.

Sandra Cegla: Ich sehe das auch so. Alles, was wir neu denken können, das geht auch. Es fängt ja immer in unseren Köpfen an, und deswegen kann unser Buch hoffentlich ein erster Impuls sein. Auch um überhaupt den Mut zu fassen, neu zu denken. Und alles, was man neu denken kann, kann man am Ende auch verändern. Ich glaube, dass nichts in Stein gemeißelt ist, sondern dass wir alles, was wir uns neu ausdenken können, irgendwann auch leben können. Geschlechterrollen sind erst recht nicht in Stein gemeißelt, da brauchen wir nur 150 Jahre zurückzublicken. Was sich die Frauen und ihre männlichen Unterstützer damals als absolute Utopien ausgemalt haben, ist heute Realität geworden. Vieles war damals undenkbar. Zum Beispiel, dass Frauen und Männer einigermaßen gleichberechtigt zusammenleben können, dass Frauen wählen dürfen, dass sie arbeiten gehen oder über sich selbst bestimmen dürfen. Das zeigt, dass wir alles verändern können, was wir verändern wollen. Wir können ganze Gesellschaftsformen verändern, wir können Gesetze verändern und natürlich auch Geschlechterrollen. Wir müssen es nur tun – und dafür müssen wir vor allem beginnen, darüber nachzudenken. Wir müssen darüber reden, Diskurse führen und uns darüber einig sein, dass wir etwas verändern wollen.

Und da fangen wir jetzt auch mithilfe Ihres Buches an.

Sandra Cegla: Das ist unser Ziel, unser Wunsch und unsere Hoffnung. Es erfordert wirklich viel Mut, weil es bedeutet, in etwas Neues reinzugehen. Und das heißt eben auch immer: Wir wissen nicht, was dabei rauskommt. Wir wissen nicht, was wir dabei verlieren, und wir wissen auch nicht, was danach kommt. Nach allem, was wir loslassen, wissen wir nicht, ob das Neue tatsächlich besser sein wird. Aber unterm Strich kann es nur besser werden, denn das, was wir bisher haben, hat uns nicht wirklich gedient. Deswegen macht dieser Aufbruch ins Neue absolut Sinn. Wir können das! Es fordert uns jedoch auf mehreren Ebenen. Einmal auf der inneren, persönlichen Ebene: Jeder und jede von uns ist aufgefordert zu schauen: Wo kann ich bei mir selbst ansetzen? Woran kann ich selbst arbeiten, was sind meine persönlichen Themen, die ich nach vorn bringen kann? Dann gibt es die Ebene, die das eigene Umfeld betrifft: Was sind meine persönlichen Bindungen, meine Familie, meine Freundschaften und die Menschen, die mich umgeben, aber auch meine beruflichen Beziehungen? Wie kann ich die transformieren und bewegen? Denn das sind ja wiederum genau die Bindungen, die am Ende auch unsere Gesellschaft bewegen. Die wichtigsten Beziehungen sind dabei die zu unseren Kindern, denn unsere Kinder werden die Gesellschaft von morgen gestalten und damit auch das öffentliche Leben, unsere Einrichtungen und Institutionen, besonders aber unsere politischen Ämter, wo die Gesetze gemacht werden, die wiederum unsere Gesellschaft bestimmen. Das gilt ganz besonders für die Familienpolitik, da werden ganz wichtige Hebel angesetzt. Wir müssen also wissen, dass Veränderung auf vielen verschiedenen Ebenen passiert. Deswegen ist es wichtig, dass wir alle in unseren Köpfen anfangen, mit diesen Ideen zu arbeiten. Wenn sich diese Ideen fortsetzen, dann wird das auf allen gesellschaftlichen Ebenen Samen säen und irgendwann Früchte hervorbringen und damit etwas verändern.

Erich Vad: Wir wollen weder Frauen idealisieren noch Veränderung erzwingen. Aber im Moment läuft es nicht ideal – übrigens auch für viele Männer nicht – und das wird auch durch das aktuelle System begünstigt. Doch selbst wenn das System sehr viel positiver wäre, würde es immer Schwachstellen oder Probleme oder Ungleichbehandlung geben. Genauso wie es in einer idealen Gesellschaft trotzdem auch immer Gewalt oder Kriminalität geben wird. Da dürfen wir uns nichts vormachen.

Nichtsdestotrotz macht es Sinn, über ideale Zustände und damit eben auch über mehr Frauen in Führungspositionen nachzudenken. Es macht Sinn zu überlegen, welche Voraussetzungen für uns als Gesellschaft insgesamt sehr viel besser sein könnten. Und diese besseren Voraussetzungen gehen auf jeden Fall in die Richtung, dass wir mehr weibliche Eigenschaften brauchen, besonders im öffentlichen Leben.

Sandra Cegla: Wir brauchen viel, viel mehr weibliche Frauen in den wichtigen Positionen in unserer Gesellschaft. Um es mal auf den Punkt zu bringen.

Folge der Autorin/dem Autor auf Amazon

Wenn dir dieses Buch gefallen hat, folge Sandra Cegla und Dr. Erich Vad auf Amazon. Dann erhältst du eine Benachrichtigung, wenn die Autorin/der Autor ihr/sein nächstes Buch veröffentlicht. Um der Autorin/dem Autor zu folgen, gehe bitte folgendermaßen vor:

Desktop:

1) Suche auf Amazon.de oder in der Amazon App nach dem Namen der Autorin/des Autors.
2) Klicke auf den Namen der Autorin/des Autors, um auf die Autorenseite zu gelangen.
3) Klicke auf den »Folgen«-Button.

Smartphone und Tablet:

1) Suche auf Amazon.de oder in der Amazon App nach dem Namen der Autorin/des Autors.
2) Klicke auf einen Titel der Autorin/des Autors.
3) Klicke auf den Namen der Autorin/des Autors, um auf die Autorenseite zu gelangen.
4) Klicke auf den »Folgen«-Button.

Kindle eReader und Kindle App:

Wenn du dieses Buch auf einem Kindle eReader oder in der Kindle App liest, wird dir automatisch angeboten, der Autorin/dem Autor zu folgen, nachdem du die letzte Seite des Buches gelesen hast.